U0049675

DESTINED FOR WAR

Can America and China Escape Thucydides' Trap?

❖

Graham Allison

格雷厄姆·艾利森
—— 著 ——

注定一戰？

中美能否避免
修昔底德陷阱

包淳亮　　　譯

各方熱烈推薦

文安立（Odd Arne Westad，《躁動的帝國》作者）：「讀這本書。你不可能讀到第二本書能像《注定一戰？》一樣，既能讓我們瞭解美國在面對中國時的困境，又能應用歷史案例來理解當下。」

艾希頓·卡特（Ash Carter，**前美國國防部長**）：「《注定一戰？》對吾人實在有卓著的貢獻。憑著對往昔戰史的博學多聞與對今日國際政治的深刻理解，艾利森教授不僅對美國、中國領導人提出了嚴厲的警告，也用心良苦地構思了化解修昔底德陷阱的對策。對太平洋兩岸的政治決策者、學者與所有的公民來說，這本書都不可不讀。」

尼爾·弗格森（Niall Ferguson，**史丹佛大學歷史系教授**）：「今年夏天華盛頓與北京都必須讀的書……在當代國家安全研究中，格雷厄姆·艾利森是名噪一時的理論家與實踐者，他同時也是善於從歷史中學習的大師。你可以打包票中國領導人會讀他寫的《注定一戰？》。我只希望美國領導人也會讀。每一個關心世局的有志之士都應該買一本。」

布萊克威爾（Robert Blackwill，**前美國駐印度大使**）：「正如《注定一戰？》所顯示的，承認中國與美國承受的『修昔底德壓力』並不是姑息讓步。相反的，艾利森指出，這是美國在面對崛起的中國時，維繫國家利益並避免戰爭所需的外交戰略的第一步。」

吉迪恩·拉赫曼（Gideon Rachman，**《金融時報》首席外交事務專家**）：「習近平下週就要與川普在佛羅里達見面了，他的幕僚應該先準備一本彷彿末日預言的《注定一戰？》給他看。習近平已經相當熟

悉艾利森這位哈佛教授的著作。2013年11月，我在北京人民大會堂參加一場習近平出席的會議，他當場告訴大家『我們都應該努力避免陷入修昔底德陷阱。』」

芮效儉（J. Stapleton Roy，前美國駐中國大使）：「在未來數十年內，如何面對一個崛起中的中國都是美國外交政策中首要的戰略問題。成敗在此一舉，而歷史上的先例給我們的啟示是黯淡的。有人認為衝突無法避免，也有人認為這樣的結論太簡化。這本意義非凡的著作不僅以史為鏡，從過去歷史中分析了大量的案例，也提供了一個概念性的框架，讓我們可以藉以理性分析將會深刻影響美國未來的議題。」

季辛吉（Henry Kissinger，前美國國務卿）：「《注定一戰？》以一個對全球秩序的重大威脅為主題：崛起中的強權對既存統治強權的衝擊！我非常喜歡這本書。我只希望未來的美中關係會是第五個和平解決的歷史案例，而非第十三場戰爭。」

保羅・甘迺迪（Paul Kennedy，《強權的興衰》作者）：「《注定一戰？》可能會是今年的政策指導手冊。當習近平表示艾利森書中的觀點有所根據且必須重視，我們需要好好研究一下。本書文字流暢、條理清晰，最後在結構因素與意外因素兩者之間孰輕孰重這個無盡的歷史辯論之中做出了傑出的結論。《注定一戰？》必定會吸引輿論與學院高度的重視與爭辯。」

陸克文（Kevin Rudd，前澳洲總理）：「中國與美國想要戰爭嗎？不。它們有可能因為結構性的巨大壓力被迫發生衝突嗎？是。感謝艾利森為世人規劃出避免厄難的關鍵路徑。未來數十年這本書都將被傳誦與爭論。」

康貝爾（Kurt Campbell，前美國亞太事務助理國務卿）：「從歷史中挖掘教訓、在爭論中抽絲剝繭，艾利森教授憑著卓越的見識，為中美關係在航向充滿不確定的未來時提供了必備指南。對每一位外交官、銀行家、生意人來說，這本探討中國與世界的關係的書都是不可或缺的。

華特·艾薩克森（Walter Isaacson，《賈伯斯傳》作者）：「美國可能避免與中國的正面對決嗎？這是我們這個時代關鍵的地緣政治問題。在多數案例中，修昔底德是對的：當世界舞台上出現了一股新勢力，它總有一天會與統治強權爆發衝突。這本發人省思的著作從歷史汲取教訓，指引我們如何避免戰爭。」

傅高義（Ezra Vogel，《鄧小平改變中國》作者）：「格雷厄姆·艾利森一向以清晰的理論見長，這次他用『修昔底德陷阱』這個概念照亮當代面對的大哉問：『現有的強權如何免對崛起中的強權？』艾利森從歷史中尋求解答，並結合了他從政府內部蒐集到的美國觀點，以及透過罕見的深度研究淬鍊的中國觀點。」

喬·拜登（Joe Biden，前美國副總統）：「格雷厄姆·艾利森是最洞燭機先的國際政治觀察家之一。他總是能透過對歷史趨勢的理解，幫助我們處理當下的政治紛爭，並做出艱難的外交決策，讓專家與尋常百姓都能看得懂，這就是為什麼我在當參議員與副總統時都不斷向他請益的原因。在「《注定一戰？》」中，艾利森闡述這個時代最核心的危機，亦即美中關係。」

潘基文（Ban Ki-Moon，前聯合國秘書長）：「不管是做為學生或是外交官，艾利森一直都是我的一盞明燈。正如《決策的本質》，《注定一戰？》帶給我們的是他明察二十一世紀與未來的全球政治本質的智慧。」

裴卓斯（David Petraeus，**前中央情報局局長、中央司令部司令**）：「關於全球最重要的外交關係──美中關係，這本書是我讀過最精闢、最發人省思的。如果格雷厄姆‧艾利森是對的，而且我相信他是，中國與美國必須為了避免一場誰都無法贏的戰爭好好讀讀這本書中的教訓。」

《紐約時報書評》（*New York Times Book Review*）：「中國終於成為一個超級強權了。美國無法認清這個事實是否會導致美中陷入戰爭呢？《注定一戰？》主張，如要避免生靈塗炭，雙方都需要在面對這個權力轉移時臨深履薄、小心翼翼。本書中引用的例子廣泛且深入，涵蓋上千年的人類歷史……」

《華爾街日報》（*Wall Street Journal*）：「本書分量不重，但意味深長。歷史上的幾個關鍵時刻被做了深刻的剖析。也許，若能與中國謀求一段長期的和平，我們就能避免戰爭。」

《經濟學人》（*The Economist*）：「艾利森沒有說中國與美國之間的戰爭『無法避免』，但他認為『可能性很高』。華府很多人同意這個結論，許多人因此惶惶不安……艾利森指出，在許多種情況下中國與美國會爆發戰爭。在川普主政之下，艾利森擔心一場貿易戰爭有可能演變成火藥戰爭。」

彭博新聞（Bloomberg News）：「請讀這本書，因為它會讓你坐立難安……艾利森是首屈一指的學者，兼具第一流的政治家的直覺。他將他驚人的歷史、地緣政治、軍事上的造詣融入《注定一戰？》。他的著作比起其他學者更引人入勝……艾利森不是悲觀主義者，他主張只要有足夠的政治敏銳與政策手腕，兩個超級強權是可以避免戰爭的。」

目　錄

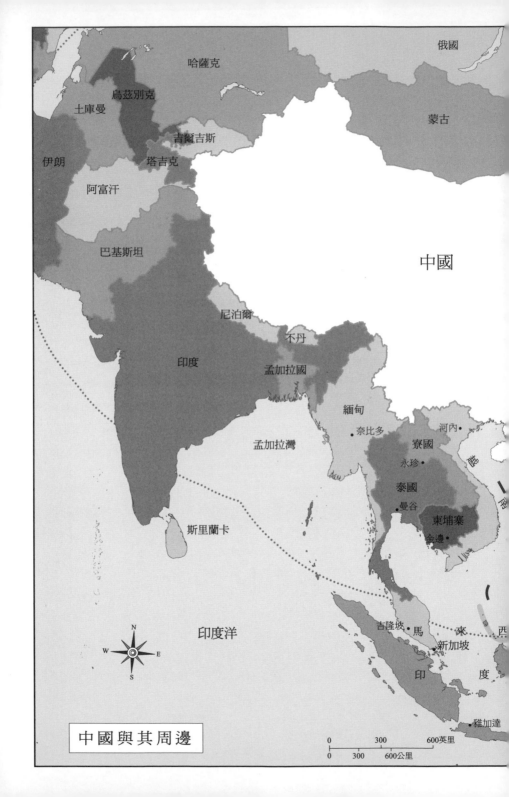

中國與其周邊

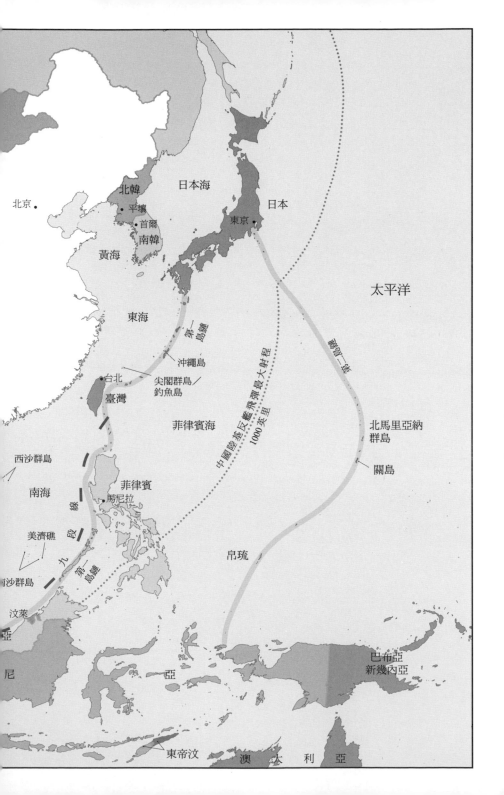

自序

　　兩個世紀前，拿破崙警告說：「讓中國睡吧；因為當她醒來，她將撼動這個世界。」今天中國已經覺醒，世界開始顫抖。

　　然而，對於中國從落後的農業國轉變為「世界歷史上最大的參與者」，對美國意味著什麼，美國人仍抱持眼不見為淨的態度。這本書的核心觀念是一個術語，也就是「修昔底德陷阱」。當一個崛起強權（rising power）的力量強大到足以威脅目前占據主宰地位的統治強權（ruling power）時，「小心危險」的警鐘就會響起。除非雙方採取艱鉅和痛苦的行動來避免衝突，中國和美國將在走向戰爭的過程中。

　　隨著迅速上升的中國挑戰美國習以為常的優勢，這兩個國家有可能陷入由古希臘歷史學家修昔底德首先闡明的致命陷阱。他的著作記錄了一場兩千五百年前毀滅了古希臘兩個主要城邦的戰爭，並解釋說：「是雅典的**崛起**，以及斯巴達揮之不去的**恐懼**，使戰爭**不可避免**。」

　　這個洞見描述了一種危險的歷史模式。我在哈佛大學指導的「修昔底德陷阱計畫」（Harvard Thucydides's Trap Project）回顧過去五百年的紀錄，發現十六起崛起強權破壞統治強權地位的例子，其中最惡名昭彰的例子是一個世紀前工業化的德國，對於英

國在國家頂端的地位的挑戰。他們競爭的災難性結果，使人們得用「世界大戰」這個新的暴力衝突類別加以定義。我們的研究發現，這十六起競爭中，有十二起是以戰爭告終，只有四起沒有；這對於二十一世紀最重要的地緣政治競賽來說，實在不是一個讓人安心的數字。

這不是一本關於中國、而是一本關於中國崛起對美國和全球秩序影響的書。二戰結束以來的七十年，華盛頓領導的以法律與規範為基礎的框架建立了目前的世界秩序，創造了一個在大國之間沒有戰爭的時代。大多數人現在認為這是正常的，歷史學家則稱這是一種罕見的「長期和平」。今天，越來越強大的中國正在拆散這個秩序，使得數代人認為理所當然的和平陷入懷疑。

2015年9月，《大西洋月刊》刊登了〈修昔底德陷阱：美國和中國正走向戰爭嗎？〉（The Thucydides Trap: Are the US and China headed for War?）一文。我在那篇論文中認為，這個歷史譬喻為當今的中美關係提供了最好的視角。文章刊出後，這個概念引發了相當多的爭論。然而政策界的權威和幾位總統，都沒有面對證據，並就雙方可能必須做出的令人不舒服但必要的調整進行反思，而只是拿著修昔底德提到的「必然」之說當稻草人抨擊，辯稱華盛頓與北京並非一定會走向衝突，然後就將此警示束之高閣。在2015年歐巴馬總統和習近平主席的高峰會中，兩人詳細討論了此一陷阱。歐巴馬強調，儘管中國崛起造成了結構性壓力，但「兩國有能力管理分歧」。用習近平的話來說，他們同時也承認，「大國之間一再發生戰略誤判，就可能給自己造成

『修昔底德陷阱』」。

　　我同意「美國和中國之間的戰爭並非不可避免」，事實上，修昔底德也同意雅典和斯巴達之間的戰爭並非一定要發生。從上下文的脈絡來看，很顯然他誇大其必然性是為了以此強調其重點。「修昔底德陷阱」之說既不是宿命論，也不是悲觀主義，相反的，它提醒我們得在頭條新聞和官方言論之外，認知到北京和華盛頓倘若要構建和平的關係，得面對的深層的結構性壓力。

　　就算是好萊塢要拍攝一部中國與美國如何走向戰爭對抗的電影，也很難找到比習近平和川普更好的兩位主角。兩個人各自反映了中國與美國對自身的偉大光榮的殷切盼望。習近平在2012年被任命為中國領導人時強調中國是一個新興大國，而美國選出的川普則在選戰中詆毀中國，並聲稱作為統治大國的美國該對中國更加強硬。川普和習近平的個性或許南轅北轍，然而作為爭奪第一的主角，他們有著許多相似之處：

　　他們同樣都被復興國家的雄心所驅使；

　　他們都將另一個國家視為實現其霸業的主要障礙；

　　他們都以自己獨樹一幟的領導能力為榮；

　　他們都認為自己在復興國家的過程中發揮核心作用；

　　他們都宣布了宏偉而激進的國內改革計劃；

　　他們都為了打擊國內貪腐、對抗敵國阻撓其復興之路，而訴諸民粹式民族主義。

　　這兩個偉大國家即將發生的衝突是否會導致戰爭？川普和習近平、或者他們的繼任者，是否會重蹈雅典和斯巴達領導人、或

英國和德國領導人的悲劇性腳步？或者，他們會像一個世紀以前的英國和美國那樣成功地避免戰爭；或者，像美國和蘇聯那樣，進行四十餘年的冷戰？答案顯然沒有人知道。然而我們可以肯定，修昔底德指出的那個促成衝突的動能，未來幾年還會日甚一日。

　　否認「修昔底德陷阱」不代表它就不存在了，而承認它也並不意味著放之任之、無所作為。面對歷史上最嚴酷的一個發展趨勢，我們對未來幾代人負有責任，得盡我們的一切力量，讓星火不致燎原。

導論

「我寫下我的著作，不是為了贏取當下的掌聲，而是為傳諸萬世。」
——修昔底德，《伯羅奔尼撒戰爭史》——

「至此，我們已處於世界之巔。我們已經到達高峰，前無古人後無來者。當然，
人們也知道歷史無情。但無情的歷史似乎只會發生在其他人身上。」
——湯恩比回憶1897年維多利亞女王登基60週年紀念日慶典——

「和其他職業歷史學家一樣，我經常被問『歷史教訓』是什麼。我回答說，
我從過去的研究中學到的唯一教訓，就是沒有永久的贏家和輸家。」
——印度史專家古哈——

貝特曼—霍爾維格（Theobald von Bethmann-Hollweg）這位一次大戰期間的德國首相，能說出口的話只有「啊，如果我們早知如此」而已。甚至當一位同僚逼他再多說些，他也無法解釋他的選擇、以及其他歐洲政治家的選擇，如何導致了世界上最具破壞性的戰爭。當1918年這場屠殺終於結束的時候，主要參與者失去了他們所為之奮鬥的一切：奧匈帝國解體、德國皇帝被廢、俄國沙皇被推翻，法國的一代人死傷殆盡，英格蘭的財富和青年也化作雲煙。早知如此，何必當初。

近半個世紀後，貝特曼—霍爾維格的這句話使美國總統陷入困境。1962年，45歲的甘迺迪正在執政的第二年，但仍然為自己作為總司令的責任而犯愁。他知道他在核武按鈕上的手指，在幾分鐘之內就可以殺死數億人。但這是何必？當時的口號是「寧死不紅」，但甘迺迪拒絕這種二分法，認為這不僅是輕率的，而且是錯誤的。正如他所說，「我們的目標」必須「不是為求和平而犧牲自由，而是和平並且自由」。問題在於他和他的政府要如何同時兼顧兩者。

1962年夏天，當他在科德角（Cape Cod）的家族莊園度假時，甘迺迪閱讀了塔克曼（Barbara Tuchman）的《八月砲火》一書，並從其對1914年大戰爆發的剖析中尋求啟迪。塔克曼描繪了那些不知不覺中將國家帶進毀滅深淵裡的那些人物的想法和行為，包括德國威廉皇帝和他的首相貝特曼—霍爾維格、英國國王喬治和他的外交大臣格雷（Edward Grey）、沙皇尼古拉二世，與奧匈帝國皇帝約瑟夫（Franz Joseph）等人的想法和行為。

　　塔克曼認為，這些人都不了解他們面臨的危險。沒有人想要這場戰爭。如果有機會重新決定，沒有人會重複他所做的選擇。有感於責任重大，甘迺迪發誓，倘若自己面對這類可能得在災難性的戰爭與和平之間做抉擇的處境，他要給出一個比貝特曼—霍爾維格更好的答案。

　　未來不期而至，1962 年 10 月，就在甘迺迪讀了塔克曼的書後兩個月，他就得在人類歷史上最驚心動魄的對抗中面對蘇聯領導人赫魯雪夫。美國發現蘇聯企圖將可裝置核彈頭的飛彈偷偷運至距離佛羅里達僅 90 英里的古巴，於是爆發古巴飛彈危機。局勢迅速升級，從外交威脅到美國對該島的封鎖，然後美國和蘇聯進行軍事動員，同時還發生了包括美國 U-2 間諜機在古巴被擊落等重大險情。危機高潮持續了十三天，甘迺迪告訴他的兄弟羅伯特（Robert Kennedy），他相信最後爆發核戰的機會是「三分之一，甚至是二分之一」。在那之後人類再也沒有遇到如此生死一線之間的危機。

　　雖然深刻瞭解這場困境的危險，但甘迺迪一再做出他知道實際上會**增加**戰爭（包括核戰在內）的風險的選擇。他選擇公開對抗赫魯雪夫（而不是透過外交途徑私下解決問題）；他劃下一條毫不含糊的紅線，要求拆除蘇聯的核彈（而不是讓自己有更多的彈性空間）；他威脅以空襲摧毀核彈（雖然知道這可能會引發蘇聯對柏林的報復）；最後，在危機倒數第二天，他給赫魯雪夫發去一個有時間限制的最後通牒（如果被拒絕，將使美國得射出第一槍）。

　　做出這些選擇時，甘迺迪明白，由於這些選擇所帶來的下一步的事件與其他人的選擇是他所無法控制的，因此他正在增加可能導致核彈摧毀包括華盛頓特區在內的美國城市的危險，而在整場危機中，他的家人都待在那裡。例如，當甘迺迪將美國核武庫的警戒級別提高到二級戒備（Defcon II）時，他既使美國的武器較不易被蘇聯先發制人的襲擊所摧毀，但同時也讓保險銷更容易被拔除。因為處於二級戒備，距離蘇聯目標不到兩個小時的德國和土耳其的飛行員，已經在裝載核武的北約戰鬥轟炸機中坐定。由於尚未發明核子武器的電子鎖，因此沒有任何物理或技術障礙，可以阻止飛行員做出飛往莫斯科、投下核彈，並開始第三次世界大戰的決定。

　　由於沒有什麼好辦法可以消除這些「無法控制的風險」，甘迺迪和他的國防部長麥納馬拉（Robert McNamara）只好鉅細靡遺地介入組織程序，以盡量減少意外或錯誤。儘管做出了這些努力，歷史學家已經挑出十幾個可能引發戰爭的紕漏，是處於甘迺迪的控制範圍之外。例如，美國的一次反潛活動向蘇聯潛水艇周圍丟下許多爆炸物，以迫使蘇聯潛水艇上浮，但這讓蘇聯的艦長認為他正受到攻擊，並幾乎要發射其核子魚雷。

　　在另一起事件中，一架U-2間諜機的飛行員錯誤地將飛機飛進蘇聯，這讓赫魯雪夫擔心華盛頓正在校正其坐標準確度，以便發動先發制人的核子攻擊。如果其中一項行動引發了第三次世界大戰，甘迺迪可否對他的決策在其中發揮的作用做出解釋？他的答案會比貝特曼—霍爾維格的更好嗎？

　　人類事務因果關係之錯綜複雜，使哲學家、法學家和社會科學家煩惱不已。在分析戰爭如何爆發時，歷史學家主要關注近因或直接原因。就第一次世界大戰而言，這包括哈布斯堡斐迪南大公（Franz Ferdinand）被暗殺，和沙皇尼古拉二世決定動員俄羅斯軍隊反對同盟國（Central Powers）。如果古巴飛彈危機導致戰爭，近因可能是蘇聯潛水艇艦長決定發射他的魚雷，以免他的潛艇被擊沉，或者土耳其飛行員將他載有核武的飛機飛往莫斯科的錯誤選擇。戰爭的近因無可否認是重要的，但西方史學的始祖認為那些造成流血的可見原因，可能遮蓋了更為重要的遠因。修昔底德告訴我們，構成戰爭的基礎的結構性因素，比引爆它發生的立即因素更為重要。這樣的基礎一旦成形，在其他狀況下可消弭化解的事件就會以無法預料的形式急遽惡化，並產生難以想像的後果。

修昔底德陷阱

　　在國際關係研究中最常被引用的一句話中，古希臘歷史學家修昔底德解釋說：「是雅典的崛起，以及斯巴達揮之不去的恐懼，使戰爭不可避免。」

　　修昔底德描述的伯羅奔尼撒戰爭是一場發生在公元前五世紀，席捲了他的家園雅典、並且幾乎拖垮整個古希臘的衝突。作為此前的一名士兵，修昔底德見證了雅典挑戰當時占統治地位的希臘強權──尚武的城邦斯巴達。他觀察了兩國之間武裝敵對的

爆發，並詳細描述了這場戰爭的可怕後果。他並活到看到戰爭的慘痛結局；當被削弱的斯巴達最終戰勝了雅典，斯巴達自己也奄奄一息。

儘管其他人發現了促成伯羅奔尼撒戰爭的一系列因素，但修昔底德卻直指事件的核心。當他把焦點放在「雅典的崛起，以及斯巴達揮之不去的恐懼」，他指出了造成歷史上一些最可怕、最令人費解的戰爭的根本驅動因素。不管意圖為何，當一個崛起的勢力試圖挑戰既有的統治勢力，由此產生的結構性壓力使暴力衝突成為常態，而不是例外。由此導致了發生在公元前五世紀的雅典和斯巴達之間、一百年前的德國和英國之間，和1950與60年代在美國和蘇聯間幾乎發生的戰爭。

和其他許多人一樣，雅典人相信它的擴張是良性的。在衝突之前的半個世紀當中，它已成為文明的標竿。哲學、戲劇、建築、民主、歷史和海洋實力，雅典擁有一切，超越了以往在陽光下看到的任何事物。但它的蓬勃發展威脅到了斯巴達，後者已經習慣作為伯羅奔尼撒半島上的老大。隨著雅典人信心和自豪感的增強，他們也期待越來越多的尊敬與禮遇，以反映新的權力現實。修昔底德告訴我們，這是地位變化後的自然反應。雅典人如何能不認為他們的利益應該得到更多的看重？雅典人如何能不希望他們在外交事務方面有更大的發言權？

但修昔底德解釋說，斯巴達人也自然而然地認為雅典人的主張是不合理的，甚至是忘恩負義的。斯巴達人正確地問說，是誰提供了滋養雅典茁壯的安全環境？隨著雅典人越來越洋洋得意，

並且有資格獲得更大的發言權和影響力，斯巴達的反應是不安、恐懼，和捍衛現狀的決心。

相似的情況也會在其他許多環境、甚至在家庭中發現。當一個「翅膀長硬了」的青少年漸漸展現出自己的能耐，讓自己的兄長甚至父親相形失色，我們可以預期到什麼？是否應調整臥室、衣櫥空間或座位的分配，以反映年齡與體型的變化？對於像猩猩一樣有群體首領的動物來說，隨著潛在的接班人變得越來越強大，獸群的領導者和挑戰者都會準備攤牌。在商業領域，當革命性的技術允許蘋果、谷歌或優步（Uber）等新創公司迅速打入新興行業，往往帶來一場激烈的廝殺，迫使惠普、微軟或計程車公司等企業調整其商業模式，或者走向滅亡。

修昔底德陷阱因此意味著一種自然的、不可避免的混亂，發生於崛起勢力威脅取代統治權力之時。這在任何領域都可能發生，但其影響在國際事務中是最危險的。正如修昔底德陷阱的最初實例導致了一場造成古希臘浩劫的戰爭，千年來這種現像也一直讓外交界心神不寧。今天，世界上最強大的兩個強權已經步入了這條人人聞之色變的災難陷阱，而他們可能無法脫身。

美國和中國是否注定一戰？

中國崛起對全球權力平衡造成的急遽、板塊性轉變，是全世界從來沒有見過的。如果美國是一個公司，它在二戰後不久占據了全球經濟市場的50%；到1980年，這一比例下降到22%。中

國三十多年的兩位數經濟成長，如今已使美國的比例降至16%。如果目前的趨勢繼續下去，美國在全球經濟產出中的比例，將在未來三十年內進一步下降至僅僅11%。在同一時期，中國在全球經濟中的比例將從1980年的2%飆升至2016年的18%，到2040年將上升至30%。

中國的經濟發展正在把它培養成一個強大的政治和軍事競爭者。在冷戰期間，由於美國對蘇聯的挑釁回應笨拙，五角大廈的一個標語說「如果我們遇到真正的敵人，我們將陷入艱難的困境」。中國正是一個可怕的潛在敵人。

雖然美國和中國交戰的可能性似乎既渺茫又不智，然而對第一次世界大戰的百年回顧，提醒我們人類做出蠢事的能力不容低估。當我們說戰爭「不可思議」的時候，是陳述了這個世界其實可能發生的事，或只是表達我們有限的頭腦無法想像的事？

在可預見的未來，關於全球秩序的核心問題是中國和美國是否可以避開修昔底德陷阱。大多數這種模式的角力都以悲劇收場。在過去五百年，涉及崛起中的強權威脅到統治強權的16起案例中，有12起的結果是戰爭。至於那四起沒有開戰的個案，挑戰者和被挑戰者的態度和行為都進行了艱鉅而痛苦的調整。

美國和中國也同樣可以避免戰爭，但前提是它們能夠將兩個可能難以接受的真理牢記於心。第一，**倘若繼續延續目前的發展軌跡，美國和中國在未來幾十年內爆發戰爭不僅是有可能的，而且可能性比現在專家學者所認定的更高得多**。根據歷史紀錄，發生戰爭的可能性比不發生更大。更甚者，由於低估了危險，我們

還無意中增加了風險。如果北京和華盛頓的領導人繼續他們在過去十年的所作所為，那麼美國和中國幾乎肯定會被捲入戰爭之中。但是，第二，**戰爭並非不可避免**。歷史表明，統治強權不是不可能化解與其對手、甚至是蓄意的挑戰者之間的矛盾，避免兵戎相見。這些成功以及失敗的紀錄為今天的政治家們提供了很多借鏡。就像桑塔亞納（George Santayana）所指出的，只有那些沒有學好歷史的人才會重蹈覆轍。

　　下面的章節描述了修昔底德陷阱的起源，探索其動態，並解釋其對目前美國與中國之間的競爭的影響。第一部分簡要介紹了中國的崛起。每個人都知道中國的成長，但很少有人意識到其規模或後果。就像前捷克總統哈維爾（Václav Havel）之前說的，它發生得如此之快，以至於我們還沒有時間感到驚訝。

　　第二部分是從更宏觀的歷史角度來考察美中關係的最新發展。這不僅有助於我們理解當前的事件，而且還提供了有關事件趨勢的線索。我們的回顧上溯2500年，直抵那場由於雅典的快速成長震驚了雄霸一方的尚武的斯巴達，從而導致的伯羅奔尼撒戰爭。近代過去五百年的關鍵案例也能讓我們看清，崛起強權和統治強權之間的緊張關係如何讓全球政治棋盤向戰爭傾斜。與目前的僵局最接近的歷史前例是德國在第一次世界大戰之前對英國的全球霸權的挑戰，這應足以讓我們屏息。

　　第三部分探究是否應該把目前美國與中國關係的趨勢看作是日益惡化的風暴。在媒體的日常報導中，是中國的「攻勢」行為，和不願意接受美國在二戰後建立的「以規則為基礎的國際秩

序」，使兩國出現了類似1914年的事件和事故。但與此同時，我們也該自我警醒。如果中國的態度是「像美國一樣」的那樣、在進入二十世紀時充滿信心的認為未來百年將是美國的時代，那麼競爭將更加白熱化，戰爭更難以避免。如果中國對美國的足跡亦步亦趨，就像西奧多‧羅斯福（Theodore Roosevelt Jr.）以自己的喜好塑造了「我們的半球」那樣，我們將會看到在蒙古到澳洲出現的中國軍隊，在執行北京的意志。

中國當下的發展軌跡與美國崛起為全球超強時的路徑有所不同，但我們仍可以從中國崛起的許多方面聽到過往的迴響。習近平主席的中國想要什麼？一句話：實現中華民族的偉大復興。中國十幾億人民最深切的願望就是不僅富足，而且強大。事實上，他們的目標是一個如此富有、如此強大的中國，以致其他國家別無選擇，只能承認中國的利益，並給予中國應有的尊重。這個「中國夢」的規模和雄心壯志，應該會打破認為中國和美國之間的競賽會隨著中國成為一個「負責任的利益相關者」（responsible stakeholder）而自然消退的迷思。特別值得一提的是我的前同事杭廷頓（Samuel Huntington）膾炙人口的「文明衝突」之說，指出兩者之間的歷史歧異使中美兩國的價值觀和傳統根本不同，也使兩國之間的和解難上加難。

儘管這場角力目前似乎還看不到攤牌的跡象，且武裝衝突也還不會實際出現，但真的是這樣嗎？與我們所願相信的不同，通向戰爭的道路事實上不僅很多元、機率都很高，而且甚至看似平凡無奇。從目前在南海、東海和網路空間的對抗，到一場失控的

貿易衝突，很容易就能推演出美國和中國軍人喋血殺戮的場景。雖然這些情景似乎都不大可能，但當我們憶及哈布斯堡大公遭遇暗殺的後果，或赫魯雪夫在古巴的核武冒險，我們會醒悟「不大可能」與「不可能」之間只有一線之隔。

第四部分解釋為什麼戰爭**不**是不可避免的。政策界和社會上的大多數人都對戰爭的可能性過份天真樂觀。與此同時，也有宿命論者看到一股不可抗拒的力量，使形勢迅速惡化成一個不可改變的悲劇。雙方都不對。如果兩個社會的領導人都研究過去的成功和失敗，他們將找到豐富的線索，來制訂一個能夠在避免戰爭的情況下滿足各自國家核心利益的戰略。

一個擁有14億人口的五千年文明重返榮耀，並不是一個需要解決的問題。這是一個「狀態」，一個需要超過一代人審慎以對的漫長狀態。要妥善地處理好美中關係，化險為夷，需要的不僅是新的口號、更頻繁的總統級會議，或各部工作組的額外會議，更需要兩國政府最高級別的官員，給予日復一日的持續關注。這需要一種自1970年代季辛吉與周恩來重建美中關係的會談以來，未曾再現的深度的相互理解。最重要的是，這意味著領導者和社會大眾，都得做出迄今尚未開始的態度上與行動上的徹底改變。為了避開修昔底德陷阱，我們必須願意去想像那不可想像的、思索那不可思索的。若要這次也避過修昔底德陷阱，我們所得做的，不下於扭轉歷史的趨向。

第一部分

中國崛起

第一章 「世界史上最大的玩家」

「你不知道雅典人是什麼樣的人。他們總是在前瞻未來，而且劍及履及。
他們制定計劃：如果成功，與他們接下來要做的事情相比，這成功還不值一提。」
——修昔底德，科林斯大使在斯巴達議會上發表的講話，西元前432年——

「讓中國睡吧；當她醒來，她會動搖世界。」
——拿破崙，西元1817年——

　　美國當代最成功的將軍裴卓斯（David Petraeus）於2011年9月成為中央情報局局長後不久，我到他在維吉尼亞州蘭利的辦公室拜訪他。他和我在1980年代第一次見面時，還是普林斯頓大學的博士生，而我是哈佛大學甘迺迪學院的院長。從那時起，我們一直保持著聯繫，當他在美國陸軍平步青雲，我則繼續在學術界工作，期間也有幾次應邀訪問五角大廈。在對他的新工作進行了一些初步討論後，我問裴卓斯，那些老幹部是否已經開始讓他開啟一些機密「寶盒」──那些美國政府最機密、最不為人知的機密文件。他意有所指的笑了笑，說：「你猜猜」，然後等我說更多。

　　停頓一會後，我問他對「深眠者」（deep sleepers）有多少瞭解。深眠者是與中情局建立了關係的人，但只被要求在外國生活和發展，以充分理解其文化、人民和政府。中情局承諾暗中幫助他們的職業生涯，但可能每十年有一兩次，悄悄的要求這些人直言不諱地分析他們對該國正在發生的事情、以及未來可能發生的事情的看法。

　　在聊到這個點時，我正在閱讀某君撰寫的一份報告，裴卓斯靠著桌子向前斜了過來。報告中鞭辟入裡的觀察，對我們這個時代華盛頓面臨的最大的地緣政治挑戰很有啟發。正如我對這位新局長所說的那樣，這個人的成功超出了所有人的期望。他密切觀察了中國從1960年代的大躍進和文革，到1980年代鄧小平朝向資本主義的大轉向。事實上，他與許多治理中國的人建立了密切的工作關係，其中包括中國未來的國家主席習近平。

我開始閱讀此君50頁問答中的第一組問題：

　　中國現在的領導層是否認真考慮要取代美國，在可預見的未來成為亞洲第一大國？

　　中國稱霸亞洲的戰略是什麼？

　　中國執行其戰略的主要障礙是什麼？

　　中國獲得成功的可能性有多高？

　　如果它確實成功了，對它在亞洲的鄰居會有什麼後果？對美國呢？

　　中美之間的衝突是不可避免的嗎？

　　此君為這些問題、與其他許多問題提供了非常寶貴的答案。他開門見山的指出中國領導層的想法，理性地評估了兩國有朝一日可能發生劇烈衝突的風險，並提供了如何防止不可思議的事件發生的可行的智慧。

　　李光耀當然不是中情局的特務。他的智慧、情感和靈魂都屬於新加坡。但這位在2015年去世的資深政治家，也是隱藏在民眾目光下的智慧寶典。我遞給裴卓斯的報告，是《去問李光耀：一代總理對中國，美國和全世界的深思》一書的一份摘錄，這是我2013年與布萊克維爾（Robert Blackwill）和艾利·韋恩（Ali Wyne）合著的一本書。作為那個小城邦的創始人和長期執政的領導者，李光耀把一個貧窮、邊陲的小漁村，拉拔成一座現代化大都市。作為一位華人，他受過劍橋大學教育，融合了儒家和英

國上流社會的價值觀。直到2015年去世前，他也毫無疑問是全球首屈一指的中國觀察家。

　　李光耀對中國以及周遭世界當下演變的洞察，使他成為備受各大洲總統和總理歡迎的戰略顧問，其中包括從尼克森到歐巴馬的每一位美國國家元首。他對中國的敏銳理解，使季辛吉稱許他的「獨一無二的戰略智慧」可謂實至名歸，[1]而且對他來說，盡可能多地了解這個沉睡的巨人也極為必要。儘管在毛澤東的農業馬克思主義時期，中國的經濟和政治力量並不突出，但也仍然是一個巨人；在其陰影下，李光耀的島國得為其生存所需的陽光而奮鬥。李光耀是最早看到中國的實質和潛力的人之一。

　　特別的是，不僅李光耀研究中國及其領導人，中國也研究他和他的國家。1970年代末，當鄧小平開始為帶領中國向市場經濟奔馳，中國領導人也把新加坡看作不僅是經濟上的、而且是政治發展上的實驗室。李光耀花費了數千小時，與其所謂的「北方鄰國」中國的國家主席、總理、內閣官員以及新興領袖直接對話。[2]鄧小平和習近平等每一位中國領導人都稱他為「導師」（mentor），這是中國文化下對一個人極致尊重的用詞。

　　我為新任中情局局長摘要出李光耀思想中最重要的一課，回答了目前中國的發展趨勢帶來的最棘手的難題：它的巨大變革對全球權力平衡意味著什麼？李光耀對此直率的表示：「中國的體量規模，使其對世界平衡的影響意味著世界必須找到新的平衡。人們不能假裝這只是另一個大玩家。**這是世界史上最大的玩家。**」[3]

美國可能淪為第二嗎？

我在哈佛的國家安全課程中，針對中國的演講從一次測驗開始。第一個問題要求學生將中國和美國在1980年的排名與當前的排名進行比較。每一次，學生們都對他們看到的東西感到震驚。瞥一眼2015年圖表上的數字，就應該可以解釋這是為什麼。

在一代人中，一個曾經在任何國際排名中都排不上號的國家，已躍升至世界頂尖。在1980年，中國的國內生產總值（GDP）還不到3000億美元；到2015年，按市場匯率計算，這個數字達到11兆美元，使它成為世界第二大經濟體。 1980年，中國對外貿易總額不到400億美元，到2015年，它已經增加了一百倍，達到4兆美元。[4]自2008年以來，中國國內生產總值每兩年**成長的幅度**，都大於印度的整個經濟規模。[5]雖然2015年中國經濟成長放緩，其增量也達到每16週生出一個希臘，每25週一個以色列。

中國相當於美國的百分比

	1980年	2015年
國內生產毛額（GDP）	7%	61%
進口	8%	73%
出口	8%	151%
外匯存底	16%	3,140%

相關數字以美元計算，資料來源為世界銀行。

當美國在1860年至1913年間出現驚人的進展，超過英國成為世界上最大的經濟體，從而震驚歐洲國家時，美國的年均成長率平均為4%。[6]自1980年以來，中國經濟以每年10%的速度成長。根據72法則，把72除以年成長率，就能知道一個經濟體多久會成長一倍。由此可推算，中國經濟大約每七年會擴大一倍。

我們需要更長的時間表才能看出這是多麼的驚人的變化。十八世紀英國誕生了工業革命，創造了我們現在所知的現代世界。亞當斯密在1776年發表了《國富論》，解釋了數千年貧困之後，市場資本主義如何創造了財富和新的中產階級。十七年後，喬治三世國王（也就是那位在美國獨立戰爭中敗北的「瘋狂喬治國王」）的使者抵達中國，提出了建立兩國關係的建議。那時英國工人的生產力已比中國人高得多。[7]千百年來中國的人力都很豐沛。但他們很窮。在勞動的每一天結束時，一名中國工人的生產幾乎不足以養活自己和他的家人，也只能給國家留下相當少的剩餘資金，難以供養軍隊，也無力投資海軍之類的軍備（中國四千多年的皇帝從未這樣做過，除了短暫的半個世紀例外）以對外展現國力。如今，中國工人的生產力達到美國同行的四分之一。如果在未來的一、二十年，他們的生產力達到美國人的一半，那麼中國的經濟規模將是美國經濟規模的兩倍。如果他們與美國的生產力相等，中國的經濟將會是美國的四倍。

這一基本算術是華盛頓努力「再平衡」（rebalance）中國劇增之國力的一個根本考量。在2011年，當時的國務卿希拉蕊敲鑼打鼓地宣布了美國外交政策的一個重要「轉向」（pivot），將

華盛頓的注意力和資源從中東轉移到亞洲。[8]用歐巴馬總統的話說：「在十年的兩場戰爭叫我們付出沉痛的鮮血與財富後，美國正在將我們的注意力轉向亞太地區的巨大潛力。」[9]他承諾增加美國在亞太地區的外交、經濟和軍事部署，以此作為美國決心應對中國在該地區影響力崛起的標誌。歐巴馬總統把這種「再平衡」作為他政府的主要外交政策成就之一。

歐巴馬和希拉蕊國務卿的助理國務卿坎貝爾（Kurt Campbell）策劃了此一倡議。他2016年的著作《轉向：美國對亞洲戰略的未來》盡可能地勾勒出「偉大的再平衡」的優點，而非僅是空想。然而儘管他盡了最大努力，卻無法找到多少指標來支持他的論點。無論是以總統的注意力、國家安全會議部長級會議與次長級會議所花的時間、與世界各地區領導人面對面的時間、飛行時間、軍艦部署的小時數，以及分配的預算來衡量，都很難找到轉向的跡象。延宕多時的伊拉克和阿富汗戰爭、接踵爆發的敘利亞戰爭，加上蔓延中東各處的伊斯蘭國，壟斷了美國政府的外交工作，也霸占了歐巴馬八年總統任內的時光。正如一位歐巴馬白宮官員所回憶的那樣：「我們從未感覺到我們偏離了中東。我們國家安全會議的主要會議，大約80%都集中在中東地區。」[10]

即使美國的注意力沒有集中在其他地方，華盛頓也很難應付經濟實力劇變的嚴峻事實。倘若將美國和中國這兩個對手放在蹺蹺板的兩端比較其經濟的相對規模，結論顯而易見的程度，與其痛苦程度相當。美國人一直在辯論他們是否應該減輕他們壓在左

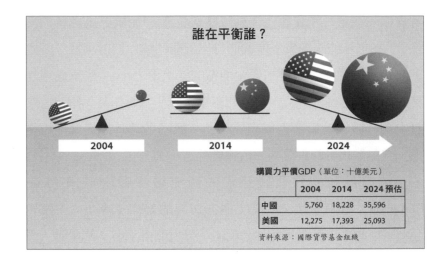

誰在平衡誰？

2004　　2014　　2024

購買力平價GDP（單位：十億美元）

	2004	2014	2024預估
中國	5,760	18,228	35,596
美國	12,275	17,393	25,093

資料來源：國際貨幣基金組織

腳（中東）的重量，以加重他們在右腳（亞洲）的重量。但與此同時，中國則繼續保持成長，其速度為美國的三倍。結果美國的蹺蹺板一側已經傾斜，很快就會雙腳懸空、完全脫離地面。

　　這是我課堂測驗第一個問題的背景。第二個問題刺激了更多的想像，它問學生：什麼時候美國真的會發現自己淪為第二名？中國會在哪一年超越美國成為全球最大的汽車市場、最大的奢侈品市場，甚至是最大的經濟體？

　　大多數學生驚訝地發現，在大多數指標上，中國已經超過美國。作為船舶、鋼鐵、鋁材、家具、服裝、紡織品、手機和電腦的最大生產國，中國已成為世界製造業強國。[11]

　　讓學生更加驚訝的，是他們發現中國也已是世界上多數產品的最大消費國。汽車誕生在美國，但現在中國是最大的汽車生產國和最大的汽車市場。中國消費者在2015年購買了兩千萬輛汽

車，比美國銷售的汽車多三百萬輛。[12]中國也是全球最大的手機和電子商務市場，並且擁有最多的網際網路用戶。[13]中國進口更多的石油、消耗更多的能源，並且安裝了比任何其他國家更多的太陽能板。[14]無論是在2016年，或者2008年全球金融危機以後的每一年，中國都是全球經濟成長的火車頭，而這也許對美國的自我認知最具有毀滅性。[15]

那不可能！

對那些在其成長過程中，美國就意味著世界第一的美國人，或者對幾乎所有出生在1870年之後的美國人而言，中國可能將美國從世界最大經濟體的地位趕下來的觀點，是不可想像的。許多美國人認為經濟首強的地位是美國不可剝奪的權利，因為它已成為其國家認同的一部分。

理解美國對其世界領先地位的看重，就比較能瞭解2014年國際貨幣基金組織（IMF）和世界銀行在華盛頓舉辦的一場會議為何能成為一場風暴。當時IMF發布了有關全球經濟的年度報告，而媒體報導的標題就是：「美國現在變成了第二名」。《市場觀察》（*Market Watch*）喊道：「要把這話說出口不大容易，所以我就簡單說：我們已不再是第一名。」[16]英國《金融時報》更為悲嘆對IMF的消息做出總結：「現在它是官方說法了。2014年IMF估計美國經濟規模為17.4兆美元，中國經濟規模為17.6兆美元。」《金融時報》接著寫道：「就在不久之前的2005年，中國

經濟規模還不到美國的一半；而到2019年，IMF預計其規模將比美國大上兩成。」[17]

IMF使用了簡稱為PPP的購買力平價標準，以衡量中國的國內生產總值。這是目前因其職責所在，而被要求比較各國經濟的主要國際機構所使用的標準。正如中情局所言，購買力平價「為比較各國之間的經濟實力和福祉，提供了最好的起點」。IMF解釋說：「由於市場利率更加波動，即使個別國家的成長率穩定，使用它們仍會產生相當大的總量成長波動。購買力平價一般被認為是衡量整體福祉的更好指標。」[18]按購買力平價計算，中國不僅已超過了美國，而且現在占全球GDP的大約18%，而其在1980年還僅為2%。[19]

對於那些信仰美國首要地位的人，國際貨幣基金組織的報告激起了他們對各種指出美國仍是第一名的指標的研究，其中包括人均GDP，以及其他能夠更好地考慮生活質量和福祉的新數據，還有各種支持此前使用的以市場匯率衡量的國內生產總值的新理由。[20]

由於許多受人尊敬的同事有不同的看法，我就帶著「我們該如何就美國與中國經濟進行比較」這個問題，去請教世界領銜的教授與中央銀行家、前麻省理工學院教授費希爾（Stanley Fischer）。費希爾曾撰寫宏觀經濟學教科書，教過前聯準會主席伯南克（Ben Bernanke）和歐洲中央銀行主席德拉吉（Mario Draghi），擔任過以色列中央銀行主席，現在擔任美國聯準會副主席。他知道他在說什麼。根據他的判斷，購買力平價確實是最

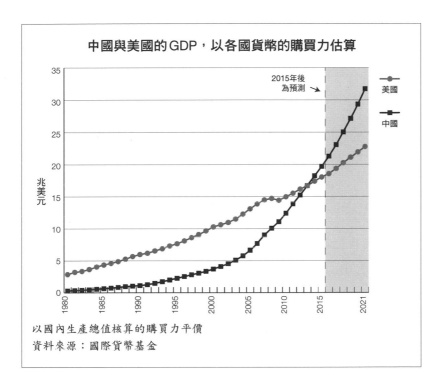

中國與美國的GDP,以各國貨幣的購買力估算

以國內生產總值核算的購買力平價
資料來源:國際貨幣基金

好的基準,且其不僅能評估相對的經濟實力。「在比較國家經濟規模時」,他告訴我,「特別是要評估軍事潛力時,作為一個近似值,最好的標準是購買力平價。這可以衡量一個國家可以購買多少飛機、飛彈、船隻、水手、飛行員、無人駕駛飛機,基地和其他那些一個國家可以用本國貨幣支付其價格的與軍事有關的物品。」[21]國際戰略研究所(International Institute for Strategic Studies)權威的年度《軍事平衡》(*The Military Balance*)對此表示同意,並指出「中國和俄羅斯,就是使用購買力平價的最強力論據。」[22]

在我撰寫這個段落時，西方媒體報導中國經濟時最喜歡的話題就是其正在「放緩」。對精英媒體2013年到2016年的文字雲搜索發現，這是它們在報導關於中國經濟的現況時最常使用的詞彙。[23] 很少人會停下來追問：速度放緩是和誰相比？在同一時期，美國新聞界描述美國經濟表現的最喜歡的形容詞，一直是「復甦」。但將中國的「放緩」與美國的「復甦」比較，中國的成長速度是否與美國相同？是高一點？還是高很多？

可以肯定的是，自2008年的金融危機和大蕭條以來，中國經濟確實已經放緩，從2008年之前十年的平均10%，下降到2015年和2016年每年6%至7%。但是，儘管中國經濟成長從危機前的水準下降了大約三分之一，但全球經濟成長率更是減少了近一半。「大蕭條」以來美國經濟的所謂「復甦」，其年均成長率僅2.1%；與此同時，歐盟經濟體的年均成長是1.3%，且還繼續停滯不前；日本的情況也是如此，其同期的年均成長率僅1.2%。[24] 當關於中國經濟放緩的訊息不絕於耳，一個再刺眼不過的事實是，自大蕭條以來全球所有成長的40%集中在一個國家：中國。[25]

兩週可以建出一個羅馬？

1980年，美國到中國的遊客很少，那時中國才向西方「開放」不久，到中國旅行仍然很困難。那些去過的人，看到的是一個遼闊的、農村的、停滯的、難以捉摸的、沉睡中的國家，彷彿

是從遙遠的過去被抓進現代一般。他們看到竹竿搭起的房屋，和搖搖欲墜的蘇聯式公寓樓；城市街道上擠滿了大量的自行車，騎車的人都穿著幾乎相同的毛服。從香港冒險跨過界河的遊客，看到廣州和深圳的空地上散布著小村莊。無論去哪裡，美國人都看到一個一貧如洗的國家。當時中國的十億人中，88% 每天收入不到兩美元，就像工業革命前的幾千年一樣，得為餬口而掙扎。[26]

北京一度空無一人的街道，現在被 600 萬輛汽車堵塞。曾為中國向西方開放發揮關鍵作用的前國務卿季辛吉，回顧 1970 年代初期他在中國的秘密外交使命時說：「憑著對 1971 年的中國的記憶，如果當時有人向我展示 25 年後的北京的模樣，我會說這絕不可能。」[27] 深圳今天是一個超過一千萬人的大城市，其房地產價格與矽谷相當。澳洲前總理陸克文（Kevin Rudd）是一位敏銳的中國觀察家，他形容中國的爆發是「英國工業革命和全球資訊革命同時並進，並且不是壓縮在 300 年，而是 30 年。」[28]

當美國人抱怨建造建築物或修建道路需要多長時間時，當局經常回答說「羅馬不是一天建成的」，但顯然有人忘記告訴中國人這點。到 2005 年，中國**每兩週**完工的樓地板面積，就與今天的羅馬相當。[29] 從 2011 年到 2013 年，中國生產和使用的水泥，就比美國在整個二十世紀還要多。[30]2011 年，一家中國公司以 15 天興建了一座 30 層高的摩天大樓；三年後，另一家建築公司在 19 天內建成了一座 57 層高的摩天大樓。[31] 事實上，中國在短短 15 年內建成了相當於整個歐洲的房屋存量。[32]

紐約時報專欄作家湯瑪斯・佛里曼（Thomas Friedman）在

第一次看到舉辦2010年世界經濟論壇夏季大會的天津梅江會展中心時，承認自己為其「巨大與精美的設計」而喘不過氣來，而這座建築僅用了八個月就建成。佛里曼驚異地注意到了這一壯舉，但也因此感到灰心。在他馬里蘭州的住家附近，一座「紅線車站的各21個台階的兩台小型自動扶梯」用了幾乎與此相同的時間，才被華盛頓地鐵的工作人員修好。[33]

　　佛里曼把他《世界又熱、又平、又擠》一書的一整個篇章，用來幻想倘若擁有「中國的一天」，美國可能實施的影響深遠的改革。[34]今天，中國幾個小時內完成的東西，在美國得花幾年才能完成。有一段時間，每天當我從哈佛大學甘迺迪學院與哈佛商學院的辦公室，看到查爾斯河上的大橋，我就會想到這一點。這座橋在過去**四年**一直在重建，並讓交通大打結。而在2015年11月，北京在43**小時**內更換了規模更大的、重達1300噸的三元高架橋。[35]總體而言，中國在1996年到2016年間，建成了260萬英里的道路，連接了全國95%的村莊，也建造了7萬英里的高速公路，使其成為世界最龐大的高速公路系統，規模幾乎是美國的1.5倍。[36]

　　在過去十年，中國建造了世界上最長的高速鐵路網絡；長達12000英里的高速鐵路線，以高達180英里的時速在城市之間運送乘客。這種長度的鐵軌若放在美國，可以從紐約到加州來回兩次。180英里的時速，可以讓人在一個多小時內，從紐約市的大中央車站到華盛頓特區的聯合車站，或在兩小時內從波士頓到華盛頓。事實上，中國目前的高速鐵路軌道，已比世界其他地區的

軌道加起來還要多。[37]在同一個十年，加州一直努力在洛杉磯和舊金山之間建立一條長達520英里的高速鐵路。選民在2008年批准了該計畫，但該州最近承認要到2029年才會完成，且將耗資680億美元，這比原先承諾的預算多350億美元，而時間也將延長九年。[38]而到那個時候，中國還計劃再完成16000英里的高速鐵路。[39]

除了摩天大樓，橋樑和高速列車之外，還有對中國的人類發展更重大的衝擊。一代人以前，每100名中國人中有90人每天的生活費不到2美元，到今天只有3個人還如此。[40]中國的人均收入已從1980年的193美元，增加到今天的8100美元以上。[41] 2010年世界銀行行長佐利克（Robert Zoellick）在評估聯合國千年發展目標（Millennium Development Goals）在改善全世界最貧窮人口生活方面取得的進展時指出：「從1981年到2004年，中國成功地讓五億多人擺脫了極度貧困。這無疑是歷史上克服貧困的最大飛躍。」[42]

中國的教育、醫療保健和相關指標，反映了人民福祉的類似改善。1949年，中國人的預期壽命僅36歲，十分之八的人無法讀寫。到2014年，預期壽命增加了一倍多，達到76歲，95%的人識字。[43]如果中國繼續目前的成長路徑，千百萬人的生活水準會在一生中成長百倍。按照過去十年美國的人均成長率，美國人得耗上740年才能看到同樣的改善。正如經濟學家一再向讀者闡述的，現代史上第一次，亞洲在私人財富的積累方面已經比歐洲更為富有。就包括所有家庭的金融資產的財富積累而言，亞洲預

計在2020年左右超過北美，而中國是主要的驅動力。[44]

　　就在這歷史的一瞬間，中國的經濟成長不僅使數億人擺脫了貧困，而且還產生了大量的百萬富翁和億萬富翁。一項分析指出，中國已在2015年超過美國，成為最多十億美元級富豪的國家，且其現在每週都會增加一位十億級的富豪。[45]雖然中國人在世界上以省吃儉用著名，其家庭通常可以節省超過30%的可支配收入，但如果馬克思知道今天有多少中國「共產黨人」穿著Prada，他不知道心中有何感想。中國消費者在2015年購買了全球一半的奢侈品。[46]Louis Vuitton、Chanel香奈兒和Gucci古馳，現在都將中國人視為主要的客戶。蘇富比和佳士得拍賣行標價最高的拍賣品，現在不是拿到紐約和倫敦，而是出現在北京和上海。

STEM革命

　　一代人以前，中國在教育、科學、技術和創新方面處於國際排名的最底層。但經過二十年對國家人力資本的大規模投資後，它已成為全球競爭對手。今天它不僅可與美國匹敵，且在部分指標上已明顯超過美國。[47]

　　國際公認的用於比較高中學生教育表現的可靠標準，是國際學生評估計劃（Program for International Student Assessment，PISA）。在2015年PISA測試中，中國數學排名第6，美國排名第39。中國的得分遠高於經合組織（OECD）的平均水準，而美

國的得分則明顯低於經合組織的平均水準。即使是得到最高評價的美國麻薩諸塞州，如果被當成一個國家進行排名，也僅能在國際上排名第20；比起其在2012年第9名的成績排名大幅下跌。[48]根據最近史丹佛大學對工程和電腦科學領域大學新生進行的比較，中國高中畢業生的批判性思維能力，比美國同儕有三年的優勢。[49]

根據《美國新聞與世界報導》（*U.S. News & World Report*）的排行榜，2015年北京清華大學超過了麻省理工學院，成為全球工程學科第一名的大學。在全球前十名的工程學科當中，中美兩國各有四校入榜。[50]在提供科學、技術，和在現代經濟體中成長最快領域的核心競爭力技術的STEM科目（science、technology、engineering和math四字的縮寫）中，中國每年的畢業生數量是美國的四倍（130萬對30萬）。這還不包括目前在美國院校註冊的額外30萬中國學生。[51]儘管歐巴馬政府在2009年提出著名的〈教育創新〉倡議，期望推動STEM教育，但這一差距已持續了十年。在歐巴馬執政的每一年，中國的大學在STEM領域頒發的博士學位，都比美國的大學要多。[52]

中國的教育投資已對中國經濟發揮重大的幫助。雖然曾以廉價消費品的低成本生產商而聞名，但中國在高科技製造業的全球增加值總額所占的比例，已從2003年的7%增加到2014年的27%。美國國家科學基金會的報告稱，在同一個十年中，美國的市場占比從36%下降到29%。例如在快速發展的機器人領域，2015年中國不僅新專利的註冊申請量高一倍，而且新增加的工

業機器人也高兩倍半。[53] 中國現在是世界領先的電腦、半導體、通訊設備以及藥品生產國。[54] 2015年，中國的專利申請總數幾乎是第二位的美國的兩倍，並成為第一個在一年內提出超過100萬份申請的國家。[55] 依目前的趨勢繼續下去，中國將在2019年超過美國，在研發支出上獨步全球。[56] 2014年美國藝術與科學院的一份研究警告稱：「如果我們的國家不迅速採取行動支持其科學組織，它將揮霍掉那些長期以來促進新發現、並刺激就業成長的創新引擎所帶來的優勢。」[57]

面對這些趨勢，許多美國人卻不願正視，紛紛尋找藉口，以為十幾億人口的中國雖然在蓬勃發展，但其成功根本上仍然只是依靠模仿和大規模生產。這種觀點在現實中有一些根據，包括中國以間諜等老派的方式，與越來越多的網路科技，去盜取知識產權，而這也是中國經濟發展計劃的另一處關鍵部分。正如一位華人同事向我解釋的，當美國人說到R&D（研發），中國人卻想到RD&T，而T代表盜竊（theft）。當然，中國的目標只針對那些知識產權值得竊取的國家，其中最重要的就是美國。聯邦調查局局長柯密（James Comey）曾在2014年表示：「盜竊案發生的數量驚人」，「美國只有兩種大公司，一種是已經被中國人駭過的，另一種是還不知道他們已經被中國人駭過的。」哥倫比亞廣播公司（CBS）的「60分鐘」節目，在2016年的調查報告中聲稱，中國的企業間諜活動已經讓美國公司損失了數千億美元。司法部高級官員稱，中國的網路盜竊「對我們的國家安全構成嚴重威脅」。[58]

　　雖然中國仍然是網路盜竊和間諜活動的溫床，但隨著一年一年的過去，也越來越難否定中國作為自主創新者的日益強大的力量。以超級電腦為例，白宮科學和技術辦公室（White House Office of Science and Technology）認為此一技術「對經濟競爭力，科學發現和國家安全至關重要」。[59]為了確保美國在超級計算中保持其「領導地位」，歐巴馬總統在2015年成立了國家戰略計算倡議（National Strategic Computing Initiative），以此作為他的美國創新戰略的支柱。但自2013年6月以來，世界上最快的超級電腦就已不在矽谷，而是在中國。事實上，在世界最快的超級電腦500強排行榜中，中國的數量已達167台，比美國多兩台；而在2001年，中國還缺席此一榜單。而且，中國頂尖的超級電腦比最接近的美國競爭對手快五倍。儘管中國的超級電腦以前主要依賴美國的處理器，但到2016年，其頂級電腦已完全採用國產處理器。[60]

　　中國在2016年締造的兩項突破也為未來提供了令人不安的信號，包括推出能提供前所未有的保密通信的世界上第一顆量子通信衛星（quantum communications satellite）*，以及在探測太空深處智慧生命上無與倫比的世界最大的無線電望遠鏡†。這些成就中

---

* 譯註：墨子號由中國科學院國家空間科學中心負責建造，2016年8月於酒泉衛星發射中心發射升空，成為全球首顆設計用於進行量子科學實驗的衛星。

† 譯註：中國科學院國家天文台於2016年建造的「500米口徑球面無線電望遠鏡」（Five-hundred-meter Aperture Spherical radio Telescope，簡稱FAST）位於貴州省平塘縣，利用喀斯特窪地的地勢而建，是目前世界上最大的單一口徑、填充口徑（即全口徑均有反射面的）無線電望遠鏡。

的任一項都表明中國有能力承擔昂貴、長期、開創性的計畫，並順利完成。這是一種在美國已經萎縮的能力，最近多個投資數十億美元的巨型工程就是例證。南卡羅來納州薩凡納河（Savannah River）的鈽處理廠，在耗費納稅人50億美元之後，估計未來幾十年每年還需花費十億美元，因而正被考慮取消。位於密西西比州肯珀郡（Kemper county），被麻省理工學院稱之為「旗艦」的碳捕獲和儲存計畫，成本已超支40億美元，完工時間推遲了兩年以上，且也面臨不確定的未來。[61]

更大的槍桿子

國內生產總值雖然不是衡量一個國家崛起的唯一指標，但它提供了國家力量的基礎。雖然國內生產總值並不能立即或自動轉化為經濟或軍事實力，但如果歷史是我們的指導，只要假以時日，國內生產總值較大的國家，在左右國際事務時將具有更大的影響力。

中國人永遠不會忘記毛澤東的口號：「槍桿子裡出政權」。他們知道是共產黨的接班人在統治中國，而不是蔣介石的國民黨在主政，其唯一的原因就在於此。毛澤東和他的同志贏得了內戰。在1989年，是誰粉碎了在天安門抗議的學生和支持者，好讓共產黨繼續掌權？也是拿著槍、開著坦克的中國軍人。

隨著中國經濟變得越來越大，其槍枝和坦克，以及二十一世紀的新裝備，也變得越來越精良，並使之能與其他大國、特別是

美國，在一個新的水準上競爭。正如Facebook和Uber這樣的技術創業公司，利用破壞性創新的概念，來顛覆以前占主導地位的公司，中國軍方也正在開發可以對抗美國數十年來發展起來的船舶、飛機和衛星的新技術，而其成本僅是後者的一小部分。今天，趕超的國家不需要在競爭對手的硬體和其他傳統平台上進行亦步亦趨的投資。新技術允許不對稱的反擊策略，比如可以從中國大陸發射飛彈摧毀航空母艦，或者可以用一百萬美元一發的反衛星武器，摧毀價值數十億美元的美國衛星。[62]

儘管1980年代末以來，中國的國防投資平均僅占國內生產總值的2%，而美國已接近4%，[63]但連續30年的兩位數經濟成長，已使中國的軍事能力擴大了8倍。[64]今天，中國的國防預算按市場匯率計算已達1460億美元，按購買力平價則達3140億美元，僅次於美國，是俄羅斯的兩倍。[65]我將在第六章詳細討論中國不斷成長的軍事力量。在這兒只需強調，中國已經在戰場上獲得了一些優勢。2015年蘭德公司的一項名為「美中軍事記分卡」（The U.S.-China Military Scorecard）的研究是對該地區軍力平衡變化最權威的評估。報告發現，到2017年，在常規能力九個領域中的六個，中國將具有「優勢」或「近似平手」，其中包括發動對空軍基地或地面目標的攻擊、獲得空中優勢、防止對手使用太空基地武器等。報告認為，在未來五到十五年內，「亞洲將看到美國的前線主導地位在一步步的消退」。[66]中國的軍事進步與其經濟發展一樣，正在迅速削弱美國作為全球霸主的地位，迫使美國領導人面對美國力量遇到限制的難堪真相。

新的權力平衡

在擔任國務卿期間，希拉蕊·柯林頓曾經提出，在二十一世紀權力平衡的概念已經過時。[67]李光耀不同意，他認為這個概念是了解國家間關係的基礎。但是，他解釋說，「在舊概念中，權力平衡主要意味著軍事力量。按照今天的說法，它是經濟和軍事的結合，我認為經濟還勝過軍事。」[68]

這種新的權力平衡有另一個名稱：「地緣經濟學」，也就是利用經濟手段，包括從貿易和投資政策，到制裁、網路攻擊和外援等，以實現地緣政治的目標。布萊克維爾和哈里斯（Jennifer Harris）在他們2016年的著作《其他手段的戰爭：地緣經濟學和國家戰略》（*War by Other Means: Geoeconomics and Statecraft*）中探索了這個概念。他們認為，中國「是全世界實踐地緣經濟學最成功的國家，但是另一方面，它也可能是將地區或全球性的力量投射拉回到看重經濟、而非出於政治軍事目的的主要因素。」[69]

中國主要是透過經濟來進行對外政策，因為，說白一點，它有錢。它目前是130多個國家的最大貿易夥伴，包括所有的亞洲主要經濟體。它與東南亞國家聯盟成員國的貿易在2015年占東盟貿易總額的15%，而美國僅占9%。隨著美國退出跨太平洋夥伴關係（TPP），而中國卻迅速在這個嶄露頭角的、共同繁榮的地區推動自己的相似協議，這種不平衡還將加速。[70]

這種地緣經濟戰略讓人回想起孫子的格言：「百戰百勝，

非善之善者也;不戰而屈人之兵,善之善者也。」正如季辛吉的《論中國》一書所解釋的,對孫子來說,勝利「不僅僅是武裝的勝利」,更「在於實現最終的政治目標」。因此戰爭必須達到:「比在戰場上廝殺更重要的是……使敵方陷入無路可逃的絕境。」[71] 而在今天的經濟關係中,中國就是這麼盤算。

當然,掌握國際事務不僅僅需要經濟槓桿。一個政府不僅必須具備經濟基礎,還必須具備有效運用經濟手段的技能。在這方面,中國在使用「軟實力」的硬方法上,表現出獨特的優勢。當各方未能及時認清現實、甚至決心抵抗,中國已經準備好利用經濟的胡蘿蔔和棍棒,視需要買入、賣出、制裁、投資、賄賂或偷竊,好讓對手乖乖就範。那些依賴中國出口的關鍵商品、或依賴其廣大市場的國家尤其脆弱;當雙方有摩擦時,中國可以先是拖延,後是封鎖。值得關注的案例包括:中國在2010年突然停止向日本出口稀有金屬,以此要求日本釋放數名被拘留的中國漁民;為了懲罰諾貝爾和平獎頒給著名的中國異議人士劉曉波,2011年挪威的頭號鮭魚市場中國突然不再進口這些魚;2012年中國對菲律賓的香蕉進行了長時間的檢查,直到他們在碼頭上腐爛,以逼迫菲律賓政府改變對黃岩島爭端的立場。

中國在經濟的權力平衡方面享有如此優勢,以至於許多其他國家都沒有其他選擇,只能乖乖聽話,即使有國際體系支持它們也沒轍。例如中國在2016年斷然拒絕荷蘭海牙常設仲裁法院對其與菲律賓在南海的爭端做出的不利裁決,並為此國家意志的角力另起爐灶。在這場僵局和其他涉及南海的問題上,中國已經展

現出一種軟硬兼施以得到遂其所欲的「妥協」的能力。

當然，比雙邊談判更關鍵的是能夠為創建者帶來益處的國際機構。在第二次世界大戰之後，美國創建布雷頓森林體係算是開了先河，建立了包括協調國際金融的國際貨幣基金組織、向發展中國家提供低於市場利率的貸款的世界銀行，以及用以促進貿易的關貿總協定與其繼任者世界貿易組織。在國際貨幣基金和世界銀行，只有一個國家對這些機構的治理機制的變化擁有否決權，那就是美國。

可以預見的是，隨著中國經濟實力的壯大，其領導人對這些延續迄今的國際機構會感到不滿，並開始另闢地盤。中國已經連年要求美國賦予其在世界銀行更大比例的投票權，但都遭到美國拒絕。於是北京乾脆在2013年建立了自己的機構亞洲基礎設施投資銀行（Asian Infrastructure Investment Bank）互別苗頭，由此震驚了華盛頓。儘管華盛頓強烈要求各國不要加入這個中國的銀行，但在2015年正式成立前，已經有57個國家簽署了成為創始會員國的意向書，其中包括美國的一些主要盟友，特別是英國。他們對美國說不，對中國說是，以此希望以低於市場的價格獲得貸款，並且獲得該銀行所資助的大型建築工程的合同。讓他們這樣做的原因很明顯；甚至在亞投行成立之前，中國國家開發銀行就已經超過世界銀行，成為國際發展計畫最大的資金來源。[72]包括向亞投行承諾的300億美元啟動資金，到2016年，中國用以推動國際發展的各種金融資產合計在一起，已比西方六大開發銀行的資產規模總和高出1300億美元。[73]

　　這不是中國第一次擺脫西方的規則，決定創辦自己的俱樂部。在2008年金融危機和大衰退之後，中國推動了金磚峰會的召開，使巴西、俄羅斯、印度，中國和南非等國作為一群快速發展的經濟體，能夠在沒有美國或七大工業國組織監督的情況下做出決策和採取行動。在2014年普丁派遣俄羅斯軍隊進入烏克蘭之後，美國和歐盟將俄國趕出八國集團的會議，並宣布俄國陷入了「孤立」。一個月後，習近平和金磚國家的其他領導人在首腦會議上向他張開雙臂，表示歡迎。

　　其他中國舉措也有類似的效果。2013年9月，習近平宣布中國打算投資1.4兆美元建設「新絲綢之路」的基礎設施，將亞洲、歐洲和北非的65個國家與44億人口結合起來。透過統稱為「一帶一路」的「絲綢之路經濟帶」和「21世紀海上絲綢之路」，中國正在建設橫跨歐亞大陸的高速公路、快速鐵路、機場、港口、輸油管、電纜，以及光纜。這些曾經是古代中國貿易路線的現代物理鏈接，將促進新的外交、貿易和金融連結。目前，「一帶一路」已有900多個項目，成本超過1.4兆美元。根據投資者和前國際貨幣基金的經濟學家任永力（Stephen Jen）的說法，即使根據通貨膨脹進行調整之後，這也相當於12個馬歇爾計劃。[74]

　　無論你想稱之為慷慨大方或者是經濟帝國主義都行，但事實是中國的經濟網絡正在全球蔓延，改變了國際上的權力平衡，甚至使美國在亞洲的長期盟友也從美國向中國傾斜。在李光耀簡潔的總結中，「由於中國市場廣闊，購買力不斷增強，中國正將東

南亞國家吸收進其經濟體系中。日本和韓國也將不可避免地被吸引。它只是吸納這些國家，而不必使用武力……很難戰勝中國不斷成長的經濟影響力。」[75]或者，套句中國人的老話：有錢能使鬼推磨。

　　這些事態的發展對中國和美國相對地位的影響，可參考一位美國最明智的亞洲專家的一段精闢的評論。博斯沃思（Stephen Bosworth）曾在美國政府服務了30年，其中包括擔任菲律賓和韓國大使，1998年被任命為塔夫茨大學佛萊契爾法律與外交學院院長。在接下來的十年，他將注意力從亞洲轉移開來，以全心致力於該教育機構。然後在2009年，歐巴馬總統要求他擔任他的北韓特使。在從最初的兩週旅行返回、與該地區眾多的首相和總統見面之後，博斯沃思報告說，他幾乎不相信他所看到的。他回憶說，這彷彿是一場「李伯大夢」（Rip Van Winkle experience）。在1998年以前，當危機或問題出現時，亞洲領導人提出的第一個問題總是「華盛頓怎麼想？」今天，當有事發生時，他們首先要問的是「北京怎麼想？」

第二部分

歷史的教訓

第二章 雅典對決斯巴達

「最後的引爆點，就是當雅典人的力量達到眾所周知的高峰，
且開始侵犯斯巴達的盟友之時。到了這時，斯巴達認為自己已不再能夠容忍，
並決定開始這場戰爭，利用一切力量來攻擊，拼死摧毀雅典。」
——修昔底德，《伯羅奔尼撒戰爭史》——

「雅典的崛起，以及斯巴達揮之不去的恐懼，使戰爭不可避免。」
——修昔底德，《伯羅奔尼撒戰爭史》——

剛成為大學新生時，我修讀了一門古希臘語課程，第一年的多數時間是學習新的字母、詞彙，句子結構和語法，但是我們的教授向我們保證，如果我們努力學習，到第二學期結束時，我們就可以閱讀色諾芬（Xenophon）的《長征記》（*Anabasis*）。除此之外，他還為那些在第二年成績優秀的人挑選了「獎品」，也就是閱讀修昔底德。

我彷彿仍可以聽到他說出「修昔底德」這位歷史學家的名諱時的激動與崇敬。對拉班（Laban）教授來說，古典希臘時期代表了文明的第一個偉大尖塔。只有掌握原始語言，我們才能從他認為的歷史之父那兒理解這點。雖然他很欣賞希羅多德（Herodotus），但我們的教授堅持認為，修昔底德才是第一位專注於捕捉歷史「究竟發生了什麼」的人，[1]因為他的敘述結合了記者對細節的洞見，研究者對真相的抽絲剝繭，以及歷史學家識別複雜事件背後根本原因的能力。正如拉班教授告訴我們的，修昔底德也是我們現在稱之為現實政治，或者國際關係學的現實主義的先驅。我一開始作為世界政治的入門學生，就堅定地想得到拉班教授的這個獎品，我最終也得到了。

修昔底德沒留下多少關於自己生活的紀錄。我們知道他出生於公元前五世紀中葉，是雅典的公民，而雅典是古希臘兩個最強大的城邦之一。我們也知道他是一位將軍，卻在一場大戰中被家鄉所放逐，到地中海地區遊歷。在這場攪亂了古代世界的衝突中，他的母國雅典與當時的主導大國斯巴達城邦抗衡，最終兩者都一蹶不振。修昔底德的《伯羅奔尼撒戰爭史》是對這場衝突的

第一手說明，也是西方文明的偉大作品之一。直到今天，這本書仍然發人深省，不僅被歷史學家和古典主義學者、也被世界各地大學和軍事院校的軍文戰略學者研究和爭辯。

　　正如修昔底德在其作品的序言中所闡述的，他的編年史的目的，是幫助未來的政治家、軍人和公民理解戰爭，以使他們能避免前人犯下的錯誤；他說：「在人類事務中，如果事情不是會如實重現，至少也會相似的再現。因此，如果人們能藉由我的歷史著作準確地瞭解過去，並藉此理解未來，我會甚感欣慰。」[2]作為最初的「應用歷史學家」，他與後來的邱吉爾分享了相似的觀點：「你回頭看的時間越長，你可以預見的就越遠。」

　　藉由修昔底德，我的二年級同學和我瞭解到雅典和斯巴達之間在大戰之前享有的漫長和平。我們讀到了雅典在民主領域的寶貴實驗，以及在各個領域空前的創造性成就。這些古希臘人成為哲學、戲劇、建築、雕塑、歷史、海軍戰法，以及其他許許多多的奠基者。就算有一些領域他們不是先行者，他們也將之推上人類歷史上從未見過的高峰。蘇格拉底、柏拉圖、索福克里斯、歐里庇得斯、阿里斯托芬（Aristophanes）、伊辛納斯（Ictinus，帕德嫩神廟的建築師）、德莫斯泰內斯（Demosthenes）和伯里克利（Pericles），仍是推動文明進步的巨人。

　　藉由修昔底德撰寫的歷史，我們能夠瞭解數十年間維持了和平的這些非凡的國家，如何最終讓自己陷入了毀滅性的戰爭。雖然其他論者強調近因，但修昔底德卻直指問題的核心。「至於斯巴達和雅典打破冷和平的原因」，他寫道，「我會先鋪陳他們指

責對方的理據，以及他們利益衝突的具體情況」，但是，他警告說，「這些論點很可能反而模糊了戰爭的真正原因。」他將焦點集中在這些因素之下的更重要的因素。修昔底德告訴我們，使戰爭「不可避免」的原因，是雅典的崛起，以及斯巴達揮之不去的恐懼。[3]

這就是我所謂的「修昔底德陷阱」的現象：當一個崛起強權威脅要傾覆統治強權，會造成嚴重的結構性壓力。在這種情況下，不僅僅是特殊的突發事件，而且即使是普通的外交事件，也會引發大規模的衝突。

修昔底德詳細陳述了這種狀態如何將雅典和斯巴達捲入戰爭之中。他寫道，在驅逐波斯人的偉大戰爭中齊心協力的雅典和斯巴達，曾成功調解他們之間的戰略競爭，並協商出一段珍貴的「三十年和平」（Thirty Years' Peace），成功地解決了一系列可能誘發戰爭的危機。他們認識到兩國文化、政治制度和利益之間的顯著差異，使激烈的較勁不可避免；但他們也知道戰爭會帶來災難，並決心找到避戰的方法，以保護自己的利益。

那麼，這兩個偉大的希臘城邦是怎麼跌入一場對兩者都有如此災難性後果的衝突呢？《伯羅奔尼撒戰爭史》一書長達六百頁的每一頁，都提供了涉及這場致命戰爭的曲折歷程的動人細節。[4]兩個大國和米洛斯（Melos）、米加臘（Megara）、克基拉（Corcyra）等其他希臘小國之間的外交折衝故事，則提供了治國之道的有益線索。但修昔底德的故事主軸，是將雅典和斯巴達拉向對撞的引力：雅典貪得無厭的成長，和斯巴達對其在希臘的主

導地位將被其破壞的與日俱增的憂慮。換句話說，他的主題就是修昔底德陷阱，是這兩個古代世界最傳奇的兩個大國儘管一再試圖避開，但終究不可自拔陷入其中的過程。

崛起者遭遇統治者

在公元前490年波斯入侵希臘之前，斯巴達在該地區擔任主導強權已長達一個多世紀。作為希臘半島南部伯羅奔尼撒半島的一個城邦，斯巴達不僅得對抗其陸地邊界上的幾個中等大國，還得應付境內被稱為黑勞士（Helots）的那群比其公民人口多上七倍、且日益躁動的奴隸。[5]

斯巴達到今天仍然是極致的軍國主義象徵。從家庭到政府，全社會的組織原則旨在最大限度地發揮其戰鬥人員的生命力和實力。斯巴達當局只允許身強體壯的嬰兒活下來；男孩七歲時會被帶離家庭，進入軍事學校，在那裡他們變得堅毅，受到訓練，得到培養，以應對戰爭。男人到20歲可以結婚，但必須繼續住在營房，共同進餐，和每天接受培訓。與對手雅典的公民大會被保守的貴族長老主導不同，斯巴達人直到30歲，在服務斯巴達城邦23年之後，他們才獲得完整的公民身分，與參加公民大會的權利，且直到60歲才終於免服兵役。斯巴達公民把勇敢、英武和紀律等軍隊價值看得高於一切。正如普魯塔克（Plutarch）告訴我們的，當斯巴達的母親派他們的兒子去參加戰爭時，會告訴他們「帶著你的盾牌、或躺在上面」回來。[6]

相比之下，雅典是一個港口城市，位於阿提卡（Attica）的一處乾涸的海角，並以其文化為榮。由於與希臘的大陸地區被人煙稀少的高山隔離出來，雅典一直是一個貿易民族，受到在愛琴海縱橫穿梭，出售橄欖油、木材、紡織品和寶石的貿易商的支持。與斯巴達的窮兵黷武不同，雅典是一個開放社會，其學校招收來自希臘各地的學生。經過幾個世紀的強人統治後，雅典還開始了一場大膽、新穎的政治實驗，即所謂的民主。其公民大會和五百人院向所有自由人開放，並做出所有關鍵的政治決定。

在公元前5世紀之前，希臘的世界基本上各自為政，分為許多自治的城邦。但是波斯人在公元前490年的入侵，迫使希臘人以前所未有的方式應對共同的威脅。後來在溫泉關，因為三百名精英斯巴達戰士的傳奇性捨身取義，阻擋了整個波斯軍隊，並為希臘的軍事聯盟爭取了時間。在薩拉米斯（Salamis），雅典指揮的盟軍艦隊以一敵三，摧毀了波斯艦隊。在公元前479年，希臘聯軍第二次決定性地擊敗入侵的波斯軍隊，決定了戰局。

雅典意識到它在希臘的勝利中發揮了關鍵作用，希望成為希臘的主要大國之一。事實上，在波斯撤退之後，這個城邦經歷了顯著的經濟、軍事和文化復興。它的經濟吸引了來自整個希臘世界的商人和水手，為其商船所服務。隨著貿易量的成長，雅典在其專業海軍之外，增加了一支貿易船隊，而其海軍已經是其最接近的競爭者的兩倍多了。[7]遙遠的克基拉（Corcyra）是唯一一個也擁有大量艦隊的希臘城邦，排在其後的是斯巴達的關鍵盟友科林斯（Corinth）。不過這兩者都並未構成真正的危險，因為雅典

人在波斯戰爭中的驚人勝利，已經證明水手的技能比其艦隊的規模更加重要。

在公元前五世紀，雅典逐漸將應對波斯人的防衛性同盟網絡，打造成事實上的海上帝國。雅典要求盟國分擔其重負，殘酷鎮壓那些試圖擺脫其掌控的城邦，如納克索斯（Naxos）等國。到了公元前440年，除了遙遠的萊斯博斯（Lesbos）和希俄斯（Chios）之外，所有雅典人的殖民地都放棄了自己的海軍，而是向雅典付費以獲得保護。隨後，雅典大幅擴張了整個地區的海上貿易聯繫，創造了一個貿易制度，使希臘許多較小的國家比以往更加繁榮且相互交流。在龐大的金流支持下，雅典政府資助了一場文化狂飆，建造了此前任何時期都無法媲美的建築物，例如帕德嫩神廟，並讓索福克里斯的戲劇可以頻繁製作與上演。即使希臘的其他地方看起來越來越不滿，雅典人認為帝國的擴張是完全良性的。他們後來向斯巴達人聲稱：「我們不是透過暴力獲得的帝國」，而是「因為盟國要與我們攜手、並自發地要求我們承擔指揮權。」[8]

斯巴達人嘲笑這個遁詞，他們知道雅典人像他們過去一樣的無情和詭詐。但是他們的不信任也反映了兩國政治和文化觀念的格格不入。斯巴達有君主制和寡頭政治的混合政治體系，很少干涉遙遠國家的事務，而是集中心力防止國內的黑勞士叛亂，和確保其地區優勢。斯巴達人為他們獨特的文化感到自豪，但是與雅典人不同，他們並沒有試圖說服其他國家遵循他們的模式。斯巴達雖然擁有強大的步兵，卻是一個保守的現狀大國。[9]正如科林

斯的大使後來在斯巴達的公民大會上所說的，「雅典人沉迷於創
新，他們心態的特色是心思活潑、行動敏捷。你們則保留你們擁
有的東西，不發明任何東西，當你們被迫採取行動時，你們會小
心翼翼步步為營。」[10]

　　科林斯人的描述只是略微誇張而已。雅典在國家生活的各個
方面，都表現出了極大的勇氣。雅典人相信他們正在推進人類成
就的前沿，他們對干涉其他國家的事務，推翻整個希臘群島的寡
頭政府和推動民主國家毫無保留。他們一再試圖說服中立國家
（例如克基拉）加入聯盟。雅典的野心似乎沒有盡頭，這讓斯巴
達感到非常不安。正如一位雅典外交官在戰爭爆發前不久就向斯
巴達議會直言不諱所說的：「我們不是在樹立榜樣，只是弱者應
該服從強者是不變的法理。」[11]

　　波斯人撤退後不久，為了提醒希臘世界其在各方面的統治地
位，斯巴達領導層要求雅典人不要重建城牆。這意味著故意讓自
己容易受到來自陸地的入侵，而若他們敢於違背命令，就會受到
斯巴達的懲罰。但雅典無意回到現狀。雅典人相信，他們在與波
斯人鬥爭中的痛苦與犧牲，已使他們獲得了一定程度的自治。然
而在雅典的拒絕中，斯巴達領導人看到了忤逆的證據，其他人則
看到會威脅到既定的秩序的更為不祥的帝國野心。

　　有一度，雅典不斷成長的軍事力量，對斯巴達沒有構成實質
性威脅。斯巴達人與其盟軍一起，軍隊力量是雅典的兩倍以上。
大多數斯巴達人都相信他們的邦聯享有在希臘所向無敵的軍事霸
主的地位。儘管如此，隨著雅典力量的不斷增強，一些人提出對

雅典發起先發制人的攻擊，以提醒整個希臘世界誰是老大。這些斯巴達領導人認為，允許雅典不受阻礙地成長最終會危害斯巴達的霸權。雖然公民大會否決了他們對戰爭的初步呼籲，但隨著雅典的力量增強，斯巴達的鷹派影響力也在抬頭。

也有一度，斯巴達人繼續認為外交可能會抑制雅典的攀升。在那個世紀中葉幾乎陷入全面衝突之後，或者統稱為第一次伯羅奔尼撒戰爭的衝突之後，兩大國在公元前446年通過重要的條約，定義了他們之間的關係。這個著名的「三十年和平」為複雜的地區安全秩序奠定了基礎。它禁止一個聯盟的成員加入另一個聯盟，制定有約束力的仲裁、和不干涉的規則和程序，確立了到今天仍然用來解決國家間爭端的先例。在接下來的這段時間內，雅典和斯巴達同意透過雙邊談判解決爭端，如果不成功，再由中立方，例如德爾斐的神諭（Oracle at Delphi），來進行有約束力的仲裁。雖然協議承認雅典是平等的一方，但斯巴達人也可以感到放心，因為斯巴達控制下的伯羅奔尼撒同盟的關鍵成員，其忠誠的盟友科林斯、底比斯（Thebes）和米加臘，都位於雅典的家門口。

對這兩個國家來說，和平的果實有多甜，戰爭的果實就有多苦。條約允許斯巴達和雅典專注於自己的領域。斯巴達與鄰國加強了長期的聯盟。雅典則繼續利用其強大的海軍在整個愛琴海稱霸，並從自己的體系中榨取黃金。它積累了一筆戰略儲備，達到了前所未聞的六千塔冷通（talents，每塔冷通約為50公斤），並且每年還新增約一千塔冷通的收入。而斯巴達雖以其堅忍和保守

作風知名，也經歷了自己的、儘管程度較輕微的文化復興。[12]

這一框架為從法國東南方蔚藍海岸延伸到黑海的更大的希臘世界，提供了前所未有的和諧時期。但「三十年和平」並沒有解決緊張局勢的根源，只是把它們擱置。但在這些條件下，正如修昔底德告訴我們的那樣，也很難減少積累的柴堆。

引爆點

到了公元前435年，引爆點出現了。最初，那個地區性的衝突似乎對雅典的利益沒有太大的影響。科林斯是斯巴達的一個重要盟友，它曾為爭奪位於當代阿爾巴尼亞的遙遠的城邦埃皮達諾斯（Epidamnus），而不惜與中立國克基拉攤牌。[13]克基拉最初似乎占了上風，它120艘戰艦的艦隊在首次對抗中擊潰了科林斯。但被羞辱的科林斯人立即開始準備第二次戰爭，迅速擴大了海軍，並從希臘各地招募水手，很快集結出150艘艦隊的聯合部隊。儘管尚未能與雅典匹敵，但科林斯現在已經掌控了希臘第二大艦隊，被嚇壞的中立國克基拉尋求雅典的幫助。

科林斯在遙遠的埃皮達諾斯的行動，現在激起了雅典對斯巴達陰謀的擔憂，並認為這構成了一個戰略困境。雅典人有兩個同樣糟糕的選擇。直接援助克基拉以對抗科林斯，有可能違反「三十年和平」；但無所作為，就得冒著科林斯征服克基拉的風險，而這可能讓海軍的權力倒向有利於斯巴達的方向。

雅典議會的情緒很凝重。雅典人認真聽取了科林斯和克基拉

外交官關於他們案件的陳述。辯論延續了兩天，直到被修昔底德描述為雅典「第一公民」的伯里克利提出了一個妥協解決方案：雅典將派一支小型的象徵性艦隊前往克基拉，並指示不要參與戰爭，除非受到攻擊。不幸的是，這種以防禦性威懾為目的的力量太小而無法阻止攻擊，但卻大到被視為一種挑釁，使科林斯人為雅典人拿起武器對付他們而憤怒。

　　斯巴達面臨類似的戰略兩難。如果它支持科林斯對克基拉的襲擊，雅典可以合理地得出結論，認為斯巴達的目標是使其海軍能力可與雅典相匹配，並可能正準備先下手為強。另一方面，如果斯巴達保持中立，就有可能讓雅典成為決定勝負的關鍵，並破壞斯巴達對其他伯羅奔尼撒聯盟盟友的信譽。這對斯巴達來說是一條紅線，因為保持其鄰近地區的穩定，是斯巴達壓制黑勞士威脅的戰略必須。

　　斯巴達和雅典也為另一個斯巴達盟友米加臘而發生衝突。在432年，伯里克利發布了《米加臘法令》，此乃貿易戰爭的古代實例，藉由對米加臘的制裁，懲罰其對雅典人的寺廟的褻瀆，和窩藏逃跑的雅典奴隸。雖然在與斯巴達簽訂的條約上，這種作法在技術上是合法的，但是《米加臘法令》仍然具有挑釁性，並且被斯巴達人解讀為另一種忤逆斯巴達主持的體系的跡象。當斯巴達要求雅典廢除《米加臘法令》時，伯里克利認為這是對自己信譽的挑戰，讓步只會讓斯巴達更加強大，阻止雅典在希臘世界其他地方的崛起。這也會激怒許多雅典公民，他們認為該法令是主權象徵。斯巴達國王阿希達穆斯二世（Archidamus II）和伯里

克利有私交，他可以從雅典人的角度看待這種情況，並認識到斯巴達人此時有一點情緒超過了理智。阿希達穆斯呼籲斯巴達人保持中庸的美德，並敦促斯巴達議會不要妖魔化雅典人、也不要低估了斯巴達政府的回應：「我們總是以假設敵人已計劃周全為前提，來進行準備。」[14]

但斯巴達的鷹派不同意。他們認為雅典變得如此傲慢，以至於它對斯巴達的安全構成了不可容忍的危險。他們提醒議會，從納克索斯和波提狄亞（Potidaea），到米加臘和克基拉目前的危機，雅典經常對其他希臘城邦進行干預；他們呼籲聽眾要擔心斯巴達的聯盟崩潰，他們要求做出苛刻的回應，聲稱雅典「應該受到雙重懲罰，因為它已背善為惡」。[15]

斯巴達的主戰派有一個簡單的論點，而科林斯的大使強化了它。在對斯巴達議會發表演講時，這位大使指責斯巴達過於輕忽大意，以致疏於防範雅典的崛起：「你們對所有這些都負有責任。你們就是一開始讓他們加強城市防禦的人……你們就是那個一直袖手旁觀等到敵人的力量變成原來的兩倍，而不是在其弱小時就當機立斷把它粉碎的人。」[16]科林斯人不惜揚言，如果斯巴達不採取行動，他們會退出聯盟。此話一出，每一個在現場的斯巴達人都感到震驚和恐懼。這個訊息很明顯：雅典的崛起，可能會摧毀幾個世紀以來幫助斯巴達保持國家安全的關鍵聯盟。

經過激烈的辯論後，斯巴達議會投票支持戰爭。正如修昔底德所解釋的那樣，「斯巴達人投票決定宣戰，因為他們害怕雅典政權的進一步發展。因為當他們過去只是冷眼旁觀，希臘的大部

分地區已落入雅典的控制之下。」[17]斯巴達的恐懼是否有道理至此已經不再重要。大部分領導人已同意雅典的擴張威脅到他們的權力和安全，而且任何人、甚至他們自己的國王，都無法說服他們有別的選項。

為什麼雅典人不能預測斯巴達人會如何反應？修昔底德本人無法解釋伯里克利何以未能找到一種方法，避免米加臘和克基拉的衝突演變成雅典與斯巴達的戰爭。但多年來的國際關係史提供了線索。一個國家若一再未能依據明顯重要的國家利益而行事，其原因往往是因為其政策取決於政府內部的必要妥協，而不是一個連貫整全的視野。儘管伯里克利多次獲選，但他沒有正式的權力。雅典法律制度的設計是為了限制任何一個人的權力，以避免暴政的風險。[18]因此伯里克利雖然是一位政治家，但也是一個政客。他的影響力僅限於他進行說服的力量。雖然《米加臘法令》顯然使雅典與斯巴達的關係達到沸點，但伯里克利認為制裁不是一種挑釁，而是一種必要的妥協。[19]而退讓根本不在考慮範圍之內。

由於雅典人民不願屈服於斯巴達的要求，伯里克利斷定，在這項法令上退讓，可能比為其站台更加危險。因為倘若在滿足了斯巴達的要求後，斯巴達還是宣戰，雅典就不僅賠了夫人又折兵，且會更屈居弱勢。因此伯里克利接受了群眾的壓力，不情願地制定戰爭計劃。雙方都沒有明確的軍事優勢，但都對自己的能力過於自信。斯巴達人在最近的記憶中沒有遭受過軍事失敗，因此未能理解雅典海軍的力量。一位發言者後來向斯巴達議會宣

稱，他的部隊可以一把火燒光雅典的田地和倉庫，讓雅典坐困愁城，忽略了雅典艦隊可以透過海上向城市提供補給的事實。與此同時，曾花費數十年儲備黃金的雅典政府，也堅信它勝券在握。伯里克利認為，如果需要的話，雅典可以在敵人的圍困下堅持對抗三年；他認為如此的時間已經足夠，讓斯巴達因為被煽動起來的黑勞士的叛亂或其他因素而被擊敗。在所有的觀察者中，只有斯巴達國王阿希達穆斯可謂有先見之明，他預測任何一方都不具備決定性的優勢，而且他們之間的戰爭將持續一代人。

事實證明，這場戰爭像阿希達穆斯預言的那樣具有毀滅性。雅典和斯巴達之間的三次流血衝突終結了希臘文化的黃金時代。在波斯戰爭之後，根據協商條約而發展起來的秩序已經崩潰，希臘城邦沉淪的暴力水準甚至超過他們的劇作家以前所能想像。例如攻占米洛斯後，雅典士兵屠殺了所有成年男子，並將婦女和兒童送去當奴隸，而這違反了希臘人在過去幾個世紀所遵守的人道規範。

這個情節因修昔底德的〈與米洛斯人的對話〉（Melian Dialogue）而不朽。雅典大使在這個段落捕捉了現實主義的政治本質：「我們不會用似是而非的言辭來擾亂你們，說什麼是因為我們趕跑了波斯人（Mede），因而使我們的帝國有權利，或說是因為你們做錯了什麼，我們才要攻擊你們」，他解釋道，相反地，「**你們和我們一樣知道，只有在平等的關係中才有權利可言。在現實世界中，強者做他們想做的，而弱者承受他們必須承受的。**」[20]

最值得注意的是，戰爭敲響了雅典帝國的喪鐘。而戰爭的贏家斯巴達也力量耗盡，聯盟網絡受損，財富大大減少。要再過兩千年，希臘人才再次能夠將自己的意志團結起來。因此伯羅奔尼撒戰爭這個修昔底德陷阱的原始實案例，不僅是希臘史而且是西方文明史的一個分水嶺。

戰爭不可避免嗎？

為什麼希臘的兩個大國之間的競爭最終造成一場玉石俱焚的戰爭？根據修昔底德的說法，根本的解釋在於崛起勢力和統治勢力之間深層的結構性壓力。由於競爭導致雅典和斯巴達陷入一個又一個僵局，各個政治體系中最狂熱的聲音越來越大、自尊感愈來愈強、敵意越來越尖銳，試圖維持和平的領導人的重擔愈來愈嚴峻。修昔底德指出了導致戰爭的這些動力的三個主要驅動因素，也就是利益，恐懼和榮譽。

每個人都知道國家利益。國家的存續，以及在不受強制的狀況下做出決策的主權，是我們通常談國家安全時的基本標準。由於雅典的無情擴張「開始侵蝕斯巴達的盟友」，修昔底德解釋說，斯巴達「為了自己的地位，已感到不可再繼續容忍」，因此除了戰爭之外別無選擇。

不過客觀的結構性現實不是唯一因素。修昔底德更提出一個關鍵詞：「恐懼」。人們都能看到客觀狀況，但我們看待這個狀況的角度受到情緒的影響。進一步言，雖然崛起強權的自信刺激

了其對現實可能性的不切實際的妄想，並鼓勵其放手一搏，但統治強權的恐懼更往往會加劇誤解和誇大危險。

除了利益和認知，「榮譽」是修昔底德提出的第三個因素。[21] 對許多現代人來說，這個詞聽起來很自負。但修昔底德的概念包含了我們現在所認為的國家的自我認同，以及由此產生的對其信念和自豪感的承認與尊重。隨著雅典的國力在公元前五世紀的成長，它覺得自己應得的也越來越多。當米加臘和科林斯這些較小的城邦與雅典接觸時，雅典不會因為他們是斯巴達的盟友就不用對雅典展現該有的敬意。按照這位偉大歷史學家的說法，隨著這三個因素越來越交織在一起，雅典和斯巴達無法避免的一再對峙。

儘管他們盡了最大的努力來防止衝突，但兩國領導人無法阻止無情的局勢演變，最終導致流血衝突。在各方進行對弈的同時，還得應付各自的國內政治團體，而後者越來越認為如果不能挺身對抗，不但喪權辱國，而且有安全之虞。最終，雅典和斯巴達的領導人被他們自己的國內政治所壓倒。美國最著名的總統專家諾伊施塔特（Richard Neustadt）曾說，擔心看似「脆弱」，仍是所有領導人決策的出發點。伯里克利和阿希達穆斯兩人對此想必心有戚戚。[22]

修昔底德關於雅典的崛起使戰爭變得「不可避免」的主張是正確的嗎？只從字面上看，答案恐怕不是。不過他的觀點是，隨著雅典變得更加強大，斯巴達變得更加焦慮，兩國選擇了越來越難以避免戰爭的道路。隨著賭注的增加，雅典人的自信心膨脹成

狂妄自大，斯巴達的不安全感則惡化成偏執。在禁止干涉他方的勢力範圍後，和平條約無意中加速了雅典和斯巴達對其餘中立國的競爭。克基拉和米加臘迫近的危機，使累積了幾十年的壓力終於一觸即發。於是修昔底德陷阱有了它的第一組受害者。儘管雅典和斯巴達都有偉大的政治家和睿智的聲音，警告說戰爭勢必生靈塗炭，但權力平衡的變化，導致雙方斷定暴力不是最壞的可行選擇。於是，戰爭來了。

第三章　近代五百年戰爭史

「人類總是對自己想要的寄予毫無根據的希望，
而對他們不想要的則用最主觀的理由視若無睹……直到戰爭以暴力給予教訓。」
——修昔底德，〈論對雅典國土的防禦〉，公元前424年——

「凡是過去，皆為序章。」
——莎士比亞——

「歷史樂章從不重複，但旋律會不時重現。」
——馬克吐溫——

「只有死者看到了戰爭的結束。」
——桑塔亞納——

雅典和斯巴達之間的戰爭是修昔底德陷阱的典型例子。但幾個世紀以來後繼出現的許多案例，崛起和統治力量也陷入了那種互動模式，並被推向了戰爭。回顧過去的五百年，哈佛大學「修昔底德陷阱計畫」指出十六起崛起強權挑戰既有強權的案例，其中十二起競爭導致了戰爭。[1]

本章介紹導致了其中五場戰爭的縮略路徑。按照由近及遠的順序，我們先探究1941年12月日本究竟是為什麼決定襲擊珍珠港；然後，考察此前日本在十九世紀的崛起，如何導致其先後與中國及俄國的戰爭。接著，我們追蹤俾斯麥如何操弄了法國，藉由挑釁其領導人，使其發動了促成德國統一的普法戰爭。再分析十七世紀占統治地位的海上強權荷蘭，對英國海軍建設的反應；最後討論十六世紀時哈布斯堡對法國的挑戰。

不知道貿易衝突是否會升級為核子戰爭的讀者，應該細看日本和美國走向珍珠港的奇特路徑。如果覺得一個國家為了國內政治的需要，會故意唆使敵人發動戰爭，似乎頗不合理，那麼請記住俾斯麥。要深入了解海軍的競爭如何促使各國政府發動血腥的戰爭，英國和荷蘭共和國之間的互動將頗有助益。

這些案件之間有明顯重大的不同；有些國家是君主制，有些是民主制；有的外交需要數週時間才能交換情報，而另一些則進行了即時交流。但是，在所有這些案例，我們都會發現國家元首得在充滿不確定性與高度壓力的環境下，面對與敵人周旋的戰略困境。進行回顧時，一些讀者可能會傾向於鄙夷他們不合理或不周詳的判斷。但若進行更深入的思考，我們應該能夠理解、甚至

	時期	統治強權	崛起強權	競爭領域	結果
1	十五世紀後期	葡萄牙	西班牙	全球帝國與貿易	無戰爭
2	十六世紀上半	法國	哈布斯堡	西歐陸權	戰爭
3	十六與十七世紀	哈布斯堡	鄂圖曼帝國	中東歐陸權與地中海海權	戰爭
4	十七世紀上半	哈布斯堡	瑞典	北歐陸權與海權	戰爭
5	十七世紀中到晚期	荷蘭共和國	英國	全球帝國、海權與貿易	戰爭
6	十七世紀晚期到十八世紀中葉	法國	大不列顛	全球帝國與歐洲陸權	戰爭
7	十八世紀晚期至十九世紀初	聯合王國	法國	歐洲陸權與海權	戰爭
8	十九世紀中	法國與聯合王國	俄國	全球帝國與對中亞及東地中海影響力	戰爭
9	十九世紀中	法國	德國	歐洲陸權	戰爭
10	十九世紀晚期至二十世紀初	中國與俄國	日本	東亞陸權與海權	戰爭
11	二十世紀初	聯合王國	美國	全球經濟主導權與西半球海軍優勢	無戰爭
12	二十世紀初	得到法國與俄國支持的聯合王國	德國	歐洲陸權與全球海權	戰爭
13	二十世紀中	蘇聯、法國與聯合王國	德國	歐洲陸權與海權	戰爭
14	二十世紀中	美國	日本	亞太地區海權與影響	戰爭
15	1940到1980年代	美國	蘇聯	全球權力	無戰爭
16	1990年代迄今	聯合王國與法國	德國	歐洲政治影響	無戰爭

註釋：哈佛大學貝爾福中心應用歷史計畫的完整修昔底德陷阱案例，請參見附錄1。

體會到他們感受到的壓力、期望和恐懼，以及他們所做出的選擇。

沒有一個衝突是不可避免的。但是，導向戰爭的各種因素之所以如此有力，有時會讓人很難看出會有其他可能的出路。我們不需要太多想像力，就能知道在聆聽了伯里克利關於戰爭的講話後，雅典議會將如何投票；或者，我們將給予哈布斯堡神聖羅馬帝國的查理五世皇帝如何的建議。

在每一個案例，那些修昔底德所勾勒的基本輪廓都清晰可見。我們清楚地看到「修昔底德陷阱計畫」所命名的「崛起強權症候群」（rising power syndrome）和「統治強權症候群」（ruling power syndrome）。前者是指一個崛起的強國日漸高張的自我認同、期待的巨大利益，與被承認和尊重的需求。後者基本上是前者的鏡像，是既有強權表現出來的放大的恐懼和不安，正因為它可能要「衰落」了而惶惶不安。正如兄弟姐妹發生齟齬時可能會在晚餐時在餐桌上吵架，在外交上，也會反映到國際會議桌上的交鋒。越來越把自己當一回事的國家（「我的聲音應該被聽見」）會期望得到承認和尊重（「聽我所說的話」），甚至要求更大的影響力（「我堅持」）。可以理解的是，已有的權力會將新貴的自信視為不安分、忘恩負義，甚至挑釁或危險。在古代希臘留給後人的啟示中，膨脹為傲慢，非理性的恐懼惡化為歇斯底里。

二十世紀中：珍珠港事變

1941年12月7日，日本飛機襲擊了位於夏威夷珍珠港的美

國太平洋海軍總部，使美國艦隊駐紮在那裡的大部分船隻被擊沉。這個無論經濟或海軍規模都比美國矮一截的小島國，竟會攻擊世界上最強大的國家，在當時看來似乎是不可思議的。但從日本的角度來看，其他的選擇更不可行。

　　華盛頓曾試圖利用金融和貿易制裁等經濟手段，強制日本停止對包括中國在內的地區的侵略。然而，日本政府認為這些制裁是置日本於死地的枷鎖。儘管日本抗議，但美國並未理解其制裁的後果，或預期到日本的回應。在珍珠港發生「驚奇」襲擊的五天前，日本駐美國大使曾發出明確警告。他的政府得出的結論是，日本「被置於美國的極端壓力之下，被要求屈服於美國的立場；但與其屈服於壓力，不如選擇戰鬥」。[2]華盛頓無視警告，仍然自滿，自信於日本不敢選擇戰爭，以卵擊石。

　　實際上早在半個世紀之前，珍珠港事件的預兆就浮現了，當時美國第一次轉向亞洲。作為1898年美西戰爭的戰利品，美國收購了第一個主要殖民地菲律賓，同時也獲得了關島。隔年，國務卿海約翰（John Hay）宣布其所謂的「門戶開放」秩序，宣稱美國不會允許任何外國勢力殖民或壟斷與中國的貿易。相反地，中國將在平等的基礎上，「開放」給所有的、特別是美國的商業利益。

　　對於正在工業化與迅速發展的日本來說，這個遙遠的大國對自己的殖民地不溯既往，卻禁止「日升之國」（land of the rising sun）實現其天命，似乎非常不公平。英國統治著印度與世界其他地區的大部分地區；荷蘭奪取了印度尼西亞；俄羅斯併吞了西

伯利亞並攫取了庫頁島，直指日本邊界；歐洲的強權還強迫日本
撤出它在1894至1995年擊敗中國人所贏得的領土。在這樣的情
況下，美國人竟就宣布這場掠奪遊戲於此結束？日本豈能善罷甘
休。

　　經過精心準備，日本於1904年與俄羅斯開戰，並一戰成
名，由此控制了遼東半島與旅順，以及南滿鐵路和庫頁島南部。
此前日本已經把中國趕出台灣島，並占領朝鮮。1931年東京入
侵中國大陸，從海岸向內陸推進約五百英里，控制了大半個中
國。（最具象徵性的事件，就是中國的每一個高中生都會在教科
書清楚讀到的、發生在1937年的南京大屠殺慘劇。）

　　東京於1933年宣布了門羅主義的日本版，主張「亞洲是
亞洲人的」。它宣稱此後「日本負責維持遠東地區的和平與秩
序」，後來將之命名為「大東亞共榮圈」。日本的戰略反映的是
不是你死就是我活的零和邏輯：「如果太陽不是在上升，它就是
在下降。」[3]

　　但自詡「門戶開放」守護者的美國無法坐視日本的野心和行
動。正如歷史學家保羅・甘迺迪（Paul Kennedy）所說，美國別
無選擇，只能對日本的侵略做出回應，「把它看作是對『門戶開
放』秩序的威脅。從理論上來講，那是美式生活方式的基礎。」[4]
美國人一開始的反制措施是經濟而不是軍事手段。首先是禁止向
日本出口高品級廢鐵和航空燃料。隨後，華盛頓加緊制裁，也納
入鐵、黃銅和銅等重要原材料，最後連石油也包括在內。

　　富蘭克林・羅斯福在1941年8月的禁運成為壓垮駱駝的最後

一根稻草。正如一位頂尖的分析人員所解釋的那樣，「雖然石油並非造成關係惡化的唯一原因，但一旦作為外交武器使用，它就造成無法挽回的敵意。」[5] 絕望之中，日本領導人批准了一項計劃，以求在珍珠港先發制人、一戰制勝。規劃這次攻擊的海軍上將山本五十六告訴日本政府：「在對美國和英國的戰爭的頭六個月到一年，我可以勇往直前，我軍必然勢如破竹，」但他接著警告他們：「如果戰爭延續兩、三年，我對我們的終極勝利毫無信心。」[6]

美國決策者震驚不已，並譴責他們眼中的日本的無故攻擊行為。然而在如此驚訝的同時，他們竟沒有人反躬自省。[7] 如果他們花了一個下午的時間閱讀修昔底德，思考雅典〈米加臘法令〉的後果，或者反思英國在1914年之前的十年阻止德國崛起的努力（下一章將詳細探討這一情節），他們或能更正確地預期日本要做的事。一些人在私下做到了此點。隨著制裁在1941年收緊，美國駐東京的大使格魯（Joseph Grew）在他的日記中深刻地指出：「報復和反報復的惡性循環已經開始……戰爭只是遲早的事。」[8]

挑戰者與主宰強權之爭，通常會加劇對稀缺資源的競逐。當經濟擴張迫使前者到更遠的地方尋求必需物資，包括一些受到後者控制或保護的商品時，這種競逐可能變成一場資源大亂戰。倘若一個國家試圖封鎖另一個國家視為生存關鍵的進口物資，就可能會引發戰爭。

十九世紀末與二十世紀初：日俄戰爭與日中戰爭

在十九世紀末和二十世紀初期，日本崛起時對中國和俄羅斯的挑戰，基本上是珍珠港的前傳。它始於1853年，當時美國商人佩里（Matthew Perry）和他的「黑船」艦隊，終結了日本兩個世紀來應對歐洲人時採取的抵抗與鎖國政策。佩里讓天皇面對一個南轅北轍的選擇：或是開放日本港口讓美國船隻得以加油和補給，或是成為他絲毫無法抵抗的現代槍砲的靶子。日本選擇了前者，並很快為現代化所著迷。

1868年明治維新展開，使日本在不到二十年後就開始追趕西方列強的競賽。明治維新時，天皇再次成為國家的最高權威。日本的技術官僚在全世界搜尋可以借鑑、模仿或盜取的最佳工業產品和作法，使日本的國民生產總值在1885年至1899年間成長近三倍。[9]經濟實力的突飛猛進燃起了東京要與西方平起平坐的決心。隨著西方列強繼續在日本的鄰國開拓殖民地和勢力範圍，該國感受到歷史學家入江昭（Akira Iriye）所稱的「緊迫感，認為他們必須力圖振作，既要避免淪落為西方侵略的受害者，也有富國強兵、躋身大國行列的意圖。」[10]

這種緊迫感推動了日本陸軍和海軍的急遽成長，軍事開支從1880年總體預算的19%躍升到1890年的31%。[11]雖然許多日本鄰國已成為西方的附庸，但隨著日本國力大增，它對鄰國的態度也變得更加強硬。1894年，中國和日本都派兵應對朝鮮的叛亂。[12]兩國旋即交戰，日本擊敗中國，迫使後者交出朝鮮、台灣

和滿洲的東南部，包括戰略性的海軍與貿易港口旅順。不過俄羅斯垂涎滿洲東南部已久，因此莫斯科連同一些歐洲盟國對東京施加了極大的壓力，在日本與中國簽署《馬關條約》六天之後，日本就被迫放棄了對滿洲的要求。在這個過程中，俄羅斯向日本明確表示，它不會允許新興力量侵占其所認為的「至關重要」的任何領土。[13]

不出所料，日本因為丟了面子且在地緣政治上受到損失而舉國沸騰。一位著名的日木學者在1904年寫道，「在掌握了滿洲，乃至於最終掌握朝鮮後，俄羅斯一方面可以為所欲為地建立一支能夠主宰東方的強大海軍和商業力量，另一方面，這也將永遠削弱日本作為一個國家的野心，慢慢地迫使她陷入飢餓與窮困的絕路，甚至吞併她。」[14]當俄羅斯迫使中國人租借滿洲的旅順，並開始擴展其跨西伯利亞鐵路的工作，以打通莫斯科和黃海之間的直接聯繫，噩夢似乎成真了。

在「1895年之恥」發生後，日本用了十年「處心積慮準備與俄羅斯一決生死」。[15]在日本藉由甲午戰爭贏來、然後被西方干涉所剝奪的滿洲，俄國為了戰略和商業利益建起了自己的鐵路。這再度刺傷日本人，並使日本領導人相信他們不能再對西方俯首聽命。日本在1904年完成戰爭準備後，要求俄羅斯割讓其所控制的滿洲關鍵地區，當俄羅斯表示拒絕，日本發動先發制人的攻擊，並在隨後的戰爭中取得震撼世人的決定性勝利。

日本的緊迫感、焦慮、受害者和復仇意識，讓我們能更深入理解「崛起強權症候群」。東京對它受到的差別待遇忿忿不平，

但因為它太弱小只好先忍氣吞聲，卻因此激發一種改變它在國家食物鏈金字塔中之地位的決心。這種心態數百年來在崛起的國家中一次又一次地展現出來。

十九世紀中：普法戰爭

　　普魯士於1864年擊敗丹麥，並在1866年戰勝奧地利，這使得歐洲的第一大國出現了歷史學家霍華德（Michael Howard）所說的「強權看到其地位將下降到第二位時會出現的焦躁不安。」[16]當時一位法國官員解釋說：「偉大是相對的⋯⋯一個國家的力量，可能會因其周圍新力量的不斷茁壯而減弱。」[17]

　　普魯士上升的速度震撼了巴黎，並讓柏林自信滿滿。隨著普魯士對其他德意志城邦的兼併，其人口從1820年僅占法國的三分之一，增加到1870年的五分之四。1860年其鋼鐵產量還僅是法國的一半，十年後已超過了法國。[18]普魯士的軍隊也迅速現代化，到1870年已經比法國大三分之一。當時的一位軍事專家指出：「法國驚訝地發現，幾乎在一夜之間，一個可以擺布的弱小鄰居，一躍成為一個工業和軍事巨人。」[19]甚至在巴黎的法國皇后也捕捉到了這種情緒，表示擔心自己有一晚「睡著時還是法國人，醒來時已變成普魯士人。」[20]

　　俾斯麥的雄心在於創造一個統一的德國，但是那些德語城邦的領導人則堅持他們作為獨立城邦的統治者的特權。如果不是面臨生死交關的恐懼使其「從自私中驚醒」，他們就永遠不會服

從普魯士。[21] 機關算盡的俾斯麥預料，與法國的戰爭能提供此一需求。他和他的將軍們也知道，他們已經準備好對付法國軍隊了。[22]

為了讓那些不情願的南部城邦因共同的原因集結起來，俾斯麥知道必須讓法國看起來像是一個侵略者。鑑於法國皇帝拿破崙三世對普魯士崛起的恐慌，俾斯麥覺得要激起法國人的恐懼並非太過困難。作為一個大膽的挑釁，他建議讓一位霍亨索倫王朝的德意志王子*擔任西班牙國王，而這將讓法國的兩側都處於德意志人的勢力之下。正如俾斯麥所預計的，巴黎因為可能被包圍而恐慌。正如俾斯麥的主要傳記所指出的，法國外交人臣認為「西班牙王位的霍亨索倫候選人，是一次改變歐洲力量均勢、損害法蘭西帝國的認真嘗試。法國的榮譽和利益已受到嚴重的傷害。」[23] 由於普魯士的威脅，拿破崙三世在國內受到愈來愈大的壓力；由於相信他的軍隊足以在戰鬥中擊潰柏林，因此他要求普魯士國王永遠放棄把他的親屬安插為西班牙王位。[24] 普魯士拒絕。隨著緊張局勢的發展，俾斯麥為操弄法國人的恐懼感，發布了經過刪節的埃姆斯電文（Ems Telegram）†，進一步加劇了戰爭氣氛，促使拿破崙向普魯士宣戰。正如俾斯麥所預見的那樣，普魯士軍隊在各城邦的同仇敵愾下迅速擊敗法國，由此誕生了一個

---

*　譯註：即利奧波德親王（Leopold，Prince of Hohenzollern）。

†　譯註：德皇威廉一世將他與法國駐普魯士大使貝內德狄（Vincent Benedetti）交涉的內容以電報傳給俾斯麥，但俾斯麥將內容刻意刪節後公布給媒體。新版的電報使普、法社會誤以為法國大使對德皇無禮，而德皇也對法國相當粗暴。

統一的德意志帝國。

俾斯麥提供了一個利用「統治強權症候群」的教科書範例，也就是利用誇大的恐懼、不安全感和對現狀變化的焦慮，來挑起魯莽大意的反應。現代行為科學家已經在基本的心理層面解釋了這一點，因為人們對損失或衰弱的恐懼甚於對獲得利益的渴望，並驅使我們接受往往不合理的風險，來保護既有的利益。尤其當大國處於「帝國過度擴張」（imperial overstretch）的情況下，其「全球的利益和義務」會「遠大於國家同時防衛它們所需要的實力」，[25] 而國家卻可能愚蠢地加碼投資、試圖維持現狀。

十七世紀中後：英格蘭與荷蘭之爭

在十七世紀上半葉荷蘭共和國的「黃金時代」，荷蘭成為歐洲領先的海上力量，主宰了貿易、航運和金融。然而，在不斷成長的海軍支持下，英格蘭快速崛起，很快挑戰了荷蘭共和國既有的秩序和自由貿易網絡。兩國都認為競爭事關生死存亡。正如英國學者艾德蒙森（George Edmundson）所指出的，兩國都「本能地意識到自己的命運在水上，掌握海洋是民族存續的必要條件」。[26] 雙方都認為在這個零和遊戲中只有兩個選擇：「不是一方自願屈服於另一方，就是透過戰鬥測試彼此的力量。」[27]

在十七世紀的世界，荷蘭共和國的地位有兩個支柱：自由貿易和航行自由。一個「無國界」的世界，使小小的荷蘭能夠將其較高的生產力和效率，轉化為巨大的政治和經濟價值。不過，倫

敦認為荷蘭的成就是以英格蘭為代價。正如鑽研戰爭史的政治學家列維（Jack Levy）所說的，「英國人普遍相信荷蘭的經濟成功是建立在剝削英國的基礎上。」[28]

在十七世紀上半葉，英格蘭太弱，還無法挑戰荷蘭建立的秩序。但它的不滿情緒在不斷成長，在1649年至1651年間，倫敦的艦隊規模從39艘增加到80艘，使其與競爭對手相差無幾。[29] 實力增強後，倫敦宣布對其周圍海域擁有主權，並在1651年通過了第一個《航海法案》（Navigation Act），賦予其規制殖民地內商業管理的專有權力，並強制以英國船隻進行與英國的貿易。倫敦宣稱「英國的經濟擴張，必然涉及她從荷蘭的準殖民地位的解放」，以此作為這些侵略性政策的理由。[30] 另一方面，荷蘭領導人約翰・德・維特（Johan de Witt）認為，他的國家所建立的自由貿易體系既是「自然權利，也是國際法」。[31] 荷蘭還認為英國的重商主義政策是直接威脅其生存的挑釁。德・維特宣稱：在我們「承認英國對海洋的癡心妄想的主權之前」，「我們將流下最後一滴血」。[32]

在衝突爆發之前，雙方都曾試圖妥協。英國人在1651年提出了一個共同防禦協議和政治聯盟，荷蘭表示拒絕，認為這無疑形同對英國優勢的屈服。相對地，荷蘭提出了一份經濟協議，但倫敦擔心這只會延續荷蘭共和國已有的強大優勢。最終，從1652年開始，雙方在不到四分之一世紀的時間內進行了三次戰爭。正如艾德蒙森所總結的那樣，這些「是長期持續的利益衝突的必然結果，而這些利益對兩國的福利至關重要。」[33]

這些戰爭提醒我們，在調整現有的國際機構、制度和關係以反映權力不斷變化的平衡時，會遇到修昔底德陷阱計畫稱之為「過渡期摩擦」（transitional friction）的情況。在此一變動階段，崛起強權通常認為國際機構全面調整其權力分配以反映現況的速度不夠快，並以此作為主宰強權決意扼殺、打壓它的證據。而主宰強權則認為，崛起強權對更快速的國際機構調整的要求，既非其所應得，也無益於共同安全，不過是貪得無厭的需索。

十六世紀上：哈布斯堡與法國之爭

在十六世紀初，哈布斯堡王朝的勢力日益強大，威脅到法國在歐洲的優勢。當西班牙國王卡洛斯一世（King Charles I，後來稱為查理五世）為擔任神聖羅馬皇帝而挑戰法國國王法蘭索瓦一世（King Francis I），局勢變得緊張起來。法蘭索瓦和他的朝臣早就預期卡洛斯一世將接替他的祖父馬克西米利安一世（Maximilian I），成為神聖羅馬帝國皇帝。

作為西歐主要陸地強權的統治者，以及征服了包括米蘭在內的義大利相當一部分土地的君主，正如教宗利奧十世（Pope Leo X）所宣稱的，法蘭索瓦「超越了所有其他基督教國王的財富和權力」。[34] 所以，當教宗最後支持卡洛斯一世擔任皇帝，法蘭索瓦國王很是氣憤。用一位鑽研這個時代的傑出歷史學者的話來說，這位法國國王立即「預期了戰爭；不是為了對付異教徒，而是為了他與查理之間的鬥爭。」[35]

在加冕為神聖羅馬帝國皇帝後，查理迅速將其統治擴展到了荷蘭、當代義大利的大部分地區，還有新大陸的帝國，從而使歐洲更接近公元九世紀初查理曼帝國的大一統狀態。依靠其軍事優勢，查理在遼闊的領土上建立了固若金湯的統治，[36]使之成為他所稱的「日不落帝國」。

儘管查理並未明言，但許多歐洲人、尤其是法蘭索瓦，懷疑他暗中圖謀併吞全歐洲。[37]「無論查理五世是否蓄意建立一個大帝國」，一位歷史學家注意到，「他的統治已經擴張太大，並且損害了太多的利益，不可能不掀起大規模反抗。」[38]而法蘭索瓦則名列在不滿者清單之首。查理不僅讓法國國王黯然失色，藉由不斷的擴張，還使哈布斯堡可望與其盟友包圍法國。[39]

法蘭索瓦盤算著改善自己地位的最佳方法，就是利用他對手的弱點，於是唆使盟友入侵位於當代的西班牙、法國和盧森堡境內的哈布斯堡王朝控制的領土。[40]查理則透過拉攏英國軍隊來抵禦法國的侵略，並派他自己的部隊入侵法國在義大利的領土，最終與法國進行了一系列沒有結果的戰爭。法國和西班牙之間的戰爭打打停停，直到兩位發起戰爭的統治者去世都還未結束。

法國和哈布斯堡王朝之間的這場較量，反映了錯誤的認知可經由多種途徑誤導國家，如同誤導個人一般。我們通常會以為自己已經釋出足夠的善意，但在別人眼裡未必如此。我們還很容易認為對手包藏禍心。由於國家永遠不能確定對方的主觀意圖，所以他們比較關切的是對方的客觀實力。正如著名國際關係學者傑維斯（Robert Jervis）的「安全困境」（security dilemma）提醒我

們的，一個大國採取的防禦性行動，在其敵人眼中往往是一種攻擊。[41]一個崛起強權往往因為自以為知道自己是善意的，而低估了主宰強權可能有的恐懼和不安。與此同時，它的對手甚至可能會誤解立意良善的倡議，將之視為苛刻，甚至是威脅。在公元前464年的大地震後，斯巴達拒絕接受雅典對斯巴達受害者提供的援助，就反映了這種傾向。

法國與哈布斯堡的例子也提醒我們聯盟的風險和回報。兩國都可以透過加強現有聯盟、或形成新聯盟，來對沖權力平衡的變化。各方都更願意參加它以前拒絕的機構組織。各方都傾向於低估自己與新盟友之間的差異，並誇大締結新夥伴的好處。隨著各國越來越關心維護自己的信譽，他們可能會接受一些新盟友；而這些國家最終帶來的損害，甚至大於其所能提供的幫助。

法蘭索瓦操弄他的盟友去挑釁查理，而哈布斯堡的君主則與英國國王結盟，呼應了當年斯巴達拋棄自己對科林斯的敵意，以與之結盟。事實證明了反對意見的正確性；兩國結盟所產生的問題，可能比解決的問題更多。

第四章 英國對德國

「要透過一切手段，盡可能不讓他國擁有艦隊；如果不成，讓最強的成為朋友。」
——修昔底德，《伯羅奔尼撒戰爭史》——

「他們建立海軍以參與世界事務。對他們來說這是運動競賽，
對我們來說則是生死攸關。」
——邱吉爾，1914年3月在下議院的發言——

「作為一個世界大國和享有偉大文化的國家，德國在海權方面尤其落後；
彌補這個不足，是一個生死攸關的問題。」
——海軍上將鐵必制，1899年對德皇威廉二世的建議——

　　1911年10月24日，一位36歲的政治新星成為第一海軍大臣（First Lord of the Admiralty），也就是不列顛及其帝國的守護者皇家海軍的負責人。他來自一個英國最悠久顯赫的貴族，出生在布倫海姆宮（Blenheim Palace），在哈羅公學和桑德赫斯特皇家軍事學院接受教育，三次在帝國戰爭的戰場上經受考驗，25歲就當選為國會議員，撰有十一本膾炙人口的書籍和數十篇文章。溫斯頓·邱吉爾當時就已是統治著四分之一人類的小島嶼國家的膽識的象徵。

　　在他上任後的第四天，邱吉爾向他的內閣同事發了一份備忘錄，提醒他們肩負的主要責任。他呼應了羅馬格言「如果你想要和平，就為戰爭做好準備」，寫道：「為戰爭做好準備，是保護財富、自然資源和國家領土的唯一保證。」而要充分地準備就緒，需要正確理解三件事：「可能的危險」；歷史提供給我們的面對威脅時的「最佳一般通則」；以及如何以最有效的方式應用當代的「戰爭材料」（war material）。[1]

　　1911年時，「可能的危險」已迫在眉睫、不可能弄錯，那就是加速軍事建設的德國，特別是其艦隊規模已在過去的十年增加了一倍多。[2] 為了應對這一危險，「最佳通則」同樣明確，就是要維護英國海軍的首強地位。根據1889年宣布的「兩強標準」（Two-Power Standard），英國宣稱其戰艦數量要繼續相當於其後兩名競爭者總和。邱吉爾對技術進步的開放與積極採用，也確保了對「當代的戰爭材料」的「最有效的應用」。他不僅建造了更多的戰艦，還應用卓越的技術，使它們更具有殺傷力；這包括更

好的裝甲、新的十五吋艦砲，以石油取代煤炭為動力以使航速更快。此外，還要加上一種新型戰爭工具，也就是飛機。[3]

　　在這個備忘錄和第一次世界大戰爆發之間的一千天，邱吉爾為維持英國的海上霸權進行了堅苦卓絕的努力，同時進行大膽的外交斡旋以緩和與德國的關係，並且抓住戰爭來臨時可利用的每一個優勢。他的緊迫感源於他的信念，即德國在海上的崛起不只是國家安全的挑戰，且是事關英國生死存亡的威脅。邱吉爾知道，英國軍艦「承載著大英帝國的威勢、尊嚴、統治和權力」。如果海軍被摧毀，他後面寫道，帝國「將如夢幻般消失」。整個歐洲都將跌入「條頓人的鐵腕統治，並接受條頓體系所意味的一切。」為了避免這種災難，他堅稱，皇家海軍是「我們所有的依靠」。[4]

　　因此，英國面臨著一個極端艱難的困境，即使今天的戰略家進行戰略推演，也一樣感到出路難尋。[5]一方面海軍的優勢必須誓死鞏固；沒有了它，印度、南非和加拿大的英國前哨，乃至於英國本身，都將缺少屏障。此外，英國的長期安全有賴於阻止任何一個霸主獨占西歐。正如邱吉爾後來所說的那樣，「四百年來的英國外交政策，一直是反對歐洲最強大、最具侵略性、最具統治力的大國。」[6]倘若一個霸主在陸地上壓倒了對手，就可以投入資源建設一支比英國更強大的海軍，而不列顛群島對面的海岸線，也為入侵者提供了一個理想的發射台。因此沒有一個英國政府能容忍其海軍優勢受到挑戰，或者出現推翻歐洲大陸權力平衡的企圖。另一方面，邱吉爾和其他英國領導人也承認，努力阻止

德國建立一支優勢的海軍，或避免其壓倒歐洲的對手，可能會導致一場比以往任何時候都更加恐怖的戰爭。

因此，當時的英國人把他們的戰略困境看成一場世界末日也並不誇張。1918年第一次世界大戰結束時，他們的世界確實已陷入廢墟。五百年來歐洲一直是世界政治的中心，如今只剩斷垣殘壁。

造成這場災難性的戰爭的，更多是錯誤的算計，而不是無知。歐洲領導人早就獲得充分的警告，知道戰爭可能會破壞他們的社會秩序和經濟。但是為追求權勢而進行的冷酷理性的鬥爭，使得政治家寧可承受戰爭的風險，也不願接受國家的破敗或投降等替代選項。這種狀況雖然主要發生在英國和德國之間，但也發生在德國和俄羅斯之間。

大戰的發展遵循了幾個世紀以來與其他修昔底德衝突相同的不幸模式，連許多動態也非常一致。英國被許多統治強權的典型焦慮所困擾；德國與許多此前的挑戰者一樣，受到野心和憤慨的驅使。他們較勁的熱度以及整個歐洲的魯莽和短視，讓塞拉耶佛（Sarajevo）的暗殺事件演變成全球性的大火。[7]英國在巴爾幹地區沒有重要的國家利益，儘管如此，它還是陷入了烽火中；其原因部分在於其受困於同盟義務，但主要是在於它擔心一個席捲歐洲大陸的強大德國會威脅到它的生存。

邱吉爾後來寫道，雖然英國領導人不相信戰爭是不可避免的，且試圖阻止戰爭，但流血的可能性「不斷出現在他們的思緒中」。他回憶稱，在1914年之前的十年，「那些對國家的安全負

有看管責任的人，同時生活在兩個不同的思想世界」，他們所身處的「實際可見的世界，是以和平活動和世界主義為目標」，但也是「一個假想的世界，一個『在臨界值下的』世界……一個前一瞬完全夢幻般的世界，下一刻似乎就要跳回現實之中。這是一個在深不可測的災難前景下，恐怖陰影陣陣逼近的世界。」[8]

　　邱吉爾的噩夢，在1914年8月不幸成真。戰爭在歐洲爆發之前的幾天，邱吉爾寫給他妻子的信中就說：「災難和毀滅迫在眼前……瘋狂的浪潮席捲了基督教世界……但是我們如墜迷夢、不知所措。」[9]他在信中得出的結論是，「我願義無反顧地冒著減壽的危險，必要時甚至犧牲生命，以保持這個國家的偉人、名聲、繁榮和自由。但此舉難如登天。人們必須設法衡量那不能捉摸的，權衡那無法估算的。」[10]

克勞備忘錄

　　在戰爭爆發之前七年，讓柏林和倫敦注定兵戎相見的殘酷邏輯就已被歷史學家稱為「克勞備忘錄」（Crowe Memorandum）的文件鮮明闡述了。1905年末，愛德華七世國王問他的政府，為什麼英國人「對德國表現出持續不友好的態度」，而這個國家的主權者，威廉二世國王，恰好是愛德華的侄子。國王想知道，為什麼英國對它曾經認為的可能盟國懷有疑慮，而現在則「緊緊依隨法國」這個曾經認為的最大敵國？[11]

　　負責回答國王問題的人，是外交部首席德國專家克勞（Eyre

Crowe）。克勞的母親是德國人，且娶了一位德國女性，在德國長大，並喜愛德國文化。但他不滿於普魯士對其他德意志城邦的軍國主義影響，而直到不久之前，這些城邦雖然有共同的語言，但其他關連則很有限。然而普魯士的首席政治家俾斯麥，在1871年把這些不同的城邦聚集在一起，在普魯士國王（現在是德國皇帝）威廉一世，也就是威廉二世的祖父的領導下，組成了一個國家。對國王提出的問題經過一年的研究後，克勞於1907年的元旦提交了這個外交局勢分析。[12]

克勞同意，「一個強大德國的健康活動」對世界有好處，他寫道，英國不應該從原則上擔心德國在海外的擴張，而應該為德國人在「知識和道德領導力」上的競爭和「加入這場競賽」而喝采。但是如果德國的最終目標是「分裂並取代大英帝國」呢？克勞知道，德國領導人曾憤怒地否認「任何有著如此顛覆性的計劃」，且德國也可能沒有「有意識地推崇」這種想法。但與此同時，英國不能相信德國的保證。德國可能會尋求「普遍的政治霸權和海上優勢，威脅鄰國的獨立，最終並威脅英國的存續。」

最後，克勞的結論指出德國的**意圖**是無關緊要的，重要的是它的**能力**。一項原本目標不明的成長政策，在任何時候都可能轉變為追尋政治和海軍優勢的大戰略。即使德國一開始沒有精心策畫的擴張野心，政治經濟實力提升之後也會變得勢不可當。此外，無論德國是否有這樣一個計劃，「盡其所能建立一支強大海軍顯然是其明智的選擇」。德國劇增的財富和力量推動了其海軍擴張，而德國海軍霸權「與大英帝國的存續並不相容」。因此無

論德國是否有意取代英國，英國除了對抗察德國蠶食、並且壓倒德國的海軍擴張，沒有其他任何更好的選擇。[13]

英國世紀的結束？

人們應該可以體諒一個在十九世紀末擔心國家只能走下坡路的英國人。在過去的兩個世紀，這個距離歐洲大陸二十英里的島嶼，已經演變成橫跨所有大陸的帝國。到1900年，它包括了現代的印度、巴基斯坦、緬甸、馬來西亞、新加坡、澳洲、紐西蘭和加拿大，以及非洲大陸的大部分地區。[14]它對拉丁美洲、波斯灣和埃及有強大的影響力，有時相當於事實上的控制。靠著無與倫比的海軍「統治海洋」，英國確實統治著一個「日不落國」。

工業革命的發源地英國已成為「世界工廠」，到1880年，它占世界製造業產出和貿易的近四分之一。[15]其投資推動了全球成長，其船隊保護了全球貿易。正如我的同事弗格森（Niall Ferguson）所解釋的，英國「既是世界的警察又是銀行家……是第一個真正的超級大國」。[16]英國因此將自己視為頭號大國，也期望其他人如此認為。

但如果十九世紀毫無疑問的屬於英國，一些英國人已對二十世紀能否如此繼續表示懷疑。1897年是維多利亞女王上台60年的鑽石慶典，但焦慮的暗流已在這個大英帝國的節日浮現出來。作為英國的公正和優越的象徵，維多利亞女王從1830年代登基，且其後裔遍布包括德國在內的歐洲王室中。為紀念這一時

刻，當時最著名的作家吉卜林（Rudyard Kipling）最初撰寫了一首詩歌，稱頌開拓文明世界的大英帝國使命。然而，作為時代的印記，它被更為沉重的〈消逝〉（Recessional）所取代，拋出了一個令人不安的前景：「受我們歡呼的海軍逐漸凋零；沙丘和陸岬的大火折戟沉沙；喔，我們昨日所有的宏大壯麗，已與尼尼微（Nineveh）和提爾（Tyre）俱成過往！點評江山歷史，請先略過我們；唯恐僅成追憶，唯恐僅成追憶！」[17]

慶典過去不過才一個月，22歲的邱吉爾就在他的第一次正式政治演講中直接面對帝國衰退的幽靈。邱吉爾在一個小演講台上面對著他的家鄉民眾，堅持指出英國將「繼續奉行上帝為我們指明的既有方針，實現我們將和平、文明和良政帶到率土之濱的使命。」當時有些人認為「在這個慶典之年，我們的帝國已經達到其榮耀和權力的最高峰，現在開始，我們將像巴比倫、迦太基、羅馬一樣衰落」，但邱吉爾對此加以駁斥，呼籲他的聽眾「把這些謊言當作可鄙的叨絮。」相反地，英國人民應該站起來，「用我們的行動表明我們的種族的活力和精力沒有受到損害；我們決心守護我們從英國先祖那裡繼承的帝國。」[18]

儘管如此，這些「大嘴巴」還是有可以碎念之處。許多令人震驚的跡象，表明英國相對於其他大國的地位正在下降。[19] 1899年，英國與荷蘭殖民者在南非的後裔布爾人爆發戰爭。英國已有半個世紀未曾與使用現代武器且訓練有素的對手打仗，而人數雖少但意志堅定的布爾人，卻讓他們強大的敵人遭受一系列屈辱的失敗。和過去前往印度和蘇丹一樣，邱吉爾趕緊前來參加這裡的

戰鬥，只是他卻被布爾人俘虜。全世界的報紙都報導了他隨後逃脫、獲得自由的故事。[20] 英國最終贏得了這場戰爭，但付出巨大的代價，且使帝國的聲譽大受損害。德國總參謀部仔細研究了布爾戰爭；其結論如同保羅‧甘迺迪所說的，「假如印度受到俄羅斯的襲擊，英國將無力抵擋」，「如果沒有對其軍事體系進行全面重組，帝國本身會在二十年內解體。」[21]

1815年好不容易戰勝拿破崙的法國後，英國靠著科學和工業鞏固了其頭號地位；但到此時，許多競爭者正在削減其優勢。在美國內戰和俾斯麥在1871年成功統一德國後，英國看到他們採用其技術，並更快地發展經濟，成為與其並駕齊驅的對手。[22]

倫敦特別擔心四個對手，包括俄羅斯、法國、美國和德國。憑藉歐洲最大的軍隊與第三大艦隊，以及快速發展的工業基礎，和比任何國家都大的國土，俄羅斯讓英國坐立難安。新鐵路使莫斯科能夠比以往任何時候都更快將其軍力投射到遠方，其不斷擴張的邊界已使之穩步靠近英國在中亞、西亞和南亞的勢力範圍。[23] 此外，俄羅斯與法國的聯盟，使英國可能得同時在歐洲與印度對抗這兩個對手。

儘管工業基礎薄弱，但法國也是一個帝國競爭者；事實上，它還是世界第二大帝國。殖民地爭端使其與倫敦經常發生摩擦，偶爾還瀕臨戰爭邊緣。1898年，當法國認識到沒有贏得海軍衝突的可能，它被迫從其在今日南蘇丹的法紹達（Fashoda）地區與英國的對峙中讓步。英國要維持「兩強標準」，讓其海軍可以與其後兩者的總和相當，但法國和俄羅斯擴張中的海軍，已使英

國的預算越來越不堪重負。[24]

　　與此同時，美國已成為威脅英國在西半球影響力的大陸力量（在第五章和第九章將有更詳細的探討）。由於人口已幾乎是英國的兩倍，並且似乎有無盡的自然資源和對成長的渴望，美國的工業力量如果沒有超過英國才會讓世界感到驚訝。[25]美國的經濟規模在1870年前後超過了不列顛（儘管不是大英帝國的全部），此後一直如此。英國占全球製造業產出從1880年時的23%降到1913年的13%，相比之下，美國已經上升到32%。[26]在現代化海軍的支持下，華盛頓已經開始在西半球更積極地擴張勢力。在倫敦和華盛頓於1895年在委內瑞拉邊境走到戰爭邊緣後（見第五章），英國首相告訴他的財政部長，與美國的戰爭「在不遠的將來已經變得不僅僅是一種可能性了，從這個角度來看，我們必須對海軍部的評估重新加以評價。」他警告說，與美國的戰爭「比未來的俄法聯盟更加現實。」[27]

　　更接近英國本土，有另一個工業大國也有著海軍雄心。自從俾斯麥戰勝法國統一德國，德國已成為歐洲最強大的陸權國，也成為最強大的經濟力量。現在德國出口已與英國產品展開激烈廝殺，使柏林成為一個強大的商業對手。然而在1900年以前，大英帝國認為它更像是一種經濟、而不是戰略威脅。事實上，一些英國的資深政治家贊成與德國的聯盟，有些人也試圖撮合此事。[28]

　　但到1914年，倫敦的計算已經完全改變。英國不得不與前對手俄羅斯和法國（以及後來的美國）並肩作戰，以阻止德國成

為歐洲的主宰。德國從英國的眾多對手中脫穎而出、成為英國主要敵手的過程，[29]是一個日益崛起的強權使統治強權感到恐懼、認為其危及安全的一個案例。在英國的情況下，這種恐懼主要集中在顯然旨在對付皇家海軍的德國艦隊的大肆擴張。

德國「陽光下的地盤」

德國崛起，以及決定建立一支令英國人震驚的海軍的計劃，在很多方面都是一個都很簡單的故事：它在很短的時間內經歷了一日千里、幾乎令人眩暈的高速發展，卻看到它走向全球大國的道路被它認為既不公正又貪婪的現任者所阻撓。

在俾斯麥贏得對奧地利（1866年）和法國（1870年至1971年）的戰爭後，他將幾十個城邦拼湊成一個德意志帝國，德國成為主宰歐洲大陸的經濟、軍事和文化大國。德國人不再是他國歷史中的一個課題，而是他們自己偉大國家的主題。

正如美國最偉大的冷戰戰略家喬治・肯楠（George Kennan）後來解釋的，俾斯麥的靈巧外交使德國在管理歐洲各國衝突的利益和結盟關係時，始終能站在居於多數的一邊。為了讓一心復仇的法國孤立，俾斯麥做了必要的事情，並維持了與俄國的良好關係。[30]沙皇仍然擁有歐洲最大的軍隊，但德國擁有最強大、訓練最精良的戰鬥部隊。[31]而德國和英國的實力對比也在不停地變化，到1914年，德國的六千五百萬人口已比英國人口高出50%。[32]德國在1910年超過英國，成為歐洲領先的經濟體。[33]到

1913年，它占全球製造業產出的14.8%，超過英國的13.6%。[34]
在統一之前，它生產的鋼鐵只有英國的一半；到1914年，其產
量卻是英國的一倍。在中國崛起之前的1980年，保羅・甘迺迪
曾在文章中問到：「任何兩個相鄰國家之間的相對生產力、以及
相對的國家權力，是否曾在短短一個人的生命週期中，經歷過如
同英國和德國那般的顯著改變嗎？」[35]

讓英國人對德國的工業成長產生切身之感的，是德國的出口
正取代國內外的英國產品。從1890年到1913年，英國對德國的
出口成長了一倍，但卻仍然只是德國進口價值的一半，而後者
的成長幅度高達三倍。[36] 1896年的暢銷書《德國製造》（*Made in
Germany*）警告英國人：「一個巨大的商業國家正在威脅我們的
繁榮，並與我們爭奪世界的貿易。」[37]

德國不僅在第一次工業革命的重工業和工廠產品方面超過了
英國，而且在第二次工業革命的電力和石油化工進展中也超過了
英國。

到世紀之交，德國的有機化學工業控制著全球90%的市
場。[38] 1913年，英國、法國和義大利生產和消費的電力，合計只
有德國的八成左右。[39] 到1914年，德國的電話數量是英國的兩
倍，鐵路軌道長度也幾乎是兩倍。[40] 由於政府的支持，加上頂尖
大學的活力，使德國科學技術已經超過英國，成為世界各國中最
優異的。[41] 諾貝爾獎在1901年第一次頒獎，到1914年，德國總
共獲得18個獎項，是英國的兩倍以上，更是美國的四倍。僅在
物理學和化學領域，德國就贏得了10個諾貝爾獎，幾乎是英國

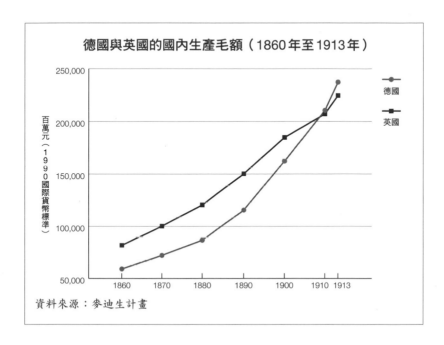

德國與英國的國內生產毛額（1860年至1913年）

德國

英國

百萬元（1990國際貨幣標準）

資料來源：麥迪生計畫

和美國合計的兩倍。[42]

　　儘管經濟快速成長，取得了令人矚目的國家成就，但許多德國人仍感到不足。他們認為未來將不屬於歐洲「強權」（Great Powers），而是屬於被稱為「世界強權」（World Powers）的國家，也就是能依靠其規模、人口和資源而主宰二十世紀的超級大國（superpowers）。美國和俄羅斯都是洲級規模的大國；而英國則擁有龐大的海外帝國，並受到龐大艦隊的保護。為了在這個規模上進行競爭，德國需要自己的殖民地，以及獲得和保護它們的手段。[43]

　　在這個時代，許多其他國家，包括日本、義大利、美國，甚

至比利時，都走上了帝國之路。德國特別讓人注意的地方在於，它不僅希望改變殖民地畫分的現狀，有強大的國家力量使它有機會這樣做，而且有一種強烈的不滿，認為由於它較晚參與對全球的蠶食鯨吞，因此被騙取了其應有的權利。[44]

最能體現這種混合了怨恨和傲慢而忿忿不平的，就是1888年登上王位的新德國皇帝威廉二世（Kaiser Wilhelm II）。俾斯麥在私下把他的年輕君主比喻為一個氣球：「如果你不把線捉牢，你永遠不知道他會飄到哪裡去。」[45]兩年後，威廉肆意解雇了這位統一德國、並使柏林成為歐洲大國首都的人。[46]新政府既失去了俾斯麥，也失去了那個經由與俄羅斯談判達成的秘密條約，而這個密約原本可以防止俄國與法國同盟，以對抗德國。巴黎很快就抓住了這個機會，與莫斯科結盟，從而結束其孤立。[47]

當目光擴大到歐洲之外，為使德國成為「世界強權」，德皇需要一個全球性的外交政策，或「世界政策」（Weltpolitik）。在維多利亞女王登基六十週年慶典的那個夏天，德皇選擇了比洛（Bernhard von Bülow）作為他的外交部長，宣布「比洛將成為我的俾斯麥」。[48]比洛並不諱言他的野心，宣布「讓別的民族去分割大陸和海洋，而我們德國滿足於藍色天空的時代已經過去了。我們不想把任何人置於陰影之下」，他肯定地說，「但我們也要求**陽光下的地盤**。」[49]

「世界政策」不僅是國內政治，也影響德國邊境以外的世界。雖然在接下來的二十年其所擴張的殖民地並不非常顯著，[50]但世界擴張的願景吸引了德國人的想像力。1897年，德國一份

受到廣泛閱讀的雜誌的編輯與著名歷史學家德爾布呂克（Hans Delbrück）為其眾多同胞發言，聲稱「在接下來的幾十年中，世界各個角落將有極大片的土地被瓜分，而在未來一代人中仍然空手而回的國家，將被排除在界定人類精神輪廓的偉大民族的行列之外。」[51]比洛甚至更直接地說：「問題不在於我們是否想要」，他解釋說，「但是我們**必須**殖民，不管我們**喜歡**與否。」[52]

德爾布呂克說，德國在「整個未來」要「居於偉大民族之列」就得成為「世界強權」。但是有一個國家阻擋了去路。「我們推動（殖民）政策時可以有英國、也可以沒有英國」，他斷言，「有英國意味著和平，沒有英國意味著經由戰爭」。無論在哪種情況下都可能「沒得讓步」。[53]面對過往的權力支配者的頤指氣使，德國不會再忍氣吞聲，而是要在世界主張自己的權利。比洛在1899年告訴國會，德國不能再「允許任何外國勢力、任何外國的宙斯告訴我們：『要做什麼？世界已經被瓜分了』。」但「在即將到來的這個世紀」，他宣布，「德國不是錘子就是鐵砧。」在同年一艘戰艦的下水典禮中，德皇在演講時也不諱言說：「舊帝國消失了，新的正在形成。」[54]正如霍華德所寫的，尋求「世界強權」地位的德國人，最終「不打算在英國統治的世界體系中擴張，因為他們所不能容忍的正是這個體系。他們決心以平等的地位加以挑戰。」[55]

德國將英國擠下首位的可能，或者至少應與之平等的想法，讓德皇心蕩神馳。威廉對他的母親、也就是維多利亞女王的大女兒的出生地英國，或者這個他稱之為他的那個「該死的家庭」的

感情，顯然有著複雜的感受。一方面，他英文流利，並且非常敬愛他的祖母維多利亞女王。當她封他為英國皇家海軍的名譽海軍上將時，他感到非常激動，並且一有機會就自豪地穿上這身制服。在美國前總統西奧多・羅斯福在1910年到歐洲巡迴訪問並到訪柏林時，他表示德國和英國之間的戰爭是「不可思議的」：「我在英格蘭長大……我感到自己有一部分是英國人」，他激情地說，然後向羅斯福「深情地強調」，「我敬愛英格蘭！」[56]

　　與此同時，德皇威廉無法掩飾自己的怨憤、或並駕齊驅的野心。麥克米蘭（Margaret MacMillan）2013年鞭辟入裡的作品《結束了和平的戰爭》（*The War That Ended Peace*），揭示了德皇深深的不安全感，並形容他是「一位隱隱懷疑自己沒有達到被要求扮演的角色的演員」。出生時的傷害，使他的左臂在餘生都孱弱無力。他不滿來自英國的母親堅持認為她的祖國先天就比德國優越。結果，他為贏得英國皇室親戚的尊重所做出的努力常常過頭。儘管威廉在皇家遊艇俱樂部在考斯（Cowes）舉行的一年一度的帆船賽上一直頗受歡迎，但他的叔叔（未來的愛德華國王）被他的盛氣凌人所激怒，稱他為「歷史上最輝煌的失敗品」。為了扳回顏面，威廉在基爾（Kiel）建立了更精心策劃的賽船週，在那裡招待歐洲皇室，包括他的堂兄沙皇尼古拉二世。[57]但是正如西奧多・羅斯福所指出的那樣，「當時最偉大的軍事帝國的首領對英國輿論極度敏感，好像他是一位試圖打入倫敦社交圈的百萬富翁。」[58]

　　在他所認為的英國經年累月的鄙夷的刺激下，德皇更加堅定

地想確保德國在陽光下的應有地位。他做出的不幸結論，是當前
的全球帝國不會給予他或他的同胞們應得的尊重和影響力；除非
德國證明其與英國是平等的，不僅能舉辦最好的帆船賽，而且能
再建造一支可以匹配的海軍。[59]

「我們的未來在水上」

　　美國海軍戰略家馬漢（Alfred T. Mahan）上校在1890年
出版了《海權對歷史的影響》（*The Influence of Sea Power upon
History*）。馬漢以英國為例，認為海軍實力是大國成功的主要決
定因素，是軍事勝利、殖民地，和財富的關鍵。這本書如閃電一
般劃過從華盛頓到東京，從柏林到聖彼得堡等首都。不過比起
其他讀者，德皇威廉對這本書更是心有戚戚，在1894年曾說他
「發自內心深處地認同它」，並為他艦隊中的每艘船都購買了這
本書。[60]

　　馬漢的想法塑造了德皇的信念，即德國的未來在「水上」。
套一句歷史學家斯坦伯格（Jonathan Steinberg）的話，「對德皇
來說，海洋和海軍是大英帝國偉大的象徵，而這種偉大是他所欽
佩和羨慕的。」[61]與英國相媲美的海軍，不僅能夠使德國實現其
作為「世界強權」的命運，而且也可終結被優勢英國艦隊所欺壓
的屈辱。

　　德皇此前已感受過英國強硬手段的厲害。1896年他向南非
的布爾人領導層發送了一封電報，指出他可能會支持他們對抗英

國人，但這個挑釁激怒了倫敦。一位英國外交部高級官員告訴德國大使，任何干預都可能意味著戰爭，使「漢堡和不來梅被封鎖」。這位官員甚至恐嚇說，「對英國艦隊而言，在公海上擊垮德國商業，不過像是孩子們玩遊戲。」[62] 德國的戰艦數量還不到英國的一半，這個蠻橫的事實無法被忽視。如果英國艦隊能夠迫使它退縮，德國怎麼可能有希望成為全球大國？

於1895至96年發生在華盛頓和倫敦之間的委內瑞拉邊界危機，再次凸顯此一教訓。用德皇的話說：「只有當我們能夠在他臉前揮舞鐵拳時，英國獅子才會退縮，就像他最近在遭遇美國的威脅時所做的那樣。」[63]

德皇威廉在1897年選擇鐵必制（Alfred Tirpitz）擔任他的海軍部門的負責人，以建立他的優勢武力。鐵必制告訴德皇，如果德國要加入美國、俄羅斯和英國，成為四大「世界強權」之一，就需要一支相應的強大海軍。他警告稱，「彌補這個不足」是一個「生死攸關的問題」。[64] 麥克米蘭將鐵必制定性為「社會達爾文主義者，有一種決定論的觀點，認為歷史是一系列為生存而奮鬥的鬥爭。德國需要擴張，而英國作為統治強權，勢必想阻止這一點」。[65]

有意思的是，鐵必制將這場鬥爭與商業競爭做了比較：「這個年齡更大、實力更強的公司，不可避免地會想在時猶未晚之前，扼殺新崛起的公司。」他在戰後說，「這是英德衝突的關鍵。」[66]

雖然鐵必制在公開場合強調德國需要擴大海軍以保護國家的

商業，[67]但在私下他和皇帝一致認為，新德國海軍的主要目的應該是作為抵制英國統治的武器。在1897年6月，也就是英國女王慶典的同一個月，在他呈報給德皇的第一份備忘錄中，鐵必制說：「目前最危險的敵人是英格蘭。它也是我們最迫切的需要某種程度的海軍以作為政治力量，加以應對的敵人。」[68]

　　鐵必制的最終目標是「與英國一樣強壯的德國海軍」。[69]他認識到建造這樣一支艦隊需要時間，但是他認為即使是一支較小的艦隊，也可能是一個重要的「政治力量」。英國過度延伸，其艦隊承擔了全球範圍的戰鬥責任，因此其若考慮到德國能對其沿海城鎮構成迅速襲擊的威脅，就得更加尊重德國。[70]此外，根據鐵必制所稱的「風險艦隊理論」，如果他的艦隊強大到足以對皇家海軍造成嚴重損害，讓它難以再應付其他大國的攻擊，這就會打消英國人對德國動武的念頭。這個戰略的核心在「第二海軍法」（The Second Naval Law）的解釋文件中有詳細說明：「德國必須擁有一支強大的作戰艦隊，使擁有最大海權的對手一旦與之作戰，其世界地位就可能有被毀的危險。」[71]比洛意識到從德國海軍建設開始、到艦隊能夠抵禦英國之前，將是一個「危險地帶」，[72]他建議「我們必須謹慎行事，就像毛毛蟲在成長為蝴蝶之前一樣。」[73]

　　德國將盡最大努力，在其艦隊足夠強大之前不與英國人發生戰鬥。在新船隊能迫使英國人承認德國的新地位之前，任何的權力地位的調整都沒有意義。與此同時，比洛希望英國身陷與俄羅斯的糾纏之中，好讓他可以放手全力籌備德國經濟和海軍實

力。最終，一旦德國海軍實力成為既成事實，英國將只能被迫接受。[74]

　　鐵必制曾向皇帝承諾說，一支壯大的艦隊將促進德國的愛國主義和團結。他擅長動員輿論支持擬議的海軍計劃，和遊說國會大廈。1898年通過的「第一海軍法」總共要求19艘戰艦，德皇對此很高興，所以當隔年鐵必制建議加速擴張計劃，他也很快同意。鐵必制為德皇提供了一個誘人的前景，即英國將失去任何「攻擊我們的意圖，並且由於陛下已擁有足夠的海軍……將對我國在海外實施的宏偉計畫讓步。」1900年簽署的「第二海軍法」擴大了未來的艦隊規模，戰艦將翻倍至38艘。[75]

　　1904年6月，當愛德華七世國王訪問德國參加基爾帆船賽時，他的侄子在皇家遊艇俱樂部為他舉辦了一場晚宴。與鐵必制掩飾德國野心的努力形成對比的是，威廉皇帝大肆地向他的叔叔炫耀其海軍，並以此取樂。他的造船計劃顯然有望產生一支可與英國相媲美的船隊。當德皇向他的叔叔祝酒時說：「作為一個小男孩，我被允許訪問樸資茅斯（Portsmouth）和普利茅斯（Plymouth）……我羨慕那兩座雄偉的港口裡威武的英國船隻。我在那兒許下一個願望，就是未來也要建造跟這些一樣的船隻；等我長大，要擁有像英國人一樣的海軍。」[76]德皇威廉在基爾放肆之後不到一個月，英國就制定了第一部與德國戰爭的官方計劃。[77]

「混混被逮住了就成了懦夫」

早在1900年，英國海軍部就承認德國將在幾年內超越俄羅斯，成為繼英法之後的全球第三大海軍力量。海軍部意識到這意味著倫敦需要重新審視「兩強標準」，並維持一支能在北海維持平衡的英國艦隊。[78]

1902年第一海軍大臣根據德國的1900年「海軍法」告訴內閣：「我確信德國人正在按部就班地建立他們的海軍，其假想敵就是我國。」[79]同一年，英國海軍情報主任也得出結論，英國將「必須為主導北海而搏鬥，就像十七世紀我們與荷蘭的戰爭所做的那樣。」鐵必制所謂德國的艦隊是為了保護其商業的辯詞，儘管曾被英國和德國的一些人所接受，但紙包不住火。正如保羅·甘迺迪所指出的，當證據排山倒海而來，使倫敦意識到德國艦隊的真正目標是英國本身，它「對英德關係的影響是災難性的，而且是不可彌補的。」[80]

不斷惡化的英德關係恰逢歐洲內外勢力的大洗牌，英國重新評估其全球態勢。[81]面對新興國家的紛紛崛起，英國逐漸承認其無法維持掩有四海的海上霸權。美國、日本、俄羅斯和其他許多國家的艦隊都在擴充，但只有德國的發生在距離英國僅幾百海里的地方。[82]海軍部默認了美國在西半球的優勢，並於1902年結束了其「光榮孤立」（splendid isolation），與日本簽署了軍事同盟條約，從而減少皇家海軍在遠東的負擔。[83]

雖然英日同盟主要針對俄羅斯，但也使英國不用再顧忌德國

在中國的擴張，並打開了與法國進行更大合作的大門。英國和法國都認為日本和俄羅斯正在走向戰爭，他們都不希望被各自的盟友拖入衝突。[84]他們還看到了解決其他長期爭端的機會，於是在1904年簽署「英法協約」（Entente cordiale），解決了長期困擾兩國的殖民地問題。這不是一個同盟，但柏林卻認為它是對其外交立場的威脅，甚至不智地想要藉由在摩洛哥的挑釁，將英國和法國分開。不出所料，這反而將倫敦和巴黎拉得更近了。

與此同時，日本和俄國在遠東的滿洲和朝鮮之爭，以日本在1905年的決定性勝利告終。俄羅斯艦隊的沉沒意味著德國上升為世界海軍的第三位，僅次於英國和法國。[85]俄羅斯的衰落起初對英國來說似乎是個好消息，因為這意味著莫斯科對倫敦利益的威脅減小；但這也意味著俄羅斯在一段時間內無法成為法國對抗德國的有效盟友，使德國打破歐洲權力平衡的可能終於出現了。[86]

倫敦會讓柏林改寫歐洲秩序，還是要維護現狀？國家安全的考量使其選擇了後者。英國首席德國專家克勞指出，為了維持權力平衡，英國得制止任何一個國家統治歐洲大陸，這個方針宛如「自然法」一般不可動搖。英國軍事計劃的一名高級人物警告說：「在可以預知的不遠處，德國為掌握歐洲而進行的巨大鬥爭已毫無疑問的昭然若揭。」[87]英國開始採取措施，以使鬥爭的結果對其更加有利。「英法協約」並沒有要求英國支持法國的防務，但是1905年6月6日倫敦和巴黎開始了秘密的軍事談判。1907年，英國與俄羅斯簽署了一項條約，擱置了他們的殖民地

爭端，使英國和法俄同盟建立起三方協調機構，成為「三國協約」（Triple Entente）。

因此在日俄戰爭之後，英國更加關注德國崛起成為歐洲霸主的可能。如果德國控制大陸，它將能夠調動足夠的資源來顛覆英國的海軍霸權，使英國容易受到入侵。[88]正如愛德華國王在1909年所說的，如果英國在未來的鬥爭中保持超然，「德國將有實力一個接一個地制伏她的敵人，倘若我們雙臂交叉地坐在那兒，她可能會接著攻擊我們。」[89]

柏林從日俄戰爭中吸取了不同的教訓。日本對旅順俄羅斯艦隊的先發制人攻擊，是不到四十年後的珍珠港的先聲。德國人以此為鑑，擔心英國人可能偷襲他們在基爾的北海艦隊。他們一再分析英國在1807年對哥本哈根的突襲，當時英國攻取了丹麥的艦隊，以避免其為拿破崙所用。正如歷史學家斯坦伯格指出的，德皇「毫無保留地相信」這種襲擊的可能性。在1904年末，他的駐英大使甚至不得不親自向他保證這種威脅並非迫在眉睫。1907年初，當基爾傳出英國人即將襲擊的謠言，緊張的父母帶著他們的孩子離開學校。不過德國人的憂慮也不是完全沒有根據。就像季辛吉說的，即使偏執狂也有敵人。1904年10月被任命為國家最高軍裝海軍軍官的英國新任的第一海軍大臣、海軍上將費雪（John "Jacky" Fisher），事實上多次建議皇家海軍應該「哥本哈根」德國艦隊。1904年末，他第一次對愛德華國王這樣提議時，他的國王的回應是「我的老天，費雪，你一定氣昏了！」但是四年後這位海軍上將再次解釋這個想法時，國王仔細

地聽取了他的意見。費雪認為，以好戰言論來遏制對手，是避免戰爭的最佳策略；但德國領導人卻將英國的恫嚇當成加倍其海軍經費的最佳理由。[90]

　　具有諷刺意味的是，德國的海軍首長也根本錯誤地判斷了他的行動對他方勢力的影響。鐵必制認為英國不會意識到北海另一側日益成長的力量，而且倫敦也無法在外交上進行新的結盟以孤立其對手，或是不與德國妥協。這兩個假設，都被證明是錯誤的。[91] 鐵必制還認為英國既不能將其船隊集中對付德國，也不願意花費與德國造船計劃相匹配的資金。就此而言，他再次被證明是錯誤的。[92]

　　英國做了德國認為它不會做的所有事情，甚至更多。費雪領導了皇家海軍的重組，並聚焦於德國的威脅。1906年他寫信給愛德華國王：「我們唯一可能的敵人是德國。德國總是讓她的整個艦隊集中在距離英格蘭幾個小時的航程內，因此我們必須在距離德國幾個小時的航程內，集中實力相對於其一倍的艦隊。」[93] 與法國、日本，和不太正式的與美國的外交調整，也意味著費雪可以安全地執行他的海軍再平衡政策，將75%的英國戰艦專門用來對付德國的艦隊。[94]

　　在1907年的備忘錄中，克勞曾建議說，僅僅要求德國停止其海軍擴張只會鼓勵柏林加快建設速度。德國人只會理解一種語言，那就是行動。英國應該表現出比德國人建得更多的決心，迫使他們看到其已經啟動的計劃是徒勞的。這種應對策略肯定引起愛德華國王的共鳴，他曾經評論過他的侄子「威利（Willy）是

個混混（bully），而且大多數混混被逮住了就成了懦夫。」[95]

英國不僅增加了艦隊的規模，而且費雪還監督了新型《無畏級戰艦》（*Dreadnought*）的發展。1906年首艘下水的《無畏級戰艦》，比其所有先驅速度更快、體積更大，裝甲也更厚。它的十二英寸炮具有雙倍的火力和打擊距離。[96]希望參加競賽的所有其他國家的海軍，現在都得建造自己的《無畏艦》。鐵必制在1905年初了解到英國的新武器計劃，那年秋天他就向國會提交了一項新的補充說明，其中海軍支出比1900年的法案增加了35%，以使每年得以建造兩艘無畏艦。此外他開始準備擴建基爾運河，使德國的無畏艦可以從波羅的海迅速移動到他們在北海的預定戰場。[97]

德國的一舉一動無法逃過費雪銳利的法眼。[98]1911年，他預言隨著基爾運河的擴建完成，與德國的戰爭將會來臨。事實上，他預見德國的突襲可能發生在為期三天的假期週末。他預測的「末日之戰」日期是1914年10月21日。實際上，大戰僅早了兩個月開始，在運河建成一個月後的1914年8月的一個假日週末。[99]

英德海軍的競賽越演越烈，兩國民眾的憤慨和焦慮也與日俱增。德國人為其海軍法增加了補充條款，以提升艦隊的規模與生產率。這些擴增通常跟在英國的腳步之後，例如《無畏艦》的發展，或外交上的挫敗事件，例如在1906年的丹吉爾危機（Tangiers Crisis，第一次摩洛哥危機）之後，或1908年德國感到被「包圍」後，或在1912年阿加迪爾危機（Agadir Crisis，第二

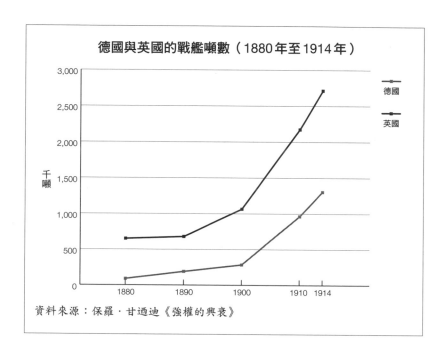

德國與英國的戰艦噸數（1880年至1914年）

資料來源：保羅・甘迺迪《強權的興衰》

次摩洛哥危機）發生後。[100]

　　1908至1909年間，英國指責德國以高於其公開聲明的速度秘密建造船隻。德國拒絕相互檢查，擔心其船舶建造能力一旦被公開，會使德國失去其威脅能力的唯一基礎。現在輪到英國出現被突襲的恐慌，在本國那些「入侵文學」的狂熱消費者推波助瀾下，英國人民要求加速海軍建設。[101]儘管皇家國防委員會在1903年與1908年的兩次評估，都指出英國皇家海軍仍然可以保護家園，民眾仍呼籲更多的《無畏艦》。在最初的懷疑之後，財政大臣勞合・喬治最終提出增稅以支付新建軍方案，並聲稱「我們不打算犧牲不僅對我們的國家存亡至關重要，且在我們看來，

也事關西方文明切身利害的海軍霸權。」[102]

　　克勞在其備忘錄警告說，德國在殖民地領域的行為就像一個「專業勒索者」，讓步只會讓勒索者要求更多。當英國採取「堅定立場」，就像與法國在東非發生的法紹達危機一樣，關係可能會在之後有所改善。[103]然而，針對鐵必制的「風險艦隊理論」（德國的海軍可以藉由威懾倫敦，最終說服英國承認德國的全球地位），英國的堅定立場和外交同盟未能產生預期的結果。

　　在大戰開始之前的十年，德國愈來愈糾結於其所聲稱的受害者身分與即將發生的大災難。[104] 1908年波士尼亞危機爆發，奧匈帝國吞併波士尼亞和赫塞哥維納引起國際反彈，迫使柏林援助其維也納的盟友，德國媒體爭辯說，「愛好和平」的德國已被英國、俄羅斯和法國的軍事聯盟所包圍，只能依靠奧匈帝國，而後者也因此需要德國的強大支持。[105]

　　奧匈帝國內部的許多族裔之間的矛盾也變得愈來愈激烈，而巴爾幹的複雜局勢也成了蔓延到奧地利領土的威脅。維也納最頭痛的問題塞爾維亞，已得到了俄羅斯的支持。德國像英國一樣，擔心其夥伴的崩潰會讓它更容易受到對手的侵略。1907年愛德華國王的歐洲巡迴訪問，被認為是為了拉攏更多同謀者反對德國，結果德皇在一個有三百名聽眾的場合，聲稱他的叔叔是「撒旦。你無法想像他是什麼撒旦！」[106]

　　比較愛德華和威廉之間對英國決心抵抗德國侵略的理由的不同理解，可有所助益。雖然雙方都認為血統相近的彼此應成為自然的聯盟，但都相信對方出現了偏差。雙方都嫉妒對方。1908

年，愛德華覺得繼續保持英國的實力和警惕，會使德國「接受其不可避免，並與我們友好」。但他錯了，到1912年，德皇的宿命論更顯堅決，憤怒地聲稱英國因為「恐懼我們的日益強大」而支持柏林的對手進行「迫在眉睫的生存鬥爭」，打壓「歐洲的日爾曼民族」。[107] 兩國都把同盟拉得更緊，形成了季辛吉所稱的「通向末日的外交機器」（diplomatic doomsday machine），使後來發生在巴爾幹的暗殺事件一發不可收拾，演變為世界大戰。

這場戰爭在1911年夏天就已幾乎爆發，當時德國派遣了一艘軍艦「豹號」（*Panther*）到摩洛哥的港口阿加迪爾，希望能在大西洋獲得一個海軍基地，而這挑戰了法國在摩洛哥的統治地位，於是法國尋求英國支持。英國內閣擔心柏林的目標是羞辱巴黎，並削弱其與倫敦的關係。在倫敦市長官邸的一次演講中，勞合·喬治明確表示，與其做出喪權辱國的退讓，不如選擇戰爭。德國最終縮手，對立暫時化解，但是很多德國人認為他們獲得的讓步並不足夠，針對英國的怨恨和憤怒也在加深。[108] 德國的大部分人民和領導層，都相信殖民地對其生存至關重要，但現在看來，德國的必要擴張可能會受挫，甚至有致命後果。[109]

邱吉爾在阿加迪爾危機時擔任內政大臣，相信如果法國遭到德國攻擊，英國應該協防法國。他同意勞合·喬治的直率，並且很高興看到「混混正在退縮」。看起來英國抵擋侵略的力量和決心已經阻止了德國人在危機中採取「任何新的挑釁行為」，就像邱吉爾告訴他的妻子的那樣，「所有一切」都會有「順利且勝利的結果」。但是戰爭的風險還在。邱吉爾知道，對英國來說，這

種衝突的真正風險不在於摩洛哥或比利時的獨立，而在於防止「法國被普魯士容克（Junker）*踐踏和掠奪，這將是一場毀滅世界的災難，且很快也對我們的國家造成致命後果。」[110]

　　邱吉爾對1911年危機期間英國政府的缺乏準備感到吃驚，因此當他幾個月後被任命為海軍大臣，就集中精力試圖補救英國的脆弱。他的「思緒中充滿了戰爭的危險」，用吉爾伯特（Martin Gilbert）的話說，他殫精竭慮致力於讓英國「在海上無堅不摧……修補每一個缺陷，填塞每一個漏洞，預判每一種事件。」但是對邱吉爾來說，這些準備並不意味著宿命。儘管他竭盡全力讓英國準備戰鬥，但他斷然拒絕「戰爭不可避免的理論」，並希望靠推遲「邪惡之日」以防止衝突。因為假以時日，外國社會的正向發展可能會產生影響，比如更和平的「民主力量」或將凌駕德國政府裡的容克地主階級。[111]

　　邱吉爾因此煞費苦心以放慢或停止海軍競賽。1908年，德皇威廉拒絕了英國提出的限制軍備競賽的建議。1909年到1911年的其他英、德對話也沒有任何的進展。但邱吉爾並沒有因此放棄。1912年1月，他告訴德皇的中間人卡塞爾爵士（Sir Ernest Cassel），如果德國削減其海軍計劃的步伐，兩國關係將「立即緩和」。卡塞爾建議德皇接受英國海軍的優勢，並削減自己的計劃，以換取英國協助德國尋求殖民地。倫敦和柏林由此不須針鋒

---

* 譯註：容克是指普魯士的土地貴族，他們在城鎮外的鄉間有擁有大片土地，並成為普魯士主要的政治、軍事、外交領導階層。

相對。卡塞爾回報時，聲稱德皇對此建議「開心極了，就像個小孩一樣」。但是當英國國防部長霍爾丹（Richard Haldane）接續前往德國進行訪問，德國人只願意以放慢海軍計劃，換取英國在歐洲戰爭的中立地位。英國不能接受德國推翻權力平衡。儘管英國願意保證不參與攻擊德國，但德皇憤怒地拒絕了英國的提議。[112]

　　1912年3月12日，德皇通過一項「海軍法」補充條款，要求增加三艘戰艦，並且要德國艦隊預備作戰。一周後邱吉爾向議會宣布，英國的《無畏艦》的數量，將以與主要競爭對手維持16比10的優勢，替代「兩強標準」。此外邱吉爾宣布，當德國依據「海軍法」補充條款生產一艘新的德國戰艦，英國將建造兩艘新的戰艦。他還提出暫停條款，稱之為「海軍假期」，指出倘若德國暫停其生產計劃，英國也將相應動作。邱吉爾公開假設、且在隔年重申，假如德國在1913年放棄建造三艘軍艦，作為回應，英國將放棄它本來可以建造的五艘軍艦。德國人拒絕邱吉爾的提議，認為這是為了鞏固英國的統治地位，並瓦解國內對德國海軍的支持。無論如何，一年後的1913年2月，由於缺乏增加海軍支出的政治支持，鐵必制宣布他將基本接受16比10的戰艦比率。[113]

　　海軍競賽似乎結束了。雖然德國已經成功地將其與英國的軍艦噸位差距，從1880年的7.1比1，下降到1890年的3.6比1，然後到1914年的2.1比1，[114]但到大戰爆發時，英國仍然有20艘《無畏艦》，而德國只有13艘。[115]儘管付出巨大的財政和外交代

價，但德國的海軍建設並沒有趕上英國。事實上，正如邱吉爾後來所說的那樣，德國海軍計劃「把三個協約國拉攏在一塊。鐵必制打進戰艦裡的每一根鉚釘，都讓英國人更加團結……基爾和威廉港（Wilhelmshaven）的錘子鍛造的，是一個抵制德國、並最終將其推翻的國家同盟。」[116]

　　是英德海軍競賽引發第一次世界大戰嗎？不是。軍備競賽並非不可避免地產生衝突。正如霍華德（Michael Howard）所表明的，「1815年以後的90年間，法國和英國海軍之間的『最長、也或許是近代歷史上最痛苦的軍備競賽』，並不是以戰爭、而是以「英法協約」的締結而結束。」[117]

　　然而，柏林和倫敦之間的軍備競賽，在許多方面為戰爭奠定了基礎。雖然德國對英國的經濟挑戰日益加劇，但並未使兩國之間的戰略競爭不可避免，也並未阻止英國的精英將柏林視為可能的盟友。但德國海軍的發展，及其與英國的地理鄰近地位，構成了獨特的生存威脅。德國海軍計劃在英國引發的不信任和恐懼，促使倫敦將柏林確定為其主要敵人。一旦這個念頭定型，它就塑造了英國對德國其他行動的看法。雖然英國面臨著許多對手，但只有德國能夠破壞歐洲的平衡，並建立可能危及英國生存的強大海軍。[118]儘管鐵必制在1913年接受了其對手在北海的優勢，但英國人知道他的讓步主要是來自國內和財政方面的限制，如果情況發生變化，他的計劃也會跟著改變。[119]雖然一些人認為英國在海軍競賽獲得「勝利」，但這並沒有緩解對德國帶來的危險的擔憂。而當德國在1914年入侵法國和低地國家，戰爭也似乎更如

德國所願的，先是在歐洲大陸占據支配地位，然後威脅英國的生存。

另一個在歐洲世界同時發生的修昔底德動態，是了解英國和德國開戰的關鍵。德國的崛起激起了英國人的恐懼，但是另一方面，德國作為歐洲最強大的陸權國家也將俄羅斯看成崛起的挑戰者，並對柏林構成日益迫切的威脅。[120] 雖然1905年對日本的戰敗，和一段作為革命暗流的動亂時期，給俄國造成了沉重的打擊，但現在它似乎正成為德國邊界上的一個蠢蠢欲動的現代軍事力量。1913年，俄羅斯宣布了包含一系列措施的擴軍「大計劃」，預計到1917年使其軍隊與德國形成三對一之比。德國的兩面作戰計劃要求其迅速擊敗法國，然後才轉向東方，對付那些緩慢移動的俄羅斯大軍。到1914年，法國的大量投資已使俄國的鐵路系統大有發展，其動員時間已縮短到兩週，而德國計劃的假定為六週。[121]

俄羅斯的突飛猛進，以及歐洲終究會有一場大戰的普遍宿命論，煽動了德國政治和軍事領導層的進攻傾向。一些人提出在仍有機會擊敗俄羅斯時進行一場預防性戰爭，尤其是有鑑於一場成功的戰爭可能會讓德國突破「圍堵」。在1914年，德國人認為他們有機會壓制俄羅斯在巴爾幹地區的影響力，或在時機未晚時先擊潰俄羅斯的部隊。[122]

這一年的6月28日，奧匈帝國皇帝約瑟夫（Franz Joseph）的姪子兼該國皇儲，在波士尼亞被塞爾維亞民族主義者暗殺。在隨後的奧匈帝國和塞爾維亞之間的對抗中，俄羅斯支持塞爾維

亞。七月，柏林向維也納發出惡名昭彰的「空白支票」，支持奧匈帝國對塞爾維亞進行報復，並保證其將得到「德國的全力支持」，如德皇所說的，即使這會造成「嚴重的歐洲併發症」。[123]

德國願意在1914年與俄羅斯和法國發生戰爭，主要是因為對奧匈帝國的擔憂。如果奧匈帝國沒有在巴爾幹地區摧毀它的敵人，這個德國的唯一盟友就會崩潰，而其結果是德國在未來與莫斯科的衝突中將孤立無援。柏林的支持讓維也納在7月23日向貝爾格勒發出嚴厲的最後通牒，要求塞爾維亞允許奧匈帝國特工進入其領土追捕刺客的網絡。德國人知道維也納提出的最後通牒會被拒絕。奧匈帝國駐貝爾格勒大使接到指示，不管塞爾維亞人如何回答，「戰爭必須發生」。經過一周混亂的外交斡旋後，事態開始彷彿脫韁野馬不受控制，使那些早先做出了決定的人開始感到不妙。當德皇休假回來，讀到塞爾維亞接受維也納全部要求的答覆時，告訴他的戰爭部長這已經消除了「所有開戰的理由」。戰爭部長反駁說，他的主上「已不再能將局勢掌握在自己手中」。[124]同一天，維也納向貝爾格勒宣戰。

在現在被稱為「七月危機」的事件中，倫敦與柏林，以及柏林與莫斯科之間，不僅同時出現修昔底德動態，且相互聯動。德國決心支持其盟國，以防止俄羅斯崛起的威脅，導致其宣布對沙皇及其盟友法國宣戰。德國總參謀部席捲法國的戰爭計劃，要求其入侵盧森堡和比利時。但是德國藉由入侵比利時以摧毀法國的途徑，早已被英國劃成紅線。

此外，德國擊敗法國的可能使倫敦極為擔心其成為英國幾個

世紀以來都試圖防範歐洲出現的霸主。英國在1839年的「倫敦條約」中誓言保護比利時的中立地位，德國不顧及此，使英國群情激憤，並使原本對是否參戰意見不一的執政的自由黨團結一致。但英國之所以開戰，主要是因為它認為如果德國成功地成為歐洲的霸主，它的重要國家利益就會受到侵犯。驅使英國和德國戰爭的安全因素很明顯。正如外交大臣格雷（Edward Grey）8月3日向議會表示的，英國不能容忍「在我們對面的整個歐洲西部……居於單一權力的統治之下」。[125]

正如保羅·甘迺迪一針見血指出的，英國和德國領導人認為他們在1914年的衝突，是「至少持續了十五、二十年的狀態的延續」，而其開始的原因，就是「因為既有的權力希望維持現狀，而挑戰者由於摻夾著攻擊和防禦的各種動機，則要著手改變它。」[126]

「扭轉死亡洋流」

1914年的弔詭之處在於，一方面是多年不斷的戰爭警告和準備，另一方面是讓歐洲大陸一夕之間天崩地裂的速度。[127]6月28日，斐迪南大公去世。7月9日，英國外交部的最高級官員還懷疑「奧地利是否會採取任何嚴肅的行動」，並預計「風暴會消逝」。在7月25日得知奧地利對塞爾維亞發出最後通牒之前，邱吉爾和內閣的注意力還主要集中在愛爾蘭內戰的威脅上。[128]不到兩週之後，歐洲就處於戰爭狀態。

德國於8月2日入侵盧森堡，8月4日入侵比利時。當天，倫敦要求德國在英國時間晚上11點退出比利時。邱吉爾待在海軍部，等待英國的最後通牒到期。當大笨鐘敲響11點，沒有收到德國尊重比利時中立的承諾，邱吉爾進行了下一步。「戰爭電報」飛往世界各地的皇家海軍艦艇：「開始對德國進行敵對行動」。[129]

結構性壓力使摧毀歐洲的戰爭變得更加可能，但卻並非不可避免。許多政治家後來自我安慰地認為沒有任何東西可以阻止衝突，不過邱吉爾不是其中之一。作為名垂青史的歷史學家和政策制定者，邱吉爾竭盡心力反省他和他的同事們所做的一切，包括沒有採取的行動。在他發出戰爭電報的十年後，他出版了《世界危機：第一次世界大戰回憶錄》（*The World Crisis*），這是一本結合了深入分析和優雅散文的多卷作品，闡述了「在這些危險的責任中，我奮起承擔職責的態度。」[130]

戰爭能夠避免嗎？邱吉爾承認，考慮到衝突的起源，「人們普遍認為，這超出了個人對國際事務的掌控」。但他拒絕屈服於決定論。他指出了許多緩和雙方合理安全擔憂、防止「或至少延遲外交領域的致命擴散」、與「扭轉死亡洋流」流向戰爭的機會，但它們都被錯過了。他發揮自己的想像力，指出「我們在英格蘭的人，是否可以為此做更多的努力，犧牲一些物質利益，基於友誼與義務更勉為其難顧全大局，因為只有及時的調和法國和德國，才能確保歐洲的和平和榮耀？」他回答說：「我說不上來。」[131]

在邱吉爾反思這種困境近一個世紀之後，對於英國如何才能避免捲入歐洲的戰爭、同時守住英國的切身利益，仍然沒有簡單的答案。[132] 將這種情況與當代所面對的中國的挑戰做類比或許並不準確，但卻仍然令人不安。和德國一樣，中國認為在它身處弱勢時，其該當的地位被諸多列強所盜取。像德國一樣，中國有改變現狀的意願和手段。與此同時，美國也像英國一樣捍衛自己在世界舞台上的首要地位，並決心抵制中國扭曲全球政治秩序的企圖。兩國自然而然地認為自己的行為是公正合理的，而他們的對手則圖謀不軌、狼子野心。正如我們將在下一章中看到的那樣，如果美國人意識到另一個崛起的力量，也就是西奧多・羅斯福時代的美國，在其自身發展中有著更加貪婪好鬥的行為，他們可能對今天的中國有更多的諒解。

儘管美國頗具侵略性，倫敦仍成功避免了與新興的美國兵戎相見，且化解了夙怨，為將來的密切關係奠定了基礎。然而，貿然相信產生這種幸運結果的時空條件會再次重演十分不智。在華盛頓和北京，錯誤的樂觀主義和我行我素的思維，與其說會帶來英美兩國的「大和解」，更可能會導致英國和德國的悲劇。

歐洲災難的嚴重程度，以及其在21世紀大賽局中重演的可能性，應該鼓勵我們遵循邱吉爾的榜樣。我們應該窮盡想像力，問問兩國的領導人，那些現在認為必要的改變是否已足夠「扭轉我們自己時代的死亡洋流」。我們應該祈禱，我們有一天可以避免貝特曼—霍爾維格在回應歐洲戰爭的原因時的可悲回答：「啊，如果我們早知如此⋯⋯」[133]

第三部分

形成中的風暴

第五章 美國給中國的榜樣

「雅典人不可能享受自己的寧靜和平靜，也不可能讓其他人享受寧靜。」
——修昔底德·科林斯大使在斯巴達議會上的講話，公元前432年——

「倚勢則凌人、勢窮則力屈，這是自然規律。這條規律不是我們制訂的。
當我們掌權時我們變得這樣，而以後的得勢者也將像我們一樣。」
——修昔底德，〈與米洛斯人的對話〉，公元前416年——

「當權力從天而降，才會知道我們在別人眼中的形象！」
——羅伯·伯恩斯——

　　美國人喜歡對中國人講大道理，期許他們變得「更像我們」，也許他們應該小心他們所希望的。過去歷史上的新興霸主有怎樣的所作所為呢？更具體地說，當西奧多・羅斯福在一個多世紀前領導美國進入他抱持無比信心的美國世紀，華盛頓是如何行事的？

　　1897年4月19日，一個38歲的政治明星加入了麥金萊（William McKinley）總統的行政當局，成為海軍部助理部長。他出生於一個紐約最悠久的家族，在哈佛受過教育，曾在達科他的惡地（Badlands）當牛仔以強健身心，歷練過紐約市警察局長之職，靠著15本暢銷的書籍成為一位公共知識分子。用他的重量訓練的陪練夥伴的話說，羅斯福是「一個強壯、堅毅的人，很難傷到他，更難停下他。」[1]

　　在擔任海軍部助理部長7天後，羅斯福向麥金萊遞交了一份冗長的私人備忘錄，指出海軍目前的狀況難堪大任、要確保西半球的和平必須快速擴張海軍，而距離美國海岸咫尺之外、西班牙控制的古巴是心頭大患。[2]這個月結束前，在沒有通知他的老闆或總統麥金萊的情況下，新的助理部長還向統籌當時美國政府戰爭規劃的海軍戰爭學院（Naval War College）領導層發出了指示，要他們制訂與西班牙爭奪古巴、與日本爭奪夏威夷的作戰計劃。此前的1893年，美國推翻了與東京親善的夏威夷君主。[3]

　　雖然美國剛剛走上世界舞台，但羅斯福從他的骨子裡認識到未來的百年應該是美國時代，他也決心盡一切力量來實現這一目標。有感於命運需要決心去推動，羅斯福抓住每一個、偶爾甚至

製造出機會，以用自己的方式來定義這個世紀。在他來到華盛頓的十年內，美國用戰爭把西班牙驅逐出西半球，收購了波多黎各、關島和菲律賓；以戰爭威脅德國和英國，迫使他們同意美國的條件來解決爭端；在哥倫比亞支持起義，創建一個新的國家巴拿馬，以建造一條運河；宣布自己是西半球的警察，聲稱只要認為必要，無論何時何地都有權進行干預，且僅在羅斯福擔任總統職位的七年內，就有九次行使了這一權利。[4]

之前或之後的總統，從未如此根本地塑造了美國在世界上的自我定位。羅斯福領導全國重新認識了作為美國人的意義。他強調，國家的偉大在於兩個必要條件：在國內外推動文明發展的使命，以及實現這一目標的力量，後者特指一個由具有力量、勇氣與戰鬥意志的人員組成起來的軍隊。

羅斯福歌頌那些披荊斬棘，並因堅忍、自信、精明，與武勇而生存下來的拓荒者。在他的講述中，「邊疆生活的主要特徵，是拓荒者和紅人之間的無休止的戰爭。」[5]對於此前耽溺閱讀、患有哮喘、上流社會、中學就讀私立名校，然後成為哈佛學生的羅斯福而言，畢業後在達科他惡地的幾年裡讓他整個人改頭換面。在那裡，他在達爾文式的生存鬥爭中多次遭遇了危險。他曾與印地安人及亡命之徒搏鬥，有幾次被槍殺、淌血，甚至幾乎死亡的經歷；但靠著讓別人淌血乃至於死亡，他活了下來。在他看來，比起其他的經歷，這個過程更讓他成為一個男人。這個經歷還使他相信，那些不能或不願為自己而戰的人，將會被其他人所統治。

　　「所有偉大的、雄霸一方的種族，都曾是戰鬥種族」，他擔任助理部長後的第一次公開演講時說，「一旦這個種族失去了奮勇拚搏的美德」，他警告，「不管它剩下了什麼，不管它在商業和金融，或在科學或藝術方面有多麼傑出，它都失去了可以頂天立地作個豪傑的正當性。不管是對種族、或者對個人，懦弱都是一種不可饒恕的罪。」[6]羅斯福的四卷著作《贏得西部》（*Winning of the West*），宣告了他的「美利堅主義」（Americanism）福音。第一卷在他還只有31歲的時候發表，詳細描述了這個國家由「天定命運」（Manifest Destiny）驅動的、在整個大陸的不懈擴張；這種觀念確信「美國併入所有毗鄰的土地，實際上是為了完成了這個國家根據上帝意旨的必然道德使命。」[7]

　　羅斯福重視內戰和解放奴隸的重要性，聲稱美國向西部的擴張是英語國家人民使「世界被浪費掉的空間」邁向文明的「加冕和最大成就」。[8]

　　此外，對羅斯福來說，美國的使命並沒有停止在太平洋沿岸。他與志同道合的軍事和國會要角一起揭櫫擴張主義的旗幟，不僅要將西班牙驅逐出古巴和西半球，而且要使美國成為大西洋和太平洋的大國。正如羅斯福在夏威夷政變後所說的：「我相信更多的船隻，我相信最終會把每一個歐洲國家的力量驅逐出這個大陸，我希望我們的旗幟一旦被升起就永遠飄揚。」[9]

　　要主張美洲屬於美洲人需要軍事力量作為支持，特別是海軍優勢。作為哈佛大學的學生，羅斯福此前已對1812年的戰爭

做過嚴謹的學術研究。他後來出版的《1812年戰爭中的海戰》
（*The Naval War of 1812*），也成為這場衝突的權威之作。海軍戰
爭學院的負責人將這本書列為必讀，並送給美國海軍每一艘船的
船長。羅斯福的分析強調了一個重要發現。這位未來的總統寫
道：「簡單的事實是」，「如果只擁有三比二的優勢，並不能確
保獲勝。」[10]

任何讀過《1812年戰爭中的海戰》的人，都不會意外這位
新任的海軍助理部長會大力推動建設規模與實力都更強大的海
軍，以作為美國全球力量的骨幹。羅斯福上任7週後，在海軍戰
爭學院發表演講時曾提出「準備戰爭是和平的最可靠保證」，他
憂心忡忡地警告美國「如果要保持自尊，就不能止步不前」。外
交是「一件好事」，但他堅持說，「最終如果希望看到這個國家
與外國和平相處，還得依賴一流軍艦組成的一流艦隊，而不是依
賴任何人設計出來的仲裁條約。」[11]

美國遵循了羅斯福的建議。1890時，美國海軍還沒有任何
軍艦。但到1905年，它已經建造了25艘，成為一個領先的海軍
力量。[12]即使英國也意識到它不想在美國的後院與之作戰，特別
是由於德國已在離家很近的地方崛起。

美國更感興趣的是利用其蓬勃發展的經濟和軍事實力，來強
化其與日俱增的影響力，而不是開疆拓土。雖然羅斯福覬覦仍在
大英帝國統治下的加拿大西部，但大多數擴張主義者並不認為在
美洲獲得更多領土是可行的。相反，美國可安於對這個半球的統
治地位，只要其由尊敬並服從美國的鄰國所組成，並且不受外來

力量的干涉。具體來說，這意味著美國在西半球的利益是不容挑戰的，並且如羅斯福所說，它靠的是「實力、以及使用它的意願和準備。」[13]

羅斯福對那些反對他的野心的人沒有耐心。他認為，「文明的每一次擴張都是為了和平……每一次偉大文明力量的擴張都意味著法律、秩序和正義的勝利。」[14]即使承認美國是為了自身利益，羅斯福仍堅持擴大美國的影響力可以改善那些尚不能自我管理的人的生活。他對美國占領菲律賓提出的理由是歷史學家溫伯格（Albert Weinberg）所稱的「雄性的國際利他主義觀念」（virile conception of international altruism）的典型。羅斯福呼籲他的同胞承認「我們對生活在野蠻中的人民的義務，是看到他們從他們的枷鎖中被釋放」，並且「我們只有透過摧毀野蠻行為本身才能解救他們」。同情帝國主義的吉卜林和英裔南非礦業大亨羅德斯（Cecil Rhodes），可能微笑讚許羅斯福所說的「傳教士、商人和軍人，各自在瓦解這些民族，並最終提升他們的過程中，有所貢獻」。[15]

今天，許多美國人會覺得這些帝國主義或種族主義思想令人不舒服，然而，直到21世紀，在美國領導者宣稱要維護以國際規則為基礎的自由主義秩序時，人們仍可以聽到其迴響。與他那個時代的大多數美國人一樣，羅斯福相信文明的進步對所有社會都「澤被後世」，因為「任何尚未擁有高度文明的民族最明智的選擇，就是吸收美國或歐洲的觀念，並從中獲益。」[16]他所謂的「我們對世界事工的分擔」，迫使美國跟隨英國、法國和德國的

腳步，傳播「文明和基督教的觀念。」[17]正如他在他的第一份國情咨文演說中所承諾的，美國將「為菲律賓人提供以前熱帶人民從未能成就的事業，跟隨真正自由國家的模範，使他們得以建立自治政府。」[18]

在羅斯福的思想中，上帝意旨要求美國發揮西方文明的守護者和傳教士的重責大任。在實踐「擴大」文明的使命時，他以一種讓其他大國瞠目結舌的方式擴張美利堅帝國。正如我的同事約瑟夫・奈伊（Joseph Nye）所寫的，「羅斯福是第一個有意將美國的力量投射到全球舞台上的總統。」[19]從加勒比海到菲律賓，從委內瑞拉到巴拿馬到阿拉斯加，他要對整個半球取得前幾代美國人對邊疆的同樣的控制，以此展現美國羽翼漸豐之後的國力與志向遠大的抱負。

有四件事特別能說明美國躍升為一個世界強權、甚至是唯一的世界強權的歷程。羅斯福對此的說法是：「在我們面前的20世紀充滿各種挑戰，各國為了自身的命運紛紛躍躍欲試。如果我們安逸懈怠，如果我們僅僅尋求被過份吹捧、廉價和不光彩的和平，如果我們在人們必須冒著生命危險、有著破釜沈舟的決心才有望取勝的比賽中裹足不前，那麼更勇敢和更強大的民族將會超越我們，成為世界的主宰。」[20]

美西戰爭

在加入麥金萊政府之前，羅斯福就一直渴望與西班牙開戰。

對一個相信「每一個真正的愛國者……都應該期待沒有任何歐洲大國能夠在美洲有立足之地的那一天」的人而言，[21]距離美國九十英里外的一處領土被西班牙所控制是奇恥大辱。羅斯福不是第一個對古巴的存在感到不滿的的美國政治家。1823年，國務卿亞當斯（John Quincy Adams）就將古巴比作一顆蘋果，在其與西班牙的「非自然聯繫」斷折後，將會落入美國人的手中。[22]然而儘管動亂頻繁，並有一系列獨立運動，西班牙在之後的七十年仍繼續控制著古巴。[23]

羅斯福打算打破這種「非自然」的聯繫。儘管他在1895年的一封信中指出他的第一個願望是「立即與英國開戰，以征服加拿大，」他堅持認為美國要「將西班牙人趕出古巴」。[24]羅斯福的反西班牙立場，讓麥金萊在任命其為海軍部助理部長時有所保留，因為他在總統就職演說中曾明確承諾要避免「征服戰爭」和「領土侵略的誘惑」，並指出「在每一個偶然事件中，和平都比戰爭更可取。」[25]

麥金萊對羅斯福的擔憂並非毫無根據。羅斯福在加入行政當局後的數週內告訴馬漢：「在我們將西班牙從這些島嶼排除出去之前（如果可以，明天我就會採取行動），我們總是如鯁在喉。」[26]當時由新聞大亨赫斯特（William Randolph Hearst）和普立茲（Joseph Pulitzer）控制的主要報章也在呼喚戰爭。「你提供圖片，我提供戰爭」，赫斯特曾如此告訴他的一位插圖畫家。[27]

羅斯福在海軍部上任四個月後，向麥金萊呈報了一項全面的入侵計劃，並保證在六週之內取得勝利。[28]羅斯福提出讓美國

入侵古巴的計劃後，很快就獲得參與其中的機會。1898年2月
15日，停靠在哈瓦那港的美國海軍「緬因號」（USS *Maine*）戰
艦因爆炸而沉沒，造成266名美國人死亡。儘管承受著來自羅斯
福、媒體和憤怒的民眾的壓力，麥金萊卻拒絕立即報復，而是下
令進行調查，以確定發生了什麼事。羅斯福對此又急又氣。在
事發前的幾個星期，他曾告訴一位同事：「我一直盼望且付諸行
動，好讓我們能干涉古巴。」[29]現在他憤怒地說：「那些被謀殺
的「緬因號」船員的鮮血，要求的不是賠償，而是徹底的贖罪，
而這只能藉由把西班牙人趕出新世界來實現。」[30]羅斯福並對他
的內弟說，總統的「脊椎比巧克力泡芙還空。」[31]

　　後來麥金萊的官方調查得出結論，認為是水雷引發爆炸，他
別無選擇只能宣戰。[32]羅斯福立即辭去助理部長職務，到美國陸
軍擔任中校，組織了第一美國志願騎兵團「莽騎兵」（the Rough
Riders）。羅斯福和他的騎手在聖胡安戰役中成為傳奇，於1898
年7月1日在一場混亂的火拼中攻占了聖胡安山。在戰鬥中，羅
斯福展現了如他過去所寫的豪情壯志。一名士兵讚嘆他能「在砲
彈四射的戰場上行動自如……羅斯福喜歡站起身子、東奔西走
去品味芬芳的戰鬥氣息。」羅斯福後來把這場戰鬥稱為他生命中
最偉大的一天。[33]

　　美國在8月底前就擊敗了西班牙，並於12月簽署了和平條
約。對西班牙來說，這些條件非常嚴厲，包括了古巴獲得獨立、
西班牙將波多黎各、關島和菲律賓割讓給美國。[34]在戰爭之後，
歷史學家和羅斯福的知己亞當斯（Brooks Adams），宣稱1898年

的事件將成為「我們歷史的轉折點」。展望未來，他預測「我們可能主宰世界，因為近期沒有國家能掌握它……我預期下一個十年可能是美國的另一高峰。」[35]

執行門羅主義

在美西戰爭結束後，羅斯福短暫擔任紐約州長，隨後接受邀請，重新加入麥金萊政府，在1900年的總統選舉中擔任副總統搭檔。麥金萊與羅斯福兩人輕鬆獲勝。1901年9月，擔任副總統短短六個月後，由於一名刺客殺死麥金萊，使羅斯福被推入橢圓形辦公室。過去幾年，羅斯福因為與麥金萊的路線歧異而受到多方制肘，但擔任總統後的第一年就獲得良機去施展美國政府的全部本領。這個機會出現在1902年，當委內瑞拉拒絕償還長期債務，德國在英國和義大利的支持下對其實施海軍封鎖，隨後擊沉委內瑞拉的船隻以升高局勢，並威脅要攻擊卡貝略港（Puerto Cabello）。

羅斯福的傳記作家莫里斯（Edmund Morris）指出，由於感到德國是一個「盤旋在遠方的掠食者」，且懷疑德國在委內瑞拉尋求永久性的海軍前哨，羅斯福總統抓住這一機會，向歐洲發出明確無誤的訊息。[36]他警告柏林，如果德國在十天內沒有撤離其船隻，那麼美國將「必須在必要時使用武力進行干涉」。[37]然後他要求歐洲人透過仲裁來解決與委內瑞拉的爭議。

他要德國大使霍爾萊本（Theodor von Holleben）「告訴皇

帝，想嚇唬我可不管用，因為撲克牌是美國的全民運動，我也已準備好戳破他的虛張聲勢了。」為了確保德皇有聽清楚，他繼續說強調：「如果他不立即從委內瑞拉水域撤出他的軍艦，我會毫不猶豫地用我麾下部隊來驅逐他們。」[38]事實上，羅斯福警告德皇：「就全世界來看，加勒比海是德國在與美國發生衝突時最不利的地方。」[39]

羅斯福要求德國服從美國在1823年門羅（James Monroe）總統提出的政策綱領：「西半球已不再對歐洲殖民、或外國干涉開放。」[40]雖然話說得很大，門羅主義最初只是一種理想的訴求而無法實踐，且在十九世紀的其餘時期都是如此。由於美國缺乏執行它的手段，因此無法阻止英國在1833年從阿根廷奪取福克蘭群島，也無法阻止英國在尼加拉瓜沿海地區維持相當大的海軍，或在1895年暫時奪取位於科林托（Corinto）的尼加拉瓜港。德國人也無視門羅主義，並不時派出軍艦，來解決像海地這樣的小國的商業糾紛。[41]

在羅斯福擔任總統前，他就決心要以武力捍衛門羅主義。在英國軍隊占領科林托後，羅斯福擔心委內瑞拉會成為下一個。「如果我們允許英國像在科林托一樣，以求償為名侵犯委內瑞拉」，他寫信給支持擴張主義的遊說團成員、參議員洛奇（Henry Cabot Lodge），「我們在美洲的霸權就會夭折」。[42]當時的克利夫蘭（Grover Cleveland）總統不願意為委內瑞拉而對英國人採取強硬路線，使羅斯福很不滿。後來羅斯福說：「和平派的喧囂使我確信這個國家需要一場戰爭。」[43]克利夫蘭政府最終

警告英國人不要從其殖民地英屬圭亞那，入侵其與委內瑞拉發生
爭議的領土，以免衝撞門羅主義，並聲稱「今天美國就是這個大
陸的實際主權，在它會進行介入的地區，它的命令就是法律。」
英國感覺到克利夫蘭言出必行，心不甘情不願地同意將邊界爭
端交付仲裁，而不是用占領爭議領土的事實，去挑戰美國的耐
心。[44]

羅斯福對此喜形於色，堅持認為美國「已經足夠強大，足
以在外交事務中展現出其意志的份量」，並瞧不起那些質疑美國
為了一處南美洲的偏僻角落而威脅英國是否合理（或合法）的
人。羅斯福寫道，門羅主義「根本不是法律問題。這是一個政
策問題……爭辯它不能被當作是國際法的原則，簡直是浪費生
命。」[45]

在與柏林和倫敦的對決中，羅斯福也表現出了同樣的決心。
他的最後通牒說服兩國撤出委內瑞拉水域，到海牙去解決他們的
爭端，接受了讓美國滿意的條款。這個結果更堅定了羅斯福的決
心，即「門羅主義應該被視為美國外交政策的基本方針」。但是
他警告說，「除非我們奮力捍衛它，否則會比放棄它更糟糕，而
對它的支持只能來自一支卓越的海軍。」[46]美國海軍在加勒比地
區的優勢，勝過千言萬語。正如他後來對一位芝加哥的聽講者說
的：「如果美利堅民族在輕聲細語的同時，建造、並且維持了訓
練最精良、戰力最優越的海軍，門羅主義就能不脛而走。」[47]而
世界很快就會發現，羅斯福打算走得多遠。

巴拿馬運河

自十六世紀以來，歐洲國家就有著一個連接大西洋和太平洋的運河夢。但建造這條運河的計畫已多次挫敗。終於在1860年代雷賽布（Ferdinand de Lesseps）為法國建成了蘇伊士運河。在他的領導下，法國再度於1880年代開展了一個籌劃多時的巴拿馬運河計畫，但是卻又連連失敗。美國和英國在巴拿馬及其鄰國尼加拉瓜的計畫，也未能取得進展。隨著美國力量的增強，羅斯福發誓要在別人跌倒的地方贏得成功，並確保這條通道由美國控制。

對於羅斯福來說，美國基於國家安全也需要一條穿過中美洲的運河。沒有它，以大西洋沿岸為基地的美國軍艦，就不得不繞過智利南端的合恩角（Cape Horn），經歷兩個月，長途跋涉一萬四千英里的旅程，才能抵達西海岸。從西岸到東岸也是如此。這絕非空言，例如駐地在美國本土西北端普吉特灣（Puget Sound）的「奧勒岡號」戰艦，就曾航行整個北美與南美，以便在美西戰爭期間抵達古巴。[48]由於羅斯福認為這條運河是「必需品」，因此他不允許其建設受到任何阻礙，法國這樣的遠方大國不行，哥倫比亞這樣的二流國家更不行，而巴拿馬自1821年以來一直是哥倫比亞的一個省分。

當哥倫比亞政府拒絕他在巴拿馬境內修建運河的提議，羅斯福拒絕了這個說不的回答。正如他後來所說的，「我奪取地峽，開建運河，然後讓國會──不是去辯論是否支持運河，而是去辯

論是否支持我。」[49]批評者指責他煽動革命，以砲艦外交奪取哥倫比亞領土的醜聞。羅斯福毫無歉意，宣稱「我擔任總統期間最重要的外交行動，目前為止都是與巴拿馬運河有關的。」[50]

這一段故事被歷史學家大衛·麥卡勒（David McCullough）描述為羅斯福在總統任內畫龍點睛之作。在麥卡勒關於運河建設的權威之作中，他指出對羅斯福來說，「不管是現在或未來，不管任何時候，運河都是至關重要的，是美利堅合眾國全球命運不可缺少的途徑。」[51]羅斯福告訴國會：「如果有一個政府，基於文明的天命，為了人類的利益，必須完成一個目標，那麼美國責無旁貸地得去完成這個連通兩洋的運河。」[52]

1903年8月，哥倫比亞參議院因為擔心財政條款和主權問題，一致否決美國建造運河的條約。羅斯福由於他所看到的「可悲的無知」而憤怒了。他對他的國務卿海約翰（John Hay）說：「我不認為波哥大的那些兔崽子有權永遠阻礙這一條通往未來文明的道路。」[53]作為回應，羅斯福「不管他們怎麼考慮，我已決心做我應該要做的。」[54]

起初，羅斯福對美國與哥倫比亞之間一項1846年的條約有著一廂情願的解讀，認為實際上美國已經有權建造運河。羅斯福向一位美國參議院盟友透露，「我覺得我們在道德上當然是對的，因此根據1846年的條約，在法律上我們也有根據立即干預，以便建成運河，並且沒有停止它的理由。」[55]但是當法國工程師和商人布諾—瓦里拉（Philippe Bunau-Varilla）帶來消息，說巴拿馬革命正在醞釀之中，羅斯福就改變了方針。

　　在1903年10月9日的白宮會議上，運河完工後將享有巨大經濟利益的布諾—瓦里拉直接詢問總統，美國是否支持巴拿馬人反抗哥倫比亞的統治。羅斯福沉默不語，但也拒絕說美國會保護其所謂的盟友哥倫比亞免於獨立運動的威脅。相反的，他說：「一個會延續前任政府作為的新政府對我沒有好處」，並且在稍後指出，雖然布諾—瓦里拉「會是一個非常沉悶的人」，但他帶來的消息則非同一般。[56]

　　在確認布諾—瓦里拉關於潛在革命的報告準確後，羅斯福派出海軍艦艇到巴拿馬外海，並命令陸軍為可能的登陸行動作計畫。[57]國務卿海約翰將這些準備情況通知布諾—瓦里拉，到11月2日，已可從科隆（Colón）看到海岸外的「納許維爾號」（USS *Nashville*），另有九艘砲艦很快將在巴拿馬的大西洋和太平洋沿岸就位。[58]

　　11月3日，反叛分子宣布獨立後，美國海軍陸戰隊員登陸，封閉主要鐵路以阻止哥倫比亞軍隊進入巴拿馬城，而美國的船隻則阻止哥倫比亞人以海軍登陸增援。羅斯福還警告哥倫比亞政府，如果它試圖阻撓巴拿馬獨立，他就得準備在其領土上遭遇美軍。在巴拿馬叛亂分子宣布獨立後不到七十二小時，美國成為第一個承認這個新國家並建立外交關係的國家。[59]

　　布諾—瓦里拉迅速撮合成一項條約，賦予美國對未來運河的「永久」權利，以換取前期1000萬美元、和每年25萬美元的回報。羅斯福的國務卿私下承認這項協議「非常令人滿意，對美國有很大的好處。我們必須承認，鈔票既然是由我們來點收，這

對巴拿馬來說可不是那麼有利。」[60]隨後的幾年，這樁協議更顯得不公平。例如，巴拿馬雖然每年繼續從運河獲得微薄的25萬美元，但美國財政部於1921年從運河收取約100萬美元的利潤，1925年接近1400萬美元，且從1928年到1930年，每年收入超過1800萬美元。[61]

此外，這還不包括降低運輸成本的影響，這使美國消費者和美國商品在國外市場更具競爭力。到1970年，通行費每年超過一億美元，到二十世紀末，當美國根據卡特總統簽署的條約，將運河所有權最終轉移回巴拿馬時，運河每年已可徵收高達5.4億美元的通行費。[62]總體而言，比起美國最終簽署的條約與它（或法國）的六項較早、也較不具有強制性的合約要求每年向巴拿馬支付的金額，羅斯福無所不用其極贏得的權益對巴拿馬的剝奪，高達其國內生產毛額的1.2到3.7倍。[63]

在他生命的最後，羅斯福仍堅持認為巴拿馬革命是基於其人民對獨立和運河的渴望的自然表現。[64]雖然為結果而歡呼，但即使是羅斯福的支持者也把他的話當作是鬼扯。正如他的戰爭部長魯特（Elihu Root）對他所說的：「你看起來就像是你曾被控誘拐罪，但你卻證明你犯了強姦罪。」[65]

阿拉斯加邊界爭端

大約在他鼓勵巴拿馬獨立運動的同一時間，羅斯福還與美國的北部鄰國、以及其守護者不列顛帝國發生激烈衝突，為的是加

拿大西部和未來的美國阿拉斯加州之間的邊界。

　　我們可以在地圖上清楚地看到阿拉斯加邊界爭端的結果。從阿拉斯加的主體部分，一條「肥尾」向南延伸了約五百英里，將加拿大與太平洋隔開。1867年，當美國從俄羅斯購買阿拉斯加時，美國繼承了英屬哥倫比亞和阿拉斯加之間並未清楚定義的邊界。多年來，華盛頓一直滿足於讓邊界維持模糊空間。[66]在英屬哥倫比亞於1871年加入加拿大聯邦後，美國曾為了釐清邊界做出零星嘗試，但直到1897年在加拿大育空地區發現黃金之前，並無實質進展。突然之間，邊界問題變得很迫切，原因很簡單：雖然黃金在加拿大，但美國控制了從海岸通往克朗代克（Klondike）的要道；而若要從加拿人本土走陸路前往，則將大費周章。

　　加拿大聲稱它的邊界應該不是如同美國所認為的距離海岸三十英里，而是距離海岸外的小島的外緣三十英里。對邊界的這種解釋，將確保加拿大能夠直接進入大海，並將賦予加拿大對朱諾（Juneau）、史凱威（Skagway）、林恩運河（Lynn Canal）和冰川灣（Glacier Bay）的所有權。[67]

　　羅斯福對加拿大的主張表示懷疑，他宣稱「其主張之無力，如同他們現在聲稱（麻州的）南塔克特島（Nantucket）也歸其所有」。[68]在派出部隊保護美國的主張後，羅斯福還威脅在必要時採取「激烈」行動。他並私下警告英國大使說，如果加拿大或英國試圖阻撓他的話，結果將是「很難看的」。[69]為了對戰爭部長魯特的請求表示尊重，羅斯福同意將邊界爭端提交給一個國際

法庭——但這是在魯特向他保證法庭只會為美國的立場背書之後。為了兌現他的承諾，魯特操弄了法庭的安排，使雙方各選擇三名成員，從而確保最糟糕的結果也是三對三的平局。儘管按照仲裁的規則，應該任命「公正的法理學家」，但為了避免萬一，羅斯福還是任命了支持他的想法的三位忠實盟友，包括洛奇、魯特和前參議員特納（George Turner）。至於加拿大的兩位成員會如何投票，也是想當然耳的。[70]這使得代表加拿大方面的第三位、也是最後一位委員，也就是英國首席大法官阿爾弗斯通（Alverstone），成為關鍵的搖擺票。

魯特向羅斯福保證，英國人會藉由阿爾弗斯通支持美國的要求，因為這明顯符合他們的利益。鑑於英國在解決 1895 年和 1902 年委內瑞拉爭端時表現出的尊重，英國政府不會在這樣的次要問題上與美國對抗。然而為免意外，羅斯福還利用最高法院法官赫姆斯（Oliver Wendell Holmes Jr.）訪問倫敦的機會，讓他警告英國殖民部長，如果委員會陷入僵局，「我將採取的立場，是不讓任何仲裁成為可能。」他還要海約翰提醒倫敦，如果法庭現在不能達成協議，美國將被迫「採取必將傷害英國人自尊的方式」。[71]

羅斯福對他自己的法庭成員有更加明確的指示：「我沒有要搞得一面倒」，他建議說，「但是如果英國人那兒提出似是而非的反對意見，我會派一旅的正規軍到史凱威，奪下他們想要的領土，用美國的實力和軍力將之牢牢抓住。」[72]

倫敦在壓力下低頭，1903 年 10 月，法庭作出了 4 對 2 的裁決，使美國在所有聲索中大獲全勝，阿爾弗斯通也投了關鍵一

票。兩名加拿大委員拒絕簽署最終裁決，抗議他們「無力阻止」
美國和英國的陰謀。

用加拿大歷史學家彭林頓（Norman Penlington）的話說，
該判決在加拿大「引發了一次該國歷史上最不可遏止的群眾怒
火」。媒體聲稱加拿大被「犧牲」了，「被欺騙」和「被搶劫」
了，並且嘲笑阿爾弗斯通出賣加拿大，以滿足貪得無厭的美國總
統的需要。[73]另一方面，《華盛頓晨報》（*The Washington Morning
Post*）報導說，羅斯福及其政府「把這個成果，看作是美國在一
代人中獲得的最大的外交成功」。[74]雖然給予加拿人一些小讓步
為交換，但美國保持了一條連綿不斷的沿海地帶；沿著阿拉斯加
的的鍋柄，是兩萬五千平方英里的海岸與島嶼，其上是一帶原始
的通加斯（Tsongas）原野，並將成為美國最大的國家森林。塵
埃落定後，羅斯福贏取的這片加拿大認為是他們的土地，讓美國
增加了與羅德島面積相當的領土。[75]

如果習近平像是羅斯福？

在贏得對西班牙、德國和英國的勝利，並取得從阿拉斯加到
委內瑞拉的主控權之後，羅斯福在1904年的國情咨文演講中宣
布，美國會為其地緣政治鄰國的和平與穩定承擔責任。羅斯福表
示，「無論是在美洲或在其他地方，長期的劣政或無能導致了文
明社會彼此連結的動搖，最終會需要文明國家進行一些干預；而
在西半球，為了奉行門羅主義，即使不甘願，美國也得對這種人

1903年《蒙特婁星報》
（*Montreal Star*）的政
治漫畫，描繪了作為禿
鷲的美國，在巴拿馬和
阿拉斯加的行動後，正
尋找新的獵物。

AMERICAN AGGRESSION.
AMERICAN EAGLE—"Let me see ; what else is there in sight now?"
Star (Montreal).

神共憤的劣政或無能行使國際警察權力。」[76]這段宣示，被稱為
門羅主義的「羅斯福推論」（Roosevelt Corollary）。

在他擔任總統的其後幾年，羅斯福表明了他心中有哪些「劣
政或無能」。在美國商業利益受到威脅的時候，他派美國軍隊介
入了多明尼加共和國、宏都拉斯和古巴。他嘗試推翻他非常反感
的墨西哥政府，但未能成功。不過他的繼任者塔夫脫（William
Howard Taft）還是鼓勵並組織了以美國為基地的墨西哥革命武
裝力量，以反對墨西哥總統迪亞斯（Porfirio Díaz），並在他們推
翻迪亞斯時支持他們。而當他們也開始給美國帶來麻煩，美國又

再次支持推翻他們的二次政變。從「羅斯福推論」被宣布，到1930年代中期富蘭克林‧羅斯福宣布睦鄰政策之間的三十年，美國的海軍陸戰隊或軍艦曾在拉丁美洲進行21次干預，這也顯示了富蘭克林所拒絕接受的這位堂兄與前任總統的干涉主義作風，是如何的狂熱。

羅斯福在卸任後告訴一位朋友：「如果我必須在血與鐵的政策，和牛奶與水的政策之間做出選擇，我會支持血與鐵的政策。這不僅對國家更好，長遠來說也對全世界更好。」[77] 然而，羅斯福的「文明使命」和「警察權力」也激怒了該半球的許多國家。[78] 1913年，阿根廷政治領導人烏加特（Manuel Ugarte）對新當選的威爾遜（Woodrow Wilson）明確表示，許多拉美國家「淪為惡毒暴行的受害者，但在美國自己這些行為卻因為違反政治責任與輿論而不被原諒……由於那些行為，美國逐漸成為最不受歡迎的國家。」迪亞斯的悲嘆最能掌握這種情緒：「可憐的墨西哥，離上帝如此遠，離美國如此近。」[79]

當我們看到北京對其鄰近地區重新採取的霸道態度，特別是對南海和東海周邊國家的態度，我們是否看到了羅斯福在加勒比地區的為所欲為再次上演？如果中國現在的要求只是美國昔日的一半，今日的美國領導人能否以昔日英國人一樣的靈活身段來面對？當我們回顧及此，會發現習近平和羅斯福的差別，比其相似之處更令人驚異。但是，幾乎沒有多少跡象表明美國人正準備接受英國的命運。觀察趨勢的軌跡，修昔底德可能會說：「上緊扣環，就要天搖地動了。」

第六章 習近平的中國要什麼

「無論是現在還是將來，我們都將受到眾人仰望；因為我們的力量已經昭彰可見⋯⋯
我們已將每一片海域和陸地都變成我們勇者的大道，並在每一個地方，
無論是惡是善的，在我們身後留下了不可磨滅的印記。」
——修昔底德，伯里克利喪葬演說詞，公元前431年——

「天處乎上，地處乎下，居天地之中者曰中國，居天地之偏者曰四夷，
四夷外也，中國內也。」
——石介，《中國論》，1040年。——

「實現中華民族偉大復興是中華民族近代以來最偉大的夢想。」
——習近平，2012年——

　　習近平主席想要什麼？一句話：「實現中華民族的偉大復興」。從習近平出任國家主席的那一天起，李光耀這位世界級的中國觀察家就清楚地看到了這一根本的雄心。李光耀對習很有瞭解，並且明白推動中國無止境渴望的是恢復昔日盛況的堅定意志。

　　如果詢問大多數中國學者，習近平和他的同志是否認為中國可以在可預見的將來取代美國成為亞洲的主要力量，他們會用「這很複雜」之類的句子來回答，說「一方面如何，但另一方面如何」。但當我在2015年李光耀去世之前的一次會議上向他提出這個問題，他那銳利的眼睛睜得很大，彷彿在問：「你在開玩笑嗎？」他直接回答：「當然。為什麼不？他們怎麼會不希望在亞洲和世界上成為第一？」[1]

　　李光耀預見二十一世紀將出現「亞洲首強的競賽」。[2]隨著習近平在2012年的掌權，李光耀向全世界宣布這場競爭正在加速。在所有外國觀察家中，李光耀是第一個說出「注意這個人」的，雖然大部分人對這位技術官僚都一無所知。

　　事實上，在李光耀過往半個世紀對外國領導人的評估中，習近平這位新上任的中國元首是唯一被他拿來與自己比較的。兩人都被在他們的靈魂中留下了深刻烙印的試煉所塑造。對於李光耀而言，1942年日本入侵新加坡時「整個世界崩潰了」，他回憶道，「這是我一生中最大的政治教育」。最重要的是，「在這三年半中，我看到了何謂權力」。[3]同樣的，習近平在毛澤東瘋狂的文化大革命中，經歷了生死存亡的鬥爭。他反思這一經歷時

指出：「對權力接觸少的，距離遠的人，老把這些東西看得很神秘，很新鮮」，相比之下，習學會了「看到的更多不只是面上的東西，不僅僅是權力，鮮花，榮耀和掌聲，也看到了牛棚，看到了世態炎涼，對政治的認識也有一層更深刻的東西。」[4]

習從李光耀稱之為「淬煉其意志」的動盪中脫穎而出。[5]李光耀還將習近平與另一位國際領導人曼德拉進行了非比尋常的比較，稱許他是「城府甚深、波瀾不驚的人，不允許他個人的不幸或痛苦影響他的判斷。」[6]

習近平以同樣的鋼鐵意志展望中國。他的「中國夢」結合了繁榮與權力，其中雄心勃勃的視野類似西奧多・羅斯福的「美國世紀」，改革圖強類似富蘭克林・羅斯福的「新政」。它捕捉到十億中國人的強烈渴望，就是要富有、強大，並受人尊重。習近平散發出無與倫比的信心，認為在其有生之年，中國可以靠著維持經濟奇蹟，培養愛國公民，並在世界事務中不屈服於其他任何力量，來實現這三者。雖然這些非凡的雄心壯志引起了大多數觀察家的懷疑，但我和李光耀都不會與習對賭。就像李光耀說的，「這種被喚醒的使命感，是一種壓倒性的力量。」[7]

「實現中國的偉大復興」意味著：

一、讓中國恢復在西方侵入之前，在亞洲的首要地位。
二、重新控制「大中華地區」，不僅包括大陸的新疆和西藏，還包括香港和台灣。

　　三、恢復歷史上它在邊界和鄰近海域的影響力，使其得到其
　　　　他大國享有的尊重。
　　四、在世界舞台上獲得其他大國的尊重。

　　所有這些國家目標都環繞著一個核心，亦即把中國視為天
下的中心，這是文明的基礎原則。在中國語言中，「中國」這個
詞的意思是「中央王國」。這個「中央」的意涵不是相對於其他
的、敵對的王國的空間，而是指天地之間的所有空間。李光耀總
結了數百名尋求他建議的中國官員，包括自鄧小平以來的每一位
領導人共享的世界觀，指出他們「都想恢復中國占統治地位的世
界，其他相關國家與他們是乞求者對施捨者、是向北京朝貢的附
庸國的關係。」[8]在這套史觀中，西方近幾個世紀的崛起是一個
反常的歷史現象，反映了中國在面對帝國主義列強時的技術和軍
事落後。習近平向他的同胞承諾：那都是過去式了。

中國眼中的世界

　　作為地球上最古老的悠久文明，中國人具有獨特的歷史感。
沒有任何國家的當代領導人會在解釋政策決定時「援引千年前的
歷史事件中的戰略原則」。[9]1969年，新當選總統的尼克森出人
意料的選擇了哈佛大學教授季辛吉擔任他的國家安全顧問。這位
新老闆告訴季辛吉，他想研究怎麼打開中國的大門。季辛吉的職
業生涯是研究和寫作歐洲歷史，而不是亞洲；由於知道自己需

要速成，他首先從他的哈佛大學同事，也是美國現代中國研究的開山祖師費正清（John King Fairbank）的周末教程開始。在費正清的總結中，中國古典外交政策包括三個關鍵原則：在周邊地區建立「支配地位」、堅持鄰國應承認並尊重中國固有的「優越性」，以及願意利用這種優勢和優越來共謀與鄰居的「和諧共處」。[10]

季辛吉從費正清那裡了解到「對舞刀弄槍的暴力手段的鄙夷，深深植根於儒家的學說中」。對於中國而言，「軍事是最後手段」。費正清還解釋說，中國的國際秩序概念反映了其內部治理。在費正清的經典總結中，「中國人往往認為他們的對外關係，是將其內在的社會和政治秩序精神反映在外部」，結果「中國眼中的外部世界是有階層而非平等的」。[11]正如它壓制了不同意見、並要求所有人民屈服於中央政府的權力一樣，它也期待鄰國向北京稱臣。

最後，費正清教授說，中華文明是一個民族中心主義和文化至上主義者，將自己視為所有有意義的人類活動的極致。「中國皇帝被認為是普天之下的政治秩序的頂峰，所有其他國家的統治者在理論上都是附庸。」[12]在這個體系中，就像中國的儒家社會制度一樣，秩序或和諧奠定於長幼尊卑、貴賤之分之上。國家和個人的基本職責是孔子的教誨：安分守己。因此外國統治者不得不透過磕頭的儀式，來承認他們的從屬地位。這個歷經千百年的傳統說明了一件事——中國數千年來一直是亞洲政治、經濟和文化的霸主，它的外圍圍繞著「吸收中國文化、並對偉大的中國朝

貢的諸多小國」。季辛吉也瞭解到，對中國領導人而言，這「構成了天經地義的自然秩序」。[13]

中國的外交政策反映了其自居於文明中心的思維，因此傳統上一直試圖維持國家之間的等級制度，而不是透過軍事征服擴大邊界。正如季辛吉卸任後撰寫的文章指出的，中國認為它應該「在其周邊範圍內展現其泱泱大國風采……但不一定意味著要與鄰國出現對立關係」。雖然「像美國一樣，中國認為自己有特殊地位」，但「它從未贊成美國的普遍主義概念，想在全球傳播其價值」，相反的，它「安局於國境之內，將野蠻人阻擋在其外，並爭取朝鮮之類朝貢國承認中國的宗主地位，並以貿易權益等好處作為回報。」總之，中國「不是以傳教士的熱情，而是透過文化滲透而擴張。」[14]

中國千年的統治地位在十九世紀上半葉於清朝遭遇工業化的西歐帝國主義時土崩瓦解。接下來的幾十年，中國歷經了軍事挫敗、受外國介入的內戰、經濟殖民，和首先是歐洲列強、後來是日本的外部勢力占領。在此期間的大部分時間裡，外國勢力在中國的影響力遠遠超過中國政府本身。當1830年代清廷試圖禁止英國商人向中國人出售鴉片，倫敦在1839年發動第一次鴉片戰爭，打得中國一敗塗地。清朝求和，英國在《南京條約》中要求把香港割讓給英國，開放五口通商，並讓英國公民都享有領事裁判權。[15]隨後的《虎門條約》又迫使大清帝國承認英國是一個與中國平等的國家。13年後的1856年，法國人在第二次鴉片戰爭中加入了英國，並於1860年將北京的頤和園燒毀。戰敗的中國

人被迫允許讓外國商人販售鴉片，並讓基督教傳教士在中國傳教。[16]

外國軍艦也有權隨意穿越中國的河流，深入中國的腹地。有一次，一艘砲艦甚至航至長江上游975英里的內陸冒險。[17]作為一名經驗豐富的外交家，芮效儉（J. Stapleton Roy）出生於南京，並於1991年至1995年間擔任美國駐華大使，他回憶道：「從1854年到1941年，美國的砲艇會進入中國的內河以保護美國的利益。直到1948年的中國內戰期間，13歲的我還是搭乘一艘美國驅逐艦從南京撤離到上海；這艘驅逐艦向長江上游行駛了兩百英里，才到達當時中國的首都。」[18]

清政府想要發展軍事來捍衛中國主權，結果是白費功夫。幾個世紀以來，中國都把日本視為一個朝貢國；但在1894年，現代化的日本發起進攻，奪取了滿洲、台灣，以及附庸國朝鮮。五年後「義和團」起義，以「扶清滅洋」為旗幟攻擊外國的租界。作為回應，帝國主義強權組成的「八國聯軍」入侵了中國的幾個主要城市，參與了一場「戰利品狂歡節」。[19]美國外交官斯克爾斯（Herbert G. Squiers）搞到大量的藝術品和瓷器，填滿了好幾節的鐵路車廂，其中一些據說迄今還在紐約大都會博物館展出，雖然其中有些是盜竊而來的。[20]危在旦夕的清政府官員盡可能地維持局面，但到1912年，這個顢頇的王朝崩潰了，此後國家陷入混亂，軍閥割據，進行了持續近四十年的內戰。日本在1937年利用了這一弱點，侵略並占領了中國的大部分地區，血腥的戰爭導致近兩千萬中國人的死亡。今天中國的每一位高中生，都會

學習並體會這個「百年國恥」的羞辱。這一教訓是明白無誤的：要永誌不忘，絕不讓歷史悲劇重演！

直到1949年毛澤東領導的中國共產黨贏得內戰，中國任人宰割的時代才終於結束。雖然昔日的偉大帝國已遍地瘡痍，但最終還是回到了中國人的手中，因此，毛澤東可以自豪地宣稱：「中國人民站了起來！」

雖然經過大躍進的飢荒、文化大革命的暴亂，與無情的政治整肅，毛澤東的成就仍然建構了共產黨高層所主張的合法性基礎。是他的黨，把中國從帝國主義的統治中拯救出來。到今天，經過三十多年的瘋狂經濟擴張，中國認為它終於回到了在世界的適當位置。但是，只是富有還不夠，還要像習近平一樣經歷了文革的淬鍊而變得強大，中國才算恢復了其歷史地位。

誰是習近平？

習近平的父親習仲勳是毛澤東信任的同事，曾在中國內戰中與他一起打過仗，並擔任過國務院副總理。習近平生下來就是革命的太子黨，注定要在北京的「領導搖籃」中長大。但好景不長，1962年他九歲生日後不久，偏執的毛澤東就逮捕了他的父親。此後一段時間，他的父親遭到了羞辱，並在文革期間最終被監禁。在這個被習近平形容為幻滅的時期，紅衛兵一再強迫他譴責自己的父親。學校停課後，習近平的日子或是為了自保而在街頭打架，或從關門的圖書館偷書以自學。[21] 當被毛澤東遣送

到農村進行「再教育」，習近平發現自己得住在延安農村的一個窯洞，鏟大糞，並遵從農民領班的要求。他同父異母的姊姊習和平，就因為承受不了這段期間的剝削虐待，而用淋浴間的橫桿上吊自殺。

習近平選擇接受弱肉強食的叢林法則，而不是自殺。他說他自己「重生」了。他的一位多年好友對一位美國外交官說，他「為了生存，選擇了比紅色更紅」，並且盡一切努力使自己往上爬。[22] 靠著不懈努力，習近平脫穎而出。這個十四億人民和擁有八千九百萬黨員的共產黨的領導人，在申請入黨時被拒絕了九次，第十次時才最終被接受。

在他父親舊友的協助下，他設法返回北京，成為著名的清華大學的學生。畢業後，他在中央軍委擔任初級幹部。為了獲取必要的資歷，他回到地方基層，接受習近平的傳記作家布朗（Kerry Brown）所形容的地方官員的「粗暴乏味的政治訓練」。[23] 但在那裡，他穩步地向上爬，並在1997年獲得中央委員會候補委員的席位，被排在第151位，而這還是由於黨的領導人江澤民決定例外的將中央候補委員擴大到151人，他才被列入。[24] 2002年他獲任浙江省委書記，四年任內當地經濟突飛猛進，出口年均成長高達33%。[25] 他還知人善任，擅於提拔當地企業家，其中就包括已經與亞馬遜平起平坐的全球電商巨頭、阿里巴巴的老闆馬雲。

儘管習近平展示了他的政治才能，但他為人處事低調，不像他的許多同志一般沾染奢華的惡習。2005年流傳的一份黨

的未來領導人的潛在名單，他還不是其中的一員；但隨後，當2007年初上海發生高層腐敗醜聞，使中國國家主席胡錦濤及其在政治局常委會的同志感到得採取迅速確切的行動，他們看中了習近平的正直和紀律，選擇讓他去滅火。習近平發揮決斷和技巧，順利解決問題，贏得了所有同儕的讚賞。到2007年夏天，他已名列黨內最有能力名單之首，並可能在下一代領導人中占有一席之地。

習近平在2007年10月，在包括了中央委員會委員和候補委員的四百名黨內領導人的會議上，成為將在未來五年領導全國的政治局常委會的九位委員之一。（習近平後來將政治局常委從九人減到七人）他不僅成為政治局常委，而且成為胡錦濤的最可能的繼承人。不過習近平的鋒芒內斂，一如他的雄心勃勃；在攀登黨的階梯時，他勤勤懇懇的低著頭，最終勉強擊敗了頗受青睞的李克強，成為下一代接班人的頭號人物。當新聞界首次宣布他是胡錦濤可能的接班人時，由於在黨內同儕之外很少人認識他，以至於有一個廣為流傳的笑話，當被問及「習近平是誰？」答案是「彭麗媛的丈夫」，一位娶了著名民歌演唱家的人。[26]

1976年毛澤東去世後，這個黨竭盡全力阻止下一個獨裁者掌權。它的選擇標準不僅強調能力，還重視品德，得是理智、安全，且最好沒有個人魅力。領導人會是九名高級黨內技術官僚組成的團隊中的一員，透過協商一致作出決策。傳統上，政治局常委會的成員看起來都一個樣。在官方照片中，他們穿著相同的西服、襯衫和領帶，外國人往往很難區分他們。胡錦濤非常適合這

種模子，他經常從提示板看他的談話要點，有時甚至在一對一的會議上也是如此。習近平也被認為是從同一塊布上剪下來的，會根據集體領導團隊的共識說話。

　　結果完全出乎人們的意料。在擔任國家主席的第二年結束時，習近平已把權力牢牢集中在自己手中，以至於被人們稱為「萬能主席」。與他那些集體行動的前輩們不同，他已經高出其他人一大截，以至於他既沒有副手、也沒有明顯的接班人。雖然地位僅次於他的國務院總理李克強繼續在名義上領導經濟改革計劃，但所有關鍵問題的決策，實際上已經轉移到新成立的財經領導小組那兒；該小組由習近平的親信劉鶴率領，並直接向習近平報告。習近平也發起了一場雷厲風行的反腐運動，結果卓有成效，拉下台幾十位過去不可一世的「老虎」，包括負責內部安全的政法委書記周永康，周也成為第一個因腐敗而被起訴的政治局常委。

　　在鞏固權力的過程中，習近平為自己添增了十多個頭銜，其中包括一個新的「國家安全委員會」的主席，和「中央軍委聯合作戰指揮中心」總指揮、也就是總司令的頭銜，而這個頭銜甚至連毛澤東都沒有過。他還將自己任命為中國的「核心領導人」，象徵了他在國家的中心地位，而此前的胡錦濤則未曾爭取到此一稱呼。最重要的是，在撰寫這篇文章時，習近平似乎正在策劃使其得以不受傳統的任期限制，以便他在2022年之後繼續獨攬大權。[27]

實現中國夢

根據習近平的政治導師、新加坡前總理李光耀的說法，領導人必須「把他對未來的看法描繪給他的人民，把這個願景轉化為可以說服人民支持的政策，最後激勵他們幫助其實現。」[28] 在大膽描繪中國夢之後，習近平積極動員支持者執行一項雄心勃勃的行動計劃，並在四個相關領域推進行動：

第一、振興中國共產黨，清除腐敗，恢復其使命感，並在中國人眼中重新建立自己的權威。

第二、重振中國民族主義和愛國主義，為生為中國人感到光榮。

第三、設計第三次經濟革命。習近平知道，為了維持歷史上難以持續的中國高速成長，必須推動政治上痛苦的結構性改革。（鄧小平時期的第一次經濟革命，是在1978年開始，包括在中國快速的引入自由市場，建立經濟特區，和推動第一階段的私有化。改革開放的第二次加速，是由江澤民監督，他也促進了幾十年的高速成長。）

第四、重組和重建中國軍隊，以便像習近平所說的「能打勝仗」。

對於大多數國家元首來說，這些舉措中的任何一項，都可能

得經歷十年以上摸索。但是習近平和他的團隊認為這些問題盤根錯節、彼此影響，因此決定同時處理所有四個問題。許多與中國高層對話的西方人，包括對中國友好的顧問，都提醒他不要備多力分。事實上，一些嚴肅的學者甚至認為習近平在2017年秋季第一個任期結束前，就會鳴金收兵。然而，習近平散發出黎安友（Andrew Nathan）這位中國研究圈著名學者所說的「拿破崙式的自信心」。[29]就像在1980年代還是名不見經傳的初級政府官員時就認識習近平的澳洲前總理陸克文（Kevin Rudd）所說的，習近平「有著深厚的國家使命感，對國家有明確的政治眼光」，而且「是一個雷厲風行的人」。[30]

　　中國官員敏銳地意識到他們面臨的阻礙。例如因為曾到哈佛大學甘迺迪學院學習，已經和我認識二十餘年的習近平的主要經濟顧問劉鶴，就列出了二十多個問題，包括避免未富先老的人口議題、促進創新的挑戰、裁減效率不彰的國有企業之同時維護社會穩定，滿足能源需求之同時保護環境等。他對這些問題的深入洞察和細微分析，勝過我所知道的任何西方觀察家。雖然意識到其中的風險，習近平和他的黨內同儕還是決定在各方面全力以赴。

　　在我與劉鶴的長談中，他以華爾街造成的2008年全球金融危機為例，追溯了這種信心的來源。[31]在回顧中國應對這一挑戰的表現時，他並未刻意誇耀；但在設法抵禦危機和隨後的大蕭條的那些全球最大的經濟體中，中國是唯一沒有陷入負成長的。[32]由於拒絕依循華盛頓共識去放開中國的金融市場，2008年危機

爆發時，中國領導人擁有更多可用以回應的工具。和歐巴馬政府一樣，2009年中國官員提出了前所未有的5860億美元財政刺激方案，結果中國人現在可以在主要城市之間搭乘他們的高速列車，與此相反，他們問道，美國注入的9830億美元資金獲得了什麼？[33]

為了讓其他領導人和同胞相信他的中國夢不僅僅是說說而已，習近平沒有遵守要在中國官場生存的基本法則：永遠不要在同一句話中提出明確的目標和完成的日期。在2012年成為中國領導人的一個月內，習近平就宣布了兩個大膽的目標，並規定了實現它們的最後期限。為了達成夢想，中國將推動「兩個百年目標」，一個是到2021年，中國共產黨成立一百週年時，建設一個「小康社會」，人均國內生產總值將比2010年增加一倍，至一萬美元左右。第二個是到2049年中華人民共和國成立一百年時，使之成為「現代化的已開發國家」，一個「富強」的國家。（值得注意的是，中國官員和官方文件有目的地選擇了他們的經濟標準。在公開評估中國經濟規模時，官員幾乎總是使用市場匯率（MER）來衡量國內生產總值，而不是購買力平價（PPP），以使經濟規模看起來更小、威脅性更小。但在閉門會議裡進行中國和美國的比較時，他們會使用PPP〔參見第一章的討論〕。習近平所提的兩個百年目標，是根據MER計算的；倘若以購買力平價計算，其第一項已經實現。）

這兩個目標都很刺眼。第一個目標的時間點是在他十年國家主席任期的第九年，根據國際貨幣基金組織的數據，如果中國實

現這一目標，其以購買力平價計算的經濟規模將比美國的高出
40%。[34]如果中國也實現2049年的第二個目標，其經濟規模將比
美國大三倍。而且在習近平的計劃中，經濟霸權還只是夢的下層
結構。美國商人庫恩（Robert Lawrence Kuhn）著有《他改變了
中國：江澤民傳》，是少數經常與習近平的核心圈互動的西方人
之一。他指出在自己人之間交談時，習近平的團隊強調要成為第
一的不僅是在經濟方面，而且要在國防、科學、技術和文化方面
也都成為第一。[35]中國的偉大復興不僅僅是讓中國變得富裕，習
近平還要讓它變得強大、自豪，並把黨作為整個事業的主要推動
力，再次成為人民的先鋒隊。

習的夢魘

如果習近平有一個夢魘，那就是戈巴契夫（Mikhail
Gorbachev）的鬼影子。掌權沒幾天，習近平就向黨員同志提出
一個用以警惕自我的問題：「為什麼蘇聯會崩潰？」他語重心長
的表示，「這對我們來說是一個深刻的教訓。」經過仔細分析，
習近平斷定戈巴契夫犯了三個致命的錯誤。他在改革國家經濟之
前放鬆了對社會的政治控制；他和他的前任讓共產黨變得腐敗，
最終只剩下軀殼；他將蘇聯軍隊「國有化」，要求指揮官宣誓效
忠國家，而不是黨和領導人，結果「讓黨解除了武裝」。

當對手起而推翻這個制度時，用習近平的話說，「竟無一人
是男兒，沒什麼人出來抗爭」。[36]1989年天安門廣場事件之後的

幾年，中國共產黨一直徘徊在戈巴契夫的路徑邊緣，而習近平對此應該頗有感觸。特別是這個時代的口號「致富光榮」被提出以來，幾乎每個有權有勢的人，包括許多共產黨領導人、官員和軍官，都已經發家致富。當財富隨著精雕細琢的奢侈品映入民眾的眼簾，人們自然而然的開始質疑黨的道德核心和其對使命的忠誠。正如習近平對黨員的警告，「理想信念動搖是最危險的動搖，理想信念滑坡是最危險的滑坡；一個政黨的衰落，往往從理想信念的喪失或缺失開始。」[37]而其結果就破壞了民眾的信心和信任。

習近平知道對最高領導人權威的終極考驗，就是當他下達命令要他的士兵對自己同胞開槍時，是否會被奉行。在討論戈巴契夫的命運時，他和李光耀得出了同樣的結論；用李的話說：「在戈巴契夫向莫斯科的群眾說『不要害怕KGB』的那一天，我深吸了一口氣。是蘇聯的恐怖機器在維持這個國家的統一，而他正坐在這台機器的頭頂上，他卻說『不要害怕』。」李光耀對結果並不感到驚訝，因為「他還沒學會游泳，就從游泳池水最深的那一頭跳下去」。至於更好的作法，李光耀說：「在被愛和被怕之間，我一直相信馬基維利是對的。如果沒有人害怕我，我就什麼都不是。」[38]

實現習近平中國夢的第一要務，是用思想武裝全黨，使之成為中國政治體制的先鋒隊和守護者。習近平在中央政治局的會議上表示，「人心向背關係黨的生死存亡。」他直言不諱地警告他們：「縱容腐敗必然亡黨亡國。」他並在談到孔子的同時，誓言

「堅持依法治國與以德治國相結合」。[39]對官員的威脅不是說說而已,習近平發起了一場空前規模的反腐活動,並由最親密的同僚王岐山領導此事。在王的領導下,建立了十八支由值得信賴的副手領導的巡視工作組,並直接向習近平報告。自2012年以來,共有九十多萬名黨員受到紀律處分,四萬二千名被開除黨籍並被法院起訴,其中包括170名大「老虎」,包括數十名高級軍官、人數僅150名的中央委員會的18名現任或前任成員,乃至於政治局委員。[40]在這場運動中,習和他核心圈也一直在制定戰略,在使其更為正規化的同時,也使其能促進法治。

與戈巴契夫的開放思想形成鮮明對照的是,習近平要求思想統一,加強對政治話語的控制。他堅持媒體應大力支持黨的利益。他甚至開始創建一個巨大「社會信用」數據庫,跟蹤每個人的財務、社交和網路活動,讓人想起歐威爾的《一九八四》。[41]同時,習近平已經開始鞏固黨在中國政治體制裡的中心地位。鄧小平試圖將黨與政府分開,在黨的系統之外,強化中國的政府公務系統。習近平斷然拒絕了這個想法,並主張「黨管一切」。習近權上台後不久,《人民日報》的一篇專欄文章就闡明了他的觀點:「辦好中國的事情,實現中國夢,關鍵在黨。」[42]

恢復中國的光榮

習知道只是把共產黨清乾淨是不夠的。即使1989年後,鄧小平重新推動了市場化改革,並推動了經濟快速成長,這個黨仍

需努力闡明其繼續存在的理由。中國人民為什麼得接受中國共產黨的統治呢？中共對此的回答，就在於習近平中國夢的第二個重點：重新讓十億中國人感到光榮的國家認同感。對於激烈擁抱共產主義的毛澤東和他的革命夥伴而言，中華意識已然屈居於全球性的、而且是西方性的意識形態之下；但是對很多中國人來說，馬克思主義的「社會主義新人」概念，總是顯得格格不入。事實證明，民族主義是一種更加有效持久的本土概念。[43]

習近平正在將黨重新塑造為中華帝國的文武官員在二十一世紀的繼任者，也是一個根據歷史天命進行統治的偉大文明的捍衛者。「數千年來，中華民族走著一條不同於其他國家和民族的文明發展道路」，習近平說，「我們開闢了中國特色社會主義道路不是偶然的，是我國歷史傳承和文化傳統決定的。」[44]哈佛大學東亞系教授歐立德（Mark Elliott）強調「一條直接從帝國延續到共和國的清晰路線。人民共和國已成為清朝的繼承者……並越來越依賴這個論述方式，來證明它的合法性」。[45]

習近平領導了中國古典思想的復興，命令全國官員參加闡明孔子等中國哲學家「偉大智慧」的講座，以此鼓勵「民族自信心」，同時宣稱「中國共產黨是這一優秀中國傳統文化的繼承者」。[46]在義大利文藝復興時期，羅馬帝國的輝煌成為一種靈感；中華民族的「盛世」輝煌也如同清代淪落前的時代一樣，是現代中國的驕傲之源。對習近平的中國夢如此重要的「復興」（rejuvenation），因此也可以翻譯為「復興」（renaissance），這並非巧合。

與此同時，「勿忘國恥」一詞也已經成為以受害意識為基礎的愛國主義、並要求復仇的一種咒語。正如代爾（Geoff Dyer）所解釋的：「自從為了市場而捨棄馬克思，共產黨的合法性就一直遭受慢性威脅」。因此，中共要重提過去在日本和西方那兒受到的羞辱，「以此為破裂的共同體創造團結，並且從根本上定義與美國現代性截然不同的中國認同。」[47]

1990年代，許多西方思想領袖認為以市場為基礎的民主政體已獲得最終的勝利，並慶祝「歷史的終結」，當時一些觀察家也相信中國將走上自由民主之路。今天在中國，很少人會說政治自由比重建中國的國際地位和民族榮耀更重要。正如李光耀先生指出的，「如果你認為中國會出現某種民主革命，你就錯了。那些天安門的學生現在在哪兒呢？」他挑釁地問道。他直截了當地回答：「他們無關緊要。中國人要的是一個復興的中國。」[48]只要習近平能履行諾言，恢復中國過去的偉大，黨（和他自己）的未來似乎就是安全的。

維持不可能維持的成長

習近平知道中國人民是否會支持中共的全面統治，在很大程度上取決於它能否達成其他國家難以企及的經濟成長。但繼續中國非凡的經濟表現，需要延續獨特的走鋼索能力。

習近平明確承諾，到2021年之前每年成長6.5%，而這個目標在很多人看來非常艱鉅，彷彿是「維持不可能維持的」。對於

中國必須採取哪些措施才能在未來多年繼續這種速度的成長，人們倒有一些共識。中國最近的五年經濟計劃，闡述了這些關鍵要素，包括加速向國內消費需求轉變、重組或關閉效率低下的國有企業、加強科技基礎推動創新、促進中國企業家精神，並降低過高的債務比例。

從目前的發展階段來看，中國仍需要更多年的高速成長，才能趕上世界最先進經濟體的生活水準。中國的人均收入仍然不到韓國或西班牙的三分之一，是新加坡或美國的五分之一。隨著其製造業逐步從基礎商品向高附加價值產品和服務轉變，收入應該會增加。由於工資上漲會削弱製造業的競爭優勢，習近平對於讓許多發展中國家陷入困境的中等收入陷阱表示擔憂，這也是他所謂的「供給側改革」的動力，目的是藉由國內消費和服務來平衡中國的出口導向型經濟。事實上，2015年中國服務業成長達8%，並首次占國內生產毛額的50%以上。[49]

為了改善國有企業的效率不彰，北京承諾「對於那些產能絕對過剩的殭屍企業，我們必須無情的開刀」，讓那些在技術上已無力償債的公司停止運營，並在這個過程中裁減了四百萬個就業機會。[50]與此同時，通過「中國製造2025」計劃以提高中國產品的質量和技術水準。

習近平還決心讓中國在二十一世紀中葉成為世界科學、技術和創新的領導者。他促進研發支出、孵化科技新創企業，並呼籲開展「機器人革命」（到2016年，中國新裝設的機器人數量已居世界之首）。[51]他認為，中國政府所集中的權力，使之可以「集

中力量辦大事」，使中國對西方競爭對手擁有內在優勢。[52]與近年的美國不同，如果有必要，中國可以做出長達十年或更長的時間承諾，就像它在高速鐵路、太陽能、超級電腦和其他競爭領域所證明的那樣。

習近平也承諾解決猖獗的污染問題，恢復健康宜人的自然生態。據估計，環境污染每天促成四千名中國人的死亡。[53]在某些季節，北京的霧霾問題會變得非常嚴峻，以至於政府得在奧運會或二十國集團峰會舉辦前，強制關閉一些煤電廠和工廠。一些河流滿是工業廢棄物，2014年溫州的一條河流甚至燒了起來。根據世界銀行的估計，中國日益惡化的自然環境，每年的成本相當於其國內生產毛額的數個百分點。[54]為了扭轉這些趨勢，中國政府推出了自然資源保護協會（NRDC）所稱的「有史以來最綠色的五年計劃」；在其33個目標中，有16個與環境有關，且都是具有強制性的。[55]

國際貨幣基金組織認為目前占中國國內生產毛額145%的企業債務，是「中國經濟中的一個關鍵斷層線」。[56]但是這些債務中的一部分可以轉移到政府，而政府的負債率僅僅是國內生產總值的17%。[57]中國也謹慎地讓貨幣朝著更自由浮動的方向邁進，減少對資本的管制。與此同時，一些中國人也試圖避免西方無管制的，如同賭場一般高風險的金融體制，認為那會過度放大全球金融體系對國家經濟政策的影響。

許多西方分析家也強調1980年鄧小平所實行的殘忍的一胎化政策的後果。雖然這一政策有助於中國達成其在一代人之內將

五億人從赤貧中解放出來的目標，但也使中國陷入了嚴重的人口
問題。習近平已在2015年廢除了一胎化政策。儘管如此，勞動
力市場的總就業人數到2041年之前仍將繼續增加，因為還有三
億中國人將從貧困的農村遷移到新的城市，且工人的工齡也將拉
長，因此北京還有數十年的時間來緩解這種風險。[58]

　　鑑於習近平改革的廣度與雄心，大多數西方經濟學家和許多
投資者都認為其難以成功。但在過去的三十年，大多數與中國對
賭的經濟學家和投資者都是賠錢的。正如雷根總統的經濟顧問委
員會前任主席費爾德斯坦（Martin Feldstein）所說的：「並非所
有這些政策都必須取得成功……只要其中一些足夠成功，未來
幾年6.5%的成長率就並非無法達成。」[59]

　　與國內改革內外呼應的是中國在全球經濟角色的類似的戲
劇性變化。2013，習近平宣布了一項名為「一帶一路」（OBOR）
的為期數十年、涉及金額達到數兆美元的基礎設施計畫，其目標
是在跨越歐亞大陸、和幾乎所有與印度洋接壤的國家，建設起運
輸和技術的網絡。該計劃將轉移中國的超額工業產能，為過去多
年胼手胝足為中國完成了大量最優先基礎設施工程的建築業、鋼
鐵業和水泥業等提供緩衝。這些國外的計劃工程非常龐大，從通
往巴基斯坦的長達1800英里、高達460億美元的道路、鐵路和管
道走廊，到緬甸的水電大壩和錫礦，到非洲之角吉布地的新海軍
設施，中國正以這些國家聞所未聞的速度做出改變。

　　但是「一帶一路」不僅僅是疏導過剩的工業產能。正如原來
的絲綢之路不僅刺激貿易，還刺激了地緣政治競爭（包括十九世

紀英國與俄羅斯爭奪中亞控制權的「大博弈」），一帶一路也將
允許中國將權力投向多個大陸。一帶一路承諾整合歐亞大陸國
家，反映了地緣政治的權力平衡向亞洲轉移的願景。就此來說，
一個世紀前地緣政治的創始人麥金德（Halford Mackinder）的
主張再次迴盪在我們耳邊。1919年他將歐亞大陸命名為「世界
島」，並稱「誰統治了世界島，誰就將統治世界」。[60]如果目前
提出的目標到2030年順利實現，麥金德關於歐亞大陸一體化的
構想可能夢想成真。一帶一路的高速鐵路計畫，將使鹿特丹到北
京的貨運時間，從一個月縮短到兩天。麥金德的觀點甚至可能凌
駕馬漢關於海軍力量中心性的論斷，後者的論點在過去一個多世
紀主導了全球戰略家的思維，正如我們在第四章和第五章中看到
的那樣。

給美國的訊息：讓開

　　一旦中國以其無可匹敵的經濟規模，和有形的基礎設施，將
鄰國納入中國主導的更大的共榮圈，就勢將改變二戰結束以來美
國在亞洲的地位。當我請一位中國同事歸納出中國傳達給美國的
訊息，他回答說「退後」（Back off）。他的同事的回答更坦率：
「讓開」（Butt out）。

　　由於對歷史的現實主義認識，中國領導人承認二戰以來美國
扮演的地區穩定與安全捍衛者的角色，對亞洲崛起乃至於中國本
身都至關重要。但他們認為，當帶著美國走向亞洲的潮流消退，

美國就必須跟著離開。就像二十世紀初英國在西半球的角色消失一樣，美國在亞洲作為地區的歷史性超級大國的角色，也必須退位讓賢。正如習近平在2014年亞歐會議所說的那樣，「亞洲的事情，歸根結柢要靠亞洲人民辦；亞洲的問題，歸根結柢要靠亞洲人民來處理；亞洲的安全，歸根結柢要靠亞洲人民來維護。」[61]

中國想說服美國接受新現實的企圖，最近在南海顯得最為激烈。該海域面積約與加勒比海相當，與中國、台灣和東南亞的六個國家接壤，包括數百個島嶼、礁石和其他岩礁，其中許多在漲潮時並未露出水面。在中國關注於內部事務的二十世紀中葉，其他國家在南海占領了一些島嶼，並在那裡從事建設。例如，在1956年，台灣占領了南沙群島最大的島嶼太平島，並在那裡駐紮了數百人的軍隊。[62]1973年9月，南越正式吞併了南沙群島的十個島，並部署了數百人的部隊。[63]

由於擔心自己的利益被鄰國踐踏，1974年中國從越南奪取了接近其國境的西沙群島的控制權。[64]2012年，中國從菲律賓手中接管了黃岩島。自那時起，中國再接再厲，對整個南海主張獨占的所有權，並以重新繪製包含了南海90%水域的「九段線」來重新定義該地區。如果被其他國家接受，其鄰國預期這將創造一個「南中國湖」。

中國還在該海域進行重大建設，在南沙群島的七個不同岩礁上建設前哨基地。到2015年6月，中國已經填出了超過2900英畝的土地，而越南只填了80英畝，馬來西亞70英畝，菲律賓14英畝，台灣8英畝。[65]中國的這些努力還包括修建港口、機場、

雷達、燈塔，與相關附屬建築，[66]而這些設施擴大了其船舶和軍機的運作範圍，讓北京的雷達和監控設備得以覆蓋這個地區。

　　五角大廈對這些建設的目標心知肚明，正如國防部最近的一份報告指出的那樣，中國「新近的填海造陸與設施建設，將允許它在這些前哨基地停泊吃水更深的船舶，使其海警和海軍向南海的南部挺進，並有可能在其上運作飛機，可能使之作為航空母艦艦載機的備降機場，並使中國能夠利用航空母艦，在當地持續作戰。」[67]

　　中國的長期目標也很明確。幾十年來，它一直對美國間諜船在其邊界附近水域的作業感到惱火。中國聲稱，根據《聯合國海洋法公約》，美國這些在距離中國海岸線200海里的中國專屬經濟區內行駛的船舶，必須要得到允許，而美國斷然否認這一說法。儘管如此，在那些南海島礁上興建的雷達、機場和港口，將使中國更容易跟蹤（騷擾）執行監視的美國船隻。在該地區投射力量的能力，也將使中國對每年通過南海的5.3兆美元的貿易，產生更大的影響。[68]隨著中國逐漸將美國趕出這些水域，中國也將這些東南亞國家吸收進其經濟勢力範圍，並把日本和澳洲也拉進來。迄今為止，它未發一槍一彈就已獲得成功。但是如果必須一戰，習近平也打算要贏。

「能打勝仗」

　　儘管在他的強國大計中還有許多其他挑戰，但習近平也在同

時重組和重建中國的武裝力量。俄羅斯最重要的中國軍事專家柯克辛（Andrei Kokoshin）稱其「規模和深度前所未有」。[69]許多人問道：「為什麼是現在？」因為這種重大的重組，將數百名將領從其地盤連根拔起，會給習近平帶來嚴峻的政治風險。此外，2016年10月上街抗議失業和養老金削減的成千上萬穿制服的士兵，也不是任何一位中國領導人所樂見的。[70]

但是習近平認為有必要確保軍隊對黨的忠誠，特別是領導人的忠誠。由於預期他其他那些會造成深遠影響的施政會遇到阻力，他要確認他可以依靠那能夠捍衛政治權力的槍桿子。正如哈佛大學研究中國的教授柯偉林（William Kirby）所指出的：「在現代中國政治史的每一個重大轉折點上，軍隊都起著決定性的作用。」[71]習近平的目標，是一個讓黨能對軍隊進行有效控制的軍事指揮結構。他希望指揮官們「堅定不移地堅持黨的絕對領導」，特別是聽從總司令的領導。[72]在反腐運動和隨後重組軍隊高層的混亂中，他精挑細選他信任的軍官，和他一起為改革奮鬥。

習近平還認為「戰之能勝」的軍事力量，對於實現中國夢的其他組成部分至關重要。「為了實現中華民族的偉大復興」，他主張我們必須「堅持富國與強軍相統一」。[73]雖然所有大國都建立強大的軍隊，但對曾受外國勢力羞辱，並亟欲予以克服的中國而言，「強軍夢」又特別重要。

1991年，中國領導人對美軍在「沙漠風暴」行動期間對伊拉克的毀滅性打擊感到震撼。1999年北約在科索沃的軍事行動

期間，美國隱形轟炸機意外轟炸了中國駐貝爾格勒大使館，讓中國人變得更加惶惶不安。中國軍方繼續研究美國在戰爭方面的最新進展，包括使用無人機進行情報蒐集和空襲。1991年，美國在一個月內擊敗了海珊（Saddam Hussein）的軍事力量，而美國的戰鬥死亡人數不到150人。在這場短暫、不對稱的戰爭中，美國人藉由太空衛星導航和監視系統、遠程精準導引炸彈和防雷達隱形飛機等新技術的結合，享受了軍事規劃者所稱的技術上的「全面優勢」。

　　美國利用這些新工具的能力靠著組織改革而更上一層樓，這使得陸軍、海軍和空軍這三個軍事部門，能夠有效地協同作戰。美國還以伊拉克軍隊的指揮控制系統為目標，進行外科手術式的攻擊，讓伊拉克指揮官基本上對戰局眼盲耳聾。[74]看到這種他們有時稱之為「美國魔術」的奇觀後，中國領導人決定獲取相關的技術能力，希望能迎頭趕上。這些企圖在中國問題專家白邦瑞（Michael Pillsbury）經常被引用的國防部評估中，有詳盡的討論。[75]

　　1996年的台海危機也給中國軍方當頭棒喝。由於擔心台灣走向獨立，北京想透過飛彈演習，威脅台灣經濟所依賴的商業航運，以對台北顯示武力。柯林頓總統的回應是向該地區派遣兩艘航空母艦，而這是越南戰爭結束以來，美國向亞洲派遣的最大規模的軍事力量。中國政府別無選擇，只能撤退。這件事在美國並未引起多少波瀾，但是在中國，它勾起百年國恥的痛苦記憶，並震撼了軍方領導人的信心，也使其承諾採取一切必要的行動，來

避免這種侮辱重演。

習近平今天的軍事改革主要參考了美國1986年的「高華德—尼可拉斯國防部重構法案」（Goldwater-Nichols Act）。美國成功地實施了該法案，其成果也反映在海灣戰爭和1990年代其他軍事衝突的聯合行動中。中國正在將其陸、海、空軍各個領域的武器的情報、監視和偵察能力整合到一起，並已將其傳統上以國土防衛為基礎的七大軍區，改變成負責對外部敵人進行聯合行動的五大戰區。[76]

由於將腐敗視為對軍隊的致命威脅，習近平採取了大膽的措施打擊猖獗的貪污，其中包括普遍的買官現象。在此一旗幟的推進下，習近平已經讓一度成為獨立權力中心的人民解放軍，再次聽命於黨中央。習近平也取消了在胡錦濤領導期間變得跋扈、腐敗的軍隊的四個總部，將之全面重組為15個單獨的機構，直接向中央軍委報告，而中央軍委主席當然也是習近平。

這種官僚機構的改組通常不是好事。但是在習近平的個案中，它彰顯了北京正致力於建立一支現代化的軍事力量，使之能夠擊敗所有的敵人，特別是美國。雖然中國的軍事計劃人員並不預計未來一定會發生戰爭，但他們正在規劃的戰爭準備將使中國能在海上與美國對抗。在百年國恥的時代，在中國橫行無忌的強權都依賴海軍優勢。正如一位中國分析人士警告的：「我們承認犯下了無視海洋的歷史錯誤，現在甚至未來，我們……都為這個錯誤付出代價」。[77]習近平決心不犯同樣的錯誤，為此要強化對於控制海洋至關重要的人民解放軍海軍、空軍和飛彈部隊

（昔稱「第二炮兵部隊」，今為「火箭軍」），同時裁減三十萬陸軍，削減了傳統上陸軍獨大的地位。[78] 與此同時，中國軍事戰略家正在以「前沿防禦」戰略準備海上衝突，並以控制中國附近從日本到台灣、再到菲律賓與南海的「第一島鏈」之內的空間為目標。[79] 美國海軍戰爭學院的教授霍姆斯（James Holmes）和吉原恆淑（Toshi Yoshihara）指出，與之前的德國皇帝和西奧多・羅斯福一樣，「許多的中國戰略家被馬漢的觀念所吸引，認為國家的偉大來自於海上力量。」因此他們得出的結論是，我們應該預期中國「會把贏得近海水域的勝利看得無比重要」。[80]

　　前國家安全顧問斯考克羅夫特（Brent Scowcroft）最早分析了1996年美國航母迫使中國退縮受辱的後果。在這之後的中國軍事採購清單，可以預期的是要使其武器系統能夠確保當再次出現與美國的類似對抗，北京將占上風。今天中國擁有超過一千枚陸基和海基的反艦飛彈，使任何在中國海岸一千英里之內的美國軍艦都無法安全作業。還有62艘裝備魚雷和飛彈、可以攻擊水面艦艇的潛水艇在附近水域巡邏。一系列反衛星武器使中國有能力癱瘓、甚至摧毀美國在該地區的情報、監視和通信衛星。這些能力損傷了自1942年中途島戰役以來，美國已經習以為常的太平洋軍事優勢。距離中國海岸的一千英里海空範圍內，美國不再享有不受挑戰的控制。一名海軍規劃人員指出，中國與戰場的地理鄰近性提供了相當於一百萬艘航空母艦的陸地，而中國也充分利用了這種不對稱的優勢。靠著價格數百萬美元的飛彈，它可以攻擊並摧毀價值數十億美元的航母。

中國依靠「反介入／區域拒止」（A2／AD）的軍事能力，威脅了美國航空母艦和其他主要艦船，藉此不斷地設法將美國海軍從鄰近趕出去。不過美國軍艦繼續掛著旗子自由巡邏，偶爾並進入台灣海峽和南海。美國也表示，在戰爭的情況下，其航母將保持在第一島鏈之外，使它們超出中國陸基飛彈的範圍。但艦載機也無法從這個距離攻擊中國大陸的目標，因此美國海軍一直在努力尋找讓這些航母和艦載機能夠介入戰場的方式。五角大廈摸索出來的對策是「空海一體戰」。[81] 此戰略要求空軍的遠程轟炸機發射遠程飛彈，摧毀中國的陸基反艦飛彈陣地，使美國的航空母艦能夠安全地移動到接近中國邊界的地點加入戰鬥。如同在第八章中將進一步討論的，「空海一體戰」有許多缺點，其中最重要的一點是使對峙急遽升級。

正如第一章所曾討論的，根據蘭德公司在2015年的權威研究《美中軍事記分卡》的發現，到2017年，在因台灣而攤牌時極為關鍵的九個傳統軍事能力領域，中國對美國具有「優勢」或「近似平手」的有六個，在南海的衝突中也有四個。它的結論是，在未來五到十五年內，「亞洲將看到美國占軍事優勢的區域逐漸萎縮」。[82] 這意味著美國可能在這個區域輸掉一場傳統戰爭。

當然，僅僅因為中國想獲得「戰而能勝」的能力，並不意味著它**想要**戰鬥。很清楚的，它並不想。但是在它奔向目標的過程中，與美國的競爭會因文化差異而加劇。文化衝突對世界可以產生的重大影響，從未超過今日所得見。

第七章 文明衝突

「我們的政府形式不是從鄰居那裡模仿而來的……
我們的軍事訓練也與對手有很大不同……對於何謂善行，
我們的觀念也與大多數人形成對比……在不分享這些價值觀的人群中，
我們的努力無人能及。」
——修昔底德，伯里克利喪葬演說詞，公元前431年——

「仔細比較這兩個國家的民族性，這個巨大對比你們幾乎一無所知。
因為你們還沒有考慮過雅典是什麼樣的敵人，你們雙方之間的差距簡直是天壤之別。」
——修昔底德，〈科林斯大使在斯巴達議會上的講話〉，公元前432年——

「我的假設是，在這個新的世界，最根本的衝突來源主要不會是意識形態或經濟。
人類之間最大的分歧將在於文化……文明之間的衝突將主宰全球政治。」
——杭廷頓，〈文明衝突論〉，1993年——

馬戛爾尼（George Macartney）勳爵於1793年從倫敦抵達北京時，就好像來自火星。作為國王喬治三世的特使，他負責建立大不列顛與中國的外交關係。但與他會面的中國官員不知道他是誰，他來自哪裡，或者他在談論什麼。他們對於「外交關係」的提議也毫無概念，因為中國從來沒有與其他任何國家建立過這種關係，實際上也沒有允許任何國家在其領土上開設大使館。中國從未在國外派駐過大使，中國政府甚至沒有一個外交部。[1]此外，在中國官員看來最不成體統的，是這些闖進來的「紅毛番」甚至不會說他們的語言。馬戛爾尼的翻譯是一位來自那不勒斯的中國神父，不會講英語；為了交談，翻譯把乾隆的官話翻譯成拉丁文，讓幾十年前曾在三一學院學習過拉丁文的馬戛爾尼，能進行字面上的理解。[2]

倫敦此前指示馬戛爾尼在北京建立一個常駐外交使團，同時也為英國商品開闢新的港口和市場，並協商一個更為靈活的制度，以促進在沿海省分廣州的貿易。馬戛爾尼還租用了一個可供英國商人全年經營的宅邸，並蒐集有關中國「目前的國力，政策和政府」的情報。[3]為了打動乾隆，讓其產生對英國出口商品的興趣，馬戛爾尼為皇帝帶來的禮物，包括一系列典型的英國產品，包括幾門大砲、一輛英式馬車、一些望遠鏡、英國瓷器、紡織品，和鑽石鑲嵌的手錶。[4]

從英國出發九個月後，馬戛爾尼一行抵達熱河的承德避暑山莊，在那裡等待乾隆皇帝的召見。[5]但是，馬戛爾尼與乾隆從初次相遇到最後一次見面，都未能進行有效的溝通。按照幾千年來

的中國習俗，當看到神聖的皇帝時，凡人得俯臥在地上，做九次叩頭。馬戛爾尼不接受這個要求，反而提出願遵循英國的禮節，像在自己的君主面前一樣屈膝。他進一步要求一位同級的中國官員，在他帶來的一件禮物，也就是喬治三世國王肖像前「平行相見」，引來中國禮賓官員的譏笑。「這樣的對等是不可能的」，法國學者與政治家佩雷菲特（Alain Peyrefitte）在總結這一情節時寫道；「只有一位皇帝，那就是天子。其他君主僅僅是侯王。」[6]從馬戛爾尼的眼光看來，他從地球上最強大的國家，來到一個貧窮落後的國家，但他願給予方便，將之與英國平等相待。然而，從乾隆的眼光看來，這位英國代表是來自一個附庸國，來此向天子朝貢。

乾隆讓他在承德等了六天，然後在1793年9月14日凌晨三點，英國的使團成員被喚醒，在黑暗中被趕進三英里外的皇帝的宮廷，然後他們再等上四個小時，直到皇帝出現。[7]（季辛吉第一次與毛澤東的會見也重複了同樣的腳本，這絕非巧合。）當馬戛爾尼終於覲見，他依據英國禮節單膝鞠躬。然而一份中國官方紀錄與此不同，聲稱「「西洋英吉利國貢使不習跪拜，強之，止屈一膝；及至引對，不覺雙跽俯伏。」[8]

馬戛爾尼遞交了喬治國王的信，概述了他的建議，預計在接下來的一周他將與中國同行談判細節。然而，對於乾隆來說，這次會議標誌著英國這次成功的朝貢的結束，並且他們建議馬戛爾尼在天氣轉冷之前回家。[9]幾天後，當馬戛爾尼已開始緊張不安，才收到乾隆的《賜英吉利國敕書》，說注意到喬治國王「遠

在重洋，傾心向化」，並說他「特遣使恭齎表章，航海來庭，叩祝萬壽」。但是，皇帝斷然拒絕了馬戛爾尼的所有提議，包括在北京設立大使館的請求，稱「此事斷斷難行」，乾隆並說「特因天朝所產茶葉、絲斤、瓷器，為西洋各國及爾國必需之物」，中國將允許外國商人繼續目前的安排，讓他們在廣州港買賣；但是所要求的更多貿易地點，和一個英國人可以全年居住的地方，則「尤不便準行」。

　　總結對這次會面的看法，乾隆信中總結道：「若云仰慕天朝，欲其觀習教化，則天朝自有天朝禮法，與爾國各不相同，爾國所留之人即能習學，爾國自有風俗制度，亦斷不能效法中國，即學會亦屬無用。」[10]這就是馬戛爾尼帶回倫敦的成果。但把一次沒有機會成功的任務，說成史詩般的失敗，卻也未盡公允。馬戛爾尼的外交使命並未能打造一座橋樑，而是暴露了中國與西方之間的鴻溝。儘管今天北京與世界各國的首都之間都有著貿易和外交關係，但這兩個古代體系之間的根本區別仍然存在。全球化讓交易得以平滑進行，但沒有抹除這條原初的斷層線。

文明的衝突

　　在馬戛爾尼結束其任務的整整兩百年後，美國政治學家杭廷頓在《外交事務》發表了題為〈文明衝突論？〉（The Clash of Civilizations?）的重要文章，斷言冷戰後世界衝突的根本來源將不會是意識形態、經濟或政治，而會是文化。杭廷頓預測說：

「文明之間的衝突將主導全球政治」。[11]由於大多數學者採取政治正確的文化觀點，認為文明或文化之間的區別將逐漸消逝，因此杭廷頓的論文引發了激烈的批評。批評者不僅挑戰杭廷頓的文明觀，並質疑他關於文明之間的斷層線的論點。

　　然而，自文章發表以來，過去多年政策界已將這一仍然難以說清楚的文明概念，納入戰爭研究中，特別是在西方民主國家與蓋達組織和伊斯蘭國等伊斯蘭恐怖主義組織之間的持續戰爭上。它也在較小、但仍相當重要的程度上，塑造了研究美中關係的決策者、軍事計劃者和學者的思維，包括對這兩個超級強權文明之間發生暴力衝突危險的思考。

　　杭廷頓將文明定義為一種規模最廣泛的文化組織實體。他寫道：「文明是人類最高的文化群體，是將一群人與其他人區分開來的最廣泛的文化特徵。」它的定義既有共同的客觀因素，如語言、歷史、宗教、習俗、制度，也包括主觀的人們的自我認同。」一個文明可能包括幾個民族國家，或只有一個，也可能與其他文明有重疊之處，或包括許多次文明（subcivilizations）。根據杭廷頓的說法，中國和其他幾個國家構成了「儒家」文明，而美國則與許多國家一組，共同構成「西方」文明。

　　杭廷頓承認「（文明之間的）界限很少是涇渭分明的」，但認為它們仍然是「真實的」。[12]杭廷頓絕未排除同一文明內部的暴力衝突，但他的觀點是，在冷戰後的世界裡，文明斷層線不僅不會如同杭廷頓的學生、政治學者福山（Francis Fukuyama）在1989年的文章〈歷史的終結？〉中所宣稱的，因為自由世界秩序

的全球趨同而消逝，[13]反而會變得更加明顯。杭廷頓同意「差異不一定意味著衝突，衝突不一定意味著暴力」，然而「幾個世紀以來，不同文明之間的差異，產生了最漫長最劇烈的衝突。」[14]

　　杭廷頓熱衷於挑戰讀者心中的西方普世價值神話，他說這不僅是天真的，而且對其他文明、尤其對以中國為中心的儒家文明是不友好的。他寫道，世界上「可能存在」一個普遍文明的「這一概念是西方的觀點，直接與大多數亞洲社會的特殊性、以及對不同民族之間差異性的強調相衝突」。[15]西方人相信包括個人主義、自由主義、平等、自由、法治、民主、自由市場，和教會與國家分離在內的一套基本價值觀和信仰，應該被全人類所接受。相反的，亞洲文化自豪於他們將彼此區分開來獨特價值觀和信仰。

　　杭廷頓在其擴展為書籍的《文明衝突與世界秩序的重構》中指出，西方與儒家社會在五個主要方面有不同的傾向。首先，他聲稱「儒家文化的價值觀強調權威價值觀、層級結構、認為個人權利和利益居於次要地位、強調共識的重要性、避免對抗，並且『要面子』。一般來說，相對於社會和個人，國家具有至高無上的地位」。他指出了這些態度和「美國人對自由、平等、民主和個人主義的信念」的對比。此外，他強調美國人「傾向於不信任政府、反對權威、促進制衡、鼓勵競爭，並賦予人權神聖的地位」。[16]

　　杭廷頓還指出，基於中國的主流儒家文化，中國以種族意涵界定了身分：「中國人是那些具有相同『種族、血統和文化』的

人。」他無懼爭議地指出這一點，並寫道：「對於中國人和生活在非中國社會中的華人來說，『回去照照鏡子』這個『鏡子測試』，質問了他們是誰。」這一中國文化的概念既非常狹隘又極其廣泛，因為它讓中國政府相信即使是另一個國家的公民，華人的後裔也還是華人群體的成員，因此在某種程度上要服從中國政府的權威。」[17]

根據這一觀點，杭廷頓認為中國對外事務的觀點，實質上是其內部秩序概念的延伸。兩者都反映了儒家透過等級制度實現和諧的精神，而中國領導人又位居最高階。正如孔子所說，「天無二日，土無二王」。[18]但是，在中國把內部秩序向外推展的同時，它對外國對本國事務的干涉，卻有著發自內心的不信任。正如十八世紀時馬戛爾尼對中國的失敗使命所表明的，早在百年國恥之前，中國人對登陸上岸的外國人就已非常提防。中國禁止這些外國人學習中文、或居住在普通人群中。這種歷史遺跡持續到現在。美國歷史學家布林頓（Crane Brinton）在他的《革命的剖析》（*The Anatomy of Revolution*）一書中捕捉到一則軼事，顯示了怨恨的深度：「我們美國人在很長一段時間都得承擔上海公園那個『狗與華人不得入內』的告示的責難。」[19]同樣的，正如上海的一位副市長對我的一位同事說的，當上海的每個中上階級家庭都有一個美國男僕時，他才會確信中國又富起來了。在杭廷頓看來，這種對過去的記憶助長了「在中國領導人和學者之間的共識，即美國試圖『在領土上分化中國，在政治上顛覆它、在戰略上圍堵它、並在經濟上挫敗它』」。[20]

最後，杭廷頓聲稱，作為一個已存在數千年的文明，中國人的時間思維與西方人截然不同。正如他所說的，他們「往往會考慮幾個世紀和幾千年來社會的發展，並思考千秋萬世的最大利益」。杭廷頓說這與「美國人忘記過去、忽略未來、著眼於最大限度地提高眼前利益的首要信念」非常不一樣。[21]

杭廷頓關於儒家文明的五大特徵雖然頗為籠統，但它們的確反映了中國文化裡綿延數百年的傳統。更重要的是，這些傳統既呈現了中國的特色，也指出其與美國等西方國家的文化截然不同之處。

被一個擁有共同價值觀的競爭對手超越是一回事，比如英國曾心不甘情不願地看著一個基本上保留其文化、宗教和政治信仰的暴發戶美國超越它。但被價值觀差異如此驚人的對手所超越，將是另一回事。希拉蕊就說出了大多數美國人的心裡話：「我不希望我的孫子們生活在一個由中國人主宰的世界裡。」[22]要理解文化上的差異在多大程度傾向於轉化為對抗，我們需要更仔細地研究美國人和中國人對政府本質和目的的看法。

美國和中國

我們是誰？我們在世界上的合法地位是什麼？無論是在我們的社會、還是在國家的關係中，是什麼構成了秩序？對這些複雜問題的簡短回答，可能會失之於刻板片面，但它們可以突出美國和中國之間的根本差異。這些反差完全獨立於修昔底德陷阱的結

構性壓力之外，但其中的針鋒相對之處，卻可能使美中關係更難
以被管理。

　　儘管它們之間有很多不同之處，但美國和中國至少在一個方
面相似：都具有極強烈的民族自尊心。他們都認為自己是獨一
無二的，換句話說就是無可匹敵的。雖然阿里（Muhammad Ali）
的「我是最偉大的」一語，正確地捕捉了美國人的顧盼自雄，但
中國認為自己是人類與上天之間唯一的聯繫，恐怕還更不謙虛。
這兩個第一之間的衝突勢必難以化解。是中國人更難以合理化有
兩個「太陽」的宇宙觀，或是美國更難接受它必須與一個甚至會
更加強大的超級大國共存？李光耀對美國適應新現實的能力表示
懷疑：「別說要美國接受其世界地位被替代，就算只是在西太平

美國與中國的文化衝突

	美國	中國
自我認知	世界第一	宇宙中心
核心價值	自由	秩序
政府觀	必要之惡	必要之善
政府形式	民主共和	回應性威權政府
精神價值	必須對外推廣	他人無從效法
對待外國人	接納	排外
時間概念	眼前當下	永世不朽
改變	依靠發明	復原與演進
外交政策	國際秩序	和諧的階級

洋地區，被一個長期受其鄙夷蔑視為頹廢、虛弱、腐敗、無力的
亞洲民族所替代，其在情感上也很難接受。美國人的文化優越
感，將使這種調整變得非常困難。」[23]

　　在某些方面，中國的例外論比美國的更為普遍。「中國把自
己看作是文明世界的中心」，學者蓋爾伯（Harry Gelber）解釋
道，「中國的士大夫所思考的『中國』或『中華文明』與現代意
義的完全不同。對他們來說，漢人之外就只有蠻夷。按照定義，
任何不文明的東西都是野蠻的。」[24]如同陸克文注意到的，中國
人對他們的悠久歷史和文明成就感到非常自豪，使他們的思維方
式充滿了例外論，「產生了一種自我欽敬的哲學思想」。[25]

　　美國人也以近乎宗教的熱情崇敬自己的文明成就，特別是政
治成就。美國的革命歷史所賦予的自由激情在全球是無與倫比
的，它也被銘記在美國的政治信條的核心，也就是《獨立宣言》
中所宣稱的「人人生而平等」，並且「創造者賦予他們某些不可
剝奪的權利」。《宣言》規定，這些權利包括「生命，自由和對
幸福的追求」，而這些並非僅是個別的意見、而是「不言而喻」
的真理。為了向英國上議院的同事們解釋促成美國殖民者反叛的
原因，老皮特（William Pitt the Elder）指出「這種獨立的精神，
使美利堅民族活躍起來……這對他們並不是新鮮事物，而是、
並且永遠是他們的根本原則。他們喜歡自由的貧窮，勝過黃金的
鎖鍊和骯髒的富裕；為維護自己的權利，他們不惜犧牲，如同自
由人一樣。」[26]正如二十世紀偉大的美國社會史學家霍夫士達特
（Richard Hofstadter）所說的，「我們作為一個國家的命運，不在

於眾多的意識形態,而在於合眾為一。」[27]

相反的,中國遵守孔子的第一條誡命:安分守己。[28]對中國人而言,秩序是政治的核心價值,秩序的相反是混亂。和諧秩序的創建,靠的是社會中的每個人各司其職,各安其位,各得其所。在傳統的中國,皇帝站在等級的頂峰,維持秩序。正如季辛吉解釋的那樣:「中國的皇帝既是政治統治者,又是形而上學的化身⋯⋯皇帝被認為是天地間所有大小事能否達到『大同』(Great Harmony)的關鍵。」[29]而美國人所理解的自由,則會顛覆等級並招致混亂。

中美之間的哲學差異,體現在兩國不同的政府觀念上。潘恩(Thomas Paine)所著的《常識》(Common Sense),是美國革命時期最被廣泛閱讀的小冊子,也總結了美國人的想法。潘恩在其中解釋說:「社會在任何情況下都是一種福分,但政府即使在最好的情況下,也只是一種必要的惡;在最糟糕的狀態下,則是不可忍受的惡。」[30]儘管美國的建國之父們對權威深表懷疑,但他們承認社會需要一個政府,否則誰會保護公民不受外來威脅,或者保護他們的權利不受國內犯罪分子的侵犯?但他們陷入了一個困境:一個有能力執行其基本職能的政府,總會傾向於暴政。為了化解這一矛盾,正如諾伊施塔特所指出的,他們設計了一個「權力分享、機構分立」的政府。[31]這個設計有意地在行政、立法和司法部門之間產生持續的鬥爭,儘管這這意味效率不彰、僵局甚至功能癱瘓,但這也提供了制衡權力濫用的機制。正如布蘭代斯(Louis Brandeis)法官雄辯的解釋的,他們的目的「不是

為了提高效率，而是為了杜絕權威的任意行使」。[32]

中國的政府觀念及其在社會中的作用，可說是截然不同的。歷史告訴中國人秩序的首要地位，而為實現這一秩序，政府是不可或缺的。正如李光耀所說：「中國的歷史和文化紀錄顯示，如果有一個強大的中心（北京或南京），那麼中國就是和平繁榮的。當中心虛弱時，各省各縣就會被軍閥所控制。」[33]因此在美國人來看是一種必要之惡的強大的中央政府，對中國人來說則是在海內外推進秩序和公益的最主要的機制。

對美國人來說，民有、民治、民享的民主政府，是政府唯一的合法形式，而政府必須保護公民的權利，並促進其福祉。正如傑弗遜（Thomas Jefferson）所說，「唯一不會永遠與人民權利進行公開或秘密戰爭的政府形式就是共和。」[34]美國人認為，任何政府的政治合法性只能來自受治理的人民的同意。

大多數中國人對此不表同意，他們認為政治合法性來自於績效。上海風險投資家李世默在他的TED演講中大膽提出「兩種政治體系敘事」，挑戰大家公認的民主優勢。他憶道：「我曾被問到，『共產黨不是經過選舉投票上台，合法性源自哪裡？』我說，『能力如何？』」他繼續提醒他的觀眾，「我們都知道事實。1949年中共取得政權時，中國還被內戰與外國侵略所打擊，當時的平均預期壽命為41歲。今天，它是世界第二大經濟體，工業強國，人民生活日益繁榮。」[35]簡言之，績效讓一黨制有了正當性。

美國政府被認為是一個民主共和國，而在清朝皇帝和共產黨

領導下的中國，最多也只能被稱為回應性威權政府。政治合法性概念的針鋒向對已成為美中關係中的一個痛點。季辛吉對此總結稱，「美國價值是普世的這個觀念已經在國際體系中引入了一個具有挑戰性的障礙，因為它暗示著不奉行這些原則的政府並不完全合法。」[36]他繼續解釋我們視為理所當然的這一原則，為何勢必在一些國家引來憎惡，因為美國人認為這些國家的政治體系可憐可鄙，因此等待著美國價值的挽救。

　　無庸諱言，美國的這種自以為是，對中國並不受用。當在國際上宣傳自己的基本政治價值時，美國和中國的作法截然不同。美國人認為，人權和民主是普遍的願望，需要根據美國的典範（有時是帝國主義的推動）使之在各地實現。因此，杭廷頓稱美國為「傳教國」，其驅動力是「非西方民族應該在西方的民主、自由市場、有限政府、人權、個人主義、法治等價值觀前懺悔認罪，並且應該在他們的制度中體現這些價值觀。」[37]就像在邁入二十世紀時，西奧多‧羅斯福深信美國力量的傳播，也代表了文明本身的傳播；二十一世紀初的大多數美國人，也相信民主權利對世界任何地方的任何人都有利。在整個二十世紀，華盛頓的領導人已經將這種信仰轉化為一種追求推進民主事業的外交政策，甚至有時試圖將這種政策強加給那些並未能夠接受它的人。

　　相反的，中國人相信別人可以仰慕他們，欣賞他們的美德，甚至模仿他們的行為。但他們不要求別人接受這些價值。正如季辛吉所指出的，「中國不出口其觀念，而是讓其他人來仰慕它們。中國人相信，只要承認中國政府的宗主權，鄰國人民就會從

與中國和文明的接觸中受益。而不這樣做的人則是蠻夷。」[38]

中國領導人也對美國為改變他們所做的努力深表懷疑。作為中國改革開放的總舵手，鄧小平警告中國共產黨的其他成員，「他們那一套人權、自由、民主，是維護恃強凌弱的強國、富國的利益，維護霸權主義者、強權主義者利益的。」[39]

中國人對外國政治制度的態度，與中國人對外國人的看法一致。美國社會具有包容性，而中國是排他的。作為一個「移民國家」，大多數美國人都為能夠成為美國人的事實感到自豪。正如華盛頓在1783年所寫道的：「美國的胸懷不僅擁抱那些華麗高貴的陌生人，而且也歡迎來自所有國家和宗教的被壓迫和被迫害的人。如果他們心性善良品行端正，我們理所當然應該歡迎他們加入我們，並擁有一樣的權利和尊嚴。」[40]與此相反，作為中國人，必須生而為中國人。由於美國勞動力市場是開放、多元和靈活的，這使美國在全球人才競爭中享有顯著的優勢。2016年，市值超過十億美元的87家美國新創公司中，有一半是由移民創立的。[41]

美國和中國對時間的看法，對過去、現在和未來的感覺，也南轅北轍。美國人將在2026年慶祝建國250年，而中國人自豪地指出，他們的歷史跨越了五千年。美國人將1776年7月4日標記為本國的誕生日，而中國沒有如此明確的建國史。與其他任何可以追溯興衰歷程的國家都不同，中國將自己視為宇宙的一種固定的存在，千秋萬世，永垂不朽。美國領導人對「美國實驗」津津樂道，隨之而來的是他們有時較為隨性的政策。相比之下，中國

領導人將自己視為神聖遺產的受託人，並採取相應的行動。

　　由於中國人的歷史悠久，他們很注意區分輕重緩急。有誰能想像一位美國的政治領導人，會建議將一個重大的外交政策問題擱置一代人，如同鄧小平為中國與日本的尖閣諸島／釣魚島問題爭議，所提出的留待未來、而不立即解決的方案？美國政治家對新聞周期和民眾輿論的要求越來越敏感，他們尋求能夠迅速解決問題的一系列列舉的重點政策計劃。中國人則具有戰略上的耐心，只要趨勢對他們有利，他們很樂於以拖待變。

　　美國人認為自己是問題解決者，反映他們的目光較短。他們將問題看作是現在就要應對和解決的，以便他們能夠繼續下一個問題。用李光耀的話說：「當他們失敗時，他們會振作起來重新開始。美國文化是我們從零開始，到最後打敗你。要做到這一點，你需要什麼樣的心態？這是他們歷史的一部分。他們進入了一個沒有人煙的大陸，並將之物盡其用。」[42]美國這個健忘共和國，每天都是新的，每一次危機都是「史無前例」的。這與中國人的歷史記憶形成鮮明對比，他們認識到陽光底下沒有任何新鮮事。

　　事實上，中國人認為許多問題無法解決只能予以控管，因為每種解決方案都不可避免地會產生更多問題。因此挑戰是長期和反覆的。他們今天面臨的問題，是過去一年、十年，甚至一個世紀的演變過程的結果。今天採取的新政策行動，只是對持續的演變施加一些影響。例如1949年以來，台灣一直被北京眼中地痞流氓一般的中國國民黨人所統治。儘管中國領導人堅持台灣仍是

中國的一部分，但他們願意採用把雙方經濟社會綁在一起的長期戰略，以使台灣慢慢融入中國。

在各種美中差異裡，與修昔底德陷阱最相關的是雙方關於世界秩序的不同觀念。中國人相信得透過國內與國外的等級制度來達到和諧。北京對待自己人民的方式，可以作為一個參考範例，讓人認識到倘若中國成為世界的主導力量，它與其他國家的關係會是怎樣的。至於美國的民主理想，到目前為止還僅及於其外交政策。一方面，美國人渴望實現的國際法治，實質上是美國國內法治的放大版。另一方面，他們承認在缺乏秩序的霍布斯式國際世界中，在這裡最好是成為獅子，而不是羔羊。華盛頓常常試圖描繪一個美國同時充當立法者、警察、法官和陪審團的「仁慈的霸主」的世界，以此來調和這種緊張關係。

美國人敦促其他大國接受「以規則為基礎的國際秩序」，但從中國人的眼光看來，這個秩序似乎是美國人制定規則，而其他國家只能服從。前參謀長聯席會議主席鄧普西（Martin Dempsey）非常熟悉這在中國引發的不滿。「中國人最讓我吃驚的一件事是，無論何時我與他們談論國際標準或國際行為規則，他們都一定會指出這些規則是在他們缺席世界舞台時制定的」，鄧普西說，「他們不再缺席世界舞台，所以這些規則需要與他們重新談判。」[43]

如果杭廷頓是正確的──而且我相信他是──文明差異作為衝突的來源，重要性會越來越大，而不是會減少。今天中國和美國的政治家們都應該收斂野心，學習更加謙遜。因為誤解很容易

產生，而同情和共識則難以捉摸。在眼前這個即時通訊和快速旅行，讓馬戛爾尼的外交之旅看起來就像來自石器時代的全球化的世界，「文明衝突」不僅可以決定未來的外交，而且可以決定戰爭的過程。

戰略文化的衝突

在塑造美國對華政策時，從季辛吉、斯考克羅夫特，到歐巴馬總統的國家安全顧問唐尼倫（Tom Donilon）等美國的政策制定者，注意到中國同行對使用武力的獨特觀點。在決定是否、何時以及如何攻擊對手時，中國領導人大多是理性和務實的，因此「情境邏輯」是回答諸如中國何時可能被阻止對美國採取軍事行動，或者會如何應對威脅或攻擊等問題時的最佳的初步指南。然而除此之外，決策者和分析師已經確定了五個假設和偏好，為中國在對抗中可能的戰略性行為，提供了進一步的線索。

首先，無論是戰爭還是和平，中國的戰略都是毫不掩飾的現實主義導向，不受任何嚴格的國際法或宗教規範的行為合理化要求的約束。這使中國政府可以既冷酷又靈活，因為它很少感覺到抽象道德原則的限制，並且很大程度上不在乎別人批評它前後不一致。所以，舉個例來說，當季辛吉來到中國，他發現對話者沒有受到意識形態的束縛，並對中國的國家利益可怕的坦誠。而在1973年尼克森和季辛吉以「和平與榮譽」、「必要的間歇」為名義，掩飾為了結束越戰而做的妥協，來緩和美國國內的政治反

應，毛澤東則覺得沒有必要假裝與資本主義的美國建立關係以提升對抗蘇聯時中國的籌碼，是為了支持一個更大的國際社會主義運動。

中國對美國方面占有優勢的，還不僅僅是其對國際政治的務實作風，還有中國的全盤戰略世界觀。中國的計劃者認為國際事務牽一髮動全身。在孫子的傳統中，造成當前戰略形勢的演變脈絡是至關重要的，因為它決定了當前情況下的「勢」。「勢」並沒有直接的西方翻譯，其最貼切的形容是任何情況下固有的「潛在能量」或「動能」。它包括地理和地形、天氣、軍力的平衡，意外事件、士氣，和許多其他因素。季辛吉解釋說：「每一個因素都會影響另一個因素」，引發動力和相對優勢的微妙變化。[44] 因此，一個有技巧的戰略家，大部分時間都耐心地「觀察和營造戰略格局的變化」，只有當他們處於最佳狀態才展開行動。然後，用孫子的話說，「勢如曠弩，節如發機」，他迅速地在精確的時機下進行攻擊，「如轉圓石於千仞之山」，以一種看起來不可撼動的勢頭攻破他的對手，「如以碬投卵者」。[45] 對於旁觀者來說，其結果似乎水到渠成。正如漢學家於連（François Jullien）所寫的，如果一個戰略大師的行動「是在理想的時刻進行，那麼它甚至是難以察覺的：導致勝利的過程，早已被規劃妥當。」[46] 或者就像孫子說，「故兵不頓而利可全」。[47]

中國戰略家的戰爭，主要是心理和政治的，軍事鬥爭是次要關切。在中國人的思維中，對手對現場事實的看法，可能與事實本身一樣重要。創造並維持一個如同「宇宙的中心」一般的優越

的文明形象，有助於阻止敵人挑戰中國的統治地位。中國相對於
外國的經濟規模，也有助於其利用諸如允許或拒絕其貿易等手
段，來要脅其對手。如果心理威懾和經濟激勵失敗，中國會設法
以夷制夷，如此一來他們就彼此耗損，而中國可置身事外、漁翁
得利。比起在戰場上擊敗敵人，還不如侵蝕敵人的物質能力和士
氣，並讓他陷入一個死胡同。

　　中國人不是在戰場上決生死，而是透過潛移默化、滴水穿石
來贏得勝利。這裡再次引用季辛吉的話：「很少有中國政治家在
單一的全有或全無的決戰中，冒險承擔衝突的結果；持續漫長的
謀劃才是他們的風格。如果說西方的傳統歌頌衝鋒陷陣的英雄
氣概，中國的理想則強調運籌帷幄所累積的相對優勢。」[48]雷霆
（David Lai）藉由比較西洋棋與圍棋，提出了一個精闢的比喻。
在西洋棋，玩家試圖主宰中心地區、並征服對手；而在圍棋，棋
手則是試圖包圍對手。如果西洋棋大師可以看到五、六步棋，那
麼圍棋大師會看到二、三十步。中國戰略家明察對手的每一個舉
動，不求眼前立即的勝利，而追求滴水穿石，緩緩建立優勢。

　　「西方傳統極為強調使用武力，戰爭藝術主要局限於戰場，
而戰爭就是以武力對抗武力」，雷霆解釋說；相比之下，「圍棋
背後的哲學是爭奪相對收益，而不是尋求徹底消滅對手勢力。」
在一個明智的提醒中，雷霆提出一個發人深省的警告，「用西洋
棋的思維去下圍棋是很危險的。人們會變得過於攻擊性，於是孤
軍深入，將自己的脆弱部分暴露在戰場上。」[49]

　　目前美國關於所謂的「灰色地帶」衝突（或在俄羅斯稱為

「混合戰爭」）的爭論，顯然忽視了幾個世紀以來，中國已經在把戰場廝殺當作次要手段的無數經驗中，將此種作法磨練得爐火純青。正如孫子在《孫子兵法》中所解釋的，「不戰而屈人之兵，善之善者也」。[50]中國歷史上的動盪與群雄割據的內戰，使戰略家們更傾向於戰鬥以外的其他方式。

認識到這些戰略思維的差異當然只是第一步。為了避免與中國發生戰爭，或者在衝突開始後加以管控，美國領導人還需要考慮華盛頓和北京的不同戰略世界觀可能如何左右他們，以及這種差異會如何影響衝突的進展。兩國首都都認為今日最大的緊張點在南海。要理解戰略「錯位」如何可能導致那裡的悲慘結局，我們必須充分認識到中國對這一地區的看法。

中國怎樣看南海

由於中國持續恢復在東亞的權力和影響力，從中國的角度來看，美國在西太平洋的地位正在下降。中國正積極行動逼美國撤離該地區，最顯而易見的就是在南海。

幾十年來，美國人一直未能看清東亞的大局，套句伯恩斯（Robert Burns）的話說，其中必然有著我們難以「像別人看我們一樣看自己」的因素。自尼克森以來的每一位總統，都相信美國歡迎中國進入國際經濟和政治秩序。但季辛吉早就說了，他遇到的每一位中國領導人，都認為美國的戰略是「圍堵」中國。其他姑且不論，歐巴馬政府高調從歐洲和中東「轉向」亞洲的政策，

就再次強化了中國對美國意圖的成見。當時的國務卿希拉蕊在2011年描述了這種轉向：「二戰後，我們致力於建立一個全面、持久的跨大西洋機構和關係網絡，已經在許多方面取得了成功，未來也將繼續如此。現在是美國作為太平洋大國進行類似投資的時候了。」[51]考慮到中國領導人的現實主義思想，這一轉向對中國的意義是可以預期的，在隨後幾年的外交對抗中也暴露無遺。

2014年，陸克文和斯考克羅夫特各自在中國進行了單獨、廣泛的對話，都發現中國領導層有著驚人的，甚至值得警惕的「共識」。兩位政治家認為，中國領導人認為美國與中國打交道的大戰略涉及五個方面，也就是孤立中國、圍堵中國、貶損中國、從內部分化中國，與破壞中國的領導地位。正如陸克文解釋的，這些信念「源於中國人相信因為中國不是一個自由民主國家，美國沒有、也絕不會接受中國政府的基本政治合法性。」此外，根據陸克文的分析，這是基於「中國人一個根深蒂固，非常現實主義的想法，即美國永遠不會甘心割捨其作為地區和全球強權的顯赫地位，並將盡其所能保留這一地位。」[52]

從中國的角度來看，美國在南海的反華活動，包括2013年鼓勵菲律賓向位於海牙的常設仲裁法院提起訴訟，當中國無視仲裁庭對菲律賓有利裁決之後美國策畫的國際譴責，以及在該地區高度公開的航行自由行動，已為這種觀點提供了足夠的證據。於是當美國繼續它的西洋棋遊戲，中國則在棋盤上換上圍棋的棋子，有條不紊地在鄰近的戰場上展開逐漸但壓倒性的布局，來消滅這些入侵。

　　隨著南海爭奪戰的展開，這兩個對手的基本戰略假設和盲點
將決定其走向。因此在評估中國的戰略時，特別是中國是否或何
時使用軍事力量以促進其利益時，我們可以從中國文明、文化和
戰略傳統中獲得什麼線索？

　　首先，看起來很明顯的，中國會拉長眼光來看待它與美國在
南海的僵局，並將其理解為歷史演變的一部分，並期待未來隨著
地緣政治、經濟、政治焦點的改變而有所變化。因此中國人會耐
心地與美國進行「長期博弈」，在此期間穩步增加其籌碼，並相
信美國人在這個地區不會撐得比他們久。雖然美國有時可能被
南海或東海的事件所困擾，但中國人會預期美國人最終將「轉
向」，回到持續不斷的中東戰爭、或者俄羅斯對歐洲的威脅，或
者國內問題上。

　　我們也可以滿有把握的假設，中國政府會極其冷靜務實地進
行中美相關軍事力量的評估，並預測任何潛在軍事遭遇的結果。
由於中國的軍事能力至少還需要十年甚至更長的時間，才能在距
離中國最近的戰區與美國的軍事能力相匹敵，因此北京會繼續保
持小心謹慎，避免使用任何武力對抗美國。與此同時，中國會逐
漸改變南海地區陸域和水域的事實，扭轉其所遭遇的阻力；就像
在圍棋遊戲一樣，中國人將以其逐步積累的巨大優勢而最終取
勝。

　　進一步言，中國將採取具有中國特色的「戰略」，將軍事力
量作為其整體外交政策的次要手段，不謀取戰場的勝利，而重在
實現國家的宏觀目標。它將加強與鄰國的外交和經濟聯繫，加深

它們對中國的依賴，並利用經濟槓桿來鼓勵（或脅迫）其他問題上的合作。在這樣做的時候，它希望增加對周邊地區的影響力，同時也破壞鄰國和美國之間的關係。它甚至可能試圖「以夷制夷」，例如策動日本與韓國對抗，或俄羅斯與美國對抗，來阻止一個對抗中國的平衡聯盟的形成。隨著時間過去，一旦北京取得壓倒性優勢，該地區的其他國家將不僅僅是自然而然地，而且也是不可抗拒的接受其主導地位。

儘管中國將戰爭視為最後的手段，但如果中國認為長期趨勢不再有利於它，並且它正在失去議價能力，那麼它可能會發動有限的軍事衝突以給對手教訓。正如政治學家傅泰林（Taylor Fravel）對1949年以來中國處理其23個領土爭端的研究中所顯示的，中國僅對其中的三個國家使用了武力。正如這些案例所表明的，如果中國認為它的國內動盪使敵對勢力有機可乘，那麼中國就更有可能訴諸武力。傅泰林根據其對1962年北京對印度的襲擊、1969年與蘇聯的對抗，與1979年與越南的衝突的進一步分析，認為中國傾向於使用軍事手段來對抗力量相當或者更強的對手，而更願意與弱小的對手進行談判。[53]

總而言之，只要南海的局勢總體上對中國有利，中國就不太可能使用武力。但是如果相關的力量變化發生逆轉，特別是若中國出現國內政治騷亂，中國就可能會發起有限的軍事衝突，甚至會對抗像美國這樣的更大、更強的國家。下一章的重點，是這樣的衝突可能會如何發生。

第八章 邁向戰爭

「在宣戰前，請考慮清楚不可捉摸的意外事件在戰爭中的巨大影響。
開始就設定錯誤的目標，倉促行動，卻坐視災禍臨頭，是參戰者常犯的一大錯誤。」
——修昔底德，〈雅典大使在斯巴達議會的講話〉，公元前432年。——

「永遠，永遠，永遠，不要相信任何戰爭會順利進行，不要相信任何去陌生海域航行的人
能掌握他將遇到的潮汐和颶風。屈服於戰爭狂熱的政治家必須認識到，一旦發出了信號，
他就不再是政策的主人，而是不可預見和無法控制的意外的奴隸。」
——邱吉爾——

「戰爭的主宰是機運。沒有任何其他的人類活動，所遭遇的未知可能比入侵者將遭遇的更大。
它增加了局勢的不確定性，並打亂了事件的進展。」
——克勞塞維茨——

　　一個中國的領導人，是否膽敢在經歷了漫長的內戰才勉強控制自己國家之後，就攻擊一個在五年前藉由投擲原子彈結束了二次世界大戰，並粉碎了日本的超級大國？當1950年美軍將北韓軍隊推到中國邊界，麥克阿瑟將軍認為那簡直是天方夜譚，但毛澤東就是如此，於是把麥克阿瑟嚇壞了。中國軍隊迎頭痛擊美軍，將之推回戰爭開始時區隔南北韓的分界線。今天這條北緯三十八度線，仍繼續標誌著兩韓的邊界。而到戰爭結束時，已有近三百萬人喪生，其中包括三萬六千名美軍。

　　同樣的在1969年，蘇聯領導人無法想像中國將為一處微小的邊界爭端，發動一場對擁有絕對核子優勢的國家的先發制人攻擊，但毛澤東卻發動了一場中蘇邊界戰爭。這個戰略就是中國向世界展示的「主動防禦」理論。毛澤東藉此發出了一個明確的訊息：中國永遠不會被嚇倒，就算對手能夠將它從地圖上抹去也一樣。

　　未來幾年，是否美中軍艦的南海碰撞、台獨建國的進展、中日之間為無人居住的島嶼展開的激烈爭奪、不穩定的北韓，乃至於經濟糾紛的不斷惡化，可能成為中美都不樂見的戰爭火苗？對於大多數讀者來說，這似乎很難想像；因為戰爭的後果，顯然與任何一方可能希望實現的任何收益不成比例。[1]即使是幾乎都在海上和空中進行的非核子戰爭，也可能會犧牲數千名雙方戰鬥人員。此外，這場戰爭的經濟影響將極為巨大。

　　正如2016年蘭德公司的研究所發現的，僅僅是短短一年的激烈非核子戰爭，就可能使美國國內生產總值下降10%，使中國

國內生產總值下降35%，其後果可與大蕭條相媲美。[2]而若發生了核子戰爭，兩個國家都可能被徹底摧毀。中國和美國領導人知道他們不能讓這種事情發生。

雖然不明智又不樂見，然而這並不意味著不可能。即使領導者決心避開它們，戰爭也仍可能發生。一些事件或其他人的行為，會縮小他們的選擇範圍，迫使他們做出導向戰爭的選擇，而不是吞忍不可接受的選擇。伯里克利不希望與斯巴達戰爭，德皇威廉也並不真想與英國一戰。在1950年，毛澤東最初反對金日成對韓國的襲擊，擔心事與願違。但在特定時空條件下，領導者往往只能在壞與更壞之間做選擇。一旦軍事機器動起來，誤判、誤算和各種複雜條件，就可能使緊張局勢升級到遠遠超出任何人的本意。

為了確切掌握這些危險，華盛頓和北京開發了各種想定、模擬和軍事演習，這些演練通常都因意外事件或事故而開始，然後被指派扮演中國或美國的人會由此進行推演；而參與這些演練的人，已多次驚訝地發現一些小火花，就經常能輕易地導致大規模的戰爭。本章將回顧中國發起的四場有限戰爭歷史案例，總結了戰爭策劃者為瞭解衝突根源而研究出的四個概念，並概述當今兩大強國之間走向戰爭的五條不可小覷的路徑。

韓戰，1950至53年。

1950年6月25日，現任北韓領導人金正恩的祖父金日成突然入侵南韓。第四天，北韓就占領了南方的首都首爾；一個月

內，南韓軍隊已到了投降邊緣。在此千鈞一髮之際，一支主要由美國軍隊組成的聯合國部隊前來救援。由駐日盟軍最高指揮官麥克阿瑟將軍指揮的三個美國陸軍師被投入戰爭，並得到二戰期間對日本狂轟濫炸的那些B-26和B-29轟炸機的支援。在接下來的三個月，這支武力將北韓趕回了三十八度線。

在對中國會如何反應一無所知的狀況下，期望在耶誕節前結束戰爭的麥克阿瑟的軍隊越過了三十八度線，迅速向北韓與中國邊界的鴨綠江前進，眼看朝鮮半島終於將統一在由美國支持的首爾政權下。美國情報官員無視於中國為支持北韓而進行干預的可能，忽略中國宣傳機關的重複警告，以及所獲得的中國軍隊動向的意涵。中國內戰才在不到一年之前告一段落，這場血腥衝突撕裂了整個國家，並奪去了350萬人的生命。[3]有什麼理由認為一個才從內戰中回過神來的政權，就要冒著覆滅的危險，攻擊一個迫使日本無條件投降的核武強權？[4]

然而到了11月初，麥克阿瑟發現大事不妙，多達三十萬的中國軍隊的前鋒痛扁美軍與其盟軍。猝不及防之下，美軍遭受到嚴重損失。美國第一騎兵師的一個團，在數小時的近戰中就有六百官兵戰死。在接下來的幾個星期，這個此前被麥克阿瑟和他的同袍鄙夷的「農民軍隊」，不僅讓盟軍停止前進，而且還將聯合國軍打回到三十八度線。[5]

麥克阿瑟在這場他認為自己已經獲勝的戰爭中敗北，於是呼籲杜魯門總統授權他對中國使用核武。[6]杜魯門不僅沒有接受這個不受控制的五星將軍的計劃，還將他解職。這場戰爭在

膠著狀態下又持續了兩年，直到 1953 年，停戰協議才被杜魯門總統的繼任者艾森豪總統所簽署。正如歷史學家費倫巴赫（TR Fehrenbach）指出的：「一百多年來，中國軍隊一直是被蔑視的對象，既沒有戰技、戰術，也沒有作戰的意志。」[7] 而這一切已成過去。

中蘇邊界，1969 年

在突襲了美國和盟軍的那個冬季的十九年之後，中國要對抗世界第二超級大國。在 1960 年代末中蘇關係的緊張高潮，兩國在西伯利亞封凍的烏蘇里江沿岸的爭議邊界，發生了一系列輕微摩擦。據《人民日報》報導，毛澤東聲稱蘇聯正在「調動」軍隊，而且蘇聯「一再」增加駐紮在那裡的力量，以製造一個「反華包圍圈」。[8] 在一系列的行動和回應中，雙方在邊界沿線駐紮了愈來愈多的軍隊，包括 65 萬中國軍隊，與其對手蘇聯的 29 萬官兵和 1200 架飛機。毛澤東曾威脅要進行一場大規模的「人民戰爭」，說這將是一場「人力和士氣的競賽」。

根據叛逃到西方的最高級別蘇聯官員謝夫欽科（Arkady Shevchenko）的分析，「數百萬中國人入侵的噩夢」使蘇共政治局恐懼，蘇聯領導人為此「幾乎情緒失控」。[9] 不過蘇聯軍隊的武裝和訓練要好得多，並享有空中優勢。此外，他們擁有超過一萬枚核子武器，其中包括被莫斯科部署到邊界地區的五十萬噸級 SS-12 戰術核彈。雖然中國在 1964 年試驗過核裝置，但當時只研製出少數彈頭，且無法將它們投射到莫斯科。直到 1968 年 11

月，毛澤東自己也承認中國「從某種意義上說，仍然是非核武國家。只有這一丁點核子武器，我們不能算作一個核子國家。如果我們要打一場戰爭，還必須得使用常規武器。」[10]許多蘇聯軍事領導人認為，先發制人的第一次核子攻擊，是結束中國威脅的唯一方法。事實上，由於蘇聯對攻擊中國一事非常認真，因此悄悄地接觸尼克森政府，想知道美國會如何反應。而正如當時的美國國家安全顧問季辛吉後來所坦述的，「蘇聯比我們所意識到的要更想先下手為強。」[11]但在華盛頓警告說它不會袖手旁觀後，莫斯科打消了這一選項。[12]

不過面對憤怒的蘇聯，毛澤東卻採取了一個意想不到的策略：他戳了一下蘇聯這隻北極熊。中國軍方計劃進行一次「出其不意的行動」，給莫斯科「一個痛苦的教訓」。[13]1969年3月2日，人民解放軍在烏蘇里江的珍寶島伏擊了蘇聯邊防軍，此後又進行第二次攻擊，以30名中國人的代價殺死了91名蘇聯人。[14]

中國為什麼如此膽大包天？對毛澤東來說，這是防禦行動的最後一招，也是中國更廣泛的「積極防禦」戰略，或者是毛澤東所說的「決戰防禦」概念的示範。[15]中國人進行的這場伏擊，更多是要施加心理打擊，而非追求軍事勝利。正如格爾森（Michael Gerson）所總結的，其目標是「遏阻未來蘇聯對中國的侵略或威脅」，並「強勢表明中國的勇氣、決心和實力，以面對他所認為的日益顯明的蘇聯威脅。」[16]

台灣海峽危機，1996年。

除了毛澤東，中國為了向對手發出強烈的警訊，繼續甘冒更大戰爭的風險，選擇性地使用其軍事力量。1996年，由於擔心台灣總統李登輝破壞長期以來的「一個中國」模式、並走向獨立，北京再次啟動軍事選項。為了在台灣的1996年選舉中擊敗李，中國想藉由發射飛彈、封鎖島嶼、威脅台灣所依賴的商業航運，來恫嚇台灣選民。在此局勢下，柯林頓政府的強烈反應讓中國人大吃一驚。美國派遣美國海軍「尼米茲號」和「獨立號」兩個航母戰鬥群，向台灣提供援助，於是中國退縮了。

事實上，中國影響台灣選民的嘗試失敗了，李登輝總統贏得選舉，且美國加強了與台灣的聯繫。[17]但是北京的錯誤判斷，重新讓美國軍事規劃人員認識到中國採取侵略性邊緣政策的傾向，並理解到萬一出現意外或誤解，就有可能會引發戰爭。[18]

中國周邊沿海，今天。

正如第七章所指出的那樣，中國領導人從海岸線上看出去的，是中國的海洋。從他們的角度來看，美國海軍艦艇在其水域的持續存在，以及沿著其邊界的日常情報飛行，都是異常現象，是第二次世界大戰遺留的歷史包袱。由於中國已經具備相關的能力，於是就試圖迫使美國退縮。因此，例如2013年12月，美國飛彈巡洋艦「考朋斯號」（USS *Cowpens*）在尾隨觀察中國人民解放軍的第一艘航空母艦遼寧號的首次部署時，其艦長就收到了來自航母司令官的命令，要求他離開該地區。「考朋斯號」

的艦長回應，說他正在國際水域進行適當的合法行動，因此將忽略該要求。幾分鐘後，一艘解放軍海軍艦艇切入「考朋斯號」的航向，使該船長只剩下兩個選擇：衝撞該艦，或採取避讓行動以避免衝撞。雖然看起來將是對中國人的讓步。他選擇了後者。[19]

考朋斯事件，是近年來中國人民解放軍海軍艦艇和飛機對美軍的眾多故意挑釁中的一件；他們冒著「意外」碰撞的風險，測試美國軍官的極限。美國海軍已經指示其艦艇，在面對這些戰術時要避免對抗、緩和衝突。然而這並不總是成功的。2001年4月，一架在海南島附近飛行的美國偵察機，與一架正以騷擾的方式展現北京對這些情報蒐集飛行的不滿的中國戰鬥機相撞。中國飛行員遇難，美國飛行員則不得已的將飛機迫降在中國領土，引發小布希政府上任後的第一次國際危機。在緊急著陸後，美軍的機組人員被中國人拘留十天後獲釋，但是中國人還留置了這架飛機一段時間，使他們有機會獲取其中最高機密的監視技術。自那次事件以來，解放軍一直在改變鄰近水域的地貌和權力平衡。藉由建造島嶼、部署飛彈陣地和建造機場，中國正在創造新的事實，並在這些重要的航道上，對美軍造成更大的威脅。

這四個案例都表明，在考慮中國何時以及如何使用武力時，絕不能從自己的角度去想當然耳。對於中國領導人來說，軍事力量是其十八般武藝中的一環，他們可能會先發制人，好讓不會如法炮製的更強大的對手受到震撼。

導向戰爭的四個因子：火花、背景條件、催化劑，和危機升級

進行戰爭想定時，分析師會使用一些美國林務局也熟悉的基本概念。只有一小部分的火災是由縱火犯造成，更常見的原因則是亂扔的菸蒂、未完全熄滅的營火、工業事故，以及閃電。幸運的是，無論是在森林或者國家之間的關係，大多數的火花並沒有燃成熊熊火焰。

背景條件（background conditions）通常決定了哪些火花會成為火焰。例如林務局在提醒露營與登山者小心火燭、「只有你可以防止森林火災」的同時，也會在長時間乾燥或高溫期間發布額外的警告，偶爾甚至會關閉高風險區域。此外，隨著狀況的日益惡化，它也會嚴格限制易燃化學品、丙烷罐和瓦斯罐的存放。

在今天的中美關係中，相關的背景條件從地理、歷史文化，延伸到每個政府從最近的軍事接觸中吸取到的教訓。與德國和英國不同，美國和中國位於地球的反面。中國戰略家注意到這一事實，有時會提醒美國人，目前美國和中國船隻在加勒比海地區意外碰撞的可能性很小。他們說，如果美國海軍留在自己的半球，在東海和南海表現得像中國在加勒比海一樣，那麼就沒有與中國船隻相撞的危險。此外，五角大廈的規劃者所謂的「距離的暴政」，也讓人懷疑美國能否在這些水域持續對抗中國。

雖然如此，在當下眾多的背景條件中，最首要的是中美兩國正在竭力扮演的崛起大國和統治大國之間的修昔底德症候群。事

實上，有鑑於中國的百年國恥，特別是對日本侵略和占領期間施加的暴行的憤怒，這種症候群還因此變得更為嚴重。因此，日本與中國在東海諸島的爭端很可能一觸即發。如果安倍晉三首相或其繼任的政府成功修改日本的和平主義憲法，並加強其軍事能力，包括為奪取爭議島嶼而準備的兩棲登陸能力，那麼中國也將不會坐視不理。

季辛吉在他的第一本書中寫道：「歷史」是「國家的記憶」。[20]這種記憶會深刻作用於未來的國家決策。美國和中國的軍隊都承認，美國在第二次世界大戰以來陷入的五次重大戰爭中有四次失敗，或至少未能得勝。[21]其中韓戰最多是平局，越戰輸了，伊拉克和阿富汗不太可能出現好轉，只有老布希總統在1991年迫使海珊的伊拉克撤出科威特的戰爭，贏得了有目共睹的勝利。作為這一紀錄的反映，前國防部長蓋茲（Robert Gates）明確表示：「就像麥克阿瑟將軍曾叨念的，在我看來，未來任何建議總統再次將美國陸軍大舉送入亞洲、或中東，或非洲的國防部長，都應該『好好檢查一下自己的腦子』。」[22]

近幾十年來，美國人，以及派遣美國軍隊參加戰爭的決策者，對於在戰鬥中失去美國子弟的生命也越來越不能容忍。這種傷亡規避的影響頗為嚴重，已使當前的軍事規劃人員排除了對軍人的風險較高的許多類別的行動；此外，政治人物也越來越少著眼於追求勝利，而越來越多的強調要保護部隊。中國領導人知道這一點，並將其納入他們的計劃。在非公開的對話中，有人笑說他們有數百萬單身男性準備為他們的國家而死。

　　像汽油一樣，催化劑可以將意外碰撞或第三方挑釁等小插曲，催化為全面戰爭。在各種催化劑中，克勞塞維茨指出了其中一種，並稱之為「戰爭之霧」（fog of war）。克勞塞維茨在其《戰爭論》中擴大了修昔底德對戰爭的見解，認為「戰爭是機運的擅場」（an affair of chances）。戰爭行動所依據的因素中，有四分之一被籠罩在或大或小的不確定性中。」[23] 這種深刻的不確定性，使得本來應該三思而後行的指揮官或決策者，採取魯莽大膽的行動。

　　1964年，北越軍艦在東京灣襲擊了情報蒐集驅逐艦「馬德克斯號」（USS *Maddox*）；兩天後，美國情報部門聲稱該艦再次受到襲擊。在北越膽大妄為的刺激下，國防部長麥克納馬拉（Robert McNamara）領銜展開遊說工作，讓國會通過「東京灣決議案」（Gulf of Tonkin Resolution），事實上對北越宣戰。幾十年後，麥克納馬拉得知襲擊的報告是不正確的。就像麥克納馬拉所寫的，「最終，詹森總統是根據事實上並未發生的所謂第二次襲擊，批准轟炸行動。」一則錯誤的警報在使美國走上越戰的失敗道路方面，發揮了關鍵作用。[24]

　　那種號稱能「震撼與威懾」敵人的破壞性武器的出現，使得戰爭的決策過程更加迷霧重重。依靠對指管通情系統的攻擊，包括瞄準在通訊上極為重要的通信衛星，敵人可能會癱瘓一個國家的軍事指揮系統。美軍在1991年「沙漠風暴」戰爭攻擊海珊政權時，牛刀小試了這項新技術，摧毀了海珊的情報系統，並削弱了他與伊拉克戰地指揮官之間的溝通聯繫。在此狀況下，一些飛

行員指出，美軍飛機在攻擊那些停擺的部隊時，就像「在桶中射魚」一樣。

　　軍事策劃人員期望在任何美中衝突中發揮重要作用的反衛星武器，也是催化劑之一。作為科幻小說的長期主題，這類武器如今已成為生活中的事實。2007年中國成功摧毀了一顆氣象衛星，並定期以較不戲劇性的方式測試其反衛星能力。衛星幾乎在每一項美國軍事行動中都是重要的一環，包括對彈道飛彈發射的預警、提供畫面、天氣預報，到行動的計畫。全球定位衛星是所有精準導引飛彈得以「精準」的原因，也讓艦船、飛機和地面部隊知道他們在戰場上的位置。美國比任何競爭對手都更依賴這項技術；如果沒有它，總司令將不能傳達命令給地面上的小分隊，或者海上的船隻，還有在這當中的每一個人。這些反衛星武器的攻擊方式五花八門，既有依靠巨大物理動能實際摧毀目標，也有在太空軌道上灑滿垃圾，也有無聲無息使用雷射使衛星無法接送訊號、無法進行監控的。

　　在各種新式攻擊武器當中，網路空間因為有可能創造更多的決定性優勢而成為兵家必爭之地，但另一方面，它也可能導致失控的升級風險。攻擊性網路武器的細節仍然高度保密，而且日新月異；但是在一些情況下，例如美國對伊朗核子計劃的網路攻擊，已使民眾能夠窺其一豹。[25]包括國家安全局和美國網路司令部等美國的主要網路空間組織，以及他們的中國同行，現在可以神不知鬼不覺地使用網路武器，關閉軍事網路和電網等關鍵的民用基礎設施。此外，藉由使用代理伺服器和繞道受其操控的他國

電腦網路，人們可以掩飾網路操作的源頭，使受害者難以追蹤攻擊的來源。

就像反衛星武器，網路武器也可以靠破壞現代軍隊的指揮管制和目標資訊系統的聯繫，而在戰鬥中獲得決定性優勢，而且兵不血刃。但這導致了一個矛盾：發動攻擊者認為可以終結衝突的行為，在受害者看來可能是魯莽和挑釁的。即使物理戰場仍然只限於南海，網路能力可以讓戰鬥人員攻入對方脆弱的基礎設施，例如關閉電網、醫院或部分金融系統。與此相似，當網路攻擊擾亂了通訊，就會加劇戰爭迷霧，造成混淆，使錯誤計算的機會倍增。

儘管美國和中國現在都擁有可以在對方的第一次核子攻擊中倖存下來、並仍然得以進行報復的核武庫，但是它們都不能確定它的網路武器庫能否承受嚴重的網路攻擊。例如，一場針對美國軍方網路的大規模中國網路攻擊，可能暫時削弱華盛頓利用自身網路攻擊武器的能力，甚至可能波及部分關鍵的指揮、控制和監視系統的運行。這種可能性造成了一個「使用或失去它」的困境，其中每一方都因為擔心我方的武器被摧毀，而被迫先下手為強，攻擊對方電腦網路中的關鍵鏈接。

北京或華盛頓的一些人，可能會建議對他方進行一場小規模的網路攻擊，表明己方有能力對他方的軍民基礎設施展開大規模網路攻擊，從而使對方感到忌憚畏懼，卻不會引起任何民眾恐慌。但是，如果對手不是這樣理解，那麼網路領域可能出現迅速的針鋒相對的升級。由於雙方都瞭解對方有著「使用或失去它」

的擔憂，彼此都害怕自身的脆弱，因此他們可能會誤解正在進行的攻擊，或者在自己的網路武器仍然完好無損時，採取不成比例的報復。

網路空間中危險的催化劑可能會不經意間使美國和中國陷入衝突。首先，中國如果成功否認或掩飾它發動的網路攻擊，美國可能會轉而追究第三方。中方可能運用社交媒體上的假帳號、與特定媒體勾結，或在惡意軟體中留下假線索，藉此欺瞞美國調查人員辨明真相。如果奏效，戰爭迷霧就更加可怕。

某些關鍵網路的可靠性一旦受到危害，衝突也可能一夕爆發。其中一些大家都能理解，例如核武的指揮控制系統。但一些網路的重要性可能不被他方所認可，例如中國用來做網路控制的防火牆軟體與硬體。華盛頓可能會破壞防火牆中非常重要的系統，並將此視為適度的私下警告。但對那些將控制中國人民獲取資訊的管道視為關鍵利益的中國領導人來說，這項行動可能被誤解為試圖顛覆政府的攻擊行為。

與最純粹的戰爭工具，特別是核彈相比，網路武器可謂隱匿而精確。但是這只是個假象。系統、設備和「事物」之間日益增加的連接，會產生骨牌效應。由於駭客無法在攻擊一個系統時確定其是否波及他者，因此攻擊者會發現難以精準控制攻擊範圍並避免意外升級。2016年，與網際網路連接的工業控制系統在全球已有十八萬個。[26]隨著連結全球上百億個設備的所謂的物聯網的激增，值得被攻擊的目標數量也迅速增加。

網路作戰中意外波及的附帶損害也可能與傳統戰爭一樣損失

慘重。例如，駭客在攻擊軍事目標時，可能無意中讓醫療或金融機構所使用的系統停擺。雖然美國網路指揮官一再聲稱美國擁有最強大的網路攻擊能力，但他們也承認，美國能被攻擊的目標也是最多的。

未來學家卡恩（Herman Kahn）是一位冷戰戰略家，也是塞勒斯（Peter Sellers）演出的電影人物奇愛博士（Dr. Strangelove）的原型之一。他在1960年代提出了一個從「次危機」（subcrisis maneuvering）升級到全面核子戰爭的44級階梯。[27]卡恩的第一個梯級是「表面危機」（ostensible crisis），也就是火花。他解釋說，在危機中，兩個大國的對抗很少有條不紊地逐步上升；背景條件和催化劑因素，可能會導致他們跳過梯級。當他們讓危機升級，每個國家都會評估它在每個梯級上相對於對手的位置，並計算升級後的狀況，從而可能使某方產生接受僵局或失敗的意願，而不選擇升級到更具破壞性的戰爭水準。通常情況下，一個國家可能在某幾階上有優勢，但是在更高的某幾階又處於劣勢。雖然各方都傾向於在占上風的地方解決問題，但若對手可以將危機升級到更具破壞性的衝突水準並因此獲得優勢，那麼此刻占有優勢者所提出的條款，就必須是對手當下也能接受的。

諾貝爾經濟學獎得主謝林（Thomas Schelling），將超級核武強權之間的基本戰略競爭比作一場懦夫遊戲。在1950年代尋求刺激的青少年間所玩的經典遊戲中，兩名跑車的駕駛面對面，各自將他的車的左輪放在道路中心線上。他們從相反的方向出發，全速前進，首先閃避的一方就是弱雞，而獲勝的一方則可以贏得

女孩芳心。如果雙方都沒有轉向，汽車就會相撞，並且兩人都會死亡。

藉由艦隻與飛機的貼近騷擾，與占領或建造島嶼，各國可以迫使敵方玩這個致命的遊戲。彼此都得選擇是要冒著碰撞的致命危險繼續前進，或以甘居下風為代價做出避讓。一直屈服而不冒險的競爭對手，可能一步一步地被擠出馬路或航路。每一方都知道這一點，並知道另一方也知道。所以，正如謝林告訴我們的那樣，沒有熱戰的戰略衝突，本質上是一次冒險的比賽。對手若深信我方為實現目標不惜犧牲、甘冒風險，就會承擔更多的責任、並且隨之讓步。

海上意外碰撞

引爆危機的火花經常微不足道，其程度令人駭異。目前，美國和其盟國的軍艦和飛機，比以往任何時候都更接近中國的同行。美國海軍的飛彈驅逐艦定期在南海上中國控制的島嶼附近的爭議海域，開展自由航行作業。

假設在一次日常任務中，一艘美國驅逐艦經過中國建有飛機跑道、並安裝了防空與飛彈防禦系統的人工島美濟礁附近；當驅逐艦靠近該爭議地區，就像在「考朋斯號」事件一樣，中國海警的船隻對該艦進行騷擾。然而與那次遭遇不同的是，這次美國的驅逐艦拒絕轉向、或者無法及時這樣做，結果將中國船舶撞沉，導致該船所有船員罹難。

中國政府現在有三種選擇。鴿派路線是允許美國驅逐艦離開該地區，並透過外交途徑抗議其行動，來避免升級。光譜的另一邊，是使用美濟礁的飛機或飛彈擊沉該驅逐艦。由於既不想成為弱雞、同時也不想升級，北京可能選擇它認為的中間路線。

由於美國驅逐艦試圖離開該地區，一艘解放軍海軍巡洋艦阻撓它，堅持驅逐艦已進入中國領海，並要求其船員投降，並為海警人員的死亡負責。中國可能會認為，透過類似2001年南海撞機事件的外交解決方案，允許美軍人員在事後返回家園，是一種為緊張局勢降溫的作法。然而，從美國的角度來看，中國對驅逐艦的魯莽騷擾是造成碰撞的原因；而中國企圖在國際水域逮捕美國水手，更將破壞海洋法的原則。

美軍的投降會產生深遠的影響。如果美國軍方不會為了捍衛自己的海軍行動而與中國對抗，那麼這會給日本、菲律賓等等的美國盟友傳遞什麼訊息呢？由於不願輕易投降而失信於盟友，美國驅逐艦必須在開火擊沉橫在前頭的中國巡洋艦，或者對巡洋艦展示用武決心之間做選擇；後者既是為了避免進一步流血、也是出於對中國領導人面對國內民族主義壓力的一定程度的體諒。美軍在夏威夷的太平洋司令部與華盛頓的領導人磋商後，可能會命令附近的飛機飛往該地區，或命令派駐日本的一艘航空母艦前往南海，並讓部署在關島的B-2轟炸機起飛。美國官員認為，這些行動將表明其嚴肅態度，而不會冒任何進一步升級的風險。

北京的看法則與此不同，特別是當戰爭迷霧也席捲而來。中國認為，美國已經撞沉了一艘中國船隻，現在又有數十架美國飛

機在高空飛行，威脅要襲擊中國巡洋艦和其他海軍艦艇，與附近島嶼的軍事設施。考慮到民眾的強烈抗議，中國領導人強烈感受到美國造成的進一步流血，將使他們被迫大舉報復。但事件已超出了北京的控制範圍。當美國戰鬥機趕到現場幫助被困的驅逐艦，一個驚慌的中國防空火砲陣地攻擊了該機，使美國軍機採取緊急的閃避動作，也使美國驅逐艦向島上的中國防空點開火。受到襲擊的當地中國指揮官決定用島上的反艦飛彈轟炸該驅逐艦，飛彈也擊中了預定的目標，船隻沉沒，造成數百名水手死亡，僥倖逃生的人現在被困在小型救生艇中。中國領導人迫切希望避免與美國發生全面戰爭，但也不願承認他們的指揮系統斷裂，因此聲稱他們的反應行動是相稱和防禦性的，因為美國驅逐艦是侵略者，得為中國海警艦隻的沉沒負責。

美國官員非常震撼中國竟然擊沉了一艘價值30億美元的驅逐艦，並殺死了數百名美國水手。雖然與中國開打肯定代價慘重，但有線電視新聞和社交媒體上鋪天蓋地的船隻殘骸與逃生水手影像，使白宮戰情室的人不能退縮。國會中的許多人呼籲政府根據以前稱為「空海一體戰」的原則批准戰爭計劃，對中國大陸的飛彈和雷達系統進行大規模空襲。總統清楚知道襲擊中國大陸會引發戰爭，因此只授權太平洋司令部摧毀中國在南海有爭議島嶼上的軍事基地。總統認為這是相稱的回應，因為這些島嶼是驅逐艦沉沒的直接原因。此外，消除這些軍事基地，將使美國的船隻能夠救援滯留在附近的水手。最重要的是，這樣的行動，只是針對中國的人工島，而並未觸及中國本土。

習近平主席和其他中國官員不這樣想。他們多年來一直向民眾聲稱中國對這些島嶼擁有無可爭議的主權。對他們來說，美國剛剛襲擊的這些島嶼，也是中國本土的組成部分。（對此嗤之以鼻的美國人應該要記得，日本襲擊珍珠港的時候，夏威夷既不是美國本土、甚至也不是美國的一個州，但這仍然使美國決心參戰。）許多中國人要求習近平命令人民解放軍摧毀美國在關島、日本和太平洋其他地方的軍事基地，有些人希望中國攻擊美國本土。沒有人呼籲中國保持克制。數以百萬計的民眾在社交媒體貼文提醒政府，在列強帶給中國百年國恥之後，執政的共產黨曾承諾這種局面已「一去不返」了。

然而，習主席仍然抱著戰爭可以避免的希望；但若中國開始襲擊美國在關島或日本的軍事基地，殺死軍民，並引發對中國大陸的報復性襲擊，那就不可收拾了。為了對美國襲擊中國的島嶼基地給予相稱的回敬，習近平反而批准解放軍新的戰略支援部隊負責人提出的另一項計劃，使用雷射、電子和動能武器，摧毀或癱瘓危機爆發地點外空軌道上的所有美國軍用衛星，並用網路攻擊癱瘓整個亞太地區的美國指揮控制系統。其目標是要降低衝突，希望美國在震驚之餘停止進一步行動。

但是在受到這些「致盲」襲擊後，美國卻難以在第一時間確認是否從日本出發的美國航母打擊群已經遭到了協同攻擊，而中國人民解放軍此前已花費數十年的時間發展那些被稱之為「航母殺手」的反艦彈道飛彈。九萬噸級的航母是一個載有五千五百名水手的浮動城市，也是美國的主權領土，由於太過重要，因此美

國總統不願冒著其受到打擊的風險。根據參謀長聯席會議的建議，總統不情願地批准了唯一有機會在短時間內拯救航母的計劃，也就是以空海一體戰為基礎的戰爭計劃。利用在中國襲擊後仍在運作的設施，美國軍方開始摧毀中國的「殺戮鏈」，包括使北京能夠用反艦飛彈準確瞄準美國航母的各種衛星和監視系統。美國並以大量的巡弋飛彈以及隱形轟炸機，襲擊中國本土可用來將第一島鏈內任何地方的美國船艦擊沉的解放軍飛彈部隊和空軍基地。

　　然而，這一波攻擊卻引來了他們想要阻止的結果。由於中國本土現在受到攻擊，中國即將喪失其反艦武器，因此中國得在使用它們或失去它們之間做抉擇。習近平下令攻擊周遭所有可以攻擊的美國軍艦，包括航母戰鬥群。雖然美國的軍機和護航的海軍攔截了飛向航空母艦的中國的轟炸機和戰鬥機，但是以航空母艦為目標的東風21丁型彈道飛彈，也就是所謂的航母殺手，實在是多到防不勝防，使得飛彈最終還是打到了目標，航母因此沉沒，船上的五千五百名水手中的大多數因此陣亡，遠遠超過珍珠港事變造成的死亡人數。在南海用網路和太空武器進行的懦夫遊戲，最終將一個火星引爆為一場熊熊烈火。

台灣走向獨立

　　如果台灣是獨立的國家，它將成為世界上最成功的國家之一。其勤勞的兩千三百萬人民，建立了規模相當於兩個菲律賓、

泰國或越南的市場經濟體。儘管很多台灣人都希望獨立，但中國將其視為一個省分。為了不讓台北推動主權獨立，北京誓言要不惜一切代價。沒有任何國家準備為了這個問題與中國一戰。

然而，假設中國政府對國內各地，包括中國在1997年從英國收回管轄權時承諾維持相當大的自治和自由的香港，大幅度地加強箝制，使被激怒的香港居民走上街頭，要求北京堅守其對「一國兩制」的承諾。當抗議活動延續了數週，遲遲看不到結束的跡象，習近平命令中國軍方去做1989年天安門廣場上就做過的事，也就是粉碎這場抗議活動。

隨之而來的暴力讓台灣人群情沸騰，對年輕一代特別如此。親獨立和反北京情緒激增。這樣的氣氛鼓舞了台灣總統，讓她更大膽地強調台灣人民得之不易的權利和民主。她的政治盟友再加碼，堅持認為香港發生的事情證明台灣若不能成為一個主權獨立的國家，就不能保證其人民的自由。美國總統為表示對中國在香港的倒退作法的反對，尖銳地宣布尊重台灣總統的強硬立場，並宣稱根據1979年的《台灣關係法》，美國已承諾捍衛台灣免遭中國入侵。

美國長期以來對這一問題刻意維持著「戰略模糊」政策，如今是一次重大突破，台灣總統認為這是對其獨立動作的默許。在接受《紐約時報》採訪時，她宣布台灣將申請正式成為聯合國會員國（這是中國長期以來所反對的），並拒絕所謂的「九二共識」，該共識認為雙方同意一個中國概念，同時允許對其實際含義有不同的解釋。為了懲罰台灣的忤逆，並以恐嚇手段迫其讓

步，中國上演了1996年台海危機的加強版，以「演習」為名向台灣水域發射大量彈道飛彈和巡弋飛彈，嚴重干擾了作為台灣生命線的商業航運。當台北仍拒絕撤回其會員國申請，中國使用其他武器，包括布雷無人機，進一步破壞往來台灣的航運。

作為一個小島國，台灣七成的糧食和大部分自然資源與能源都依賴進口。[28]持續的封鎖將導致其經濟困頓，並產生大規模糧食短缺。儘管反對台灣加入聯合國的申請，但美國政府認為有義務防止其被圍困。美國國會的許多親台成員要求白宮派出航空母艦前往台灣援助，就像柯林頓在1995、1996年危機期間所做的那樣。[29]但政府知道，對任何進入該地區的美國航母而言，中國反艦彈道飛彈已構成嚴重威脅，何況美國民眾也沒有參與另一場戰爭的胃口。

美國的替代方案，是由太平洋司令部在受影響海域為商業航運護航。這是一種不願意參戰但表示支持的姿態。（讀者不妨回想雅典為以最低限度的威儡支持克基拉，而採取這類象徵性軍事行動的後果。）護航行動可能讓美國軍艦因中國蓄意或意外的彈道飛彈攻擊而沉沒，這樣的事件可能會立即殺死一千多名美國人，並立即使美國尋求報復。

在這種想定中，因為軍事演習而發射的大量中國反艦飛彈的其中一枚，擊沉了美國參與商船護航任務的兩棲船塢運輸艦「穆薩號」（USS *John P. Murtha*）。近八百名船員和海軍陸戰隊員全數遇難，比美國在伊拉克戰爭第一年陣亡的人數還要多。中國堅稱該船的沉沒是意外事件，原因只是「穆薩號」剛好擋住了向該

海域隨機發射的飛彈。但在華盛頓，國防部長和參謀長聯席會議主席敦促總統不要被這種解釋矇騙，而是授權太平洋司令部執行其空海一體戰計劃，打擊在大陸的解放軍反艦飛彈發射場。

在這個或相關案例中，美國近期的軍事干預和戰鬥傷亡歷史，將在塑造華盛頓的反應方面發揮絕大的作用。考慮到前任在伊拉克和阿富汗陷入的泥淖，總統可能會反對戰爭。有鑑於民粹主義和孤立主義情緒的復甦，他可能很不願履行美國對台灣的承諾。即便如此，八百名水手和海軍陸戰隊員在一次重大事件中死亡，可能會讓悲痛的美國人尋求報復。

面對「穆薩號」的沉沒與軍事和政治顧問的壓力，總統同意對位於中國大陸的大量反艦彈道飛彈系統進行預防性攻擊。由於中國的常規和核彈保存在同一地點，而且指揮控制系統相關連，北京誤以為美國想以突如其來的第一波攻擊消除其核武庫。情急之下，中國試圖「以局勢升級來為局勢降溫」──這種聽起來很歐威爾風格的話，卻也是俄羅斯軍事戰略的支柱之一──將一枚陸基核子飛彈發射到沖繩以南的空曠海域。不可使用核武的門檻已經被跨過去了，雖然在攻擊中沒有生命損失，但從這裡到全面的核子戰爭，只剩下了一小步。

第三方挑起的戰爭

促成中美衝突的星星之火，在一開始甚至未必與美國或中國的軍事力量有關。相反的，也可能是由於某方與他方的盟友、乃

至於各自的盟友之間的對抗而引發。2010年，我們曾接近這種
情況，當時北韓擊沉了南韓的軍艦「天安號」，造成46名韓國船
員死亡。中國支持了北韓的否認立場，與此同時，首爾堅持要求
平壤負責。最終，南北韓雙方，以及各自的盟友，從戰爭邊緣退
了回來。但是，如果今天有一系列新的背景條件和催化劑，那麼
是否還能輕易避免戰爭，就在未定之天。如果涉及的第三方未曾
像朝鮮半島那樣已熬過了幾十年緩慢而磨人的緊張局勢，就更是
如此。

　　除了南韓之外，美國在中國附近的另一個主要盟友是日本。
這個國家在二戰後有和平主義的歷史，但近年來其政治卻日益傾
向軍國主義。保守的日本政治家愈來愈渴望修改美國強加給他們
的和平主義憲法。他們也一直在抨擊中國在東海和南海的主權主
張。若危機涉及到日本的宿敵中國，東京所採取的任何舉動肯定
會被過往的記憶，以及近期日本政府對軍事力量的態度轉變所影
響。

　　可能的爆發點是尖閣諸島（中國稱為釣魚島及其附屬島
嶼），位於東海的豐富漁場、貿易路線和潛在石油蘊藏地附近。
美國在第二次世界大戰後暫時控制了這些島嶼，但在1970年代
初把它們歸還給日本，後者自十九世紀以來就宣稱擁有它們。但
自70年代起，中國也宣稱對這些島嶼擁有主權。由於中國船隻
定期通過這些水域，引發北京與東京之間的緊張，並有引發連鎖
反應的可能風險。

　　以下這個想定，是蘭德公司提供的最近一場戰爭推演的故事

情節。[30]一群日本的極端民族主義者以小型民用船隻航向尖閣諸島，並占領其中的一個較小島嶼久場島，在社交媒體上聲稱他們到那兒是代表日本。他們登陸後開始建造不明的建物。出乎中國意料的是，他們在網路上直播其現場活動，使世界各地都能看到。中國迅速做出反應，海警在幾小時內就抵達當地，中國官員逮捕了這些日本異議人士，要將他們帶回中國大陸進行審判。日本是否允許他們在中國法院接受審判？有可能。但結果與此相反，日本不願丟這個臉，因此派出海上保安廳的船隻，攔截那艘載著被捕的極端民族主義者的船隻，以阻止他們被帶到中國。

　　隨之而來的是解放軍海軍和日本海上自衛隊在該地區增派了大量軍艦和戰鬥機，雙方都不願讓步。更糟的是，日本的兩棲部隊搭乘了船隻，登陸並占領了久場島，給民族主義者的行動火上澆油。衝突已成為軍事對抗。日本首相在緊急電話中提醒美國總統，東京方面希望美國維護兩國長達七十年歷史的《美日安保條約》，並指出美國高級官員一再證實美國的承諾適用於尖閣諸島。[31]

　　當僵局進入第三天，總統和他的國家安全委員會必須決定：美國是否全力支持日本的主張，是否將空中力量用於那個有爭議的島嶼，以保護現在在那裡的日本軍隊？還是以一種更加克制的方式，來滿足日本人的需要，以此避免與中國對抗，進一步加劇緊張的海上僵局？總統選擇後者，命令駐日本的美國航母攻擊群在被稱為航母殺手的解放軍陸基飛彈射程之外巡弋，但讓飛機和潛水艇靠前到日本船隻和領土附近，以便在形勢急轉直下時給予

援手。

慘劇果真發生了。第二天早上，一艘中國驅逐艦在尖閣諸島附近擁擠的水域與日本的一艘漁船碰撞，雙方的戰鬥機隨之挑釁地在對手的戰艦附近製造音爆，引發了一場短暫而血腥的海戰。一名日本艦長由於害怕他的艦艇的安全，擊落了一架低空飛行的中國戰鬥機，作為回應，中國人民解放軍海軍的戰艦就將這艘日艦擊沉了。

此刻雙方已處於戰爭邊緣，美國亦然。美國可以用潛伏的攻擊潛水艇擊沉中國船隻，或者用航母的飛機付諸行動。但是就在此刻，在下一個決定下達之前，發生了意想不到的事情。尖閣諸島島上與附近的日本部隊，與其總部之間的所有通信都被切斷。

網路攻擊嚴重干擾了日本軍方的指揮控制系統。美國和日本立即指責中國，何況攻擊者甚至留下了解放軍駭客攻擊部隊的痕跡。華盛頓與美國太平洋司令部對下一步該做什麼沒有多少猶豫。為了防止日本海軍在無法通訊期間被殲滅，美國潛水艇用魚雷將三艘在尖閣諸島附近的解放軍軍艦擊沉了。這場涉及中國、日本和美國的三國戰爭，現在各自都開了一槍。

但是，假如這個網路攻擊其實根本不是解放軍發動的呢？如果這是俄羅斯的一次精心策劃的偽裝行動，藉以引發美國和中國衝突，好分散華盛頓與俄羅斯對烏克蘭的角力呢？當世界各地的情報機構了解真相時，已經太遲了，莫斯科已經成功地栽贓給中國。

隨著中國攻擊在東海的其他日本船隻，戰爭領域從尖閣諸島

擴散開來。東京迫切希望美國航母攻擊群能參與這場戰鬥。如果華盛頓回應了這樣的呼籲，那麼就會像前文提到的想定那樣，走向同樣的不歸路：美國海軍的一顆皇冠上的珠寶可能被擊沉，其上的船員可能全部陣亡，這個慘劇可能讓美國政府不得不為了報復，在一場全局性的太平洋戰爭中，對中國的軍隊展開大規模的攻擊。

北韓崩潰

每個人都知道北韓是一顆定時炸彈。任何時候，金正恩政權都可能崩潰，威脅到美國、中國，以及南韓和日本的重要國家利益。但北韓政權繼續掌權的每一年，它的核武庫也越來越大。目前平壤大約有二十枚核彈頭，到 2020 年可能有一百枚。[32] 同時，北韓的飛彈計劃也繼續前進，並且正迅速獲得將這些核彈頭中的一枚或多枚，投射到位於韓國、日本，與關島和沖繩，甚至是夏威夷的美軍基地的能力。

對許多美國戰略家來說，這是一條紅線，絕不允許北韓跨越。對中國而言，南韓征服北方、並將美國軍隊帶到中國邊界的景象，在今天與 1950 年一樣，也都令人無法接受。但若平壤政府崩潰，很難想像一個拒絕派軍隊平息整個半島局勢的南韓總統，能在政治上倖存下來。根據報導，事實上美國目前的戰爭計劃，要求美國和南韓軍隊向北進軍，以穩定南北韓局勢，並最終使兩韓統一。

　　雖然這些問題先前在美、中兩國退休官員的「二軌」對話中有過長篇討論，但兩國政府並未認真考慮如何減少在競爭性的應急方案中，可能使美國和中國軍隊相互對抗的風險。一旦北韓政權崩潰，分析人士已經設想了十幾條可能導致戰爭的路徑。基於本書的主旨，以下僅介紹其中三個。

　　第一，如果金正恩死後沒有明確的繼承人，各軍事派閥可能會爭奪權力，引發內戰，並使國家陷入混亂。在隨之而來的真空狀態下，控制南北邊界附近數千挺火砲的軍事指揮官，可能會指責首爾應為金正恩的去世負責，並威脅要摧毀距離邊界僅三十英里的這座城市。由於擔心這個指揮官會將他的威脅付諸行動，美國的飛機可能會試圖率先摧毀在他控制之下的火砲。與此同時，中國也擔心孤注一擲的北韓指揮官若轟炸首爾，將為美韓軍隊入侵北方提供藉口，並使半島在首爾的控制下統一。華盛頓方面並不知道急著要遏制北韓的北京，已決定並派出特種部隊進入該地區。在美國攻擊北韓的火砲時，他們可能一同被殺死。北京若將美國對其部隊的攻擊當成是蓄意的，就會尋求報復。但由於不知道他們殺死了中國軍人，美國指揮官就會做出回應，使局勢進一步升級。

　　北韓日益成熟的中程飛彈，是第二個可能衍生出戰爭的原因。當北韓在金正恩去世後陷入混亂，美國將竭盡全力摧毀能夠將核彈頭打到南韓、日本或美國領土關島的武器系統。美國聯合特種作戰司令部的長期使命，是去掌控「失去控制的核子武器」。他們接受了潛入北韓以控制其核武設施的訓練，以避免流

氓指揮官將這些武器盜賣到國際軍火市場。但是就目前所知，這些武器所在的地點多靠近中國邊界，所以當美軍到達時，他們很有可能會遭遇中國特種部隊。正如聯合特種作戰司令部前負責人托馬斯（Raymond Thomas）將軍警告的，試圖奪取北韓核子武器，將導致中國和美國與韓國軍隊的「垂直軌道交會」（vertical track meet）。[33] 相關各國的特種作戰部隊，都沒有意識到對方的存在，因此可能交火，並導致數十人死亡。儘管事實上這種結果是偶然的，但各方都可以將這次交戰看作是另一方的故意伏擊，感到有義務進行報復。

第三個可能的戰爭原因，是由於擔心邊界不穩定，中國可能派遣大量部隊進入北韓，以穩定該地區，以此與美韓軍事同盟之間建立緩衝地區。但在人民的強大壓力下，南韓政府可能派軍北進，以解放那些生活在地球上最殘酷政權下的人們。由於駐紮在南韓的美國部隊和飛機會與南韓軍隊一起進行軍事行動，因此美國和中國軍隊，將像1950年那樣直接相互對抗。其結果是什麼，已無庸贅言。

從經濟衝突到軍事戰爭

一場貿易衝突能否升級為一場以轟炸對手領土為核心的熱戰？不大可能，但不是不可能的，珍珠港就是一個先例。

想像一下，若新上任的美國執政當局，決定扭轉讓中國經濟變得比美國大的趨勢。新總統的經濟團隊向總統分析稱，中國人

在貿易協定、貨幣、知識產權、工業補貼，和人為的便宜出口等方面的欺騙行為，無疑是這一切的罪魁禍首。為了改善不公平競爭，總統命令他的財政部長把中國稱為「匯率操縱國」，以此為由華盛頓與中國展開談判。隨著談判的開始，總統表示自2001年中國加入世貿組織以來，雙邊貿易逆差成長了250%以上，到今天已超過3450億美元。[34] 在當天晚些時候的新聞發布會上，他發布了一份報告，聲稱他的經濟顧問委員會發現在過去的15年中，中國靠著加入世貿組織時獲得的讓步，使北京對美國累積的貿易順差達到了3.86兆美元。他說：「現在不只是改變的時候到了，是償還的時候到了。」他要求中國保證在兩年內消除順差。隨著財政官員的談判破裂，美國國務卿提醒他的中國對手，1930年的《貿易法》允許總統對從「歧視」美國的國家的某些進口商品，徵收高達50%的懲罰性關稅。

中國同意不再干預貨幣市場，藉此回應這個威脅。但是過去中國政府一直在購買人民幣，不再干預的結果反而導致該貨幣的價值急遽下降，進一步不利於美國商品在中國的銷售。與此同時，中國海關官員開始拖延在海關的美國出口食品，聲稱他們沒有通過食品安全檢查，使美國商人若不把它們運回國，就得讓它們在碼頭上腐爛。美國的一些工廠開始出現「自發」的減速、停工和抗議活動。北京也開始出售其持有超過一兆美元的美國國債，導致債券市場動盪和利率上升。隨著投資者開始拋售美國股票，全球市場人心惶惶，主要指數大幅下跌，債券市場波動性飆升。儘管市場動盪，華盛頓仍堅持在貿易方面對抗中國，要求

「沒有赤字的平等貿易」。

為了支持其訴求，白宮發布了兩份被媒體稱為經濟炸彈的報告。第一份來自國家情報總監，詳細描述了中國藉由收購美國和其他國家的公司，獲得技術授權，投資矽谷新創公司，以及與關鍵買家建立市場關係等方式，以主導半導體行業的戰略。上述每一個領域，中國都找到了應對美國外國投資審查委員會的方法；而這個委員會是一個秘密的跨部會小組，用意在保護美國國家安全，免受外國經濟的干預。

第二份報告來自財政部，內容關於中國的大規模網路經濟盜竊。根據美國情報單位的數據，該報告估計被盜的知識產權價值達1.23兆美元。總統要求全額賠償。他宣布，在收到賠款之前，他將對涉嫌利用了被盜知識產權的中國公司課徵懲罰性關稅，其中包括電信公司華為和家電製造商美的。

中國對等額的美國產品徵收關稅以為報復。隨著局勢升級，美國金融市場遭遇了類似於2010年「閃電崩盤」（flash crash）的一系列網路突波（glitch），當時高頻交易者導致股市在半小時內損失了一兆美元（儘管股市很快就恢復了）。[35]與那次單一事件不同，這次的事故在一周內反覆發生；儘管每次市場都反彈，但卻都沒有收回損失。在調查原因時，聯邦調查局發現惡意軟體已被插入關鍵金融系統。雖然數位簽名指向中國，但探員不能排除假標誌的可能性。調查人員得出結論，如果惡意軟體被啟動，損害將不僅僅是暫時性的無法運作，還包括交易紀錄和金融帳戶的損失。

　　美國財政部長告誡總統，即使這個惡意軟體只是傳言，也會讓人懷疑美國金融體系是否完整可靠，從而引發恐慌。對總統來說，這讓人想起2008年，當時美國政府紓困金融業，因為擔心一家大型銀行的倒閉可能會導致整個系統的崩潰。[36]

　　白宮還在躊躇，毀滅性的消息就傳來；外國駭客在美國三大銀行的網路內啟動了惡意軟體，數十萬客戶的賬戶資料被永久刪除。許多人一上網查看餘額，發現自己的賬戶已經消失，使他們形同破產。他們的故事在社交媒體和電視節目瘋傳，由於擔心會成為下一個受害者，數百萬美國人前去銀行和共同基金領回他們的畢生儲蓄，甚至癱瘓了沒有受到攻擊的金融機構。總統及其顧問開始預防金融末日的來到，一些人回顧了前聯準會主席伯南克（Ben Bernanke）在2008年的警告，指出若不立即採取果斷行動，「我們週一可能已沒有經濟可言」。[37]

　　為了防止中國的網路戰士造成更多損害，總統決定對其源頭發起網路攻擊。儘管美國網路司令部盡了最大的努力，但攻擊只是部分有效，因為更多的金融機構繼續被駭客入侵。總統的軍事顧問建議以空襲摧毀中國網路戰部隊的所有已知地點。

　　為了避免與北京進入實戰，總統啟用了五角大廈最不為人知的機密裝備。他命令軍方使用迄今為止未曾被披露的無人機，攻擊中國最厲害的網路戰士、解放軍61398部隊的上海總部。除了隱身之外，無人機還使用「自適應偽裝」（adaptive camouflage），使其能夠融入周圍環境中，設計師將其與哈利波特的隱形斗篷相提並論。[38]美國想要利用這項祕密武器撇清攻擊

的責任。

　但天不從人願。中國人已經深入美國軍方的電腦網路，他們不僅知道隱形無人機，還知道他們部署在日本的嘉手納空軍基地。由於確信美國是攻擊的來源，北京以對嘉手納發動飛彈襲擊作為報復，造成了數十名美軍與眷屬，以及周圍社區數百名平民遇害。日本民眾堅持認為其政府，和盟友美國的政府，要對這起中國的無端攻擊做出回應。貿易戰已經升級為一場實戰，局勢已經超乎華盛頓和北京所能控制。

　美國和中國之間的戰爭不是不可避免的，但它是可能的。事實上，正如這些想定所表明的，中國顛覆性的崛起造成的潛在壓力，已創造了一些條件，使意外事件或其他無關緊要的事件，可能引發大規模衝突。

　在做出反對霸權欺凌、履行長期條約承諾，爭取國家應有尊重的決定時，美中雙方領導人可能陷入他們雖然知道、但認為可以避免的陷阱。新技術瞬息萬變，從反衛星和網路武器，到名稱依然保密的其他種種所能造成的影響，在其用於實際衝突之前無法完全被認識。而按照目前的軌跡，美國和中國在未來幾十年間發生災難性戰爭不僅是可能的，而且比我們大多數人願意接受的可能性要大得多。

第四部分

為何戰爭並非無法避免？

第九章 十二條和平線索

「戰爭是一種邪惡，每個人都很熟悉這個主張，以至於無庸贅述。
沒有人因無知而被迫參與它，也不會因為恐懼而不打戰。
如果無知與恐懼同時都發生了，和平的呼籲就成了當務之急。
這正是我們在當下這個十字路口最需要的。」
——修昔底德，〈赫莫克拉提斯對西西里人的講話〉，公元前424年——

　　幸運的是，逃離修昔底德陷阱不僅僅在理論上可能。在過去的五百年，至少有四個案例表明崛起強權和統治強權可以掌穩國家之舟，化險為夷，不動干戈。

　　第一個案例發生在十五世紀末和十六世紀初，西班牙崛起成為葡萄牙的競爭對手，並最終取而代之，成為世界主要的海上力量。最近的案例是冷戰結束後德國在歐洲崛起為主導力量。而兩個最有啟發意義的案例則都來自二十世紀，第一個是美國取代了英國，成為具有領導地位的全球大國。第二個是上升的蘇聯威脅美國的單極大國地位。對於尋求讓中國崛起成為第五次不用引發戰爭的領導人來說，這些案例提供了豐富的線索。

十五世紀末：西班牙與葡萄牙爭霸

　　在十五世紀的大部分時間，葡萄牙的船隊統治著遠洋貿易航線，比下了它的伊比利亞對手和鄰居，西班牙卡斯提爾王國。葡萄牙的成功有其歷史根源。1249年，該國人民成為第一批從穆斯林統治下解放的歐洲人，並在與今天葡萄牙現代邊界相近的範圍內建立了一個國家。然後，在1348年，黑死病造成該國三分之一人口的死亡，使得能夠在堅硬土壤上耕種的健壯工人大為不足。[1] 認真打拼的葡萄牙人進入大西洋，最終成為歐洲技術最高、最成功的漁民。1415年以後，葡萄牙的海上實力進一步增強，並在直布羅陀海峽附近奪取了他們的第一個海外領土。為了讓國家和皇室更為富裕，偉大的王子航海家亨利（Henry the

Navigator）支持開發新的航海技術，包括機動靈活的輕型快船、改良的風帆設備，與繪製更詳細的地圖。[2]葡萄牙開拓航海科學領域的重大成果，基本上「啟動了歐洲擴張運動」。[3]1488年，它的探險家成為第一批繞過好望角，找到印度貿易路線及其利潤豐厚的香料貿易的歐洲人。

在十五世紀的大部分時間裡，葡萄牙可以全心全意地強化它的優勢，因為卡斯提爾王國當時正全神貫注於內部衝突。[4]但是到1469年，卡斯提爾十八歲的伊莎貝拉一世與阿拉貢的斐迪南二世成婚，將兩個王國的家族合而為一個統一的西班牙。他們一起從摩爾人手中收復領土，重新奪回了格拉納達，並在1492年，也就是贊助熱那亞水手哥倫布進行第一次遠航的同一年，將摩爾人徹底從伊比利亞半島驅逐出境。

隨著內政的正常化，西班牙的經濟開始成長。在1474年和1504年之間，皇室收入成長了三十倍。[5]富裕以後，崛起的西班牙人又在海上尋找黃金、香料和新的貿易關係，就像近鄰葡萄牙過去一個世紀所做的一樣。西班牙的時機也很幸運。隨著1460年航海家亨利的去世，葡萄牙人對創新的贊助也下降了；同樣下降的，還有過去對造船和製圖專業相關知識出口的嚴格禁止。到了1480年代，其他國家已利用了這些技術，並獲得與葡萄牙相當的在大西洋航行的能力。

當哥倫布與亨利的繼任者約翰二世國王接觸，希望獲得航向西方以尋求通往印度的新途徑，以及對所發現土地的皇室特許權，約翰二世拒絕了他。因此哥倫布轉向斐迪南和伊莎貝

拉，請求派出三艘船隻，並給予世界洋海軍上將（Admiral of the Ocean）與發現土地的總督頭銜，還有殖民地收入的十分之一。[6] 西班牙國王和王后同意了。[7]

當哥倫布勝利歸來，約翰國王知道他犯了一個大錯。由於哥倫布的發現，西班牙成為海外帝國和海上航線的勁敵，威脅了葡萄牙享有的壟斷地位。兩國都擔心衝突的可能性，尤其因為涉及新發現的土地；同時兩國領導人都擔心這兩個軍事強國之間的全面戰爭，會導致巨額的生命財產的損失。[8]

幸運的是，斐迪南和伊莎貝拉決定向更高的權威，也就是上帝在地球上的代表教皇亞歷山大六世提出仲裁。這位教皇不僅具有西班牙血統，而且最近才在西班牙的支持下當選。亞歷山大六世作為仲裁者，從北到南劃出一條線，繞過兩極劃分出西半球，西邊的土地屬於西班牙，東邊屬於葡萄牙。一開始葡萄牙認為這種安排對西班牙太有利，因此予以婉拒；不過隨後它成為1494年簽署的《托爾德西里亞斯條約》（Treaty of Tordesillas）的談判基礎。由於該線穿越了現代的巴西，這也就讓巴西人講葡萄牙語，而南美大部分地區講西班牙語。西葡兩國的統治者都宣稱獲得勝利，因為西班牙在探險事業中獲得的收益被合法化，而葡萄牙則可以繼續深耕那條通往印度的首選路線。正如歷史學家迪士尼（A.R.Disney）指出的，《托爾德西里亞斯條約》「成為帝國的基本憲章」，直到十八世紀還定義著歐洲對世界各地的「征服」。[9]

教皇在界定勢力範圍時發揮了作用，成為條約被遵守的正面

因素。兩國的統治者都受到教皇權威的支配,教皇甚至可以用開除教籍相威脅。兩國都聲稱他們的征服是基於將異教徒勸化為基督徒的使命。事實上,當隨後的幾十年中出現了英格蘭、法國和荷蘭等新殖民者,西班牙和葡萄牙反而更加接近梵蒂岡批准的框架,作為現狀的守護者。因此兩國近一個世紀之間,沒有發生重大的敵對行動。

線索一:更高的權威有助於不以戰爭為手段解決競爭。自從十七世紀荷蘭法律學者格老秀斯(Hugo Grotius)提出一個由民族國家組成的單一全球社會的理念,理論家們就夢想著一個受國際法支配的世界。第二次世界大戰後,政治家們創造了聯合國,希望能達到這個願望。根據其章程,在安理會監督下建立了國際法與多個組織的框架,理論上各成員國都居於其下。但是當時的美、蘇、中、英、法五大強國都堅持保留對安全理事會決議的一票否決權。

聯合國憲章呼籲每個成員國都接受對其行為的限制,包括不對其他成員使用武力。然而,這些限制的解釋是由成員各自決定。憲章第五十一條賦予各國「自衛權」,美國在2003年將這一權利擴展到新的界限,聲稱其對伊拉克的攻擊是基於「先發制人的自衛」,因為海珊擁有大規模殺傷性武器,並構成「迫在眉睫的威脅」。而在近年,歐巴馬總統又更進一步,單方面下令襲擊窩藏在七個國家的美國所稱的「恐怖分子」團體。[10]

根據國際法支持者的觀點,過去七十年來,國際社會在接

受「以規則為基礎的國際秩序」方面已取得了長足的進展。現實主義者不同意這點，特別在涉及使用武力方面。他們主張，強國看待這些制度時都是立足於他們的國家利益，因此他們也一再藐視這些制度。例如2016年當常設仲裁法院否認北京對南海的要求，而中國對該裁決全面拒絕接受時，美國領導了一場針對中國的輿論譴責。但一些觀察人士批評美國的虛偽，並指出在1980年代，當國際法院否定了中央情報局在尼加拉瓜的港口布雷、以推翻該國左翼的桑地諾政權（Sandinista government）的作法，華盛頓也同樣置之不理。[11]強國對國際機構的服從顯然是有條件的。儘管如此，如同西班牙和葡萄牙的統治者在十五世紀的先例，國家可以被說服去配合超國家機構或法律框架所做出的限制和決定，而如果沒有這些因素發揮重要的管理作用，衝突最終更可能惡化為戰爭。

二十世紀末：德國的崛起

季辛吉曾指出命運的諷刺：「在擊敗德國主宰歐洲的野心的七十年後，勝利者現在基於經濟等原因正呼籲德國出面領導歐洲。」[12]1989年柏林圍牆倒塌後，英國首相柴契爾曾敦促老布希總統阻止正快速實現的德國統一，並警告「希特勒藉由戰爭想得到的，德國人會在和平中得到」。[13]事實上，儘管一個更強大團結的德國的行動有時會引起不滿，但德國不只是未經由戰爭就成為歐洲首屈一指的大國，而且是在其與歐洲鄰國的軍事衝突幾

乎已變得不可思議的情況下獲得的。這個結果的形成原因發人
深省。

　　二戰以蘇聯軍隊占領德國東部、美國為首的軍隊占領西部而
結束。這一分裂，提供了許多歐洲戰略家視為二十世紀兩次世界
大戰根源的「德國問題」的解決方案。正如邱吉爾所說的，當鐵
幕「降臨大陸」，蘇聯與「自由世界」之間的競爭成為歐洲的主
要斷層線。作為回應，美國組織了北大西洋公約組織，而其首任
秘書長伊斯梅（Hastings Ismay）有一句常被引述的妙語，就是
其任務是「擋住蘇聯人，拉住美國人，壓住德國人」。[14]

　　當時的歐洲領導人如莫內（Jean Monnet）和舒曼（Robert
Schuman）放眼未來，決心不再使歐洲的國際政治重蹈二十世紀
的殺戮模式，因此促進歐洲各國之間、尤其是法國與德國之間的
經濟相互依存。這個貿易網絡很快成長為歐洲共同市場，在這個
市場中，貨物可以自由交易而無須關稅。這成為更高瞻遠矚的歐
洲統合工程的第一個基石，其目標是使國家主權的眾多要素從屬
於一個超國家的歐洲機構之下。在簽署歐盟的主要前身之一「歐
洲煤鋼共同體」（European Coal and Steel Community）的成立條
約時，莫內聲稱該機構將「奠定歐洲聯盟的第一個具體基礎，這
對維持和平來說是必不可少的」。[15]有遠見的政治家們策劃了這
一努力，甚至想像一個類似於美國的統一歐洲。然而，包括德國
人自己在內的所有人，似乎都同意德國將繼續是較小的夥伴。在
內化納粹政權的大屠殺和其他可怕的反人性犯罪之後，德國人不
再信任自己，並且樂於接受在歐洲機構中的從屬地位。

　　但進入冷戰的最後一章，當柏林圍牆倒塌、德國統一的畫面出現時，西德的歐洲夥伴特別對此表示反對。柴契爾首相和密特朗總統一再敦促老布希總統阻止德國的統一。正如法國駐德國大使公開主張的那樣，統一「將會產生一個由德國主導的歐洲，而無論東方或西方，沒有人想要這個。」[16]儘管如此，布希總統和他的國家安全團隊仍然向前進，只是他們堅持認為，一個統一的德國必須繼續留在北約內部，而不是像蘇聯領導人戈巴契夫所尋求的解除武裝或中立。對布希而言，由一個統一的德國領導的歐洲機構將成為他所謂的「完整和自由的歐洲」（Europe whole and free）願景的核心。[17]

　　正如柴契爾和密特朗預見的，德國蓬勃發展的經濟實力使其在歐洲大陸上能一言九鼎。1989年，德國的國內生產毛額與英國和法國的大致相當，今天則大上四成。[18]當歐洲共同體變成歐盟，並且大多數成員放棄本國貨幣以創造共同貨幣歐元時，歐洲中央銀行自然位於德國。儘管如此，在德國的重要性增加的同時，它仍然堅持與鄰國融合的戰略。正如著名的德國學者哈夫多恩（Helga Haftendorn）說的，歐盟允許德國的權力被用於更大的利益，並創造「一個『歐洲化的德國』，而不是一個『德國的歐洲』。」[19]

　　在撰寫本文時，歐洲的實驗仍有不確定性。全球金融危機放大了歐元的矛盾，彰顯了沒有共同財政機構下施行共同貨幣政策的困境，德國人還被迫拯救希臘等國，這時許多人預測歐洲共同貨幣將要告終。然而歐元依舊存在。當阿拉伯之春造成的混亂局

面使許多國家的難民湧入歐洲，歐洲懷疑論者再次宣講他們的「終結即將到來」的論點。2016年6月英國退出歐盟的公投，對許多人來說是後冷戰秩序即將崩潰的最新跡象。但正如歐洲統合工程的建築師所理解的，雖然使聯盟的生存受到威脅的危機是不可避免的，但崩潰卻不然。實際上，從他們的角度來看，危機提供了加強整合的機會，否則政治阻力將使之無法實現。

德國雖然是一個經濟強國，也是一個日益活躍的政治領袖，但仍然是一個軍事上的閹人。1945年，作為去納粹化的一部分，德國被強行解除武裝、並且非軍事化。美國的安全保障，特別是美國在德國統一後留下的「核保護傘」，既消除了德國增加其軍事力量的任何理由，也使德國的鄰國安心。幾十年來，隨著德國領導人開始採納將安全視為一種自然狀態的後現代國際秩序概念，也合理化了這種情況。與大多數歐洲國家一樣，今天的德國軍隊因此更具象徵性和儀式性，而非用於作戰。從這個意義上講，在軍事上被去勢的德國，在國際政治中並不是一個「正常」的國家。

線索二：國家可以融入更大的經濟、政治和安全機構，限制歷史上的「正常」行為。德國是一個經濟和政治強大、但軍事弱小的典型代表。它與鄰國經濟融合，並受到美國這個老大哥的保護，並享有核保護傘。如果有一天經濟壓力、移民、和死灰復燃的民粹式民族主義結合在一起席捲歐盟，那麼日益強大的德國是否會對其鄰國構成威脅呢？如果美國削減、甚至撤回北約的安全

保障，我們是否會看到歐洲各國軍隊、包括德國，又再次恢復其民族主義立場？如果發生這種情況，那麼修昔底德陷阱的動力是否可能讓德國和它的鄰國再次發生戰爭？或者，德國的文化改造早已深深內化，使其永遠不可能再回到過去的軍國主義？[20]

二十世紀初：美國取代英國

西奧多・羅斯福能夠成功領導美國取代英國，把西半球當作自家後院，反映了與權力相關的種種變化。在十九世紀的最後三十年，美國從內戰的灰燼中崛起為一個經濟巨人。1850年，英國和美國的人口大致相等。到了1900年，美國人口的數量是英國的兩倍。[21]美國經濟規模在1870年超過英國，到1914年成長到兩倍。[22]1880年，英國占全球製造業產出的23%；到1914年，隨著美國的市場比例上升到32%，英國的市場比例下降到13%。[23]

在死傷慘烈的獨立戰爭後，英美關係持續緊張。在1812年的戰爭中，英國人燒毀了白宮，而美國人襲擊了英屬加拿大。在美國內戰期間，英國認真考慮過支持南方的邦聯，而包括西奧多・羅斯福在內的許多美國人都沒有忘記此事。[24]隨著美國實力的成長，也要求對其勢力範圍的更多尊重和影響。1895年委內瑞拉與英屬圭亞那之間出現領土爭端時，國務卿奧爾尼（Richard Olney）要求英國根據門羅主義接受仲裁，因為「美國在這個大陸上可說是事實上的主權」。[25]倫敦拒絕華盛頓的要求，英國殖民部長張伯倫（Joseph Chamberlain）堅持認為「英國是一個美洲國家，其

領土面積大過美國本身。」[26]但是當克利夫蘭總統用僅稍加掩飾的戰爭威脅予以回應，英國便同意仲裁。[27]

在克利夫蘭傳遞這個訊息之後不久，英國首相薩爾斯伯里勳爵（Lord Salisbury）告訴他的財政部長，「在不久的將來，與美國的戰爭已成為一種可能。」他指示海軍部依此審查其預算，並警告說美國是比法俄聯盟更可能的對手。[28]

雖然美國海軍與皇家海軍相比仍然很小，但它正在成長，特別是在美西戰爭與西奧多・羅斯福升任總統之後。英國海軍大臣塞爾伯恩伯爵（the Earl of Selborne）明確地描述了這種情況：「如果美國人選擇為他們能夠輕鬆買得起的東西買單，那麼他們就可以逐漸建立一支與我們相當、甚至之後更大於我們的海軍。」[29]

英國當時正面對諸多崛起的挑戰者，並陷入棘手的南非戰爭，已不再能正面對抗所有威脅。儘管美國是其崛起的競爭對手中最強大的國家，但德國和俄羅斯的威脅近在咫尺。此外，在歐洲，英國可以在各個敵對勢力之間左右逢源，扮演平衡者的角色，但西半球沒有可以被倫敦列為英國盟友的美國的競爭者，英國統治下的加拿大甚至沒有能力自我防衛。[30]這些客觀事實導致英國領導人不得不採用一種「調適」（accommodation）的心態，目標放在避免與美國發生軍事衝突，為此幾乎不惜任何代價。海軍部當時主導了英國的國家安全政策。1904 年，海軍軍官中位階最高的第一海務大臣（First Sea Lord）費雪（Jacky Fisher），直截了當地告訴他的平民上司，英國應「盡一切可能避免這種戰爭」。他警告說，因為「我們若與美國對抗，幾乎在任何可能的

情況下，都將遭到壓倒性和羞辱性的失敗。」此外，他還闡述了羞辱性的含義：「無論爭吵的原因是什麼，也不管有理沒理，加拿大的命運都只能靠自己。」[31]塞爾伯恩總結道：「如果可以避免，我永遠不會與美國爭吵」。[32]雖然英國的「兩強標準」期望其海軍能擁有與其後兩大競爭對手合計相同的戰艦數量，但根據前述判斷，美國不在此對手清單之列。[33]

進一步言，由於英國海軍部意識到它無法在不減少對更重要地區、例如祖國本身的保衛的狀況下，挑戰美國在西半球的霸權，因此儘管陸軍多次要求英國海軍部制訂在與美國發生戰爭的情況下保護加拿大的行動計劃，但海軍部卻置若罔聞，只是建議維持良好的英美關係。[34]英國對這種無可奈何的現實的認識，推動了對西半球爭端的再三讓步。結果，歷史學家奧德（Anne Orde）得出結論：「到1903年底……從委內瑞拉到阿拉斯加，英國已經默認美國在西半球的霸權。」[35]不過英國願意屈服於美國的要求，某一部分反映了這樣一種信念，即兩國不僅分享共同的民族和語言遺產，而且還有共同的政治文化和治理模式。

但讓步的主要驅動力，仍是冷酷的現實主義。[36]面對更接近本土的迫切威脅，英國沒什麼太多選擇。如果俄羅斯和德國在這一時期沒有出現如此強大的威脅，英國會更加強硬嗎？這點並不清楚。但顯而易見的是，當時權力的相對平衡已發生了變化，以至於英國官員無法將戰爭看作是制約美國崛起的可行手段。正如首相薩爾斯伯里勳爵在1902年對此的悲觀反應：「說來難過，但恐怕美國勢將繼續前進，沒有什麼能夠使我們之間恢復平等。如

果我們在美國內戰時支持了南方的邦聯，那麼我們就有可能將美國的力量降低到可控制的比例。但是在一個國家的歷史上這種好時機不會有第二次。」[37] 比較英國對兩個崛起大國，也就是東邊的德國與西邊的美國的反應，二十世紀最偉大的國際關係史學家梅伊（Ernest May）指出，「英國選擇對美國忍讓」是「讓事情發生的關鍵」，而另一個關鍵則是「德國選擇將展示其獨立和陸海軍力量列為第一要務。」而羅斯福總統雖然可能好戰，但梅伊指出，他也小心翼翼地避免犯下德國皇帝的錯誤，也就是直接威脅英國的實際安全。英國可以說服自己，認為美國海軍可能會為英國在西半球或東亞的利益服務。這兩個國家之間遠隔著大西洋，削弱了美國對英國的直接安全威脅，也使這一判斷得到了強化。而德國則更為接近，其海軍顯然是為了威懾或打擊英國。面對眼前各種艱鉅的挑戰，正如梅伊所指出的，英國選擇「知所進退，在對美國人讓步時盡可能顯得優雅。」到1906年，當新的自由黨政府上任，外交大臣格雷（Edward Grey）宣布，與美國保持良好關係已成為英國的「基本國策」。[38]

英國領導人在不犧牲英國重要國家利益的情況下，設法滿足甚至是不合理的美國要求，其執行手腕之高明，堪稱外交的教科書範例。在為歷史學家所謂的「大和解」（Great Rapprochement）奠定基礎之後，英國治癒了兩國之間的長期敵意，以至於1914年戰爭爆發時，英國可以指望美國提供物資和金融支持，以使其能夠長期作戰。在德國潛水艇開始攻擊美國船隻之後，華盛頓與倫敦一同作戰。如果英國無法獲得美國的貸款和供應，以及後來

的美國軍事夥伴關係，德國很可能在第一次世界大戰中取得勝利。在進行凡爾賽和約的談判時，美國也和英國並肩而立。戰爭結束後，美國制定了「華盛頓海軍條約」，對每個國家的戰艦數量設定了限制，英國獲得了與美國平等的地位，儘管其戰後債務意味著其海軍已不再能與美國進行造艦競賽。[39] 在不到一代人之後，世界再次被戰火吞噬，兩國在第二次世界大戰期間作為親密盟友共同作戰，並在戰後共同塑造和平，鞏固了華盛頓和倫敦所稱的「特殊關係」（special relationship）。

線索三：精明的政治家會順應時勢、知所進退，並區分需要和想要。鐵一般的客觀事實很難被忽視。隨著美國在所有重要方面超越英國，美國人採取行動的決心已至為明顯。從委內瑞拉的爭端，到加拿大與阿拉斯加如同肥大尾巴的沿海地帶的爭奪，英國本可以選擇戰爭，至少不排除戰爭。但它知道戰爭的代價會很大，勝利的可能性很小，它還面臨著離家更近的其他更嚴重的戰略威脅。因此，英國明智地盡其所能，在不犧牲自身重要利益的情況下滿足美國的需求。英國刻意讓美國的統治階級產生美國和英國享有共同利益的深刻印象，同時盡其所能地減少利益分歧，為未來更大的合作、以及倫敦的更大利益鋪平道路。在多年來早就習慣其橫跨全球的獨霸地位之後，英國非常可能錯誤地以為它在美洲的安全利益至關重要，雖然事實並非如此。英國從西半球轉移自己的部隊，不僅沒有削弱其全球地位或安全，反而使其能在第一次世界大戰前及時重新部署其艦隊，並延長了它在國際事

務中的影響力。

　　線索四：時機至關重要。機會之窗通常是意外開啟的，並在沒有警告的情況下關閉。首相薩爾斯伯里勳爵的坦率觀察，尖銳地抓住了這一點。如果英國領導人在1861年得出結論，認為崛起的美國大陸霸權將對英國核心利益構成不可容忍的威脅，那麼較聰明的選擇可能是在美國內戰中支持南方邦聯，藉此干預使美國的權力「減少」到「可控的比例」。如果英國這樣做，那麼在二十世紀初，美國領土上可能會出現兩個較弱的、互相敵視的、甚至可能交戰中的國家。在這種情況下，憑藉對海洋的掌控和加拿大的安全地位，英國可能會發現不管是在委內瑞拉或阿拉斯加，還有其他地方的領土爭端中，這兩個美國都不會過於咄咄逼人。但是國家的歷史就像人生一樣，錯過的機會就是放棄的機會。

　　「預防性干預」（preventive intervention）為人們帶來了經典難題。對於民主國家，這種難題會變得更加令人煩惱。當干預成本最低且行動有效性最高的時候，對於行動的需求也經常是模糊和不確定的。等到那些可以為行動開綠燈的人都支持或默許的時候，有效干預的成本已經上升，有時甚至已達到令人望之卻步的程度。對於政府，特別是民主政府，往往在採取行動之前得在許多政黨之間達成協議，於是就更容易錯過時機，錯失防患未然的效果──無論是要對付不斷崛起的競爭者，還是反覆出現的人道主義災難。

　　線索五：共通的文化可以幫助預防衝突。由於英國和美國有著共同的語言和政治文化，那些有影響力的英國人可以安慰自己，認為儘管英國在大多數領域已不再居於第一，但它的價值仍然占據主導地位，因此可以不必為了捍衛英國的生活方式和歷史使命選擇與美國抗衡。恰恰相反的是，許多英國人接受了「說英語的諸民族」繼續統治世界的想法。就像之後擔任首相的麥克米倫（Harold Macmillan）在第二次世界大戰期間所說的，「這些美國人代表著新的羅馬帝國，我們的英國人，就像古希臘人一樣，必須教會他們如何實現這一目標。」[40]

二十世紀中：蘇聯與美國冷戰

　　對於今天的大多數美國人來說，很難想像二次世界大戰後蘇聯曾被視為對美國全球領導地位的首要威脅。1991年蘇聯解體後，美國人開始把俄羅斯當作是一個衰落的力量，國力空虛、缺乏國家目標，而且最近因為普丁的煽動而益加不安。作為曾被人們熱烈擁抱的意識形態，共產主義已經被掃入歷史的垃圾桶。計畫經濟和政治已一再證明是無效的。所以當我要求哈佛大學的學生閱讀薩繆爾森（Paul Samuelson）在1964年出版的《經濟學：一個入門分析》（*Economics: An Introductory Analysis*），他們對於其中的一章感到困惑，因為這本二十世紀中期最受歡迎的經濟學教科書，預估蘇聯的國民生產總值將在1980年代中期超過美國。[41]

　　二十世紀是由一系列世界大戰定義的，這包括了第一次，第

二次,以及可能成為最後一次世界大戰的第三次大戰的鬼魅陰影。在這個最後一次的世界大戰中,對手之間的賭注是如此之高,以至於每一方為打敗對手都得準備冒險讓數億本國人民死亡。經過四十年的鬥爭,1989年柏林圍牆倒塌了,1990年華沙公約組織崩潰了,最後在1991年的聖誕節「邪惡帝國」也瓦解了。冷戰因此在驚嘆聲中結束,而非在令雙方領導人心驚膽戰的大爆炸中結束。這是二次世界大戰以來美國罕見的勝利。為什麼1945年以來在許多的熱戰中犯下大量錯誤的美國,卻能成功贏得冷戰?今天的政治家從這場考驗中能獲得哪些洞見?

「冷戰」一詞之所以廣為人知要感謝因《一九八四》而成名的歐威爾(George Orwell)。在歷史上死傷最慘重的戰爭後,美國和蘇聯都疲憊不堪。為了戰勝納粹,這場衝突迫使他們結為盟友、通力合作。(正如邱吉爾打趣的,如果希特勒入侵地獄,他也至少會在下議院為魔鬼美言一番。[42])但當蘇聯軍隊執意將留在東歐那些他們解放自納粹的國家,美國曾經的盟友於是成為最大的敵人,美國的政策制定者也得據此擘劃戰後世界的戰略。

這一戰略的出發點是以「善惡二元論」的信念看待蘇聯。套一句於1947年就任的美國第一任國防部長福雷斯塔爾(James Forrestal)的話,這些政治家認為蘇聯是「和納粹主義或法西斯主義一樣與我們水火不容」的對手。[43]在歐陸戰場勝利的九個月後,正署理美國駐莫斯科大使館業務的肯楠,在他發自莫斯科的歷史性的「長電報」(Long Telegram)中警告說,擴張主義的蘇維埃共產主義是一種「狂熱的政治力量,他們相信不會和美國

有永久的妥協。」肯楠說，蘇聯共產黨人的中心思想是，「如果要確保蘇維埃政權的安全，就必須顛覆我們的社會，破壞我們的傳統生活方式，摧折我們國家的國際聲望。」[44]面對這樣一個對手，美國只有摧毀蘇聯或改變蘇聯，才能生存下去。

　　二戰結束後蘇聯緊接著的侵略行為，證實了美國決策者的看法。1948年蘇聯在捷克斯洛伐克發動政變，1949年中國共產黨勝利，1950年蘇聯支持的北韓入侵南韓，彷彿共產主義的幽靈正大步邁進。1949年蘇聯人測試了他們的第一顆原子彈，使美國不再享有對「終極武器」的壟斷。[45]儘管蘇聯經濟在第二次世界大戰期間遭到破壞，但俄羅斯社會的恢復速度遠遠超過它在第一次世界大戰之後的。[46]在第二次世界大戰後的第一個十年，蘇聯經濟成長了一倍以上，在之後的十年又增加了一半。[47]這些新財富大部分用於軍事開支。正如冷戰時期的美國高級情報官員、後來擔任國防部長的蓋茲（Robert Gates）所指出的：「蘇聯在短短二十五年的時間裡，發動了歷史上規模最大的軍事擴充，從而對國際權力平衡產生了深遠的影響。」[48]因此在1956年赫魯雪夫說出「歷史在我們這邊，我們會埋葬你們」這句名言時，沒有人笑得出來。

　　在核子武器發明之前，要實踐這樣的威脅，需要一場全面的熱戰，其激烈程度就像美、英及其盟友們剛剛與希特勒德國打的仗一樣。在那樣的一場戰爭中，唯一的目標就是敵人的無條件投降。但是，雖然美國可能有機會在第二次世界大戰後立即攻擊並擊敗蘇聯，並且也認真考慮了這一選擇，但美國拒絕這樣做。[49]

在蘇聯測試了他們的第一顆原子彈後，美國戰略家們開始擔心，在與蘇聯的較量中，傳統型態的戰爭可能已經派不上用場了。[50]

　　四年之間，從肯楠的「長電報」、國務卿馬歇爾在哈佛大學的演講中提出的「馬歇爾計劃」，到曾任國防部副部長的保羅‧尼采（Paul Nitze）那份勾勒出冷戰的軍事基礎的國安會絕密備忘錄「美國國家安全的目標與計畫」（United States Objectives and Programs for National Security，也稱為NSC-68），美國外交史經歷了戰略想像力的最大飛躍。我們現在稱為「智者」*的美國領導人，為前所未見的戰鬥形式制訂了一種綜合戰略。[51]克勞塞維茨告訴我們，戰爭是外交的延伸。[52]為了確保國家利益，在外交政策、外交和談判都已盡其所能後，陸軍、海軍和空軍和其他工具將繼續此一努力。但是如果軍隊的直接參與會使國家承擔自殺的風險呢？在這種情況下就必須另覓替代方案。因此他們發明了「冷戰」，作為一種主要戰鬥人員不直接相互使用炸彈和子彈的戰爭行為。美國和蘇聯從每個層面對彼此進行了系統的、持續的攻擊，但沒有直接的戰鬥。這些攻擊包括經濟戰、資訊戰、秘密行動，甚至是代理人戰爭，包括在韓國（蘇聯飛行員在那裡對美國軍隊進行秘密任務）、越南（蘇聯部隊使用防空武器擊落了數十架美國飛機），與安哥拉和阿富汗（中央情報局支持的聖戰

---

* 譯註：指的是艾奇遜（Dean Acheson），杜魯門的國務卿；波倫（Charles E. Bohlen），美國駐蘇聯、菲律賓、法國大使；哈里曼（W. Averell Harriman），小羅斯福總統特使；肯楠，美國駐蘇聯大使；羅維特（Robert A. Lovett），杜魯門的國防部長；麥克洛伊（John J. McCloy），助理戰爭部長與世界銀行行長。

士暗中與蘇聯軍隊作戰）等。

在進行這種新形式的戰爭時，雙方都認識到「冷」衝突很容易變「熱」。為了防範這種風險，他們不得不暫時接受了許多不可接受的事實，包括蘇聯對東歐的占領，以及中國、古巴和北韓的共產政權。此外，競爭對手在競爭過程中發展出相互制約的錯綜複雜的網絡，也就是甘迺迪總統所稱的「現狀的不穩定規則」的限制。[53] 例如為了減少意外產生的核子攻擊，他們達成限武條約等協議，提供了更大的透明度，為每一方確信另一方不會發動第一次核子攻擊提供更大的信心。為了避免飛機或船隻的意外碰撞，他們進行了細緻的空中和海上行動規則的談判。隨著時間的推移，雙方都默認了對方的「三個不可」，也就是不可使用核子武器，不可直接公然殺害對方的武裝力量，不可對公認的他方勢力範圍進行軍事干預。[54]

對於二十一世紀的美國學生來說，冷戰時期的最大驚喜，可能是美國實際上有一個連貫的、持續了四十年的兩黨大戰略，也就是大多數人都記得的「圍堵」。實際上，美國有一個建立在三個重要的想法之上的複雜的冷戰策略。其一，是認定蘇聯是對美國核心利益的生存威脅，或說是對國家存續的威脅。在馬克思列寧主義意識形態的旗幟下，蘇聯軍隊威脅要吞沒歐洲和亞洲的主要國家，就像七世紀的伊斯蘭教力量像野火一樣蔓延。蘇聯不僅鞏固了對帝國外圍的東歐附庸的控制，而且還以內部顛覆和外部恐嚇等手段威脅包括希臘、法國和義大利在內的美國盟國。正如 NSC-68 所說的：「蘇聯與此前尋求霸權的國家不同，它受到新

的狂熱信仰的激勵，與我們的信仰對立，並試圖將其絕對的權威強加於世界其他地方。」美國戰略家認為，倘若對此沒有強烈的回應，那些因為戰火而人困馬乏、前途茫茫的國家很快就會成為共產黨擴張的犧牲品。

美國冷戰戰略的第二個支柱回答了一個根本問題，也就是美國外交政策的目的。正如NSC-68大膽地用一句話說明的，其目的是「捍衛美國作為一個自由的國度，以及基本制度和價值的完整。」我們得對這句口號做進一步探究。今天世界上有許多人認為美國作為世界警察，有責任保護那許多無法或不願自衛的國家，才有資格宣稱這世界是「美國領導」的。對許多國際主義者來說，原先的「冷戰鬥士」突然明目張膽地主張「美國第一」可說是時代逆流、荒唐可笑的。但這些政治家不需為此道歉；因為美國作為一個自由國家的生存和成功，不僅僅是美國人應該、也確實最關心的事，而且也是美國力量得以在全世界實現任何更大目標的必要的先決條件。

第三個重要思想建立在第二個的基礎上。它要求美國與在過去歷史中對結盟的厭惡說再見。雖然美國可以像之前的幾個世紀、與第一次世界大戰之後那樣，選擇退回「美國堡壘」，但冷戰鬥士們認為這條路在一個日益相互聯繫的世界中已不再可行。美國的生存和福祉有賴於建立一個新的國際秩序。但與那些把第一次世界大戰視為「結束所有戰爭的戰爭」的浪漫主義的領導者，如伍德羅·威爾遜大相徑庭的是，冷戰戰略家們認識到，他們需要對蘇聯的威脅進行長期抗戰——非常長期。

方案的基礎是歐洲和日本這兩處經濟和戰略重心。這些既務實又有遠見的人很快提出一系列大政方針，包括重建歐洲的馬歇爾計劃、提供全球經濟基本秩序的國際貨幣基金組織、世界銀行與關稅及貿易總協定（GATT），以及確保歐洲和日本緊密參與這場對抗蘇聯鬥爭的北大西洋公約組織和美日同盟，最後還有聯合國。所有這些，都是他們在幾十年之間一層一層建造起來的全球秩序的基石。這個秩序的目的在於打敗其對手蘇聯，從而推動美國優先、盟友其次、其他國家殿後的和平、繁榮和自由。

在面對蘇聯時，這一戰略努力要同時達成三個目標，包括**圍堵**蘇聯的擴張、**嚇阻**蘇聯傷害美國的重要利益，與**破壞**共產主義的思想和實踐。圍堵的目的是使蘇聯無法獲得額外的能力，更重要的是，它旨在打破馬克思主義關於歷史必然性的論述。嚇阻蘇聯的擴張不是靠與蘇聯軍隊的作戰，而是靠威懾；是對蘇聯的侵略做出可信的報復威脅，使其承擔不可接受的代價。

為了打擊蘇聯，以美國為首的自由市場民主國家，首先要能證明在提供人民溫飽與物質享受上能超越蘇聯的中央計畫經濟和專制政治。但它也試圖藉由干預國家的內政，來激化蘇聯戰略中的內部矛盾，例如鼓勵波蘭這樣的蘇聯衛星國、或中國這樣的蘇聯盟友的民族主義，因為美國相信，比起創造「社會主義新人」的夢想，民族身分更加根深蒂固。由於相信人類應留給後世的是自由和人權的價值觀，美國的戰略也包括說服蘇聯領導人對《聯合國人權宣言》和《赫爾辛基協議》（Helsinki Accords）的共同理想做出書面承諾。作為這些努力的補充，它在蘇聯及其衛星內

部開展了公開和秘密的行動，以求推翻共產主義意識形態和其政府。[55]

線索六：太陽底下沒有任何新東西，除了核子武器。一些觀察家聲稱，二十一世紀與過去截然不同，以往經驗教訓已不再適用。可以肯定的是，在過去歷史中很難找到經濟整合、全球化、全球通訊、氣候變遷，與暴力伊斯蘭極端主義都達到今天水準的先例。但正如我的同事萊因哈特（Carmen Reinhart）和羅格夫（Kenneth Rogoff）對過去八個世紀350次的金融危機的分析提醒我們的，也有許多之前世代的人認為他們的時代與過往不同。[56]萊因哈特和羅格夫與修昔底德一樣，認為只要人還是人，我們就可以預見人類事務中反覆出現的模式。畢竟在第一次世界大戰之前的十年，歐洲最暢銷的書之一是安吉爾（Norman Angell）的《大幻滅》（*The Great Illusion*）。該書說服了數以百萬計的讀者，經濟上的相互依賴已使戰爭成為過往雲煙；由於「喜愛戰爭的人定不能承受地土」（套用《聖經》中的話），因此將「徒勞無功」；包括在1902年布爾戰爭結束後負責重建表現不佳的英國軍隊的艾雪（Escount Esher）等高層人士，都接受了這個說法。[57]

儘管如此，二十世紀下半和二十一世紀初有一個與之前的任何事物都不同的東西，且具有決定性的影響力，那就是核子武器。愛因斯坦在美國向廣島和長崎投下原子彈之後觀察到，除了我們的思維方式外，核子武器「改變了一切」。然而在過去幾十年裡，那些承擔核子武器責任的人的想法一直在改變。政治

家們知道，今天那些軍火庫裡的核彈頭的爆炸威力，超過歷史上所有戰爭中投下的所有炸彈之總和。他們知道全面的核子戰爭末日，實際上可以摧毀地球上的所有生命。因此，核子武器具有國際關係學生所稱的「水晶球效應」，使人們可以看到戰爭升級的後果。[58]任何一個考慮對擁有核子報復能力的國家進行核子攻擊的國家領導人，都得面對數千萬甚至數億本國國民一同被殺的可能。無怪乎這讓歷屆領導人都得權衡再三。[59]

線索七：「相互保證毀滅」讓全面戰爭變得瘋狂。蘇聯在1949年引爆其第一枚原子彈後，蘇聯迅速發展起一個龐大和複雜的核武庫，使核戰略家所認定的「相互保證毀滅」（mutual assured destruction，簡稱「瘋狂」〔MAD〕）得以形成。在這種狀況下，美國和蘇聯都無法保證能在第一次核子攻擊就摧毀對方的核武庫，以免遭到對手的核反擊；於是一個國家在決定消滅另一個國家同時，也選擇了消滅自己的國家。

這樣的技術條件，實際上使美國和蘇聯（現在的俄羅斯）成為不可分割的連體嬰。雖然各自仍有頭部和大腦，也有行動的意志，但他們的骨幹已融合成一體，他們統一的胸膛只有一顆心臟在跳動；在心臟停止跳動的那一天，他們無疑都會死亡。雖然這個比喻令人尷尬和不舒服，但捕捉到了美國在冷戰時期與蘇聯的微妙關係。許多二十一世紀的美國人以為冷戰結束後這種狀況也跟著消失，但其實這仍然是雙方關係中的決定性事實。美國和俄羅斯都保留著超級大國的核武庫，因此無論如何邪惡、如

何惡魔、如何危險，無論俄羅斯如何的該被勒住，美國都得努力尋找與之共存的某種方式，否則就得面對死亡。雷根（Ronald Reagan）經常引用的一句話就是：「核子戰爭不可能贏，因此必須永遠不要打。」[60]

今天，中國也已發展了一個強大的核武庫，使它與美國共同創造了新一代的相互保證毀滅。由於美國認識到此一事實，在部署彈道飛彈防禦系統時，美國並未期望能阻攔來自俄羅斯和中國的威脅，因為在目前條件下，對他們進行可靠的防禦是不可行的。[61]因此邱吉爾對蘇聯的一句評語，已出現第二個案例：核武是一種「崇高的反諷」，它使「安全成了恐怖的健壯的孩子，生存成了滅絕的孿生兄弟」。[62]

線索八：核超級大國之間的熱戰不再是一個合理的選擇。
「相互保證毀滅」對蘇聯和美國之間的競爭施加的限制，與在今天思考中國的美國戰略家有關。從1950到1980年代，蘇聯崛起並獲得超級大國的地位，創造了所謂的「「兩極世界」。雙方都相信他們若要生存，就得埋葬、或徹底改造另一方。但如果雷根總統是對的，那就必須在沒有戰爭的情況下實現此點。

因此，美蘇對抗對美國的中國政策的最大啟示就在於一個難以接受但不可否認的事實：一旦兩個國家都擁有不易被摧毀的核武庫，熱戰就不再是一個合理的選擇。兩國都必須將這一鐵一般的事實納入其外交政策中。再次強調：我們是不可分割的連體嬰。這意味著兩者必須勉為其難地各退一步，並限制自己和盟友

採取的可能升級為全面戰爭的行動。

冷戰將這一事實烙進了美國國家安全界應對蘇聯時的心理和行動中，但到了今天，許多政策制定者已將此視為「古代歷史」。這個世代的美國領導人中沒有人參與過這段歷史，也很少有人間接的經歷它。雖然中國在建立超級大國的核武庫方面進展緩慢，而且與近年來普丁的俄羅斯不同，中國軍方仍未拿核武恫嚇他國，不過一些中國軍官卻引用毛澤東的狂妄說法，聲稱即使在核戰中損失三億人，中國仍然可以存活下去。[63]

美國和中國政治領導人需要多次進行開誠布公的對話，軍人之間也要進行討論，藉由戰爭遊戲使雙方清楚認識到威脅或實際使用核武的後果，以幫助雙方領導人充分認識到戰爭不再是可接受的選擇。幫助這兩個社會的領導人意識到這一點至關重要，而且是一個迫切的挑戰。

線索九：超級核武大國的領導者依舊必須為他們無法獲勝的戰爭做準備。「核武矛盾」（nuclear paradox）是不可避免的。在受「相互保證毀滅」約束的競爭中，雖然任何一個國家都無法贏得核子戰爭，但這不是問題的終結。矛盾的是，各方都必須表現出就算亡國亡種也不惜一戰的冒險意願，否則就會發現自己被迫讓步。第八章關於懦夫遊戲的討論值得人們再度思考，矛盾中的每個可能都值得細究。

一方面，如果發生戰爭，兩國都將成為輸家。沒有任何利益足以讓理性的領導者做出會導致數以億計本國人民死亡的選擇。

從這個意義上說，在古巴飛彈危機中，甘迺迪總統和赫魯雪夫主席是攜手合作防止這場大災難的夥伴。但兩國面臨的條件是一樣的，且兩國領導人都得知道這一點。但另一方面，如果任何一個國家不願意冒險發動（或承受）核子戰爭，它的對手就可以故意製造緊張局勢，迫使更負責任的強權在屈服、或升級到戰爭的風險之間做選擇，來贏得任何目標。因此，為了保護重要的利益和價值觀，領導者必須願意選擇有毀滅可能的道路。

　　在美國和中國之間的經濟和網路角力中，可以看到一個類似、但幸運的不那麼致命的互動模式。在2012年總統大選期間，共和黨候選人羅姆尼（Mitt Romney）宣布：「在我擔任總統的第一天，我就將指定中國為匯率操縱國，並採取適當的反擊措施。」[64]但美國政治和經濟體制裡的精英拒絕接受羅姆尼這種冒著災難性貿易戰的魯莽言論，他們同樣否定了川普總統在2016年總統競選期間的類似威脅。但如果不是華盛頓願冒險與中國進行貿易對抗，中國領導人怎麼會停止羅姆尼嚴厲批評的「吹奏著迷人的琴聲，微笑地把美國人誘拐進陰溝裡」*，或是靠低估人民幣價值、補貼中國生產商、保護中國市場和竊取知識產權等等川普說的「強姦我們的國家」[65]的行為？正如美國必須願意冒險與中國進行經濟戰、讓維護美國經濟利益的保護機制重新運作起來，華盛頓也必須將核子戰爭納入其工具包，以便有效嚇阻

---

*　譯注：格林童話〈荊棘叢中的猶太人〉裡，好僕人拉動小提琴時，所有人都不停跳舞。〈花衣魔笛手〉裡，老鼠與無辜的小孩都被魔笛的音樂帶進了死路。

像中國這樣的真實和潛在對手。

從我們蒐集到的個案，還得到三個進一步的教訓：

線索十：緊密的經濟相互依賴提高了戰爭的成本，並降低了戰爭的可能性。在第一次世界大戰前的幾十年裡，英國和德國經濟交織得如此密集，以至於任一方都不能在不傷害自己的情況下，對另一方施加經濟上的痛苦。許多人希望共存共榮的貿易和投資網絡能夠阻止戰爭。他們錯了。但是當戰爭爆發，對柏林和倫敦造成的經濟後果是非同尋常的。

同樣的，當前的美中經濟關係也是高度的相互依存，以至於創造了一種類似「相互保證毀滅」（MAD）的「相互保證經濟毀滅」（MAED）的狀況。[66]美國是中國出口的最大市場，中國是美國最大的債權國；如果戰爭阻止美國購買中國商品，使中國停止購買美元，那麼對雙方的經濟和社會影響幾乎肯定會超過戰爭可能帶來的任何好處。基於對一次大戰之前安吉爾所提的類似論點的認識，「相互保證經濟毀滅」的支持者進一步提出了兩個考慮因素。一些人指出，安吉爾是對的，因為第一次世界大戰中，各方的戰爭成本遠遠超過了勝利者所獲得的利益；如果有機會讓他們重新選擇，沒有人會願意參戰，因此鑑往知來，下一代的政治家會做出更聰明的選擇。另一些人，則強調早期案例與今日美中經濟關係之間的差異。雖然當前兩國的貿易和投資水準與第一次世界大戰之前的相似，但是將不可或缺的生產者、與不可替代

的消費者聯繫起來的供應鏈，則已經變得高度整合。幾乎所有在美國銷售的產品，從蘋果手機到波音飛機，都是用中國的零件製造的。

此外，中國政府已經在一個開放的全球市場投入天文數字的賭本，它可以在其中出售產品，並每天藉由油輪輸入為工廠、汽車和飛機提供動力的石油。所有這些對於維持共產黨聲稱的政治合法性──或說「天命」──所依賴的高速經濟成長率至關重要。但無論是進口或出口，都容易受到美國的干擾。美國不僅是中國產品的主要市場，且中國三分之二的石油進口途經由美國海軍監督和扮演最終仲裁角色的海洋，而且美國的這個地位將在未來很長時間內繼續維持下去。因此，美、中之戰必定意味著我們現在所知道的兩個經濟體的終結。即使那些認為「相互保證經濟毀滅」一詞過於誇張的人也會同意，兩個社會之間緊密的經濟連結使雙方社會產生許多有力人士希望看到雙方持續進行互惠合作的關係，且會為了和平而進行遊說。

線索十一：同盟的吸引力可能致命。從斯巴達對雅典的反應到英國對德國的回應，修昔底德陷阱的一些案例表明，崛起者對統治者的挑戰會導致各方積極拉攏盟友以作為平衡。過去的十年，中國領導人很驚訝他們的強勢崛起引起的負面反應。日本、韓國、越南，甚至印度，不僅變得更青睞美國，而且彼此之間也更加合作。從歷史上看，這種聯盟是為了建立權力平衡，以維護區域和平與安全。但同盟也會產生風險，因為同盟關係是雙向

的。最能顯示這一點的就是第一次世界大戰前幾十年的歷史。如第四章所述，歐洲政治家在試圖防止流血事件時，建造了一個「世界末日機器」，這種機器可以讓一場無關緊要的暗殺引發一場大戰。

歷史紀錄還告訴我們，並非所有條約都有一樣的意涵。一些防禦性同盟是有條件的，例如雅典承諾保護克基拉的前提是如果後者是無端攻擊的受害者；或者美國對台灣的承諾，也取決於中國是否是侵略者。在光譜的另一邊，德皇給奧地利皇帝的「空白支票」使後者在1914年做出引發戰爭的魯莽行為。美國對《美日安保條約》第五條的承諾，或許並不等同於德皇對奧地利的保證，對此人們可以挑戰美國外交官，要求他們解釋為什麼兩者不同。鑑於中國不斷成長的力量使該地區越來越需要美國的保護，華盛頓的政策制定者必須仔細審查美國與亞洲盟國的協議的真正意涵是什麼。

線索十二：國內政績具有決定性。國家在其境內所做的事情，至少與他們在國外所做的一樣重要。三個因素最重要：經濟績效使國家權力獲得支撐；有效的治理意味著能為國家的目的調動資源；而國家的活力（élan）或精神則支持了兩者。長期來說，經濟更強大、政府更有能力、受到人民愛戴的國家，會對其他國家的選擇和行動產生更大的影響。套一句美國作家魯尼恩（Damon Runyon）的大白話：「雖然長腿的不一定跑贏，強壯的不一定打贏，但這是壓注的方法。」

　　英國看著美國的經濟規模一路從1840年為其一半，飆升到1870年代與它平等，再到1914年成為其兩倍大。如前所述，這促使海軍部的現實主義者採取了調適政策。如果美國經濟陷入困境，國家分裂為二，或者其政府腐敗，或其政治因導致內戰的分歧而陷入癱瘓，那麼英國在西半球的地位，可能一直持續到二十世紀。

　　如果蘇聯能夠以兩倍於美國的速度維持經濟成長，成為世界上主要的經濟大國，而共產主義意識形態被證明有能力以塑造「社會主義新人」來克服民族主義，那麼莫斯科不僅可以在歐洲、還可在亞洲鞏固其霸權地位。如果俄國的小夥伴共產黨中國，如同多數美國政策制定者看待越南戰爭的角度，以發動「解放戰爭」成為共產黨擴張的先鋒，那麼共產陣營作為一個整體，就將讓美國主導的「自由世界」相形見絀。如果第二次世界大戰後的幾十年，被視為1930年代大蕭條的罪魁禍首的資本主義危機再度出現，西歐國家可能已經因為KGB的陰謀與社會主義凱旋前進的吸引力而屈服。

　　幸運的是，這些只是「假設」。相反的，正如肯楠所預見的，自由市場和民主社會更有能力提供人們想要的經濟、政治和個人利益。儘管蘇聯曾展現幾十年戲劇性且可怕的崛起，但因為計畫經濟和極權政治等其體制的核心要素不被接受，它最終失敗了。

　　有了這些過去的線索，我們接下來應該怎麼做呢？

第十章 前路何在？

「在許多情況下，人能夠看到他們面前的危險，
但是同時卻相信必然會害他們萬劫不復的想法……造成這個後果的，
不是他們的不幸，而是他們自己的愚蠢。」
——修昔底德，〈與米洛斯人的對話〉，公元前416年。——

「我們可能創造了一個科學怪人。」
——尼克森——

　　一般的華府報告若是寫到這一章，應該為美國與中國的競爭提出一個新戰略，並提出一份承諾與北京建立互惠合作關係的待辦事項清單。但我們若是硬把制式的思考模式加強於中國帶來的挑戰之上，只能說明我們尚未能理解本書所指出的困境的本質。

　　美國目前最需要的不是一個新的「中國戰略」，也不是近些日子華盛頓的戰略舉動，而是停下來進行嚴肅的省思。如果由中國崛起引起的板塊移動會造成真正的修昔底德困境，那麼呼籲「更強大」或「有力」的轉向，只不過像是以服用超強阿司匹靈來治療癌症。如果美國只是依然故我、我行我素，未來的歷史學家將把美國的「戰略」，與英國、德國和俄羅斯領導人在1914年夢遊時所抱持的幻想等量齊觀。

　　面對擁有十四億人口的五千年文明的戲劇性復興，這裡沒有任何「解決方案」。這是一種必須以超過一代人的時間慢慢進行適應調整的狀態。制定與這一挑戰相稱的戰略需要日積月累、工程浩大的努力，其規模將不亞於最終成為美國冷戰策略的從喬治‧肯楠的「長電報」到保羅‧尼采的「NSC-68」為期四年的辯論。它需要像那些面對冷戰的「智者」們那樣深入的洞察力。簡單說，這個戰略所要求於我們的，將遠遠超過我們對中國展開交往以來習於接受的。本書希望能在今天引發類似的辯論。因此本章為那些尋求逃離修昔底德陷阱、避免第三次世界大戰的人，提供一些原則和戰略選擇。

先看清結構性的現實

　　俾斯麥在描述治國之道時誇張地說，那基本上像是在傾聽上帝的腳步，然後在祂經過時，抓住祂衣服的下襬。然而，治國確實更像是在駕馭歷史的浪潮，而不是製造它們。愈能夠掌握潛在的趨勢的領導者，也愈能塑造趨勢、獲得成功。

　　在華盛頓，官員們遇到任何困難時提出的第一個問題是：該怎麼辦？但「不要只站在那裡，做點什麼」是一種政治反應，而不是戰略決斷。戰略必須堅持在開出處方前先進行診斷。在首次討論你的症狀後，如果外科醫生就立即準備將你送入手術室，你會提出反對；同樣的，就算危機反覆出現，政治壓力似乎逼著人們做出決定，但任何一位總統都不應該認真對待那些尚未首先深刻理解當前挑戰的政策顧問的建議。

　　當尼克森和季辛吉開始探索對中國的開放時，沒有人想到在他們的一生中，中國就可以創造一個像美國一樣強大的經濟。他們的焦點是蘇聯，他們的目的是擴大共黨陣營的中蘇分裂。這個開放奏效了。但是當尼克森接近生命的盡頭，回首事件的進程，尼克森向他的朋友和前演講撰稿人薩菲爾（William Safire）透露說，「我們可能創造了一個科學怪人（Frankenstein）。」[1]

　　中國真是一頭大怪獸。在雷根擔任總統以來的三十五年間，根據衡量經濟表現的最佳標準計算，中國的經濟規模已從美國的10%，增加到2007年的60%，再飆升至2014年的100%，與2017年的115%。如果目前的趨勢繼續下去，到2023年，中國的經濟

將比美國大上50%。到2040年，中國的經濟規模將成長到美國的近三倍。[2]這意味著中國可用於影響國際關係的資源將達到美國的三倍。

這種巨大的經濟、政治和軍事優勢，將創造一個超越美國決策者現在可以想像的世界。美國對國際秩序的看法源自於美國睥睨全球的軍事實力。但為什麼華盛頓擁有當今世界上最強的軍事力量？因為在過去的三十年，它在國防上的投入比所有競爭對手多好幾倍。2016年美國國防預算超過了中國、俄羅斯、日本和德國國防預算的總和。美國為什麼能夠制訂二戰後世界秩序的規則？雖然許多美國人想要恭維自己，說是因為他們的智慧、美德或魅力，但事實上這個國家壓倒性的實力才是決定性因素。

全球經濟的巨大變化已經使得這個美國主導的世界秩序越來越難以維持。自2008年金融危機和全球經濟衰退以來，各國領導人堅持認為他們的首要任務是經濟成長。然而，全球主要經濟體的成長率已經崩潰。美國經濟成長停滯不前，平均僅為2%；歐盟各經濟體的情況更糟，其國內生產毛額的總量到2016年還低於衰退前的水平。

只有一個主要經濟體能大幅成長。儘管自2008年經濟危機以來，其成長率已經下降，但中國的年均成長率仍然超過7%，因此僅這一個國家就占了2007年以來全球成長的40%。在比較兩個競爭對手的力量時，最重要的不是絕對而是相對成長，也就是你比我快多少。從「成長差距」來看，中國的表現更令人震撼。自金融危機以來，中美之間的差距實際上已經擴大，中國從

2007年之前的十年平均比美國快6%，到此後的幾年超過7%。

　　有人主張治國方略的主要挑戰，是認識到「很可能會破壞國家安全的國際環境的變化，無論威脅採取的是何種形式，或表面上看起來如何合法，都必須予以抵制。」[3]比美國更強大的中國，是這樣的一種挑戰嗎？「軍事首要地位」對於確保美國的重要國家利益至關重要嗎？美國能否在中國制訂遊戲規則的世界中茁壯成長？或者在中國重塑國際秩序的世界中發展？當我們認識到新的結構性現實，我們不僅要提出，而且還要回答尖銳而且難以置信的問題。

以史為鑑

　　「應用歷史」是一門新興學科，它藉由分析歷史先例和類比，來闡明當前的困境和選擇。主流歷史學家從一個事件或時代開始，盡力說明所發生事件的原委。應用歷史學家則從當前的選擇或困境開始，藉由分析歷史紀錄以提供參考、激發想像力，找到可能發生的事情的線索，建議可能的應對措施，並評估可能的後果。在這個意義上，應用歷史只是某種附加產品，它得依附於主流歷史，就像工程依賴於物理、藥學依賴於生化。在我們的〈應用歷史宣言〉中，我與同事弗格森提議白宮建立一個歷史顧問委員會，類似於經濟顧問委員會。[4]而這個委員會的第一個任務，就是回答關於中國崛起的三個關鍵問題。

　　第一個問題是：美中競爭是否有類似的先例可以參考？在

「健忘合眾國」（United States of Amnesia）的首都，一切都被宣布為「史無前例」。但應用歷史學家們會質問：我們以前見過這樣的事嗎？如果是這樣，先前的案例中發生了什麼？我們可以從這些案例中得出什麼見解或線索，來處理手頭的問題？這些歷史學家當然也會提醒日理萬機的決策者，不要輕易地進行類比。引人入勝的先例（例如德國的崛起）會帶來一種誘惑，得出一種「中國崛起就像那樣」的結論，於是直接得到處方，而這本身就是一個陷阱。正如我已故的同事梅伊（Ernest May）不厭其煩強調的，差異至少與相似之處一樣重要。[5]

　　雖然二十一世紀確實存在獨特的問題，而且本書認為中國崛起的規模、速度和各種尺度，在許多重要方面確實是前所未有的，但這些現象都可以找到有用的類比，而且修昔底德陷阱檔案中的例子更是可供參考。作為應用歷史學最具影響力的現代實踐者，季辛吉警告我們說，「歷史當然不是一本預先品嚐的食譜」，但它可以「闡明一種行為在類似情況下的後果」，但「每一代人都必須發現對於自己來說，事實上哪些情況是可比較的」。[6]

　　白宮委員會應該回答的第二個問題是：現在所謂的「中國挑戰」是如何發生的？我們今天看到的只是片段剪影，也許用一部電影更能讓人認識這個問題？從更宏觀的角度定位當前的競爭，有助於梳理問題的複雜性。它還提醒我們，即使問題已經「解決」，潛在的問題可能還會持續多年。回顧一下將我們帶到當前局勢的各個場景，有助於決策者避開目光短淺、無視歷史教訓、只追求立即見效的解決方案的美式作風。

　　第三個問題是，外國利益相關者如何看待同樣的事件演變？正如傑出的歷史學家霍華德所指出的，「我們所有人對現在的看法，取決於我們對過去的看法。」[7]不僅政策制定者有責任在行動前理解手頭問題的相關歷史，他們還必須試著了解外國同行如何理解這段歷史。

認識到後冷戰時期美國的中國戰略基本上自相矛盾

　　雖然「轉向亞洲」是歐巴馬政府最受歡迎的外交政策之一，但實際上，這個政策是舊瓶裝新酒，只是對冷戰結束以來歷任共和黨和民主黨政府都奉行的中國政策的重新包裝而已。[8]這個政策簡言之就是「交往但避險」（engage but hedge）。[9]它的根本缺陷是，它允許一切，但禁止不了什麼。

　　從政府官僚的角度來看，這個政策允許每個政府部門遵循其自然傾向行動。一方面，國務院和財政部主張「交往」，熱切歡迎中國成為國際協議和機構的一員，範圍從貿易、金融、技術轉移，到教育和氣候。有時他們會因為不公平的作法對中國提出抱怨，但他們壓倒性的優先事項仍然是建立關係。因此美國官員通常會忽略中國的持續欺騙，或者接受北京的要求，使其獲得「發展中」國家的優惠。另一方面，國防部和情報界則主張「避險」，他們努力保持軍事優勢，加強與關鍵同盟和友邦，特別是日本、韓國和印度的聯繫。他們開發情報資產，並為了與對手的

衝突而計畫。而這個對手的名字如同佛地魔，是他們不能指名道姓的，雖然他們為了對抗它而研發了具體的武器系統、制訂了相應的戰爭計劃。

本質上，這一戰略認定中國將跟隨德國和日本的腳步。美國期待中國與這些國家一樣，接受其在美國主導的、以規則為基礎的國際秩序中的地位。當被迫解釋他們的理論時，支持者認為，隨著中國越來越富裕，它在這個使其獲益的國際體系中，也將有著更大的利益，從而使之及時成為「負責任的利益相關者」。[10]此外，當中國的公民越來越富裕，他們將在政治上有更大的發言權，從而為我們在日本、韓國和台灣看到的那種民主改革鋪平道路。

在1970與1980年代，當美國政策制定者面臨的生死之戰是打敗蘇聯時，美國為增強中國的實力支持中國的經濟成長，甚至幫助它建立軍事和情報能力，這有一定的道理。但是當1991年蘇聯消失、冷戰結束，美國戰略家應該注意季辛吉所提出的根本挑戰，並反思國際環境的根本變化會如何傷害美國的重要利益。[11]但相反的，大多數人都被必勝主義的狂歡和健忘症所沖昏頭。人們宣布了一個新的「單極時代」的來臨，標榜著「歷史的終結」。在這個想像中，所有國家都將接受美國的意志，並在美國設計的國際秩序中，成為以市場經濟為基礎的民主國家。在這幅畫布上，共產中國只是一個無關緊要的問題。

李光耀評估了美國的「交往但避險」策略，發現了兩個致命的缺陷。首先，中國不會成為一個民主國家。正如他直截了當說

的，「如果這樣做，它就會崩潰」。其次，將中國與德國和日本進行比較，忽略了後兩者曾在熱戰中被擊敗，並在之後一段時間被美軍占領，美國高級指揮官甚至為他們制訂憲法。相反的，用李光耀的話說，中國將堅持「以中國的身分被接納，而**不是**成為西方的榮譽成員」。[12]

審視所有的戰略選擇——包括醜惡的選擇

只有當一個「戰略」（或者本文中的「交往但避險」戰略）已在政治圈和官僚機構中扎根，它才能經歷三屆以上的政府，包括民主黨和共和黨的政府，而繼續存活下來。沒有人會懷疑，無論對僱用廉價中國工人以生產商品的美國公司，或者對購買它們的美國消費者來說，與中國交往都有巨大的利益。而為了針對這樣一個巨大的對手做避險，五角大廈也能夠為它所需要的高達六千億美元的年度預算和主要的武器系統辯護。

問題是，是否存在著在目的與手段上有著巨大不同、但可能可行，且比目前的方案更可取的戰略備選方案？為了激發讀者、國家安全官員，以及負責制訂美國對華政策的戰略界的其他人的想像力，本章最後簡要介紹了四種潛在的戰略選擇。這些選擇的光譜，從調適（基本上是根據二十世紀初的英國對美政策依樣畫葫蘆），到推動政權轉移，甚至國家分裂（英國過去曾有可能在內戰中支持南方邦聯以圖撕裂美國。有些人認為，美國正在策動烏克蘭倒向西方）。大多數這些戰略選擇，可能看起來膽大妄

為、見不得人。不過總的來說，他們為美國對付一個崛起的中國，提供了更多元的機會。

一、調適

調適（accommodation）並不是一個壞字眼。反對者試圖將其與綏靖政策（appeasement）混為一談，但這兩者並不是戰略領域的同義詞。調適是藉由調整與強大對手的關係，來適應新的權力平衡的一種認真的努力。實際上，這是在不利的趨勢與不訴諸軍事手段的情況下，爭取最佳的結果。調適也可分為兩種，包括事後補救（ad hoc）與協商。

在十九世紀末和二十世紀初，英國政府得出結論，認為其對美政策必須是以幾乎任何代價避免戰爭之後，提出了一個事後補救的調整案例。它展示了要如何在權衡各種利益的優先順序之後優雅地做到這一點，以及協助新興超級大國意識到彼此的共通利益。正如我們在第九章所看到的，英國「選擇對美國忍讓」，是避免戰爭的關鍵因素。例如在委內瑞拉的領土爭端中，英國最終同意了美國所提的根據門羅主義接受仲裁的要求。與此類似，英國的「兩強標準」排除了美國，而該標準要求英國的海軍力量，要與其後的兩個最大的對手總和相當。

羅斯福、邱吉爾和史達林在雅爾達達成的協議，繪製了戰後的歐洲邊界，也說明了以協商進行調適的可能性，以及其陷阱。在1945年的雅爾達會議上，美國、英國和蘇聯基本上同意根據軍事占領劃分勢力範圍。邱吉爾和羅斯福感到他們對蘇聯的過多

讓步，勢將引發民眾批評，因此說服史達林接受《被解放的歐洲的宣言》（*Declaration of Liberated Europe*），這個聲明宣稱大國將允許東歐國家自由選舉和民主治理，以此交換美英等國接受俄羅斯在1941年擴張的邊界，和莫斯科在波蘭組織的波蘭民族解放委員會政府。[13]但是一個從未在自己的國家舉行選舉的獨裁者，可想而知的將違反該協議，而羅斯福也遭受到背叛的指控。

　　如果美國正在探索調適，那麼是否會同意削減其對台灣的承諾，以換取中國在南海和東海的讓步？[14]美國和中國是否能夠對朝鮮半島的未來達成諒解，而條件是美國從韓國撤軍，換取中國將北韓無核化，並使半島統一在首爾政府的權威下？美國能否承認中國在其周邊實際上建立起來的勢力範圍？

二、破壞

　　在國內煽動政權更迭、甚至促成其內鬥的戰略，需要華盛頓的領導人大膽發揮想像力。如果美國阻撓對手的崛起，它會採用什麼方式？能不能公開質疑中國共產黨的合法性，就像雷根在1983年直言不諱地稱蘇聯為邪惡帝國一樣？這選項不是不可考慮。正如陸克文所指出的，中國領導人長期以來一直認為華盛頓永遠不會真正接受中共的合法性。[15]那麼為什麼要假裝呢？如果美國領導人甚至公開他們對中國政府本質上的反對，那麼為什麼不進一步採取實際行動呢？

　　顯而易見的，共產主義在每個實驗過的國家都已證明它是一個謊言。為什麼要讓一個仍然稱自己為共產黨的小團體統治其十

四億的同胞？中國公民難道不該享有美國的《獨立宣言》所宣稱的上帝賜予所有人的人權？如果民主是所有國家最好的政府形式，中國為何是例外？我們已經知道，華人善於民主治理：逃離毛澤東的兩千三百萬人，在台灣建立了一個成功的民主國家與以市場為基礎的經濟，如果它是一個獨立的國家，其規模將在聯合國成員中排名前三分之一。美國支持蘇格蘭進行一場可能使其從聯合王國宣告獨立的公投，也支持科索沃人根據自由投票的權利從塞爾維亞分離。作為分裂中國和打擊北京政權的士氣的戰略的一部分，為何不同樣支持西藏和台灣的獨立？中國毫無疑問會對這些舉動採取暴力的反應。但排除這一選擇不僅是自廢武功，也忽視了美國不顧對手反對、長期支持獨立運動的紀錄。

中國現在擁有世界上最多的網路用戶，智慧型手機使中國人能夠（在政府允許的範圍內）看到國界以外的世界，旅遊業和新興精英在國外的教育也是如此。一有機會，中國公民就會自由地去任何他們選擇的網站，購買他們想要的東西，隨意旅行。華盛頓可以善加利用這種新生的政治自由傾向。在冷戰期間，美國發動了一場公開和秘密的運動，瓦解了蘇維埃政府及其意識形態基礎的合法性。今天的政策制定者可以從該劇本的諸多篇幅中汲取靈感，努力在中國推動政權轉移。例如，美國政府可以利用其網路能力竊取歷來中共難堪的真相，然後通過中國境內的第三方散播出去，例如揭示其現任領導人如何變得富可敵國。美國可以在中國培養和鼓勵異議團體，就像在冷戰期間在蘇聯占領的歐洲與蘇聯本國所做的。在美國學習的中國人自然會被自由、人權和法

治等概念所感染。當他們回到中國時，可以協助他們促進政治改革。

在極端的選擇中，美國軍隊可以暗中訓練和支持分離主義叛亂分子。中國的裂縫已經在那兒；西藏基本上是被占領的領土。中國西部傳統的伊斯蘭地區新疆，也已經有一個活躍的維吾爾分離主義運動，且對北京發動過多次小規模的叛亂。看到北京對香港的嚴厲態度，台灣人幾乎不需要勸說，就會反對與這個越來越專制的政府統一。美國對這些分離主義者的支持，是否會使北京陷入與整個中亞和中東的激進伊斯蘭組織的衝突？如果是這樣，這些衝突是否可能變成拖垮巨人的泥淖，就像蘇聯介入阿富汗後遭遇美國所支持的聖戰組織「自由戰士」，使蘇聯無法脫身？

藉由細膩而深入的介入，可以擴大中共意識形態的核心矛盾，與其對公民日益高張的自由要求的鐵腕控制，時間一久，這可能會侵蝕其政權，並鼓勵台灣、新疆、西藏和香港的獨立運動。通過鼓動中國內亂，讓北京為了維持國內穩定而無暇他顧，美國可以避免、或至少大幅推遲中國對美國統治地位的挑戰。

三、談判出一種長和平

如果可以談判，美國和中國可能同意一個長達四分之一世紀的休兵期，在某些領域施加規範、減少競爭，同時雙方都可以自由地在其他地方尋求優勢。從伯里克利在公元前445年與斯巴達人簽署的「三十年和平」，到1970年代的美蘇「低盪」（détente），歷史上的競爭對手已經找到了一種妥協之道，使其

接受無法忍受（但暫時不可改變）的情況，以便集中精力處理更緊迫的優先事項，特別是他們自己的內政。

尼克森和季辛吉願意就一系列協議進行談判，這些協議產生了美國和蘇維埃政府所謂的「低盪」，這反映了他們認為美國需要喘息的空間，來修復由越戰和民權運動所造成的國內分裂。這些安排包括凍結了雙方最具殺傷力的核武建造的《限制戰略武器條約》（SALT）；要求雙方限制對對手飛彈的防禦，從而默許對方能夠打擊我方的《反彈道飛彈條約》（ABM Treaty）；還有使歐洲分裂合法化的《赫爾辛基協議》（Helsinki Accords）。正如季辛吉所解釋的，低盪的一個關鍵因素是包裹條件：美國在蘇聯的重要問題上讓步，例如承認東德，換取莫斯科對華盛頓認為重要的問題的克制，包括進入西柏林，和容忍美國在越南轟炸的升級。

這些協議的政治成本很高。分析師仍然對其優點存在分歧。有些人為之慶祝，因他們建立了一個新的國際秩序，且莫斯科和華盛頓都放棄了推翻對方政權的野心。然而其他人認為，這些安排主要是因為他們想爭取時間，以證明哪個社會和政府的體制更優越。有些持後者觀點的人後來加入了雷根政府，1981 年時他們認為在與蘇聯領導人談判的同時試圖瓦解邪惡帝國，兩者並沒有矛盾。[16]

在目前的中美競爭階段，兩國政府都面臨著國內壓倒性的要求。鑑於中國是以幾十年和幾個世紀，而不是幾天和幾個月的角度來看待進步，過去的紀錄顯示它有能力長期地擱置爭議。例如

它在1972年《上海公報》時有效地擱置了台灣問題，又例如在1978年時，鄧小平向日本提出將兩國對東海島嶼的爭議擱置一代人。[17]與此相對，美國人往往不那麼有耐心。然而潛在協議的菜單很長，而且利益可能很大。例如可以簽訂一項協議，凍結南海和東海的爭端，或確認所有船舶在所有國際水域的航行自由，或將網路攻擊限制在商定的領域並排除其他領域（例如關鍵基礎設施），或禁止以特定形式對彼此的國內政治進行干擾。

與冷戰時期的低盪一樣，美國和中國可以將問題包裹起來以達成協議，使每一項都能獲得最重大的價值。例如，美國為換取中國對商業間諜活動的限制，可以同意藉由國務院不再發布關於中國的年度人權報告，也不再與達賴喇嘛進行高層會晤，來緩和對中國侵犯人權行為的批評。如果北京可以從南海的島嶼上拆除反艦和防空飛彈，華盛頓可以限制沿著中國邊境進行的監視行動，特別是如同中國政府長期以來所要求的，停止在中國海南島軍事設施附近的行動。中國可以同意結束在東海尖閣群島附近的定期巡邏，以換取美國停止在南海的挑釁性自由航行。美國可能會建議中國凍結在南海的島嶼建設，並接受對其潛艇艦隊和反衛星武器現代化的限制，與減少其兩棲作戰能力，以換取美國減緩、甚至停止發展常規武器的全球迅速打擊能力，與推遲或取消部署在韓國和日本的先進飛彈防禦系統，並承認中國對西沙群島的主權。如果中國能迫使平壤結束核子武器和遠程飛彈的進一步試驗，美國可以限制、甚至停止向台灣出售武器，並從韓國撤軍。[18]

四、重新定義雙方的關係

2012年，習近平向歐巴馬總統提議共同創建一種「新型大國關係」，讓美國和中國尊重彼此的核心利益。對於習近平而言，「核心利益」意味著尊重彼此事實上的勢力範圍，他認為這不僅包括台灣和西藏，還包括中國在南海的主張。歐巴馬政府不願意接受這些條款，否決了這一提法。川普總統也對這個主張沒有任何支持的意願。[19] 雖然如此，美國何妨提出自己對新型大國關係的看法。

在冷戰的最後幾年，在只有雷根、戈巴契夫以及他們的翻譯出席的私人散步中，雷根提出了一個問題：如果地球被火星人入侵，那麼蘇聯和美國將如何應對？[20] 起初俄羅斯人的翻譯誤解了雷根，讓戈巴契夫懷疑雷根是否正告訴他火星人剛剛入侵了地球？在這個混淆被釐清後，雷根繼續追問了這個問題。他的目的是提醒他的頭號死敵，雙方其實分享著特定的共同利益。

追隨雷根的先例，我們不妨想想今天的美國和中國，是否面臨著類似外星人入侵的嚴重威脅，使雙方被迫同舟共濟？肯定的答案幾乎是就在眼前，最重要的是四個「巨型威脅」：核子戰爭導致的世界末日、核武擴散導致的無政府狀態、全球恐怖主義（特別是伊斯蘭聖戰主義）和氣候變遷。面對這些中的任一個，兩個大國所分享的重要利益，遠遠大於分裂它們的利益。

由於「相互保證毀滅」的必然結果，如果美國和中國陷入全面的核子戰爭，兩國都將從地圖上被抹去。因此，他們最重要的

利益就是避免核戰。此外，他們必須藉由妥協和約束，盡量避免懦夫遊戲，因為這可能無意中觸發悔之莫及的結果。

核無政府狀態本身就是巨大威脅。在一個許多國家都獲得了大量核子武器的世界，一些衝突會演變成核武衝突，一些核子武器會落入恐怖分子手中。印度和巴基斯坦之間的核子戰爭可能造成數億人死亡，並造成全球環境浩劫。北韓若將核子武器出售給蓋達組織的後繼者或新疆恐怖分子，並讓該設備在紐約或北京爆炸，將從根本上改變我們的世界。

甘迺迪總統在1963年就認識到這種威脅，並預測到1970年代，將會有25或30個核武國家。他瞭解這對美國的生存和福祉意味著什麼，因此啟動了一系列與《核不擴散條約》（Non-Proliferation Treaty）有關的倡議。[21]這些努力一定程度的改變了歷史的軌跡，到今天擁有核武的國家並非25個或30個，而只有9個。*由於中國和俄羅斯的合作，我們已藉由談判成功地將伊朗的核武計畫擱置了十年或更長時間。儘管如此，核子武器和核子原料的增加，特別是北韓和巴基斯坦的核子武器和核子原料的積累，大大增加了核子恐怖主義的風險。沒有哪些國家比中國和美國更能處理這些挑戰，特別是如果它們齊心齊力並說服俄羅斯加入它們。解決北韓和巴基斯坦的擴散，不僅可以減少核子恐怖主

---

* 譯註：《核不擴散條約》承認的核武國家為美國、俄羅斯、英國、法國、中國等五個，另外取得核武的有印度、巴基斯坦與北韓。以色列也可能有核武，但其官方沒有正式承認，刻意保持一種模糊性，以便一方面能取得嚇阻能力，一方面減少政治壓力。

義的危險，還可以減少核武擴散到南韓和日本等國家的危險。如
果未能達成這樣的合作，我們有生之年的某個時刻，有可能會看
到核彈在孟買、雅加達、洛杉磯或上海這樣的城市爆炸。[22]

其他類型的大型恐怖主義對美國和中國構成較小但仍然不可
忽略的威脅。工程和物理的整合驅動了二十世紀下半葉的科技爆
發，並誕生了從電腦晶片、網際網路到核彈這所有一切。到了二
十一世紀，可以媲美的有工程學、基因體學、合成生物學的結
合，這種科技進展不僅可能提供我們治療特定癌症的神奇解方，
也可以因為一個不肖科學家製造的生物武器而造成數十萬人的
死亡。[23]大自然在2003年製造的嚴重急性呼吸道症候群（SARS）
流行，和2014年的非洲伊波拉病毒，已使我們見識了這種危
險。不妨設想有個恐怖分子，在生物技術實驗室創造了具有抗藥
性的天花病原體，並在昆明或芝加哥的一座機場釋放了它們。沒
有任何一個國家能夠單獨應對這種危險。我們必須透過雙邊情報
共享、與國際刑警等多邊組織全面合作，並制訂全球標準，才有
可能化解危機。[24]

末日啟示錄的第四個騎士是溫室氣體的大量排放，它導致的
全球氣候變遷迫使人類過去的正常生活難以為繼。科學家警告
說，當溫室氣體濃度達到450ppm時，全球平均溫度就可能升高
華氏三度，並造成災難性後果。應對這場慢動作災難，只靠美國
和中國單獨行動，並在自己的境內做各種努力，甚至讓中國和美
國這兩個主要的碳排放國的碳排放增加量減少到零，都還不足以
力挽狂瀾。因為其他國家如果繼續目前的發展趨勢，美中各自的

努力也只會讓人類對全球氣候的影響延後幾年而已。習主席和歐巴馬總統對此深有認識，因此在制訂2016年《巴黎氣候協議》之前達成美中協議，要求各國的碳排放得在2030年之前封頂，並在此後開始減少排放。雖然全世界為這一協議的達成而感到慶幸，但兩個嚴酷的現實卻讓人不能不加以正視。首先，只靠現有技術，這協議的目標是不可能實現的。其次，即使所有國家都履行了承諾，全球暖化也仍會變本加厲（儘管速度比我們什麼都不做要慢）。[25] 作為世界上最大的兩個經濟體，美國和中國負有特殊的責任，並也有推動的籌碼可以領導國際社會走出這場生死攸關的危機。

這四項挑戰似乎令人生畏，甚至可能無法克服，但幸運的是一系列雙贏的機會可以展示合作的好處，並激勵美、中共同應對更大的威脅。毫無疑問，全球貿易和投資已創造了更多的財富，而這兩個國家也是獲益最大的。在他們雙方之間、在他們與其他國家之間，以及在他們自己的社會中，這個餡餅是如何劃分的，是另一個引發激辯的問題。對經濟整合的支持不再是無庸置疑的，因為越來越多的人認為全球化讓他們變得更窮，於是民粹主義、民族主義和仇外心理激增。儘管存在許多分歧，但美國和中國在管理這些新興力量、並確保它們不會破壞全球經濟結構方面，有著共同的利益。

更加難以捉摸、但無疑真實存在的是地球上最活躍、最富裕的「金十億」（golden billions）人口漸漸孕育出來的全球意識。他們以史無前例的程度分享觀念、規範和實踐。無處不在的通信

網路使世界縮小了，並讓各地的精英們幾乎可以立即查詢到所有事情。智慧型手機帶來地球各個角落的圖像和文字；任何地方的爆炸、颶風和新發現，都會在各地引起迴響。不僅對全球精英、甚至對普通人來說，國際旅行的經驗都已是司空見慣。中國有八十萬最優秀、最聰明的人在國外接受教育，其中三十萬人在美國。我們不妨靜下心來思考以下這個事實：現在的中國元首和他的妻子並沒有將他們唯一的孩子送去念習近平的母校清華大學，而是讓她就讀哈佛大學，並於2014年畢業。崛起中的「國際主義者」（internationalists）世代的觀點，要如何與他們更民族主義或民粹主義傾向的同胞調和，仍然是一個難題。如何讓國際主義者的世界觀轉化為各國之間合作的新契機，將是未來充滿機會的挑戰。[26]

結論

「在人類事務中，如果歷史不會如實重現，至少也會相似地再現。
因此，如果人們能藉由我的歷史著作準確掌握過去，
並藉此理解未來，我會甚感欣慰。」
——修昔底德，《伯羅奔尼撒戰爭史》——

我在哈佛大學已任教五十年，看到成千上萬的聰明學生和教授匆匆來去。許多似乎注定偉大的明星出師未捷，同時許多不起眼的人物一飛沖天。第一印象往往出錯，人生的軌跡往往出現意想不到的曲折。季辛吉就是一個很好的例子。1964年我在哈佛大學開始攻讀研究生時，他是我的指導教授。季辛吉出生於一個德國小鎮的猶太人家庭，為了逃避納粹而來到美國，加入美軍，之後在《美國軍人權利法案》的資助下前往哈佛大學就讀，並最終成為教授。難道他就注定會成為美國的國家安全顧問，並與尼克森一起讓美國對中國開放？而任何在1940年或1950年有這種想法的人，都會被嘲笑為傻子。另一個例子是在哈佛就讀兩年後為了追求對電腦的熱情而退學的比爾・蓋茲，他最後創辦了微軟。或者，那個漫不經心、大部分時間都在為宿舍室友設計網路工具以保持聯絡的祖克柏，最終卻創辦了爆炸式成長的臉書。

我們該如何理解這些結果？像索福克里斯這樣以悲劇主宰了整個希臘文學的偉大劇作家，認為命運就是答案。在他們的戲劇中，是眾神安排了伊底帕斯的命運，讓他殺死他的父親、娶他的母親。他的命運早已注定，且沒有逃脫可能。但修昔底德不同意這種宿命論，並有著截然不同的觀點。實際上，他定義了一個新的歷史學科，其中人才是主角、上帝不是。命運將牌發到手上，但是人打了牌。

修昔底德撰寫的歷史，提供了一個關於伯里克利和他的雅典同胞根據自己的自由意志進行選擇的紀錄。不同的選擇會產生不同的結果。他重建雅典公民大會上的辯論，是為了教導未來的政

治家不要接受他們的命運，而要審慎做出更明智的選擇。雅典人並非一定得在公元前430年與斯巴達開戰。事實上，公民大會裡幾乎有一半投票反對導致戰爭的聯盟。為三十年和平進行談判的同一位伯里克利，又怎會沒有預見到科林斯和克基拉之間的衝突，並在它陷入戰爭之前採取行動、以將之化解？

在第一次世界大戰之後，德皇的首相貝特曼—霍爾維格試圖藉由主張德國和英國之間的戰爭是注定的，來逃避他的行為責任。但在同樣的局勢下，一位像俾斯麥這樣精明的政治家，可能已經找到了方法來維持德國與俄羅斯的秘密聯盟，或者甚至可能與英國達成妥協以避免衝突。

1936年，希特勒違反了《凡爾賽條約》，並以重新將萊茵河西岸軍事化威脅歐洲。如果英國和法國如同邱吉爾當時大力倡導的那樣派遣部隊來執行條約，德國軍隊將會撤退，強烈反對希特勒魯莽行動的德國將領們就更可能推翻他，而第二次世界大戰可能從未發生。

古巴飛彈危機的教訓更是彌足珍貴，也是與當前的美中困境最相關的一堂課。從美國和蘇聯採取的步驟紀錄來看，不難發現至少有十幾種可能會讓華盛頓與莫斯科一不小心就走向核戰。[1]例如，土耳其或德國的北約飛行員，駕駛載著核彈的F-100超級軍刀戰鬥機，可能因為搞錯或發瘋而飛向莫斯科，丟下飛機上的那枚炸彈。一艘在加勒比海地區配備了可發射的核彈頭的蘇聯潛水艇，幾乎將美國的反潛作戰誤認為全面攻擊。該指揮官不需要莫斯科的進一步授權或代碼，就可以對美國城市發射武器。

　　既然這類核武對抗幾乎無法避免，甘迺迪一再忽略他顧問的敦促，選擇讓赫魯雪夫有更多時間考慮、適應和調整。因此，當危機發展到最後一個星期六，美國的U-2偵察機在古巴被擊落時，甘迺迪延後了報復性攻擊，以進行最後的外交磋商。在這樣做的過程中，他調製了一杯獨特的政治雞尾酒，包括公開交易、私人最後通牒，和不公開的秘密甜頭。所有這些，都無視於國家安全委員會大多數成員的建議。公開交易是指基於赫魯雪夫曾聲稱必須保護古巴不受美國入侵，如果他同意從古巴撤回核彈，美國也將保證不會入侵該島。私人的最後通牒則給了赫魯雪夫二十四小時回應，美國威脅之後就要進行空襲，以消滅那些核彈。秘密的甜頭則在於雖然美國堅稱不會有交換條件，但如果蘇聯從古巴撤出核彈，美國在土耳其的核彈也將在六個月內消失。

　　甘迺迪知道，避免這種僵局的積極作為可能得付出高昂的代價，包括在政治敏感問題上妥協，和延後一些雖非必要但仍頗為關鍵的作為。但他做出決斷，說代價值得付出。用他的話說，古巴飛彈危機的持久教訓是：「最重要的是，核子大國在捍衛自己的重要利益的同時，必須避免迫使對手在喪權辱國的退讓和核子戰爭之間做選擇。」[2]

　　美國領導人若要在今日做出類似的明智選擇，得同時絞盡腦汁地思考並孜孜不倦地奮鬥。他們可以從四個核心觀點開始：

　　第一，辨明美國的核心利益。要捍衛美國的核心利益，首先要釐清它們的定義。什麼都當成是優先的，就沒有什麼是優先

的，然而這就是華盛頓的自然反射。在中美之間史詩般的鬥爭中，美國領導人必須將核心利益與重大利益區分開來。[3]例如，維護美國在西太平洋地區的首要地位，真的是至關重要的國家利益嗎？美國人會「挑起任何重擔」，以阻止中國奪取南海的島嶼，甚至收回台灣？這些不只是修辭問題。不屬於國家優先利益的地緣政治企圖，或甚至對危機的反應，都必然淪於失敗。

德國哲學家尼采告訴我們，「人類最常見的愚蠢，就是忘記了他想做的事情。」如果清楚地思考美國在世界上的角色，我們就會發現智者們在冷戰時期得出的誡命，仍堪稱不易之典。如第九章所述，這意味著得「捍衛美國作為一個自由的國度，以及基本制度和價值的完整。」，但這並不要求美國保護菲律賓或越南在南海提出的所有要求，甚至不需要去保衛菲律賓。但它確實要求美國避免與中國發生核子戰爭。

第二，**瞭解中國的國家目標。**根據甘迺迪給予我們的啟示，美國領導人也必須加強理解和尊重中國的核心利益。儘管口氣強硬，但在直接對抗時，赫魯雪夫決定他可以在古巴的核子武器上達成妥協。同樣的，毛澤東雖被視為意識型態上的狂人，但若能有助於中國的利益，他也能放能捨。習近平和川普一開始都擺出強硬姿態，拒絕任何妥協，但兩者都是懂得談判交易的人。美國政府越瞭解中國的真實目標，就越能為解決分歧做好準備。問題仍然是不當的心理預期：即使是經驗豐富的國務院官員，也經常錯誤地以為美國的核心利益也是中國的核心利益。他們應該好好

讀讀孫子：「知己知彼，百戰不殆；不知彼而知己，一勝一負；不知彼不知己，每戰必殆。」[4]

冷戰已經被視為國際關係中的一個禁忌選擇，幾乎不惜任何代價要加以避免。但在蘇維埃帝國解體的四分之一世紀後，在華盛頓和莫斯科的關係再次引發焦慮的此時，過去美蘇關係中的可靠元素仍值得人們思考。偽裝帶來混淆，坦誠滋生清晰。「我們會埋葬你！」和「邪惡的帝國」等口號，毫無疑問地彰顯了各自的立場，但是這種嚴厲的口吻，並沒有終止有意義的接觸、坦誠的談話，甚至是建設性的妥協。甚至，這些主張還讓領導者在道德制高點的庇護下，去尋求談判。

大聲呼籲對方應該注意言行舉止這種被動但侵略性的「應該外交」（should diplomacy），或是誇誇其談地緣政治準則等冠冕堂皇的大道理，都不如坦率直接地追求自身的國家利益更能改善中國與美國的處境。在高風險的關係中，最重要的是可預測性和穩定性，而不是友誼。美國應該停止「讓我們裝下去」的遊戲。

正如我們在第一章中看到的，美國許多人一直假裝中國的崛起並不像它實際上的那樣壯觀。他們也一直假裝中國政權得依靠經濟成長才能存續。是的，共產黨的生存取決於高成長率，但中國作為亞洲第一大國的崛起，以及它成為世界第一大國的願望，不僅反映了經濟成長的必要性，也反映了與中國人身分認同結合在一起的中國至上的世界觀。在《給我的孩子們的信》（*Letter to My Children*）中，錢伯斯（Whittaker Chambers）發現了他所認為的革命共產主義的哲學驅動力：「它是人類的另一種信仰……

它是一種以人類的思想取代上帝作為創世智慧的願景。它是一種
人類經歷過思想解放之後，以其理性作為唯一的力量重新定位
人類的命運，重新組織人類生活和世界的願景。」（錢伯斯曾是
一位蘇聯間諜，叛逃後成為一個激烈的反共人士，雷根總統於
1984年授予其自由勳章。）[5] 雖然習近平及其黨內官員不再宣揚
馬列思想，但任何人都不應該認為今天的中國政權僅僅關注自身
權力，而沒有任何意識形態。第七章強調了中國和西方在文明價
值觀上的嚴重分歧，但行禮如儀的外交常常模糊了這令人不安的
事實。

　　第三，擬定戰略。在今天的華盛頓，戰略思想已被邊緣化、
甚至被嘲笑。柯林頓總統曾經認為，在這個瞬息萬變的世界裡，
外交政策已成為像是某種爵士樂，是必須即興創作的藝術。歐巴
馬是美國最聰明的總統之一，但他最愚蠢的主張就包括了他聲稱
有鑑於今天的變化速度，「我甚至不需要喬治·肯楠」。[6] 雖然精
心籌劃的戰略並不能保證成功，但缺乏一以貫之的戰略必然導致
失敗。

　　但是今天，華盛頓的政策制定者甚至不會假裝認真對待戰
略。相反地，在應對中國、俄羅斯或伊斯蘭聖戰主義所帶來的挑
戰時，他們只說「我們的努力方向是⋯⋯」，而忽略了國家安全
戰略文件。在過去的十年，我還沒有遇過任何一位曾經閱讀了官
方的國家安全戰略的美國國家安全團隊高級成員。

　　因此，今天指導華盛頓如何面對中國的不是NSC-68，也不

是雷根政府修訂後的NSDD-75，而是華麗的、具有政治吸引力的願望，以及由此列出的各種各樣的行動清單。而其中的每一種情況所期待達成的目標，都會被一個學有專精的戰略家認定為不是美國在合理代價內可以達成的。因此目前的那些努力，都必將失敗。

在中國看來，美國的政策主要是維持現狀，亦即第二次世界大戰後建立的「美國治下的和平」（Pax Americana）。華盛頓一再正確地提醒中國，這個現狀使亞洲國家、特別是中國經歷了最長的和平和最大的經濟成長。但是，當潛在的經濟權力平衡大幅向中國傾斜，這種現狀就無法持續下去。因此，美國真正的戰略就只是一個奢望。

思索和構建與這一挑戰相稱的大戰略，要求政府高級官員不僅要投入他們的政治資本，還要投入他們的智力。與歐巴馬所言相反，今天的美國國家安全戰略確實需要當代的肯楠，以及馬歇爾、艾奇遜、范登堡、保羅‧尼采，還有杜魯門。

第四，優先解決國內問題。如果習近平和川普聽取李光耀的話，他們會首先關注最重要的問題，也就是他們的內政問題。今天對美國國家安全的最大挑戰是什麼？對美國在世界上的地位構成最大威脅的是什麼？這兩個問題的答案都是美國政治體制的失敗。問中國同樣的問題，答案也一樣是治理失敗。兩個社會中的誠實的觀察者，都越來越認識到「衰敗的民主」（decadent democracy）和「回應性威權政府」（responsive authoritarianism），都不適合迎接二十一世紀最嚴峻的考驗。

　　我先天就是一個對美國的樂觀主義者，但我擔心美國民主會出現致命的症狀。華盛頓特區（District of Columbia，簡稱DC）已經成為「功能失調首都」（Dysfunctional Capital）的縮寫，成為一個兩黨只會惡言相向的有毒沼澤，白宮和國會之間的關係也陷入癱瘓，導致連預算案和條約案等通過不了，也讓民眾對政府的信任幾乎消失。這些症狀的根源，包括公共道德的衰退、合法和制度化的腐敗、教育程度低且注意力不集中的選民，以及扒糞媒體——所有這一切，又因為鼓勵危言聳聽、貶抑字斟句酌言之有物的數位裝置和媒體平台而雪上加霜。正如林肯如先知般的預言，一座分裂的房子是無法站穩的。如果沒有更能堅定果決領導國家的總統，且統治階級也未能恢復其公民責任感，美國可能會步上歐洲的後塵走下坡。

　　與此同時，我贊同李光耀對中國的「操作系統」的嚴厲批評。新技術即將淘汰其現有的治理體系。用無所不在的「社會信用」體系追蹤每個公民的北京官僚，無法一直掌控擁有智慧型手機的年輕都市人。李光耀指出了中國不容易改變的一系列障礙，包括缺乏法治、中央的過度控制、限制想像力和創造力的文化積習，一種「用車載斗量的成語與四千年的文獻塑造思想，且主張所有該被說的都已經被古人說過，而且越古老的說得越好」的語言，還有「無法吸引和吸收來自世界其他社會的人才。」[7]他的處方不是美式民主（他認為會導致中國的崩潰），而是恢復中國傳統的政治道德以及一個強而有力的領導。在這方面，習近平具

有價值導向的民族主義，可能有助於恢復被唯物主義掏空的中國操作系統的完整性。

我們還可以繼續以電腦來做譬喻。例如美中兩國還必須重新考慮其「應用程式」（apps）在二十一世紀的適用性。尼爾‧弗格森在他的《文明》一書中列舉了六個「殺手級應用程式」，認為是這些想法和制度使西方在西元1500年以後產生了世界上其他地區難以望其項背的差距，它們包括競爭、科學革命、財產權保障、現代醫學、消費社會和工作倫理。[8]弗格森雖然注意到1970年以來中國與西方差距的縮小，但懷疑中國是否能夠在沒有安全的私有財產權這個第三大應用程式的情況下保持其進步。我則擔心美國的工作倫理已經失去光采，而消費社會卻日益腐敗。

如果每個社會的領導人都瞭解到本國問題的嚴重性，並專心致力先解決它們，那麼美中官員會發現「在亞洲分享二十一世紀」並不是他們最嚴峻的挑戰。

他們會認識到這個現實嗎？他們中的一個或兩個國家，會以想像力和毅力來應對國內挑戰嗎？如果可以，他們又是否足夠沉著老練，在確保他們重要利益的同時能不走向戰爭？政治家若想有這般作為，沒有比重讀修昔底德的《伯羅奔尼撒戰爭史》更好的起點。

他們會成功嗎？「啊，我們怎麼預料得到。」然而我們確信莎士比亞是對的：我們的命運「並不取決於我們的星宿，而取決於我們自己。」

謝辭

在我的知識旅途中，許多人提供了大量幫助，因此要在這篇短文中專門致謝。從初入戴維森學院（Davidson College）在拉班（Laban）教授的引領下認識修昔底德，到近年在哈佛大學每週見面的中國工作坊（China Working Group），與日俱進的訊息積累，才使本書的分析得以完成。我的大四論文指導教授布里登（Crane Brinton，著有《革命的剖析》〔*Anatomy of a Revolution*〕）讓我認識到歷史的模式。到牛津大學攻讀分析哲學時，我從艾耶爾（A. J. Ayer）、柏林（Isaiah Berlin）、賴爾（Gilbert Ryle）與斯特勞森（Peter Strawson）等學者處，瞭解到概念框架與現實世界之間的差異。在我到哈佛大學成為博士研究生時，我異常有幸的聽講於三位應用歷史學的傳奇人物，包括季辛吉、梅伊與諾伊施塔特，由此對當前的挑戰有了明晰的認識。我的博士論文研究了1962年的古巴飛彈危機，該論文闡明了政府決策的複雜性，以及超級大國核武庫所造成的特殊危險，且這種危險在對手之間建立了牢不可破的聯繫。

冷戰期間，我作為諮詢對象、政策顧問與實際的參與者，學習並助益於理解這種生死存亡的威脅，並且制定最終戰勝「邪惡帝國」的戰略。我有幸擔任雷根總統及其國防部長溫伯格（Caspar Weinberger）的特別顧問，在柯林頓總統任職期間，

擔任國防部長阿斯彭（Les Aspen）和其繼任者佩里（Bill Perry）的助理國防部長，並且在溫伯格到卡特（Ash Carter）的十幾位國防部長任內，服務於國防政策委員會，並與從透納（Stan Turner，我擔任他的特別顧問）到裴卓斯（David Petraeus）的歷屆中央情報局局長以及更多同儕共事。

但最重要的，是我在哈佛大學，特別是在哈佛大學甘迺迪政府學院工作期間，滋養成形了這本書的總體想法與觀念。從1970年代後期到80年代，我很榮幸的擔任了甘迺迪政府學院的「創院院長」，並與卡尼撒勒（Al Carnesale）、約瑟夫・奈伊共同領導了《避免核子戰爭計畫》（Avoiding Nuclear War Project），招募了數十名新進教師和博士後，以瞭解如何有效的約束核子競爭，以使致命的對手都能生存。在後冷戰時代，我領導了哈佛大學的貝爾福科學與國際事務中心（Belfer Center for Science and International Affairs），在那裡，數十名教師同事和研究員，讓我學會國際事務中最重大的挑戰。在此過程中，我很幸運能夠成為懷海德（A. N. Whitehead）所說的「長幼咸集、上下求索」的一部分。

貝爾福中心中國工作坊中國教程的成員，也持續使我受益。他們包括卡特懷特（Hoss Cartwright）、歐立德（Mark Elliott）、傅泰林（Taylor Fravel）、加拉格爾（Kelly Sims Gallagher）、希爾（Paul Heer）、江憶恩（Alastair Iain Johnston）、柯偉林（William Kirby）、馬若德（Roderick MacFarquahar）、歐蘇立文（Meghan O'Sullivan）、珀金斯（Dwight Perkins）、芮效儉（Stapleton Roy）、陸克文、賽奇（Anthony Saich），傅高義（Ezra Vogel）

和文安立（Odd Arne Westad）等。為了讓我瞭解中國的經濟，費爾斯坦（Martin Feldstein）一直耐心的幫助我，庫珀（Richard Cooper）、費雪（Stanley Fisher）、薩默斯（Larry Summers）和佐立克（Robert Zoellick）也提供了支持。在推動應用歷史學的過程中，哈佛大學應用歷史項目的同儕尼爾・弗格森一直是我最有價值的同事，阿米蒂奇（David Armitage）、福士特（Drew Faust）、羅格瓦爾（Fredrick Logevall）、梅爾（Charles Maier）、米勒（Steve Miller）、羅斯克蘭斯（Richard Rosecrance）和范埃弗拉（Stephen Van Evera）也提供了明智的建議。

正如邱吉爾所說，「寫書是一種冒險。它開始時是一種玩具或一個娛樂，然後它變成一位情婦，然後它變成一個主人，然後它變成一個暴君。到最後，當你幾乎要為他嘔心瀝血，你會殺死這個怪物，將它梟首示眾。」

而不像我之前的著作，這次殺死怪物的過程獲得了許多幫助，總編輯布雷克（Josh Burek）一直是我衝向終點的過程中的靈感、洞察力和決心的源泉。他的副手西格爾（Adam Siegel）在管理研究助理和學生方面，展現了堅持不懈的良好精神和高超的技巧；他們包括Jieun Baek、Leore Ben-Chorin、Edyt Dickstein、Chris Farley、Paul Fraioli、Eleanor Freund、Eyck Freymann、Josh Goldstein、Tess Hellgren、Arjun Kapur、Zachary Keck、Nathan Levine、Wesley Morgan、William Ossoff、Krysianna Papadakis、Sam Ratner、Henry Rome、Tim Sandole和Wright Smith。我要特別感謝John Masko，他辛苦地編輯了附錄

一的修昔底德陷阱個案檔案的初稿。兩位著名的年輕學者做出了重要貢獻。羅茲（Ben Rhode）幫助我理解了導致第一次世界大戰的道路；傑斐（Seth Jaffe）精練地評估了古希臘修昔底德陷阱的原始實例。

布萊克威爾（Bob Blackwill）、佛里曼（Uri Friedman）、馬丁納（Michael Martina）、米勒（Jim Miller）、奈伊、蘇爾邁爾（Michael Sulmeyer）、Mark Toher，文安立，溫尼（Ali Wyne），與佐立克審閱了本書的部分段落，提供了寶貴的評論。

這個可敬的團體的集體反饋，讓我能夠進行大量的修正和改進，剩下的錯誤完全得由我自己承擔。

在貝爾福中心，執行董事薩莫爾（Gary Samore）和沃爾什（Patty Walsh）一直是一流的同志。在我起草本書期間，中心的工作沒有絲毫間斷，都是他們的功勞。同事Benn Craig、Arielle Dworkin、Andrew Facini、Andrea Heller、Henry Kaempf、Simone O'Hanlon和Sharon Wilke在幕後做了自己的工作。謝謝你們。

感謝我的經紀人Michael Carlisle，他很早就看到了這本書的潛力，從未動搖過。Houghton Mifflin Harcourt團隊因管理我的手稿和情緒波動而值得特別一提，他們包括Larry Cooper、Lori Glazer、Carla Gray、Ben Hyman、Alexander Littlefield、Ayesha Mirza、Bruce Nichols和Taryn Roeder。

最重要的是，我很感激我的妻子伊麗莎白，她不僅是我一生的摯愛，而且成為我最好的朋友，並在閱讀每一章時提供了周到的事實檢查。

十六個修昔底德陷阱案例研究

	時期	統治強權	崛起強權	競爭領域	結果
1	十五世紀後期	葡萄牙	西班牙	全球帝國與貿易	無戰爭
2	十六世紀上半	法國	哈布斯堡	西歐陸權	戰爭
3	十六與十七世紀	哈布斯堡	鄂圖曼帝國	中東歐陸權與地中海海權	戰爭
4	十七世紀上半	哈布斯堡	瑞典	北歐陸權與海權	戰爭
5	十七世紀中到晚期	荷蘭共和國	英國	全球帝國、海權與貿易	戰爭
6	十七世紀晚期到十八世紀中葉	法國	大不列顛	全球帝國與歐洲陸權	戰爭
7	十八世紀晚期至十九世紀初	聯合王國	法國	歐洲陸權與海權	戰爭
8	十九世紀中	法國與聯合王國	俄國	全球帝國與對中亞及東地中海影響力	戰爭
9	十九世紀中	法國	德國	歐洲陸權	戰爭
10	十九世紀晚期至二十世紀初	中國與俄國	日本	東亞陸權與海權	戰爭
11	二十世紀初	聯合王國	美國	全球經濟主導權與西半球海軍優勢	無戰爭
12	二十世紀初	得到法國與俄國支持的聯合王國	德國	歐洲陸權與全球海權	戰爭
13	二十世紀中	蘇聯、法國與聯合王國	德國	歐洲陸權與海權	戰爭
14	二十世紀中	美國	日本	亞太地區海權與影響	戰爭
15	1940到1980年代	美國	蘇聯	全球權力	無戰爭
16	1990年代迄今	聯合王國與法國	德國	歐洲政治影響	無戰爭

若欲探索哈佛大學修昔底德陷阱計畫十六個主要統治強權與崛起強權案例的進一步資料，請參考：http://belfercenter.org/thucydides-trap/。

一、葡萄牙對上西班牙

時間：十五世紀末

統治強權：葡萄牙

崛起強權：西班牙

競爭領域：全球帝國和貿易

結果：沒有戰爭

葡萄牙藉由在十五世紀長期引領世界勘探和國際貿易，使其傳統的競爭對手和鄰國西班牙卡斯提爾王室黯然失色。然而到了1490年代，一個團結的、重新煥發活力的西班牙開始挑戰葡萄牙的貿易優勢，並在新世界的殖民地宣稱其至高權威，使兩個伊比利半島的大國處於戰爭的邊緣。1494年的《托德西利亞斯條約》在教皇的介入下得以簽署，勉強避免了毀滅性的衝突。

在十五世紀中葉，雄心勃勃的航海家亨利王子成為葡萄牙探險事業的主要支持者。他投資了新的航海技術，並派遣葡萄牙海軍進行遠航，尋求黃金、建立新的貿易夥伴關係，並傳播基督教。由於葡萄牙的主要競爭對手卡斯提爾專注於重新占領伊比利亞半島上殘存的伊斯蘭據點，並受到君主繼承戰爭的牽絆，葡萄牙的貿易優勢是安全的。因此，亨利得以「放開手腳的實施大膽和連貫的擴張政策」，進占馬德拉（Madeira）、亞速爾群島（Azores）和西非沿海地區。[1] 葡萄牙人對海洋的掌握在1488年達

到頂峰，當時探險家迪亞士成為第一個繞過好望角的歐洲人，並由此獲得通往印度的海上航線，和利潤豐厚的東印度群島。

　　雖然里斯本的帝國繼續擴大，卡斯提爾的競爭對手也在挑戰葡萄牙的霸主地位。1469年，卡斯提爾的天主教君主伊莎貝拉和阿拉貢的斐迪南的婚姻，使兩個王國統一在一個單一的王室之下，使西班牙語世界的權力迅速集中。[2]1492年，斐迪南和伊莎貝拉完成了對伊比利亞半島的最後一個公國格拉納達的重新征服。

　　葡萄牙在其海外擴張時期享有的優勢，使西班牙的帝國僅延伸到加那利群島；但西班牙崛起後，很快就讓統治強權葡萄牙感到憂慮。在1492年重新奪回格拉納達之後，里斯本擔心「預計勇往前進的卡斯提爾人，接著可能會將戰爭帶入北非，對葡萄牙在該地區的企圖心構成威脅。」[3]葡萄牙的擔憂，在1492年哥倫布到達新世界後進一步成長；哥倫布一開始向葡萄牙國王約翰二世尋求支持，但卻被拒絕，因此轉向西班牙的斐迪南和伊莎貝拉，後者對哥倫布的支持，可獲得由此新發現的土地的十分之九的收入。[4]哥倫布的航行，使西班牙變成了一個強大的海外帝國競爭對手。兩個競爭對手之間的權力平衡幾乎在一夜之間發生了變化。根據經濟史學家祖卡斯（Alexander Zukas）的說法，「很明顯，西班牙和葡萄牙這對競爭對手，很快就會為歐洲人尚未占有的土地發生衝突。」[5]事實上，當西班牙出現謠言，說約翰國王「深信哥倫布發現的島嶼應屬於他……且葡萄牙已經準備派出一支艦隊占有他們」，兩國之間似乎已瀕臨一戰。[6]

　　有鑑於卡斯提爾、阿拉貢和葡萄牙，才在1470年代進行過「卡斯提爾王位繼承戰爭」，且為此經歷了五年的僵局，西班牙轉向西班牙裔的教宗亞歷山大六世進行仲裁，並獲得他同情的傾聽。亞歷山大劃了一條線，位置大約在佛得角群島以西約三百二十英里處，並確定在該線以東發現的任何新土地應屬於葡萄牙，而該線以西的則屬於西班牙。[7]葡萄牙人對此裁決非常憤怒，拒絕遵守，因為這樣將讓它在新世界中所剩無幾，何況它通向印度和非洲的貿易路線，還另有限制條款。[8]

　　在最後一次試圖避免戰爭的過程中，這兩個大國同意修改教皇在1494年的《托德西利亞斯條約》中提出的建議，將分界線向西移動到西經四十六度線，穿過現代的巴西東部，並授予葡萄牙進入印度和非洲的貿易通道。正如歷史學家迪士尼所說，《托德西利亞斯》「成為帝國的基本憲章，定義了他們各自的『征服』領域，並影響到十八世紀。」[9]儘管進一步探索了廣闊的美洲大陸，該協議仍然存續。這筆交易，使西班牙在美洲得到了豐碩的結果。[10]

　　為什麼即使葡萄牙意識到西班牙的發現會顯著的影響勢力平衡，這兩個大國仍未跌入戰爭？其中一個原因是約翰二世國王知道葡萄牙「不能承受與西班牙的另一場戰爭」，[11]而西班牙也剛剛完成對格拉納達的重新征服，在經濟和軍事方面受到限制。對卡斯提爾王位繼承戰爭的記憶，肯定讓人們對獲得決定性的勝利不抱希望。但更重要的是，教宗亞歷山大的隨性一筆，背後隱藏著其可將任何人逐出教會的威脅，而這對任何天主教君主的聲望

都是毀滅性的打擊。教宗可以排紛解難,是因為西班牙和葡萄牙人的王室,都認為他們自己的合法性比權力平衡更為重要。

《托德西利亞斯條約》經受住了時間的考驗。[12]儘管西班牙和葡萄牙繼續競爭,但他們認識到所享有的共同利益,也就是排除其他強權進入新世界。隨著英國、法國和荷蘭在經濟和軍事方面超越它們,西班牙和葡萄牙越來越多地堅持梵蒂岡批准的立場,作為現狀的守護者。[13]

二、法國對上哈布斯堡王朝

時間:十六世紀上半葉

統治強權:法國

崛起強權:哈布斯堡

競爭領域:西歐陸權

結果:哈布斯堡—瓦洛戰爭(Hapsburg-Valois Wars,1519至1559年),包括義大利戰爭(1521年至1526年)

西班牙國王查理在1519年當選為神聖羅馬帝國皇帝,為崛起的哈布斯堡王室增添了光彩,並挑戰了法國在歐洲的霸權地位。法國國王法蘭索瓦一世為了要維持法國對西歐的影響力,並擔心哈布斯堡的包圍,因此組織盟友入侵哈布斯堡控制的土地,開始了四十年的間歇性戰爭,戰爭結束後,哈布斯堡開始其一個世紀的霸權。

法國在1477年將強大的勃艮第公國支解、並兼併其半數國

土，又在1491年併入布列塔尼公國後，在進入十六世紀時，已是在西歐獲得主導地位陸權大國。它日益繁榮，使教皇利奧十世在1519年指出法國國王法蘭索瓦一世擁有「超越所有其他基督教國王的財富和權力」。[14]那一年神聖羅馬帝國要選舉皇帝馬克西米利安一世的繼任者，法蘭索瓦也成為主要競爭者之一。但腐敗的選舉，使哈布斯堡家族提出的繼承人選、也就是西班牙國王查理，獲得了這個頭銜。查理贏得選舉，對於崛起的哈布斯堡家族是一個巨大的福音，但法蘭索瓦隨即「預期戰爭爆發；不是針對異教徒，而是在他自己和查理之間。」[15]

對法蘭索瓦來說，查理的勝選反映了很多可憂之處。兩位統治者之間有著許多相關聯的糾紛，包括納瓦拉（Navarre，哈布斯堡占有，法蘭索瓦聲索），勃艮第（法國占有，查理聲索），和米蘭公國的控制權；因此查理的新優勢，意味著其構成對法國力量的嚴重威脅，並存在著法國被哈布斯堡家族的領土包圍的前景。

當時哈布斯堡家族控制的領土，已包括神聖羅馬帝國、荷蘭、法蘭琪—康堤大區（Franche-Comté），和在現代義大利的領土，以及西班牙在新世界。隨著查理鞏固了對此一龐大帝國的統治，西班牙國王的影響力、與他鄰居的焦慮都在成長。「無論查理五世是否渴望建立一個世界帝國」，歷史學家林奇（John Lynch）指出，「事實仍然是，即使不計算任何爭議地區，如米蘭和勃艮第，他的統治也已經擴及各地，並且損害了太多的利益，不能不引起廣泛的不滿。」[16]根據歷史學家克里希特

（Robert Knecht）的說法，[17]法蘭索瓦在查理加冕為皇帝之前，就曾表達過這些擔憂，並稱自己尋求這個職位，主要就是因為「如果（查理）繼任，統轄他的王國和采邑，可能會對我造成無法估量的傷害。」[18]

為了制衡查理的崛起，法蘭索瓦推動盟友入侵哈布斯堡家族控制的土地，例如納布拉（現代西班牙東北部和法國西南部的一部分），和盧森堡。查理通過爭取英國和教皇的支持，來反對法國的侵略，並成功入侵法國在義大利的土地。法蘭索瓦在1525年的帕維亞（Pavia）戰役中被擒，並被關押在馬德里。為了獲得釋放，他不得不在1526年的《馬德里條約》中放棄他對義大利、勃艮第、法蘭德斯和阿圖瓦（Artois）的聲索。查理不斷成長的權力，和他對法國君主有辱人格的處置，使整個歐洲議論紛紛，也使法蘭索瓦回到巴黎後，更容易打造出一個抵制聯盟。他的聯盟包括一些看似不太可能的夥伴，如新教皇克萊芒七世（Clement VII），和鄂圖曼帝國的蘇丹蘇萊曼（見案例三）。然而，這一聯盟不足以阻止查理在1527年初入侵義大利的大部分地區，且最終導致令人震驚的羅馬之劫，以及在五月份俘虜了教皇克萊芒本人。

雖然崛起的鄂圖曼帝國威脅到哈布斯堡的權力，法國和哈布斯堡王朝之間的鬥爭，仍一直持續到1550年代後期，到了那時雙方都已財政耗竭，遂同意擱置敵對行動。此後長期的和平，為新的西班牙哈布斯堡國王菲利普二世在基督教世界中享有「無可爭議的至高無上的地位」鋪平了道路，[19]而法國則在「法國宗教

戰爭」中，應對為期數十年的國內動盪。十七世紀早期，法國在路易十三國王的統治下崛起，他的繼任者太陽王路易十四，更使法國再次成為歐洲大陸最顯著的力量，使西班牙國王菲利普四世得重新面對雙方的衝突。

三、哈布斯堡王朝與鄂圖曼帝國

時期：十六和十七世紀

統治強權：哈布斯堡王朝

崛起強權：鄂圖曼帝國

競爭領域：中歐和東歐的陸權與地中海的海權

結果：鄂圖曼—哈布斯堡戰爭，包括蘇萊曼大帝的幾場戰爭（1526至1566年），長期戰爭（Long War，1593至1606年）和大土耳其戰爭（Great Turkish War，1683至1699年）

十六世紀初鄂圖曼帝國領土和資源的迅速擴張，使哈布斯堡家族占主導地位的歐洲現狀受到了傾覆性的威脅；特別是土耳其擴張到東歐和巴爾幹地區的野心昭然若揭。這場擴張使這兩個國家在一系列戰爭中相互對抗，結果包括鄂圖曼帝國奪取了東歐大部分地區，並確認了該帝國在歐洲大陸的重要地位。

隨著強大的哈布斯堡家族的查理五世，於1519年被選為神聖羅馬皇帝，「普世君王，或說哈布斯堡王朝統治下的一個復歸於天主教的統一的基督教世界，似乎已成定局。」[20]當查理在

義大利戰爭中擊敗法國（見案例二），他在歐洲取得了主導地位，控制了奧地利、西班牙、義大利南部，和現今的荷蘭。1525年，在一場絕望的行動中，奄奄一息的法蘭索瓦一世，尋求與所有歐洲大國的昔日敵人，也就是統治鄂圖曼帝國的蘇丹蘇萊曼大帝結盟。用歷史學家伊那其（Halilİnalcık）的話說，鄂圖曼帝國對法蘭索瓦來說，是「唯一能讓反對查理五世的歐洲國家存在下去的可靠力量」。[21]

鄂圖曼的野心無可否認。在上個世紀的中期，征服者蘇丹穆罕默德侵掠了拜占庭首都君士坦丁堡，使整個基督教歐洲都沾染了對他「更加激進的征服政策」的恐懼。[22]在十六世紀之交，第二次鄂圖曼—威尼斯戰爭將鄂圖曼帝國變成了一支強大的海軍力量，到1515年已有超過四百艘船隻；且在1520年代初，其在黑海就有一百多處碼頭。[23]在法蘭索瓦提出請求的八年之前，鄂圖曼帝國完成了對馬穆魯克帝國的征服，吞併了現代的埃及、敘利亞和阿拉伯半島，使蘇丹的領土和稅基增加一倍。根據赫斯（Andrew Hess）的說法，這些征服「大大強化了鄂圖曼帝國」，為伊斯蘭世界提供了經濟利益和宗教合法性。[24]利用他們新增的海軍力量和財富，鄂圖曼帝國將他們的勢力範圍向西擴展到地中海，向西北指向了維也納。[25]在維也納的城牆後面，就是查理的神聖羅馬帝國。

1526年，蘇萊曼在莫哈奇（Mohács）戰役中襲擊了匈牙利，占領其三分之一的領土。匈牙利國王路易二世在撤退期間去世。隨著蘇萊曼向奧地利邊境進軍，正如麥肯尼（Richard Mackenney）

所說的，查理只能「全神貫注」於這個看似「無敵且無所不能」的入侵者。1527年，他召集「卡斯提爾科爾特斯」（Castilian Cortes，西班牙的立法機構）「組織對抗土耳其人的必要防禦手段」，[26]因為查理知道土耳其人的最終目標，就是神聖羅馬帝國本身。「在那兒，他們將會與主要的敵人哈布斯堡王朝，和支持哈布斯堡的德意志諸侯，進行決定性的戰鬥。」歷史學家西姆斯（Brendan Simms）寫道：「此外，鄂圖曼帝國宣稱它是羅馬帝國的繼承者，蘇萊曼若要證明這點，就得占領德國。」[27]

點燃兩國戰爭的火花很快就來了。在路易二世去世後，奧地利的哈布斯堡大公斐迪南一世宣稱自己是匈牙利和波西米亞的國王，以免鄂圖曼人利用匈牙利的權力真空。蘇萊曼在1529年對維也納做出回應，他並受到斐迪南的匈牙利王位主要競爭對手，也就是外西凡尼亞（Transylvania）的扎波堯伊（John Zápolya）的支持。

斐迪南兩次擊退鄂圖曼帝國對維也納的攻擊，但沒有在匈牙利奪回大量領土，或在地中海取得任何重大海軍勝利；之後，斐迪南在1547年被迫在阿德里安堡（Adrianople）接受羞辱性停戰。這些條款要求他放棄哈布斯堡對匈牙利的大多數聲索，並對那些名義上仍然是哈布斯堡的小塊土地付出超額的貢金。他們並不以「皇帝」稱呼查理五世，而是僅僅稱他為「西班牙國王」，卻允許蘇萊曼宣稱自己是世界上真正的「凱撒」。[28]

鄂圖曼帝國的勝利，鞏固了其作為歐洲政治格局主要角色的地位。即使其海軍在1571年的勒班陀戰役（Battle of Lepanto）

中遭到挫折,帝國仍在之後的一個半世紀,繼續測試其在中歐和地中海擴張的極限。一直到1699年的「大土耳其戰爭」結束,哈布斯堡家族的王子「薩沃伊的尤金」(Eugene of Savoy)才設法收回了匈牙利的大部分地區,決定性的翻轉了鄂圖曼在歐洲的擴張。鄂圖曼陷入了長期的衰退,並一直持續到二十世紀。

四、哈布斯堡王朝對上瑞典

時期:十七世紀上半葉

統治強權:哈布斯堡王朝

崛起強權:瑞典

競爭領域:北歐的陸權和海權

結果:三十年戰爭的一部分(瑞典於1630至1648年捲入)

斐迪南二世在1619年當選神聖羅馬皇帝時,是中歐最強大的統治者,版圖從地中海延伸到德國北部,且他的帝國擁有羅馬教皇的權威。然而,在他當政期間,恰逢帝國北部地區路德教會的崛起,形成帝國所面臨的其中一個最大的威脅。斐迪南試圖平息孤立的路德教會叛亂,並重申哈布斯堡的統治,卻最終演變為三十年戰爭,且與該地區發展最快的大國瑞典發生衝突。

在十七世紀上半葉,德意志北部省分發生叛亂期間,神聖羅馬帝國以外的一些新教勢力,包括英格蘭和荷蘭共和國,為軍事強大的新教國家提供無需償還的資金,以對抗帝國派駐德意志北

部的將軍華倫斯坦（Albrecht von Wallenstein ）。第一位獲此奧
援的國王，是丹麥的克里斯蒂安四世（Christian IV），但這個新
教徒被打得一路退到丹麥的群島上，結果使神聖羅馬帝國皇帝斐
迪南二世更加穩固，並使其軍事力量得以統治整個德意志與歐洲
北方。

華倫斯坦抵達波羅的海海岸，併計劃建造哈布斯堡北方艦
隊，以控制波羅的海。這使在該地區最迅速崛起的大國瑞典的國
王非常震驚。瑞典國王古斯塔夫二世經過與丹麥、俄羅斯和波蘭
的戰爭，已成為歐洲最有能力的指揮官之一。通過經濟成長、軍
事創新和領土擴張的結合，古斯塔夫將瑞典從一個貧窮落後的國
家，轉變為歐洲最強大的帝國之一。1590 年至 1630 年間，瑞典
的小型地方性軍隊，從一萬五千人增加到四萬五千人。[29]他創新
了火砲的使用方式，並在歐洲最早推動了徵兵制度，由此建造了
一台運行良好的軍事機器。[30]他在 1617 年取得了對俄羅斯的決定
性勝利。1625 年，波蘭—立陶宛聯邦允許瑞典鞏固其對波羅的
海的控制權。在 1629 年從波蘭奪得一塊土地後，瑞典幾乎控制
了「波羅的海南岸的每一個重要的港口」。[31]

瑞典擴張主義的挑戰也被哈布斯堡的將領所察覺。正如英國
歷史學家加德納（Samuel Gardiner）所觀察到的，華倫斯坦「長
期以來一直對瑞典對他造成的危險與威脅深有警覺……因為沒
有人能夠期待古斯塔夫會坐視一股強大的軍事力量，在波羅的
海南部海岸形成。」[32]根據歷史學家威爾遜（Peter Wilson）的說
法，華倫斯坦「將帝國的海軍計劃視為純粹防禦性的」，以此手

段保護哈布斯堡在歐洲北部的統治地位，因為他「真的害怕瑞典的干預」。[33]

　　不過哈布斯堡王朝認為的防禦措施所產生的挑釁作用，比其所計劃的要遠遠大得多。經過遊說，古斯塔夫決定對德意志進行武力干涉，理由是哈布斯堡王朝試圖遏制瑞典的成長，並對瑞典安全構成迫在眉睫的威脅。古斯塔夫開始認為軍事僵局是「指日可待」。[34]根據西姆斯的說法，古斯塔夫在瑞典國會（Rijkstag）爭辯說，最好「採取先發制人的行動，『以便將戰場與破壞轉移到敵人的領土上』」。[35]在1627年，他告訴他的貴族：「潮水一波一波襲來，教皇的聯盟越來越接近我們了。他們已經暴烈的征服了丹麥的大部分地區；我們必須認識到，如果沒有及時有力的抵抗他們，他們就勢將侵入我國邊界。」[36]就像許多崛起大國在面對統治強權的打壓時的反應，古斯塔夫對他的敵人的指責，其實正是他將要做的事情：追求擴張，並施展軍事威脅。

　　雖然主要受到安全利益的驅使，古斯塔夫宣稱自己是反對天主教帝國的新教徒的支持者，來尋求財政支持。這種作法贏得了歐洲各地的資助。巴黎也提供他重要的支持，因為法國正尋求平衡哈布斯堡權力，並且希望在可能由瑞典主導的戰後秩序中保持影響力。[37]歷史學家羅伯茨（Michael Roberts）認為，「新教事業也成了瑞典的事業；德意志北部沿海地區成為瑞典人的利益。」[38]古斯塔夫於1630年七月開始攻擊波蘭與德意志邊境附近的烏澤多姆（Usedom）。瑞典人享受早期的成功，占領波美拉尼亞（Pomerania）後進入內陸。古斯塔夫的野心隨著他的力量

而成長：他決心「閹了皇帝」並「確保皇帝永遠無法再次構成危險」。[39]

雖然古斯塔夫本人在戰鬥中陣亡，但瑞典贏得了決定性的勝利，最著名的是1636年的維特施托特戰役（Battle of Wittstock）。戰爭期間，瑞典軍隊占領了半個德意志，其勝利反映在1648年《威斯特伐利亞和約》的有利條款。瑞典成為北歐最強大的國家，也是歐洲大陸第三大國（僅次於俄羅斯和西班牙）。歷史學家筆下的這個瑞典的偉大時代，一直持續到十八世紀初。

五、荷蘭共和國對上英格蘭

時間：十七世紀中後期

統治強權：荷蘭共和國

崛起強權：英格蘭

競爭領域：全球帝國，海權和貿易

結果：英荷戰爭（1652-74）

在1648年簽署《威斯特伐利亞和約》時，荷蘭共和國的獨立不僅獲得了充分的承認，並且也已經成為歐洲最傑出的貿易大國。荷蘭共和國對海洋的統治地位，與其興起的殖民帝國，很快使之與正在擴大北美拓殖與東印度群島貿易的英國人發生衝突。經過幾次英荷海上戰爭，荷蘭共和國的統治地位仍獲持續，直到兩國在1688年的光榮革命中聯合起來。

十七世紀中葉的荷蘭共和國，已靠著在絲綢之路、南美洲、西部非洲、日本和太平洋島嶼的貿易據點，以及在印度、以及後來成為紐約的幾處殖民地，成為全世界的國際商業領導者。它利用這種力量構建了一個「無國界」的世界秩序，使小小的荷蘭能夠將高生產率和高效率轉化為遠大於其規模的政治和經濟力量。在此情況下，利潤豐厚的貿易路線，也使公開上市的荷蘭東印度公司，能在全球香料貿易中發揮主導作用。

作為歐洲大陸最先進的航海民族，荷蘭人建造了一支與他們龐大的海外貿易帝國相匹配的海軍。然而尋求擴大自己的貿易市場、並控制海洋的英格蘭，也在其後不久，就在美國東部沿海建立了具有競爭性的殖民地。英國人也開始藉由他們自己的東印度公司進行香料貿易，同時擴大他們的海軍艦隊（主要船隻從1649年的39艘增加到1651年的80艘），以保護英國航運。到了1650年代，英格蘭的軍事人力（從1470年到1600年間，一直保持在大約二萬到三萬人之間）增加了一倍多，達到七萬人，並且在英國內戰之後，也變得更加專業化。[40]

英格蘭對荷蘭經濟霸權的垂涎是確鑿無疑的。在接下來的幾場戰爭的過程中，英國將軍蒙克（George Monck）曾說與荷蘭人鬥爭的「這個或那個原因重要嗎？我們想要的，更多的是荷蘭人現在擁有的貿易。」[41]正如歷史學家瓊斯（J. R. Jones）解釋的，「進攻性的對外和商務政策」也是查理二世的閣員們「增加國力和提升王權的一種方式」。[42]

英格蘭全力追求商業權力、和用以捍衛商業權力的軍事手

段，被荷蘭的官員看得一清二楚，並為此憂心忡忡。正如歷史學家保羅・甘迺迪所說，荷蘭的力量「牢牢地紮根於貿易、工業和金融領域。」[43] 倘若未予平衡，英格蘭將會削弱荷蘭對海洋的控制，並威脅這個小國的強權地位。[44]

因此表面上的經濟衝突，轉變為地緣政治衝突。根據政治學家利維的說法，這一時期的特點是「商業對手轉變為戰略對手並升級為戰爭……雖然有些人將前兩次英荷海軍戰爭解釋為『純商業的』，但純粹經濟的解釋卻具有誤導性。事實上，經濟衝突的升級潛力，很大程度上歸功於經濟和戰略問題之間的緊密聯繫。」[45] 歷史學家艾德蒙森（George Edmundson）寫道，兩國各自都「本能地意識到它的命運是在水上，並且掌握海洋是國家存在的必要條件。」[46]

1651年，英國或為了參與荷蘭的貿易，向荷蘭提議聯合對抗歐洲大陸的天主教強權，但荷蘭人拒絕了這個條約。作為回應，越來越有信心的英國議會通過了第一部《航海法》，禁止利用任何第三方船隻從歐洲進口到英國，並禁止外國船隻從亞洲、非洲或美國進口貨物到英格蘭或其殖民地。此一立法的目標，在倫敦或海牙都不是秘密，因為這種生意占了荷蘭航運的很大一部分。

社會學家華勒斯坦（Immanuel Wallerstein）在描述英格蘭的行為時解釋說，「由於荷蘭是實際上的霸權，因此只有兩種可能的方式來加強英國商業，或者以國家對英國商人提供援助，或者以國家對外國商人加以限制……很難看出如何能避免軍事的

角力。這對荷蘭的挑釁太大了，即使英國人認為他們是防禦性的。」[47]緊張局勢第二年就在北海沸騰，一場對抗導致英格蘭宣戰，1652年至1674年之間三次英荷海戰中的第一次開始了。雖然衝突的結果是英格蘭得以收購紐約，且海軍急遽成長（從查理一世1649年被處死，到1660年君主復辟之間，英國增加了二百多艘船），[48]但荷蘭海軍也崛起為歐洲最強大的，[49]且在1667年對梅德韋（Midway）襲擊中造成英軍的嚴重損失。最終，荷蘭海洋與貿易的霸權地位保持穩固，英荷之間的競爭，也隨著荷蘭奧蘭治親王威廉在1688年的光榮革命中入主英國而煙消雲散。兩國轉而共同反對威廉的大敵，法國的路易十四。

六、法國對上大不列顛

時間：十七世紀末至十八世紀中葉

統治強權：法國

崛起強權：大不列顛（英國）

競爭領域：全球帝國和歐洲陸權

結果：九年戰爭（1689-97），西班牙王位繼承戰爭（1701-14），奧地利王位繼承戰爭（1740-48）和七年戰爭（1756-63）

在路易十四統治期間，法國成為歐洲的首強，然而英國在繁榮的美國殖民地及其光榮革命的鼓舞下，很快就以一連串的戰爭挑戰法國的至高地位。起初，英國的實力和與法國的鬥爭，主要是因為其與荷蘭共和國的聯盟。但隨著英國貿易和

海軍力量的繼續發展，遂成為對法國在大陸和殖民地優勢的威脅，他們的衝突將延伸到全球，並以英國無可爭議的帝國霸權結束。

儘管路易十四在十七世紀後期的歐洲占有主導地位，但他對法國絕對安全的不斷追求，使他與歐洲大國的反法大同盟發生衝突。1680年代，雖然在技術上仍與鄰國處於和平狀態，但路易十四通過占領斯特拉斯堡、盧森堡和卡薩萊（Casale）等緩衝區，逐步的加強了他的地位。這些成果伴隨著軍事力量的擴張，表明其進一步征服的野心。路易十四不僅擁有歐洲最大的軍隊（並且到1689年，也擁有最大的海軍），還強化法國的堡壘，武裝36個常備步兵營，並且另外還有十四萬預備役。[50]

他的野心使他的鄰居感到惶恐。1686年，荷蘭奧蘭治親王威廉鼓勵哈布斯堡神聖羅馬帝國皇帝利奧波德一世組建奧格斯堡聯盟（the League of Augsburg），以進一步平衡法國的擴張。1688年9月，法國人越過萊茵河進入菲利普斯堡（Phillipsburg）。威廉擔心法國人會影響他信仰天主教的岳父，英格蘭國王詹姆斯二世，且詹姆斯的許多臣民也對天主教王朝的前景議論紛紛。威廉也知道，沒有詹姆斯的英格蘭，可以成為壓制法國崛起的強大盟友。於是在路易十四越過萊茵河後不到六個星期，威廉入侵英格蘭，並得到眾多英國同情者的支持。詹姆斯逃離，而新教徒威廉在妻子瑪麗皇后陪同下在1689年成為英國國王。

1689年初，為回應路易十四在去年秋天跨越萊茵河，奧格斯堡聯盟動員起來。英國與荷蘭共和國因為有了共同的元首而聯合起來，在反對法國的九年戰爭（1689至1697年）中成為聯盟的核心夥伴之一。用歷史學家麥凱（Derek McKay）和斯科特（H. M. Scott）的話來說，威廉的光榮革命，正如後世所知道的，使英國「作為軍事力量以及外交和海軍力量，決定性地捲入了大陸事務中。」[51]

根據歷史學家克拉克爵士（Sir George Clark）的說法，威廉和他的奧格斯堡聯盟首領神聖羅馬皇帝，「把戰爭視為一個機會，要將法國的力量降低到歐洲其他國家覺得安心的程度。」[52]雖然戰爭最終成功地削弱了路易十四的領土宏圖，但到1701年敵意復燃，為阻止路易十四安排其波旁王朝成員擔任西班牙國王，威廉和哈布斯堡王朝重建聯盟。該聯盟無法阻止路易的孫子取得王位，但成功迫使路易在《烏得勒支條約》（Treaty of Utrecht）中，割讓新世界的領土給英國。

部分由於其《烏得勒支條約》的收獲，英國在十八世紀從其殖民地獲得了巨大的經濟利益。歷史學家詹姆斯（Lawrence James）表示，「對北美的出口從1720年代後期的年平均五十二萬五千英鎊，上升到二十年後的一百多萬英鎊。」[53]英國也受益於根據荷蘭模式進行的一系列金融改革。[54]英國的成長使其法國競爭對手倍感擔憂。正如歷史學家湯伯夫婦（Robert and Isabelle Tombs）所寫的，「法國官員」「既『迷惑』又『迷戀』於英國的金融力量。」[55]這種經濟成長也被證明是進一步軍事擴張的前

奏；在西班牙王位繼承戰爭之後，英國海軍艦隊的規模超過了法國和西班牙海軍的總和。[56]湯伯夫婦指出，英國的金融力量使它能夠在衝突時迅速籌集資金。儘管法國擁有強大的陸地軍力，但英國「在必要時花費可以超過法國，其軍事支出占國民生產總值的比例可以達到其敵人的五倍」。[57]

英國殖民帝國在北美的迅速發展，使其與法國在貿易和領土權利方面的衝突日益加劇。因此1740年的奧地利王位繼承戰爭（法國希望在這場中歐的衝突削弱其長期敵人哈布斯堡家族，而英國則保衛之）也蔓延到美洲大陸。雖然1748年在亞琛（Aix-la-Chapelle）達成的和平，使衝突以哈布斯堡王朝和英國的勝利作結，但並沒有消除法英競爭。英國歷史學家詹姆斯說，「競爭在1748年之後持續並加深了。法國人仍然相信他們的敵人的長期目標，是扼殺他們的貿易，並剝奪他們的殖民地。」[58]法國的恐懼全都成真，英國在奧地利王位繼承戰爭期間和之後，經歷了大規模的軍事擴張，軍費在1740年到1760年間增加了500%，而法國僅增加了150%。[59]1756年，法國和英國的競爭在「七年戰爭」中重新燃起。1763年衝突結束時，英國對法國的決定性勝利，導致北美和歐洲權力平衡的大規模重組。即使英國很快就會失去帝國在美洲的大部分領土，且這在很大程度上歸咎於法國的介入，但英國已經取代法國，成為歐洲最大的帝權，且這一地位將一直延續到拿破崙時代。

七、聯合王國對上法國

時間：十八世紀末和十九世紀初

統治強權：大不列顛/聯合王國（英國）

崛起強權：法國

競爭領域：歐洲陸權和海權

結果：法國革命戰爭（1792-1802）和拿破崙戰爭（1803-15）

靠著發明創造和對海洋的控制，到十八世紀末，英國已經超過其競爭對手，成為歐洲領先的工業化國家之一。但在法國大革命後，一支重新煥發活力的法國軍事機器將再次興起。在拿破崙統治下，法國將接管歐洲大陸的大部分地區，並威脅英國的霸權，導致英國和法國陷入暴力對抗。然而，通過資助歐洲的反拿破崙軍隊和在海上的戰鬥，英國免於遭受入侵，並加速了拿破崙權力的最終瓦解。

1780年代英國的創新浪潮，促成了國內的工業化和蓬勃發展的殖民貿易，商船運輸在1782年至1788年之間增加一倍。[60]到1793年，英國可以依靠113艘軍艦來保護這些貿易利益，使歐洲大陸首屈一指的重商主義經濟體法國的76艘相形見絀。[61]然而要不了很久，小島國就將面對英吉利海峽另一側對手的新挑戰。

雖然1789年革命後，法國經濟仍處於落後狀態，但其非凡的政治發展和激烈的軍事主義威脅著歐洲的現狀。[62]由於對日益激進的革命和法國國王路易十六及其妻子瑪麗安東妮（Marie-

Antoinette）的安全感到焦慮，神聖羅馬皇帝利奧波德二世
（Leopold II）和普魯士國王腓特烈・威廉二世（Frederick William
II）於1791年發布了《皮爾尼茨宣言》（Declaration of Pillnitz），
呼籲歐洲列強在法國皇室成員瀕危時向法國宣戰。雖然原意只是
警告，但該宣言反而加速了衝突，因為法國的激進分子感覺受到
了威脅，於是在隔年四月宣戰，並成功入侵奧屬尼德蘭。

此一戰役引起了歐洲君主們的恐懼，特別是因為法國「宣布
的新戰爭目標，不僅刻意孤立和警告君主制，而且還威脅到他們
的權力所依賴的整個社會等級。」[63] 做出相應改革的還有法國的
軍事組織、意識形態和進攻性，這讓歐洲人深深擔心該國的激進
主義一發不可收拾。法國軍事領導層從貴族到平民的轉變，讓大
量平民可以藉由從軍平步青雲，這使他們積極從軍；僅在1792
年，軍隊就獲得了十八萬名新兵，而隔年的普遍徵兵制的計畫，
更使人們對軍隊以及革命的熱情進一步提升。[64]

這種崛起的軍事力量和激進政治的結合，在英國引起了特
別的恐慌。在1793年向下議院發出的一封信中，國王喬治三世
要求「進一步擴大他的海上和地面部隊」，作為反對法國方面的
「妄自尊大的觀點和野心的手段，法國的那些觀念對歐洲的全體
利益向來都是危險的，更糟的是，當其與某些原則的宣傳牽連
在一起……完全顛覆了所有公民社會的和平與秩序。」[65] 據英國
歷史學家多伊爾（William Doyle）的說法，雖然法國入侵尼德
蘭使英國非常關注，但1793年一月國王路易十六的處決，卻是
最後一根稻草，促使英國採取行動，「設計一個反對法國的大聯

盟。」[66]到1793年初，這個歐洲列強的聯盟已進入戰爭狀態，並試圖扭轉法國的領土擴張。但這些努力一事無成：法國將吞併荷蘭、義大利北部，並通過對美洲的路易斯安那領地的短暫收購，在1790年代擴大其領土。

當拿破崙·波拿巴在1799年霧月政變中奪取政權，並開始歐洲統治權的戰役，英國對法國擴張主義的擔憂上升至致命威脅的程度。[67]更甚者，據說拿破崙1797年在僅有五位委員的督政府內表示，法國「必須摧毀英國君主制，不然自己就會被它摧毀」，他還承諾「消滅英格蘭。完成這點，歐洲就在我們腳下。」[68]英國嚴肅的對待這些威脅。「我們每天都擔心波拿巴要嘗試他所威脅的入侵」，[69]喬治三世於1803年吐露。即使拿破崙近期未能入侵，他在歐洲大陸的進展，也加強了英國長期以來的信念，即其安全立足於避免在歐洲大陸上出現霸權，因為在陸地上缺乏競爭對手的國家，就能夠將資源轉而用於艦隊。首相威廉·皮特（William Pitt）採取的策略，正如軍事歷史學家萊吉爾（Michael Leggiere）所說，不僅要「藉由迫使法國放棄對低地國家等地的征服，來恢復歐洲的權力平衡」，而且還要讓英國在戰後「成為海洋的主人，在全球貿易享有清楚的獨占地位。」[70]

對英國很幸運的一點，是拿破崙從來未能打造出一支可以取代英國海上統治地位的海軍。1805年，海軍上將納爾遜（Horatio Nelson）在特拉法加（Trafalgar）擊敗了法國艦隊，結束了拿破崙入侵英國的希望，並使英國得以繼續以財政資助拿破崙在歐洲的敵人。此後，隨著拿破崙繼續在歐洲大陸擴張，並導

致巨額公共債務，英國的經濟和外交優勢變得益加顯著，倫敦也成為反拿破崙歐洲的巨大希望。正如保羅‧甘迺迪所解釋的，「只要能夠提供補貼與彈藥、甚至可能是軍隊的英國繼續保持獨立，巴黎政府就永遠無法確定其他大陸國家會永久地接受法國的帝權。」[71] 1812年，在不明智的入侵俄羅斯領土並遭致其第一次重大失敗後，拿破崙接著一次又一次大敗，並於1815年在面對英國領導的聯盟時，在滑鐵盧遭受了最後的滅亡。

八、法國和英國對上俄羅斯

時間：十九世紀中葉

統治強權：法蘭西帝國（陸地）／聯合王國（海洋）

崛起強權：俄羅斯

競爭領域：全球帝國，在中亞和東地中海的影響力

結果：克里米亞戰爭（1853至1856年）

十九世紀上半葉，當俄羅斯在歐洲鯨吞蠶食並累積軍事力量，也同時在歐洲灌輸了恐懼。法國和英國作為全球貿易的老牌玩家，加上在中東和南亞地區的殖民地和網絡，對於聖彼得堡一再剝削衰落的鄂圖曼帝國特別的警惕。緊張局勢在克里米亞戰爭中達到了高潮，這場衝突證明了英國和法國的統治地位，並揭示了俄羅斯崛起背後的潛在弱點。

在1806至1812年，和1828至1829年的兩次「俄土戰爭」之後，俄羅斯獲得了非常優渥的議和條款，增加了在東歐和高加索

的保護國，並增加了進入黑海的據點。這些戰爭，加上俄羅斯在波斯和東歐的戰役，使其領土大幅擴張：俄羅斯僅在十八世紀末和十九世紀上半，就併吞了現代的芬蘭、波蘭、喬治亞、亞塞拜然和亞美尼亞的全部或部分地區，危險地接近了歐洲的力量中心。[72]隨著俄羅斯領土的擴張，其軍隊也在成長；到1820年，已經超過法國或英國的兩倍；在1853年，擴增的俄羅斯軍隊規模已遠大於英法兩國的總和。[73]

俄羅斯的每一次進展，都使人們越來越害怕鄂圖曼帝國這個沙皇所謂的歐洲「病夫」，將會成為俄羅斯的保護國，從而威脅全球的權力平衡。[74]1829年聖彼得堡和君士坦丁堡之間的阿德里安堡條約（Treaty of Adrianople），使英國駐俄羅斯大使海特斯伯里勳爵（Lord Heytesbury）確信俄羅斯很快會將鄂圖曼帝國視為「沙皇的順從者，就像所有印度王子都服從（英屬東印度）公司的命令。」[75]正是出於這種擔憂，英國和法國在1831年至1833年的埃及—鄂圖曼戰爭中，為支持鄂圖曼帝國而進行外交干預，以免過於弱勢的鄂圖曼帝國無法承受俄羅斯壓力的影響。

俄羅斯一再企圖篡奪鄂圖曼帝國的權力，並在東歐主張勢力，這使英國認為，正如歷史學家西姆斯（Brendan Simms）所說，俄羅斯不僅要「瓜分鄂圖曼帝國，而且要統治整個歐洲」，[76]而俄羅斯若能確保對達達尼爾海峽的控制權，就將使其黑海艦隊能在地中海地區立足。這個所謂的「東方問題」對英國海軍的統治地位構成了強烈威脅，英國的一些人甚至認為俄羅斯可能會挑戰英國在印度的殖民統治力量。[77]

對於英國和法國的焦慮，季辛吉提出了一種解釋：「關於俄羅斯的一切——它的絕對主義、它的規模、它在全球範圍內的野心和不安全感——都是對歐洲傳統國際秩序概念的一種隱含挑戰。」[78]季辛吉認識到的焦慮，甚至在法國和英國的民眾中也很明顯。在一個生動的例子中，當時流行的法國旅遊出版物描述俄羅斯擁有「過度和巨大」的野心，「意圖對其他國家實行暴政。」[79]直到它在戰爭爐火中被實際測試後，俄羅斯與其競爭對手，才認識到俄國還是一個「泥足巨人」。[80]

1853年，沙皇尼古拉一世要求蘇丹阿卜杜勒—邁吉德一世（Sultan Abdulmejid）承認俄羅斯是君士坦丁堡和聖地的東正教臣民的保護者。英國外交官試圖調解這一爭端，但最終未能達成鄂圖曼蘇丹同意的解決方案。外交失敗後，蘇丹向俄羅斯宣戰。沙皇迅速採取攻勢，派遣部隊占領多瑙河公國地區（現代的摩爾多瓦和羅馬尼亞），並在克里米亞首府塞瓦斯托波爾（Sevastopol）建立黑海艦隊。在俄羅斯人成功摧毀了位於錫諾普（Sinope）的鄂圖曼帝國艦隊後，英國和法國已經難以坐視不管。儘管沙皇對兩國的反對表達抗議，但兩國都擔心鄂圖曼帝國的崩潰，以及俄羅斯政權對此真空的填補。對於英國來說，俄羅斯占領君士坦丁堡，將對其在地中海的地位構成不可容忍的威脅。對俄羅斯擴張的恐懼，使英國和法國聯合起來，其中包括派遣一支艦隊進入黑海，並發出最後通牒，要求俄羅斯退出公國地區。俄羅斯拒絕後，法國和英國宣戰，並向克里米亞派遣了一支遠征軍。

落後的技術和組織在戰爭中背叛了俄羅斯。俄羅斯軍隊在塞

瓦斯托波爾的最終失敗，打破了俄羅斯軍事優勢的幻象，提升了
法國和英國的聲望和信心，並使這個生病的鄂圖曼帝國多活了六
十五年。正如海軍歷史學家蘭伯特（Adam Lambert）總結的，
「英國、法國和俄羅斯以全球的尺度作戰，歐洲主人的獎項暫時
歸於法國，而世界主人歸於英國，並繼續掌握了兩代人。」[81]

九、法國對上德國

時間：十九世紀中葉

統治強權：法國

崛起強權：德國

競爭領域：歐洲陸權

結果：法國—普魯士戰爭（1870至1871年）

在拿破崙三世的統治下，套一句歷史學家保羅・甘迺迪的
話，法國顯得「強大而自信」[82]，在十九世紀下半葉成為西
歐首屈一指的陸權大國。但法國不久後就遭遇由卓越的政治
家俾斯麥掌舵的普魯士，後者渴望建立統一的德國，並篡奪
法國的地位。對俾斯麥來說，法普戰爭是為統一德意志各邦
所發動的必要戰爭，而對法國來說，是以衝突限制普魯士
崛起的手段。這場為期一年的戰爭，證明了俾斯麥的戰略遠
見，並鞏固了德意志作為一個偉大而統一的大國的地位。

1850年的法蘭西殖民帝國廣布全球，從太平洋島嶼和加勒
比海，到西非和東南亞。它國內以製造業主導的經濟，是歐洲大

陸最俱生產力的國家。[83]到1860年，它的軍費開支已超過除俄羅斯之外的其他競爭對手，其海軍變得如此之大，以致於如保羅‧甘迺迪所指出的，「有時候……在英吉利海峽的另一邊引起了警惕」。[84]也是到1860年，法國最近在克里米亞和第二次義大利獨立戰爭中的軍事干預，已使巴黎成為歐洲大陸的主要擔保人。然而這種卓越地位只是短暫的。十年後，拿破崙三世將面對歐洲有史以來最偉大的軍事機器之一：俾斯麥的普魯士。

在1864年擊敗丹麥、和1866年擊敗奧地利之後，如同歷史學家霍華德指出的，普魯士讓法國產生「那種一個大國正被下降到第二級的最危險的情緒。」[85]雖然普魯士的人口在1820年還只有法國的三分之一，但是1860年代的兼併使這一比例在1870年達到了近五分之四。「因為普魯士人採用普遍徵兵制」，俾斯麥也積累了「一支比法國大三分之一的軍隊。」[86]法國歷史學家後來聲稱，「自從薛西斯一世的傳奇軍隊以來」，沒有人看過類似俾斯麥所駐訓的一百二十萬大軍。[87]普魯士的工業崛起同樣令人生畏，1860年鋼鐵產量還只是法國的一半，十年後已超過了法國。[88]俾斯麥還建設了相應的鐵路運輸系統。根據歷史學家瓦沃（Geoffrey Wawro）的說法，這些快速發展「是令人震驚的指標，使法國權力遭受如同日全蝕一般的威脅。」[89]因此眾所周知的，「普魯士問題在1866年之後統治了法國的外交和內政。」[90]

俾斯麥的目標是讓普魯士主導的北德意志邦聯，與德意志南部的巴登、符騰堡、巴伐利亞和黑森聯合在一起。[91]作為一位戰略大師，他得出的結論是對法國的戰爭，將使陷入恐慌的獨立的

南德意志諸邦投入普魯士的懷抱，從而邁出德意志統一的重要一步。正如俾斯麥後來聲稱的，「在建立統一的德意志之前必須發生一場法德戰爭，對此我並不懷疑。」[92]普魯士唯一要做的，就是挑起戰爭。由於認識到拿破崙對崛起於其東方的普魯士的恐慌，俾斯麥找到了一個理想的機會，藉由威脅讓霍亨索倫家族的德意志王子獲取西班牙王位，進一步撩撥法國人的恐懼。[93]因為法國將在兩個方向同時面對德意志的力量。

霍亨索倫的候選人，和埃姆斯電報（這是一個俾斯麥操弄過斷章取義的非正式新聞稿，表明普魯士國王和法國大使之間發生了衝突），促使拿破崙決定於1870年7月向普魯士宣戰。法國犯下了一個統治強權常見的戰略錯誤：採取行動，以為這將阻止崛起強權超越其地位，但實際上加速了它最擔心的命運逆轉。雖然事後證明並非如此，但法國在1870年仍自信它可以擊退普魯士的威脅，只是認為有必要在普魯士進一步崛起之前打一場預防性戰爭。[94]因為德意志南部各邦認為法國是侵略者，因此正如俾斯麥所預料的那樣，他們加入了北德意志邦聯。

「毫無疑問的」，霍華德認為，「法國是直接的侵略者，並且挑釁法國侵略的直接理由，也無法歸咎於俾斯麥。」[95]在一場決定性的勝利後，一個擁有歐洲大陸最強大軍隊的統一的德國出現了。正如西姆斯所寫的，「以任何標準來看，這都是一個巨人。」[96]而這樣一場將俾斯麥推向偉大政治家的行列，但導致拿破崙被俘虜和流放的戰爭，最初對法國來說，卻似乎是與對普魯士一樣好的選擇。

十、中國和俄羅斯對上日本

時間：十九世紀末和二十世紀初

統治強權：中國和俄羅斯

崛起強權：日本

競爭領域：東亞的陸權和海權

結果：第一次中日戰爭（1894-95）和日俄戰爭（1904-05）

在十九世紀的最後十年開始的時候，兩個大國統治了亞洲大陸：幾個世紀以來，清朝中國是主要的地區大國，俄羅斯帝國是一個對亞太地區存有長期野心的歐洲大國。但自1868年明治維新以來，迅速現代化的島國日本成了令這兩個國家恐懼的新威脅。到1905年，中國和俄羅斯已受到雄心勃勃的日本的兩次死傷慘重的戰爭的打擊；兩國都不得不面對一個成長沒有放緩跡象的新太平洋大國。

快速的經濟成長和軍事進步，標誌了日本在十九世紀後期的崛起；其1899年的國民生產毛額幾乎已增至1885年的三倍。隨著明治天皇建立了一支強大的常備軍和海軍，軍費開支也急遽增加。[97]1880年，軍費開支占日本政府預算的19%；到1886年，這個數字上升到25%；到1890年，成長到了31%。[98]

日本越來越強大的力量，加劇其領導層對其在該地區從屬於西方列強和中國的地位的不滿，並催生出「決意採取更積極行動的緊迫感」，以擴大日本的影響力。[99]軍事力量的增加，使該國

領導人能夠認真考慮在太平洋島嶼和亞洲大陸進行領土擴張，而這將是對中國霸權和俄羅斯在該地區眾所周知的意圖的直接挑戰。但要有效地投射力量，日本需要一個大陸的立足點，也就是朝鮮半島。

　　從1870年代開始，日本不斷發展的朝鮮政策，堪稱東京作為崛起大國不斷增強的信心和擴張性的晴雨表。起初這些政策主要側重於促進改革，以使朝鮮政府組織更加反對中國的干預；在默默地吸引朝鮮遠離北京的同時，擴大日本的影響力。正如美國的日本歷史學家杜斯（Peter Duus）所寫的，朝鮮的戰略重要性「不僅在於其與日本接近，而且在於其無法抵禦外侮……如果朝鮮仍然『落後』或『不文明』，它將保持衰弱；如果它仍然衰弱，就必將成為外國掠奪者的獵物。」[100]

　　然而，到了1894年中日戰爭前夕，如同歷史學家入江昭指出的，日本的目標「不再是日本與中國之間的平衡，而是要把中國在半島的影響力驅逐出去。」[101]

　　伴隨著擴張的慾望，日本也長期擔憂西方、特別是俄羅斯在東亞的影響。天皇擔心俄羅斯可能會藉著其在1891年新完工的西伯利亞鐵路干預朝鮮半島，甚至入侵日本，以壓制日本的迅速崛起。[102]日本陸軍元帥兼首相山縣有朋在1893年直言：「我們的敵人不是中國和朝鮮，而是英國、法國、俄羅斯。」[103]

　　1894年，一場名為「東學革命」的朝鮮農民起義，迫使朝鮮國王李命福呼籲中國軍隊幫助，以平息暴力事件。日本不願意

看到中國的干預，以免其精心培育的影響力功虧一簣，因此也派出自己的軍隊，於是與中國人發生直接衝突。早有準備的日本軍方使對手猝不及防。天皇的軍隊迅速將中國人從平壤驅逐出去，對中國北洋海軍也取得了意想不到的勝利，登陸了滿洲東南部，向西北進入中國領土。一年後的《馬關條約》讓北京備感屈辱的結束了戰爭，被迫承認了朝鮮的獨立（名義上如此，實際上是將朝鮮從中國的附庸國變為日本的附庸國），並割讓了台灣、澎湖群島和遼東半島給日本。

日本對俄羅斯遏制其權力意圖的擔憂是有先見之明。由於日本取得了巨大的勝利且和約條款過於苛刻，俄羅斯、法國和德國在和約簽署後立即進行了三國聯合干涉。窘迫的日本不情願地接受了干預，取消了條約中將滿洲東南部割讓給日本的條款，也使日本擴張的威脅遠離俄羅斯的家門口。然而這加強了日本消除俄羅斯威脅的決心。歷史學家韋斯特伍德（J. N. Westwood）寫道：「自1895年的恥辱以來，日本政府一直致力於最終與俄羅斯打一場戰的準備。」[104]日本的準備工作非常耀眼，在擊敗中國之後的十年間，天皇的海軍人員幾乎是原先的三倍，陸軍人員更增至九倍。[105]基於俄國在法、德支持下促成三國干涉還遼的教訓，日本甚至藉由與英國結成「英日同盟」，來避免受到歐洲的進一步的遏制；此意圖於1902年達成。

日本決心將俄國趕出滿洲。由於無法經由談判促成俄羅斯軍隊的撤離，日本於1904年2月對位於滿洲海岸的旅順的俄羅斯艦隊發動突襲，點燃了長達一年半的「日俄戰爭」。日本軍隊再一

次以令人信服的方式取得了勝利，並在隨後的《朴茨茅斯條約》中實現了讓俄羅斯完全撤出滿洲的目標。隨著俄羅斯在滿洲勢力的消亡，日本在其通往太平洋霸權的道路上清除了又一個障礙。

十一、聯合王國（英國）對上美國

時間：二十世紀初

統治強權：英國

崛起強權：美國

競爭領域：全球經濟主導地位和西半球的海軍霸權

結果：沒有戰爭

在十九世紀的最後幾十年，美國的經濟實力超過了世界上最重要的帝國英國，其不斷成長的艦隊也成為皇家海軍的隱患。當美國開始在自己的半球占據霸主地位，同時的英國則面臨鄰近的威脅挑戰，並得維持一個分布廣泛的殖民帝國，因而以自我調適來應對美國的崛起。英國的讓步使美國和平的獲得西半球的統治地位。這一偉大的和解，為兩次世界大戰中的美英聯盟，以及兩國迄今認為理所當然的持久的「特殊關係」奠定了基礎。

在十九世紀的最後三十年，美國從內戰的灰燼中崛起為一個經濟巨人。1870年代初，美國的國內生產總值超過了不列顛；到1916年，超過了整個大英帝國的經濟總和。[106]美國在1890年至1914年間的快速發展，使其能源消耗和鋼鐵生產都增至英國

的三倍，而這些都是工業化的關鍵指標。[107]經濟的繁榮增強了美國的信心，華盛頓在西半球也變得越來越自信，堅持要仲裁歐洲和拉丁美洲國家之間的爭端。這種區域角色的擴大，導致對即將發生的大國衝突的擔憂。1895年末，對美國捲入英國和委內瑞拉之間的領土爭端、並導致英美戰爭的擔憂，曾引發紐約證券交易所的恐慌。[108]1896年1月，英國首相薩爾斯伯里勳爵告訴他的財政部長，「不是在今年、但是在不遠的將來，與美國爆發一場戰爭，已經不僅只是一種可能。」[109]

與皇家海軍相比，美國海軍仍然很小，但它正在成長（特別是在美西戰爭和強硬的西奧多·羅斯福登上總統職位之後）。美國海軍的噸位，在1900年至1910年間幾乎增加了兩倍。[110]英國海軍大臣在1901年承認：「如果美國人選擇為他們能夠輕易買得起的東西買單，他們就可以逐步建立一支與我們相當、而且在之後比我們更大的海軍。」考慮到這一現實，他認為「如果我能避免，我絕不會和美國爭吵。」[111]

令英國陸軍部驚愕的是，海軍部悄悄地將美國豁免於「兩強標準」，而該標準要求英國的戰艦規模，得與其後兩個最大競爭對手的總和相當。海軍部專注於離本土較近的威脅，並儘最大努力，避免以應急計劃應對與美國發生的戰爭。1904年，軍職的第一海務大臣告訴文職的海軍大臣，英國應該「用一切可能的手段來避免這樣的戰爭」，因為「在任何可能的情況下」英國都不能「逃脫美國造成的壓倒性和羞辱性的失敗」，因此「為此準備是完全浪費時間。」[112]

　　薩爾斯伯里與許多英國人因為未能及早應對美國帶來的威脅與挑戰而表示遺憾:「這是非常可悲的,但我擔心美國必將繼續前進,沒有什麼能夠恢復我們之間的平等。如果我們在美國內戰時支持南方的邦聯,那麼我們就有可能將美國的力量降低到可控制的比例。但是,在一個國家的崛起歷程中,並沒有給過兩個這樣的機會。」[113]於是英國不是以戰爭來應對美國崛起的挑戰,而是面對現實,藉由「偉大的和解」重塑彼此的關係。

　　由於得在其他許多地方處理令人憂懼的德國威脅,且帝國四處蔓延的領地使之備多力分,加上西半球沒有英國可以爭取來作為盟友的美國的對手,英國別無選擇,面對美國人時只能自我調適。雖然許多英國人認為美國對加拿大和拉丁美洲領土爭端、對有利可圖的捕魚權,以及對未來巴拿馬運河的控制權的要求非常無理,但英國只能撒手。

　　「到1903年底」,歷史學家奧德(Anne Orde)說,「英國通過一系列對美國不可回復的讓步,默認了美國在委內瑞拉到阿拉斯加的西半球的至高無上的地位。」[114]美國未曾因過去一個世紀享有的「免費安全」而稱謝,英國人有理由對此不滿。[115]但倫敦妥協的意願,有助於彌合兩國之間的長期敵意,從而使美國在1914年戰爭爆發後成為英國物資和金融的重要來源。第一次世界大戰期間美國的貸款和支持,以及華盛頓最終以英國盟友的身分投入戰爭,對於擊敗德國具有決定性的作用。

十二、英國對上德國

時間：二十世紀初

統治強權：聯合王國（英國），得到法國和俄羅斯的支持

崛起強權：德國

競爭領域：歐洲的陸權和全球海權

結果：第一次世界大戰（1914年至1918年）

德國在俾斯麥的統一後，成為歐洲大陸的主要軍事和經濟大國。它的進一步崛起則威脅到英國的工業和海軍霸權，並使歐洲的權力平衡有傾覆的風險。雖然最初只是打算贏得尊重，但德國崛起的海上力量，促成其與英國的激烈海軍競賽。英德之間的競爭，以及德國與東部崛起的俄羅斯之間同步出現的修昔底德陷阱，是巴爾幹的地區衝突轉變為第一次世界大戰的至關重要的背景。

1860年至1913年間，德國在全球製造業的比例從4.8%猛增至14.8%，超過其主要競爭對手英國，後者的比例從19.9%下降至13.6%。[116] 在1870年統一之前，德國只生產英國一半的鋼鐵；到1914年，它的產量是英國的兩倍。[117] 到1880年代，俾斯麥已在非洲獲得殖民地，並在中國、新幾內亞和南太平洋的幾個島嶼建立交易前哨。然而這些產業還與英國或法國的帝國規模相距甚遠，而且俾斯麥也不是一個熱情的帝國主義者。但是1890年辭退俾斯麥的新德國皇帝威廉二世，決心將他的國家變成「世界強

權」，而這個地位需要一支強大的海軍。

1890年代，德國海軍上將鐵必制制訂了一個與歐洲首屈一指的海軍力量英國相媲美的造艦計畫。雖然旨在確保英國的尊重，但德國的海軍建設嚇壞了英國領導人，並引發了激烈的軍備競賽。英國第一海軍大臣塞爾伯恩伯爵在1902年對此強調指出：「我相信，這支偉大的新德國海軍，正以準備與我們開戰為目標精心建立⋯⋯（英國駐德國大使也相信，）在決定海軍政策時，不能對德國人民的惡毒仇恨或德國海軍的明顯意圖無動於衷。」[118]

德國的新艦隊不僅影響了英國的海軍政策，也影響了英國的整個國際視野。正如歷史學家麥克米蘭所說的，「德國打算將海軍競賽作為強迫英國友好的手段，結果後者不僅決定要比德國造更多的軍艦，且放棄其偏愛的光榮孤立，轉而拉攏法國和俄羅斯。」[119] 德國不斷成長的力量，使其有望消滅其大陸競爭對手、從而控制英國對岸的海岸線，再加上它對英國海軍霸權的挑戰，使倫敦認為這是一個不可接受的威脅。

柏林所遭遇的第二個修昔底德陷阱，是俄羅斯不斷壯大的實力。到1910年左右，俄羅斯已經從此前的日俄戰爭失敗、和醞釀中的革命騷亂中恢復，似乎正在成為德國邊境上一個復興中的現代軍事強國。1913年，俄羅斯宣布將於次年頒布擴大軍隊的「宏偉計劃」，預計到1917年，俄羅斯陸軍與德國的數量將是三與一之比。法國協助俄羅斯建設的戰略鐵路，已經威脅到整個德國的戰爭計劃。德國的兩線戰爭計劃需要迅速擊敗法國，然後轉

而對付移動緩慢的俄羅斯威脅。到1914年，法國的大量投資，已使俄羅斯的鐵路系統得到發展，將其動員時間縮短至兩週，而不是德國計劃中假設的六週。[120]

俄羅斯的迅速崛起，以及人們對歐洲最終必有一戰的致命想法，使德國政治和軍事領導層的攻勢立場更為強烈。許多人支持預防性戰爭，以在仍有機會時擊敗俄羅斯，並特別希望一場成功的衝突可以讓德國擺脫俄羅斯、法國和英國的「包圍」。[121] 1914年六月奧匈帝國王儲在塞拉耶佛被暗殺後，柏林將其臭名昭著的「空白支票」給了維也納，其考量主要在於一個相互關聯的恐懼：倘若德國唯一的盟友奧匈帝國無法粉碎其在巴爾幹地區的敵人，並因而崩潰，德國將在未來與俄羅斯的衝突中陷入無助的前景。[122]

第一次世界大戰爆發以來，學者們對於戰爭責任的歸屬一直莫衷一是，有些人甚至完全拒絕這個問題。[123] 但若不怕過度簡化，那麼使奧匈帝國和塞爾維亞之間的地區衝突轉變為在歐洲大陸持續多年的世界大戰的根本原因，就在德國和英國之間，與德國和俄羅斯之間，這兩對陷入修昔底德陷阱的對抗。

1914年，倫敦和柏林之間、以及柏林和莫斯科之間同步發展的事態，變得相互關連。德國決心支持其盟友，以阻止崛起的俄羅斯的威脅，從而確保自己的生存，這導致其對沙皇及其盟友法國的戰爭。在威脅要粉碎法國、從而推翻歐洲權力平衡的過程中，德國跨越了英國的紅線。用歷史學家保羅・甘迺迪的話說，「就英國和德國政府而言，1914年至1918年的衝突基本上是因為

先發展起來的強權希望維持現狀，而後來者則有著進攻與防禦的混雜動機，正在採取措施改變現狀。從這個意義上說，倫敦和柏林之間的戰爭狀態，是至少十五年或二十年前發生的事情的延續。」[124]而其他各種導致戰爭的原因，沒有一個的破壞性可與修昔底德陷阱相提並論。

十三、蘇聯、法國和英國對上德國

時間：二十世紀中葉

統治強權：蘇聯，法國，英國

崛起強權：德國

競爭領域：歐洲的陸權和海權

結果：第二次世界大戰（1939至1945年）

阿道夫·希特勒同時恢復了德國的經濟實力、軍事實力和民族自豪感、廢除了凡爾賽條約，並藐視法國和英國維持的戰後秩序。為了尋求 *Lebensraum*，或說「生存空間」，希特勒按部就班的擴大納粹在奧地利和捷克斯洛伐克的統治地位。法國和英國太慢認識到他的雄心，直到希特勒入侵波蘭才宣戰，但已無法阻止德國對歐洲大陸的統治。直到數百萬蘇聯和美國軍隊扭轉局勢，才使第二次世界大戰結束。

法國和英國贏得第一次世界大戰的勝利後，在1920年代重建了他們的經濟和軍事統治權力，而德國則繼續從屬地位，力量受到《凡爾賽條約》的懲罰條款的限制。該條約要求嚴厲的經濟

賠償，並嚴格限制德國軍力，禁止其擁有飛機、坦克，軍隊總數不能超過十萬人。德國被迫放棄其海外殖民地，以及其歐洲領土的13%（以及人口的10%），並屈服於盟軍對其工業核心萊茵蘭的占領。[125] 最傷害德國人自尊的是「戰爭罪責」條款，將戰爭歸咎於德國。儘管「幾乎所有德國人都對此深惡痛絕」，[126] 但這個所謂的「奴隸條約」（slave treaty）[127] 仍然「在地理上和經濟上完全保留了帝國，保持了她的政治團結，和她作為一個偉大國家的潛力。」[128] 大戰結束僅僅二十年之後，希特勒就利用這種力量進行推翻歐洲秩序的第二次嘗試。

希特勒「無情地貫注於」重振德國的雄風。[129] 希特勒的國社黨在1933年贏得選舉後，通過非民主手段鞏固了自己的權力。他的說辭是要以此確保他為德國人民建立「生存空間」的願景；他呼籲將「德意志國家的所有能量」轉向到重新武裝這個單一目標。正如保羅·甘迺迪所說的：「為了確保德國的自給自足、和作為一個強權的地位，他想要整個中歐和直到伏爾加的整個俄羅斯，以此作為德國人的『生存空間』」。[130] 軍事力量很快建設起來。當希特勒成為總理（chancellor）時，法國和英國的國防支出合計兩倍於德國；到1937年德國已扭轉了這一比例，其國防支出成為法國和英國合計的兩倍。[131] 德國急遽重新武裝的一個突出表徵，就是軍用飛機的生產。1933年，德國只生產了368架飛機，但到1938年，它的生產量增加到了5235架，超過法國和英國生產量的合計。[132] 德國軍隊也從1936年的39個師，擴大到1939年的103個師，共計276萬人。[133]

德國未來的對手對其重新武裝的初步反應，是「躺在那兒」（supine），[134]表示「幾乎沒有立即可徵的危險」。[135]儘管邱吉爾一再發出警告，指出德國「誰都不怕」並且「正以德國歷史前所未見的速度進行武裝」，但首相張伯倫認為希特勒只是要試圖糾正《凡爾賽條約》的錯誤，因此也在1938年9月的慕尼黑會議上，默許德國在對蘇台德區的併吞。[136]然而隨著1939年3月希特勒決定占領捷克斯洛伐克的其餘部分，表明其有著更廣泛的目標，張伯倫的焦慮也隨之增加。張伯倫語帶玄機地問道：「這是舊冒險的結束，還是新冒險的開始？這是對小國的最後一次襲擊，或將有其他國家踵繼其後？或者，事實上，這是朝著用武力統治世界的企圖邁出的一步？」[137]

與此同時，正如季辛吉所解釋的，法國「已經變得如此士氣渙散，以至於無法讓自己採取行動。」[138]史達林則認為與德國簽署的一項互不侵犯協議，並以秘密條款瓜分東歐，最符合他的利益。[139]

在與史達林達成協議的一周以後，希特勒入侵波蘭，使英國和法國於1939年9月3日宣戰，開始了第二次世界大戰。一年之內，希特勒占領了法國與西歐和斯堪的納維亞的大部分地區。英國雖然擊退了德國的空中突擊，但在歐洲大陸也被擊敗。1941年6月，希特勒背叛了史達林，並入侵了蘇聯。當德國在四年後被擊敗時，歐洲大陸的大部分地區已被摧毀，而其東半部將在未來四十年內受到蘇聯統治。西歐被美國所解放，且此後也繼續依賴美國的軍事力量。希特勒所帶來的是世界史上最血腥的戰爭。

十四、美國對上日本

時間：二十世紀中葉

統治強權：美國

崛起強權：日本

競爭領域：亞太地區的海權和影響力

結果：第二次世界大戰（1941至1945年）

日本帝國在中日戰爭與日俄戰爭的決定性勝利後，其蠶食鯨
吞的勢力範圍已包括朝鮮和台灣，並在二十世紀成為一個侵
略性的霸權。日本的擴張，特別是對中國的擴張，威脅到美
國在太平洋地區的「門戶開放」秩序，使美國在1930年代
越來越敵視日本。在美國試圖以禁止日本進口某些原料來遏
制日本後，日本襲擊了珍珠港，使得此前不願參戰的美國人
也被捲入第二次世界大戰。

1915年，日本首相大隈重信倚仗該國新獲得的權力，向中
華民國提出《二十一條要求》，以增強日本在亞太地區的經濟和
領土權力。這些要求不僅對中國構成了嚴峻的威脅，也對1899
年根據美國「門戶開放」政策所建立的地區秩序構成了深刻的挑
戰。國務卿史汀生（Henry Stimson）擔心日本的要求威脅到了這
種秩序，以及依賴於它的美國生活方式。[140]

為了追求「東亞新秩序」，日本在1931年無端的攻占了滿
洲，此後其軍事擴張延伸到了中國的核心區，在1937年的南京

大屠殺中達到了可怕的高潮。雖然美國認為日本對美國盟友的恐嚇令人驚愕，甚且還轟擊美國一艘在南京附近營救美國人的船隻，但富蘭克林·羅斯福總統最初沒有採取行動。

然而，在接下來的幾年，美國開始加大對中國的援助力度，並對日本實施日益嚴厲的經濟制裁。由於日本這個島國的石油、橡膠和廢鐵等關鍵原材料幾乎完全依賴進口，並且日本認為領土擴張對自然資源的獲取、以及大國的未來至關重要，因此日本的領導層認為這種限制是一個致命的威脅。正如日本駐美國大使野村吉三郎於1941年12月2日告訴華盛頓的：「日本人民相信……他們被置於美國的極端壓力之下，被要求屈服於美國的立場；但與其屈服於壓力，不如選擇戰鬥。」[141]

隨著日本與歐洲軸心國、維琪法國和蘇聯達成協議，使其在東南亞更容易進行領土擴張，美國也中斷了與日本的談判。歷史學家斯托里（Richard Storry）認為，華盛頓相信日本正在「重新繪製一份排除西方的亞洲地圖」。[142]隨著制裁收緊，美國駐東京大使格魯（Joseph Grew）在他的日記中悲觀地指出，「報復和反報復行動的惡性循環……顯而易見最終會走向戰爭。」[143]

羅斯福於1941年8月對日本禁運石油，證明是最後一根稻草。正如前國務院官員馬奇林（Charles Maechling）所解釋的，「雖然石油不是導致關係惡化的唯一原因，但一旦被用作外交武器，它就會使敵對行動不可避免。美國在沒有適當考慮可預見的爆炸性後果的情況下，肆無忌憚地削減強大對手的生命線。」[144]

絕望中，日本領導人批准了一項計劃，對珍珠港的美國太平洋
艦隊進行先發制人的「致命一擊」，為侵占在東南亞和荷屬東印
度群島資源豐富的領土掃清了阻礙。正如學者斯奈德所指出的，
日本的戰略反映了它的信念：「如果太陽沒有上升，它就會下
降」，而且鑑於美國本身俱有「貪婪性」，與美國的戰爭「不可
避免」。[145]

　　事後回想，美國政治家們意識到他們的石油禁運有些魯莽。
正如後來的國務卿艾奇遜說的，美國對日本意圖的誤讀之處並不
是「日本政府的亞洲圖謀，也不是我們的禁運會激起的敵意，而
是東條為實現他的目的所願承擔的極高風險。在華盛頓，沒有人
意識到他和他的政權並不認為征服亞洲是為了實現其野心，而是
視為皇國興廢之所繫。這對他們來說是生死攸關的事。」[146]日本
對珍珠港的襲擊在短期內取得了部分成功，日本繼續享有對美國
和英國的巨大戰術勝利，但衝突最終導致它在1945年幾乎完全
被毀。它在東亞的戰爭造成了數千萬人的死亡。

十五、美國對上蘇聯

時間：1940至1980年代
統治強權：美國
崛起強權：蘇聯
競爭領域：全球權力
結果：沒有戰爭

第二次世界大戰後，美國成為世界上公認的超級大國，不僅擁有世界國內生產總值的一半與強大的常規軍事力量，並壟斷了人類史上最具破壞性的戰爭工具：核彈。然而美國的霸權很快就受到二次大戰時的盟友蘇聯的挑戰。但兩國雖然經常關係緊張，但冷戰是歷史上逃脫了修昔底德陷阱的最大成功之一。藉著在武裝衝突之外開發更多的競爭途徑，這兩個大國和平管理了歷史上最高風險的大國競爭。

第二次世界大戰結束時，付出極大的代價才從納粹統治中解放了東歐國家的蘇聯，覺得有權在東歐的廢墟中劃出一個勢力範圍。蘇聯建立了一個延伸到德國中部的帝國，派駐了蘇聯軍事顧問和情報人員，利用合作的當地政客建立新的共產黨，操弄政變並鎮壓異議人士。以邱吉爾的話來說，是「從波羅的海邊的斯德丁（Stettin）到亞德里亞海邊的的里雅斯特（Trieste in the Adriatic），一幅橫貫歐洲大陸的鐵幕已經降落。」很多美國政策制定者很快就明白，蘇聯正如歷史學家加迪斯（John Gaddis）所寫的那樣，尋求的「不是恢復歐洲的權力平衡，而是像希特勒一樣徹底地統治這個大陸。」[147]

在歐洲獲得宰制地位後，史達林可以輕鬆地在全球範圍內傳播他的「革命帝國」共產主義。在歐洲戰區勝利日的九個月後肯楠在1946年2月的「長電報」，以及不到兩週後邱吉爾的鐵幕演講，標明蘇聯共產主義已是西方的生存威脅。海軍部長福雷斯特爾代表了許多美國政策制定者的觀點，他稱蘇聯共產主義「與納

粹主義或法西斯主義一樣的與民主不能相容，因為要實現其目
的，靠的是使用武力的意願。」[148]

到1949年，蘇聯藉由測試自己的原子彈成功打破了美國的
核壟斷局面。八年後，蘇聯發射了第一顆被送入太空的人造衛星
史普尼克，打擊了美國在科學和技術領域的優勢。與此同時，
蘇聯經濟開始飆升。到1950年，工業生產比戰前水平增加了
173%，並且從1950年至1970年，[149]根據其官方報告，每年的經
濟成長平均為7%，使人們擔心蘇聯可能在經濟上與美國競爭、
甚至超過美國。[150]薩繆爾森那本在1960年代銷路最佳的教科書
《經濟學：一個入門分析》，預測蘇聯國民生產總值將在1980年
代中期超過美國。[151]儘管薩繆爾森的預測從未實現，但在1970
年代早期，蘇聯確實在軍費開支和鋼鐵產量兩個關鍵領域超越了
美國。[152]

為了反制蘇聯，美國採用了除了炸彈和子彈之外的所有傳統
戰爭工具與許多非傳統的工具，因此這種對抗被稱為冷戰。[153]儘
管有一些短兵相接的事例（例如古巴飛彈危機）和幾次代理人戰
爭（在韓國、越南、阿富汗和其他地方），但避免了美蘇兩軍之
間的公開衝突。[154]歷史學家對冷戰並未演變為熱戰的原因提出了
各種解釋，大多數人都相信是因為核武破壞力的幽靈，[155]有些人
則強調美國和蘇聯之間的地理距離，[156]或者因為軍事偵察手段提
升，使誤解的可能性最大限度地減少了。[157]

許多人指出，兩國相互承諾限制競爭，使他們能夠利用各種
形式的戰爭相互攻擊但排除了直接衝突。[158]使這兩個強權逃脫戰

爭的另一個因素，是圍繞核武發展起來的合作文化，從1972年的戰略武器限制談判（SALT）所達成的條約開始，到1980年代的雷根與戈巴契夫峰會達到高潮。這些峰會不僅降低了核事故的風險，而且還使信任有了基礎。

隨著時間的推移，美國持續四十多年的圍堵戰略取得了成功。幾十年下來，相較於自由市場民主國家的成功，絕對權威主義的內部矛盾使蘇維埃政權顯得千瘡百孔。無法提供槍支和奶油的蘇聯在1991年崩潰，二十世紀後期的決定性衝突，在沒有流血的情況下結束。

十六、英國和法國對上德國

期間：1990年代至今

統治強權：英國和法國

崛起強權：德國

競爭領域：歐洲的政治影響力

結果：沒有戰爭

冷戰結束時，許多人預期重新統一的德國將重演其舊的霸權野心。雖然他們正確地判斷德國注定要恢復其在歐洲的政治和經濟權力，但其崛起基本上仍是良性的。有鑑於修昔底德陷阱在過去造成他們的國家陷入困境，德國領導人不再尋求軍事的宰制，而是找到了一種新方式，藉由領導一個一體化的經濟秩序，來施展權力和影響力。

　　當西德總理柯爾（Helmut Kohl）在冷戰結束時提出德國統一問題，英國和法國這兩個歐洲現狀強權的領導人，對這個新興而強大的德國前景感到非常遲疑。對於許多戰略家來說，第二次世界大戰結束時德國的分裂，是作為兩次世界大戰的根源的「德國問題」的可靠解決方案。

　　北約在歐洲的三重使命經常被諷刺為「擋住蘇聯人，拉住美國人，壓住德國人。」[159] 英國和法國的焦慮很容易理解：統一的德國將是西歐人口最多、也是經濟最強大的國家。根據這個方針，法國駐德國大使在1989年指出，統一「將產生一個由德國統治的歐洲，而無論是東方或西方，沒有人想要這個。」[160] 英國首相柴契爾夫人也在私下提出了這些擔憂，告訴布希總統她擔心「德國人會在和平中得到希特勒在戰爭中無法得到的東西」。[161] 為了對抗這種威脅，柴契爾夫人和密特朗總統討論了加強英法聯盟的問題。例如密特朗認為「可藉由與英國的雙邊軍事、甚至核合作來作為平衡。」[162] 前外交官和學者澤利科（Philip Zelikow）和前國務卿賴斯（Condoleezza Rice）說，「歐洲人，尤其是法國人，相信任何德國權力的復興，必須與能夠使德國政治體不至於危害法國的歐洲結構齊頭並進。」[163] 正如歐洲領導人所預見的，德國確實能夠利用其經濟實力，對歐洲政治發出最大的聲音，並填補蘇聯解體留下的權力真空。然而值得注意的是，迄今為止這種重新崛起是以和平的方式出現；並且逐漸的，也受到了英國和法國的支持。如同季辛吉最近觀察到的，「在擊敗德國宰制歐洲的野心七十年之後，勝利者主要是出於經濟原因，現在正在懇求

德國領導歐洲。」[164]那麼，這一切是怎麼發生的呢？

德國和平崛起主要靠著其寬宏的戰略，通過公開的善意姿態和尋求與此前對手的相互依賴，來緩和歐洲的懷疑。最重要的是，德國領導人有意識地選擇不重新發展與國家經濟實力相稱的軍事存在。這條新路徑非常鮮明，因為德國已成為歐洲的經濟霸權，是歐洲統一市場的主導者，且是座落在法蘭克福的歐洲中央銀行的領導者。正如前英國貿易大臣葛霖（Stephen Green）所指出的，德國將其權力主要用於影響歐洲的政治經濟：「對於英國和法國視為理所當然的那種在外交世界中發揮的戰略作用，德國在任何意義上，都沒有為此進行準備的跡象。」[165]正如國際關係學者哈夫多恩（Helga Haftendorn）所描述的，「為了平衡德國在權力和主權方面的提升，一種『整合戰略』藉由創造『歐洲化的德國』，強調將其潛力融入新歐洲的重要性，來替代『德國的歐洲』。」[166]

必須要注意的是，德國在統一之前就已開始追求經濟整合。[167]此外，德國決定放棄與其經濟影響力相當的軍事擴張，無疑受到美國作為歐洲區域安全保障者和穩定力量的影響。然而不管它的起源是什麼，德國的方法最終展示了一種新的精神，讓它此前的敵人不再緊張；其特點是政策分析家昆德納尼（Hans Kundnani）在《德國力量的悖論》（*The Paradox of German Power*）中所謂的「經濟強勢和軍事禁慾的奇怪混合體……從地緣政治的角度來看，德國是良性的。」[168]

最近，全球金融危機的影響導致的不穩定，以及來自敘利亞

和中東的移民和難民的大量湧入，使現有的歐洲體系以及德國的領導地位受到質疑。然而，且不論美國在歐洲大陸駐軍是否僅是歷史罕見的情況，也不論歐洲的未來走向如何，德國在權力轉移的關鍵時刻的做法，至少已為尋求避免修昔底德陷阱的強權提供了持久和重要的教訓。德國已經了解到，讓其國防開支增加到與其發達的經濟等量齊觀，很容易就會引發衝突，而要克服敵對國家根深蒂固的恐懼需要的是不斷的善意姿態。通過穩定、開放，與此前敵人的融合，以及放棄更多傳統權力的意願，德國迄今成功逃脫了修昔底德的陷阱。

附錄二

七個稻草人

在學術辯論中，學者們經常喜歡攻擊稻草人，而不是就論文當中陳述的論點進行爭論。這種模式很簡單：建造一個稻草人，把它燒了，然後聲稱已經駁斥了論文。本書的論點大多承襲我在2015年9月在《大西洋月刊》的文章，當時該文的批評者們在回應時，多次焚燒了同樣的七名稻草人。

質疑一：「必然性」，聲稱修昔底德陷阱主張崛起強權與統治強權之間的戰爭是不可避免的。

回應一：正如《大西洋月刊》的文章和本書所述，修昔底德陷阱並未聲稱戰爭是不可避免的。事實上，附錄一的十六個案件中，有四個沒有導致戰爭。而且，正如修昔底德所指出的，即使在他的《伯羅奔尼撒戰爭史》中，修昔底德對「不可避免」（inevitable）一詞的使用，顯然也是故意的誇張。

質疑二：「臨界點」（或稱引爆點、絆網或轉折點），聲稱動態轉
　　　　換期間的特定臨界點沒有發生戰爭，所以修昔底德是錯
　　　　誤的。

回應二：修昔底德陷阱的假設，並未對戰爭最有可能發生的時刻
　　　　提出任何要求。修昔底德動態存在於崛起強權的上升期
　　　　間、兩強的持平階段、與崛起強權超過統治強權之後。

質疑三：「選擇性偏差」，聲稱修昔底德陷阱是藉由挑選與論點
　　　　相近的案例，或說只選擇導致戰爭的案例，來證明其結
　　　　論。

回應三：相關案例包括過去幾年我們能夠找到的關於一個重要的
　　　　崛起強權有可能取代統治強權的所有實例。我們可說
　　　　已經上窮碧落下黃泉的去篩選案例，而非只是滿足於
　　　　某些代表性樣本，因此我們的案例可免於選擇偏差的
　　　　指控。有關修昔底德陷阱的方法論的詳細討論，請參
　　　　閱 http://belfercenter.org/thucydides-trap/thucydides-trap-
　　　　methodology。

質疑四：「遺失案件」，認為修昔底德陷阱的案件檔案不完整。

回應四：修昔底德陷阱的案例檔案已經公開。自從在2015年在
　　　　《大西洋月刊》發表文章、並公布案例文件以來，修昔
　　　　底德陷阱計畫的網站就開始邀請讀者提出建議，包括來
　　　　自世界其他地區、來自其他時代、來自非主要大國的

各種案例。出於本研究的目的，案例越多越好，因為
額外的案例可以提供對崛起強權與統治強權的基本動
態的額外見解。要建議案例，讀者可以訪問 http://www.
belfercenter.org/thucydides-trap/case-file。

質疑五：「小樣本數」，聲稱修昔底德陷阱的案例提供的樣本數
　　　　太小，無法支持有關的原理原則的主張，也不適合希望
　　　　其具有此種性質的社會科學家使用。
回應五：同意。這項調查的目的是探索一種現象，而非提出鐵
　　　　律、或為統計人員創建資料庫。

質疑六：「掛一漏萬」，案例文件中的事件和問題「比你說的更
　　　　複雜」。
回應六：當然，本來就會這樣。

質疑七：「原創性」，認為修昔底德陷阱的概念不是原創的。
回應七：它被稱為修昔底德陷阱的這一事實，應該已表明我們同
　　　　意這一點。正如網站上所指出的，自修昔底德完成其作
　　　　品以來的幾個世紀，許多其他學者也已為我們對霸權挑
　　　　戰的理解做出了貢獻。

註釋

第一章　「世界史上最大的玩家」

1. Henry Kissinger, foreword to *Lee Kuan Yew: The Grand Master's Insights on China, the United States, and the World* (Cambridge, MA: MIT Press, 2013), ix.

2. 從1976年至其去世，李光耀訪問中國33次，而在1990年至2011年間，估計約有22,000名中國官員曾到新加坡學習治國經驗。參見Chris Buckley, "In Lee Kuan Yew, China Saw a Leader to Emulate," *New York Times*, March 23, 2015, http://sinosphere.blogs.nytimes.com/2015/03/23/in-lee-kuan-yew-china-saw-a-leader-to-emulate.

3. Graham Allison, Robert D. Blackwill, and Ali Wyne, *Lee Kuan Yew: The Grand Master's Insights on China, the United States, and the World* (Cambridge, MA: MIT Press, 2013), 42.

4. 參見World Bank, "Merchandise Imports (Current US$)," http://data.world bank.org/indicator/TM.VAL.MRCH.CD.WT?locations=CN; World Bank, "Merchandise Exports (Current US$)," http://data.worldbank.org/indicator/TX.VAL.MRCH.CD.WT?locations=CN.

5. 事實上，中國的國內生產毛額（GDP）幾乎每兩年就新增一個印度。例如中國的GDP在2012年為8.6兆億美元，2014年為10.6兆美元，在這兩年之間，中國的GDP大約新增2兆美元，而印度的GDP在2012年為1.8兆億美元，2013年為1.9兆億美元，2014年為2兆美元。此處GDP為美金現價計算，資料來源為國際貨幣基金（International Monetary Fund）的"World Economic Outlook Database," October 2016, http://www.imf.org/external/pubs/ft/weo/2016/02/weodata/index.aspx.

6. 此處的估計，是根據麥迪遜估算（Angus Maddison Project）的歷史GDP成長加以計算。參見"GDP Levels in Western Offshoots, 1500–1899," in Angus Maddison, *The World Economy: Historical Statistics* (Paris: OECD Publishing,

2006), 462–63.

7.　關於生產力的鴻溝，有很多不同的例子。在中國開始落後於西方的時代，一個使用了當時關鍵性的創新技術珍妮紡紗機的英國紗布工人，其生產力高達沒有這種機器的中國工人的66倍。參見Joel Mokyr, *The Lever of Riches: Technological Creativity and Economic Progress* (New York: Oxford University Press, 1990), 221.荷蘭紡織工人在當時的生產力與英國相當，而其生產力也比當時中國最發達的長江三角洲地區高六倍。參見Bozhong Li and Jan Luiten van Zanden, "Before the Great Divergence? Comparing the Yangzi Delta and the Netherlands at the Beginning of the Nineteenth Century," *Journal of Economic History* 72, no. 4 (December 2012), 972. 更甚者，西方國家在1800年時的戰爭能力已經五倍於東方國家，莫理斯（Ian Morris）認為這種現象「使英軍能在1840年代輕取中國」。參見Ian Morris, *Why the West Rules — for Now* (New York: Farrar, Straus and Giroux, 2010), 496, 634–35.

8.　Hillary Clinton, "America's Pacific Century," *Foreign Policy,* October 11, 2011, http://foreignpolicy.com/2011/10/11/americas-pacific-century.

9.　"Remarks by President Obama to the Australian Parliament," November 17, 2011, https://obamawhitehouse.archives.gov/the-press-office/2011/11/17/remarks-president-obama-australian-parliament.

10.　"A Dangerous Modesty," *Economist,* June 6, 2015, http://www.economist.com/news/briefing/21653617-america-has-learnt-hard-way-it-cannot-fix-problems-middle-east-barack.

11.　Yi Wen, *The Making of an Economic Superpower: Unlocking China's Secret of Rapid Industrialization* (Hackensack, NJ: World Scientific Publishing, 2016), 2.

12.　參見 "International Car Sales Outlook," in *Improving Consumer Fundamentals Drive Sales Acceleration and Broaden Gains Beyond Autos,* Scotiabank Global Auto Report, September 29, 2016, http://www.gbm.scotiabank.com/English/bns_econ/bns_auto.pdf.

13.　參見 "As China's Smartphone Market Matures, Higher-Priced Handsets Are on the Rise," *Wall Street Journal,* April 29, 2016, http://blogs.wsj.com/chinarealtime/2016/04/29/as-chinas-smartphone-market-matures-higher-priced-handsets-are-on-the-rise/; Serge Hoffmann and Bruno Lannes, "China's E-commerce Prize," Bain & Company, 2013, http://www.bain.com/Images/BAIN_BRIEF_Chinas_e-commerce_prize.pdf; Euan McKirdy, "China's Online

Users More Than Double Entire U.S. Population," CNN, February 4, 2015, http://
www.cnn.com/2015/02/03/world/china-internet-growth-2014/.

14. Candace Dunn, "China Is Now the World's Largest Net Importer of Petroleum
and Other Liquid Fuels," US Energy Information Administration, March 24, 2014,
http://www.eia.gov/todayinenergy/detail.php?id=15531; Enerdata, "Global Energy
Statistical Yearbook 2016," https://yearbook.enerdata.net/; Richard Martin, "China
Is on an Epic Solar Power Binge," *MIT Technology Review,* March 22, 2016,
https://www.technologyreview.com/s/601093/china-is-on-an-epic-solar-power-
binge/.

15. Stephen Roach, "Why China Is Central to Global Growth," World Economic
Forum, September 2, 2016, https://www.weforum.org/agenda/2016/09/why-china-
is-central-to-global-growth.

16. Brett Arends, "It's Official: America Is Now No. 2," *MarketWatch,* December
4, 2014, http://www.marketwatch.com/story/its-official-america -is-now-
no-2-2014-12-04.

17. Chris Giles, "The New World Economy in Four Charts," *Alphaville Blog,
Financial Times,* October 7, 2014, http://ftalphaville.ft.com/2014/10/07/1998332/
moneysupply-the-new-world-economy-in-four-charts/.

18. 關於以購買力平價（PPP）計算的國內生產毛額（GDP），其定義可參
見"Definitions and Notes," *CIA World Factbook,* https://www.cia.gov/library/
publications/the-world -factbook/docs/notesanddefs.html; Tim Callen, "PPP
Versus the Market: Which Weight Matters?" *Finance and Development* 44, no. 1
(March 2007), http://www.imf.org/external/pubs/ft/fandd/2007/03/basics.htm.

19. International Monetary Fund, "World Economic Outlook Database."

20. 例證可參見Tim Worstall, "China's Now the World Number One Economy and
It Doesn't Matter a Darn," *Forbes,* December 7, 2014, http://www.forbes.com/
sites/timworstall/2014/12/07/chinas-now-the-world-number-one-economy-and-
it-doesnt-matter-a-darn/; Jeffrey Frankel, "Sorry, but America Is Still No. 1, Even
If China Is Bigger," *Market-Watch,* December 5, 2014, http://www.marketwatch.
com/story/sorry-but-america-is-still-no-1-2014-12-04.

21. 費希爾進一步稱：「但也必須認識到這只是初步估算。特別是對於石油之類
的國際貿易商品，市場匯率仍提供更好的衡量標準。此外，甚至更重要的
是，除了基本經濟能力之外，許多其他因素也會影響一個國家的軍事潛力，

包括其對公民徵稅的政治能力，以及用於加強其國家安全態勢的資源。」經濟學家金德伯格（Charles Kindleberger）強調了這一點。他寫道：「這個修正是否值得，在相當大程度上取決於其規模；而在暴力的使用之外，還取決於有關國家是否會能團結一心的做出堅定的努力。這不是經濟學家容易接受的結論。」見Charles Kindleberger, *Manias, Panics, and Crashes* (New York: Wiley Investment Classics, 2005), 225–26.

22. International Institute for Strategic Studies, *The Military Balance 2016* (New York: Routledge, 2016), 495.

23. 此處引用的文字「雲」來源是Factiva資料庫，蒐集了所有的紐約時報、華爾街日報和金融時報從2013年10月25日至2016年10月25日的所有包含「中國」與「成長」（growth）或國內生產毛額（GDP）或「經濟」的新聞標題。

24. 國內生產毛額（GDP）成長率的資料來自國際貨幣基金，所稱大蕭條（Great Recession）之後的時段，是從2010年到2016年。2016年的數字是國際貨幣基金在2016年10月在更新世界經濟資料庫時做的估計。

25. 中國占世界經濟成長的百分比，是根據購買力平價計算的國內生產毛額，以2011年國際美元固定價格計算，出處是世界銀行的「世界發展指標」（World Development Indicators）。另可參見David Harrison, "The U.S. May Not Be an Engine of the World Economy for Long," *Wall Street Journal,* March 8, 2016, blogs.wsj.com/economics/2016/03/08/the-u-s-may-be-an-engine-of-the-world-economy-but-perhaps-not-for-long. Harrison highlights that "China singlehandedly accounted for almost a third of the world's growth" in 2013.

26. 參見World Bank, "Poverty Headcount Ratio at $1.90 a Day (2011 PPP) (% of Population)," accessed November 19, 2016, http://data.worldbank.org/topic/poverty?locations=CN.

27. "Beijing to Cut Number of New Cars," *Xinhua*, October 25, 2016, http://www.globaltimes.cn/content/1013607.shtml; Hu Shuli, Wang Shuo, and Huang Shan, "Kissinger: China, U.S. Must 'Lead in Cooperation,' " *Caixin,* March 23, 2015, http://english.caixin.com/2015-03-23/100793753.html.

28. Kevin Rudd, "The West Isn't Ready for the Rise of China," *New Statesman,* July 16, 2012, http://www.newstatesman.com/politics/international-politics/2012/07/kevin-rudd-west-isnt-ready-rise-china.

29. Evan Osnos, *Age of Ambition: Chasing Fortune, Truth, and Faith in the New China* (New York: Farrar, Straus and Giroux, 2014), 25.

30. 從2011年到2013年，中國生產的水泥超過了美國在整個二十世紀的總量。參見Jamil Anderlini, "Property Sector Slowdown Adds to China Fears," *Financial Times,* May 13, 2014, https://www.ft.com/content/4f74c94a-da77-11e3-8273-00144feabdc0; 也可參見Ana Swanson, "How China Used More Cement in 3 Years than the U.S. Did in the Entire 20th Century," *Wonkblog, Washington Post,* March 24, 2015, https://www.washingtonpost.com/news/wonk/wp/2015/03/24/how-china-used-morecement-in-3-years-than-the-u-s-did-in-the-entire-20th-century/.

31. Eoghan Macguire, "The Chinese Firm That Can Build a Skyscraper in a Matter of Weeks," CNN, June 26, 2015, http://www.cnn.com/2015/06/26 /asia/china-skyscraper-prefabricated.

32. *Economist* Intelligence Unit, "Building Rome in a Day: The Sustainability of China's Housing Boom" (2011), 2, www.eiu.com/Handlers/Whitepaper-Handler.ashx?fi=Building_Rome_in_a_day_WEB_Updated.pdf.

33. Thomas Friedman and Michael Mandelbaum, *That Used to Be Us: How America Fell Behind in the World It Invented and How We Can Come Back* (New York: Macmillan, 2012), 3–4.

34. 參見 "China for a Day (but Not for Two)," in Thomas Friedman, *Hot, Flat,and Crowded: Why We Need a Green Revolution — and How It Can Renew America* (New York: Picador, 2009), 429–55.

35. Jay Bennett, "Here's an Overpass in Beijing Being Replaced in Under Two Days," *Popular Mechanics,* November 20, 2015, http://www.popularmechanics.com/technology/infrastructure/a18277/beijing-overpass-replaced-in-less-than-two-days/.

36. George Fortier and Yi Wen, "The Visible Hand": The Role of Government in China's Long-Awaited Industrial Revolution," working paper, Federal Reserve Bank of St. Louis, August 2016, 215, https://research.stlouisfed.org/wp/more/2016-016.

37. Ibid.

38. 參見Virginia Postrel, "California Hits the Brakes on High-Speed Rail Fiasco," *Bloomberg,* June 28, 2016, https://www.bloomberg.com/view/articles/2016-06-28/california-hits-the-brakes-on-high-speed-rail-fiasco; "Taxpayers Could Pay Dearly for California's High-Speed-Train Dreams," *Economist,* March 27, 2016, http://

www.economist.com/news/science-and-technology/21695237-taxpayers-could-pay-dearly-californias-high-speed-dreams-biting-bullet.

39. Lu Bingyang and Ma Feng, "China to Build Out 45,000 km High-Speed Rail Network," *Caixin,* July 21, 2016, http://english.caixin.com/2016-07-21/100968874.html.

40. 參見World Bank, "Poverty Headcount Ratio at $1.90 a Day, http://data.worldbank.org/topic/poverty?locations=CN.

41. 根據最新的國際貨幣基金《世界經濟展望資料庫》（World Economic Outlook Database）估計，中國在2015年的人均國內生產毛額是8141美元，2016年估計為8261美元。

42. World Bank, "World Bank Group President Says China Offers Lessons in Helping the World Overcome Poverty," September 15, 2010, http://www.worldbank.org/en/news/press-release/2010/09/15/world-bank-group-president-says-china-offers-lessons-helping-world-overcome-poverty.

43. 關於預期壽命的提升，參見Linda Benson, *China Since 1949,* 3rd ed.(New York: Routledge, 2016), 28; current statistics (1960–2014) in "Life Expectancy at Birth, Total (Years)," World Bank, http://data.worldbank.org/indicator/SP.DYN.LE00.IN?locations=CN. 關於識字率的提升，參見Ted Plafker, "China's Long — but Uneven — March to Literacy," *International Herald Tribune,* February 12, 2001, http://www.nytimes.com/2001/02/12/news/chinas-long-but-uneven-march-to-literacy.html; 從1982年到2015年的當前統計資料，見 "Adult Literacy Rate, Population 15+ Years, Both Sexes(%)," World Bank, http://data.worldbank.org/indicator/SE.ADT.LITR.ZS?locations=CN.

44. 《經濟學人》引述波士頓諮詢集團（the Boston Consulting Group, BCG）的研究報告，指出亞洲的財富到2020年預期將增至75兆美元，而北美的財富將為76兆美元。該集團指出，「美國將仍為世界最富裕的國家，雖然2020年之後，預期北美很快將被不包括日本的亞太地區超過」，參見 "The Wealth of Nations," *Economist,* June 17, 2015, http://www.economist.com/blogs/freeexchange/2015/06/asia-pacific-wealthier-europe; "Global Wealth2016: Navigating the New Client Landscape," Boston Consulting Group,June 2016, https://www.bcgperspectives.com/content/articles/financial-institutions-consumer-insight-global-wealth-2016/?chapter=2.

45. 參見Robert Frank, "China Has More Billionaires Than US: Report," CNBC,

February 24, 2016, http://www.cnbc.com/2016/02/24/china -has-more-billionaires-than-us-report.html; UBS/PwC, "Billionaires Report, 2016," May 2016, 12, http://uhnw-greatwealth.ubs.com/billionaires/billionaires-report-2016/. 該報告發現中國在2015年新增了80位十億美元級的富翁，相當於每週新增1.5位。

46. Christopher Horton, "When It Comes to Luxury, China Still Leads," *New York Times,* April 5, 2016, http://www.nytimes.com/2016/04/05/fashion/china-luxury-goods-retail.html.

47. 《2016年全球創新指數》（*The 2016 Global Innovation Index*）是由康乃爾大學與世界知識產權組織（WIPO）一同製作的，中國的小學與中學教育系統該報告中排名第四，而美國排名第39。

48. 在經濟合作開發組織（OECD）的35個國家當中，美國在2015年排名第31。不過需要指出的是，中國只有四個省分參與了2015年的評估，而美國的測驗分數來自全國。OECD, *PISA 2015 Results,* vol. 1: *Excellence and Equity in Education* (Paris: OECD Publishing, 2016).

49. 然而在初步研究中也發現到了大學階段，中國人的批判性思維優勢一步步喪失、在美國學生縮小差距的過程中止步不前。該研究的基礎部分來自於11個大陸的大學的2700位學生的測驗結果。參見Clifton B. Parker, "Incentives Key to China's Effort to Upgrade Higher Education, Stanford Expert Says," *Stanford News,* August 18, 2016, http://news.stanford.edu/2016/08/18/incentives-key-to-chinas-effort-upgrade-higher-education/.

50. "Best Global Universities for Engineering," *U.S. News and World Report,* http://www.usnews.com/education/best-global-universities/engineering?int=994b08.

51. Te-Ping Chen and Miriam Jordan, "Why So Many Chinese Students Come to the U.S.," *Wall Street Journal,* May 1, 2016, http://www.wsj.com/articles/why-so-many-chinese-students-come-to-the-u-s-1462123552.

52. National Science Board, "Science and Engineering Indicators, 2016" (Arlington, VA: National Science Foundation, 2016), https://www.nsf.gov/statistics/2016/nsb20161/#/report.

53. Richard Waters and Tim Bradshaw, "Rise of the Robots Is Sparking an Investment Boom," *Financial Times,* May 3, 2016, http://www.ft.com/cms/s/2/5a352264-0e26-11e6-ad80-67655613c2d6.html; "World Record: 248,000 Industrial Robots Revolutionizing the World Economy," *International Federation of Robotics,* June

22, 2016, http://www.ifr.org/news/ifr-press-release/world-record-816/.

54. National Science Board, "Science and Engineering Indicators, 2016."

55. 中國佔了全球專利申請總量的38%，與其後的三個國家美國、日本與韓國的合計相當。參見"World Intellectual Property Indicators 2016," World Intellectual Property Organization (2016) 7, 21, http://www.wipo.int/edocs/pubdocs/en/wipo_pub_941_2016.pdf.

56. 美國在2012年的開支是3970億美元，中國是2570億美元；中國的開支到2024年估計將大幅上升到6000億美元，而美國則將繼續低於5000億美元。參見"China Headed to Overtake EU, US in Science & Technology Spending, OECD Says," Organization for Economic Cooperation and Development, November 12, 2014, http://www.oecd.org/newsroom/china-headed-to-overtake-eu-us-inscience-technology-spending.htm.

57. Norman R. Augustine et al., *Restoring the Foundation: The Vital Role of Research in Preserving the American Dream* (Cambridge, MA: American Academy of Arts and Sciences, 2014), 7.

58. 參見Pierre Thomas, "FBI Director Tells ABC News Whether the US Has the Goods on China," ABC News, May 19, 2014, http://abcnews.go.com/US/fbi-director-tells-abc-news-us-goods-china/story?id=23787051; "The Great Brain Robbery," *60 Minutes* transcript, CBS News, January 17, 2016, http://www.cbsnews.com/news/60-minutes-great-brain-robbery-china-cyber-espionage/.

59. Thomas Kalil and Jason Miller, "Advancing U.S. Leadership in High-Performance Computing," the White House, July 29, 2015, https://obamawhitehouse.archives.gov/blog/2015/07/29/advancing-us-leadership-high-performance-computing.

60. "New Chinese Supercomputer Named World's Fastest System on Latest Top500 List," Top500, June 20, 2016, https://www.top500.org/news/new-chinese-supercomputer-named-worlds-fastest-system-on-latest-top500 -list/; James Vincent, "Chinese Supercomputer Is the World's Fastest —and Without Using US Chips," *The Verge,* June 20, 2016, http://www.theverge.com/2016/6/20/11975356/chinese-supercomputer-worlds-fastes-taihulight.

61. 參見Steven Mufson, "Energy Secretary Is Urged to End U.S. Nuclear Fuel Program at Savannah River," *Washington Post,* September 9, 2015, https://www.washingtonpost.com/business/economy/energy-secretary-is-urged-to-end-us-nuclear-fuel-program-at-savannah-river/2015/09/09/bc6103b4-5705-11e5-abe9-

27d53f250b11_story.html; Darren Samuelsohn, "Billions Over Budget. Two Years After Deadline. What's Gone Wrong for the 'Clean Coal' Project That's Supposed to Save an Industry?" *Politico,* May 26, 2015, http://www.politico.com/agenda/story/2015/05/billion-dollar-kemper-clean-coal-energy-project-000015.

62. 中國也在強化其核武庫。在1964年成為核武國家後的數十年，中國一直僅維持一個小規模、儲藏在發射桶中的洲際彈道飛彈，使其在遭受對手的第一擊時頗為脆弱。自1990年代中期以來，它開始部署更具生存力的核武，例如近期的道路機動與潛水艇發射的彈道飛彈。因此美國已經被迫接受美中之間類似於冷戰時期蘇聯與美國之間的「相互保證毀滅」的狀況。這一點已經反映在《2010年美國核態勢評估報告》（*2010 US Nuclear Posture Review*）所斷言的，美國不會採取任何可能對「我國與俄國和中國的核關係的穩定」造成負面影響的行動。

63. 自1988年以來，中國在軍事上的開支平均占其國內生產毛額的2.1%，而美國平均占3.9%。參見World Bank, "Military Expenditure (% of GDP)," http://data.worldbank.org/indicator/MS.MIL.XPND.GD.ZS.

64. 可以再次使用「72規則」，以年成長率去除72，可以得到其翻倍所需的時間。

65. International Institute for Strategic Studies, *The Military Balance 2016* (New York: Routledge, 2016), 19.

66. Eric Heginbotham et al., *The U.S.-China Military Scorecard: Forces, Geography, and the Evolving Balance of Power, 1996–2017* (Santa Monica, CA: RAND Corporation, 2015), xxxi, xxix.

67. 2012年5月在北京召開的「戰略與經濟對話」開幕記者會上，柯林頓在談及美國與中國時表示：「我們對未來有著很大的樂觀，而且我相信我們雙方都不能繼續以過時的有色眼鏡去看待世界，無論是由於帝國主義的遺緒，或者冷戰，或者權力平衡的政治。零和思維將帶來負和的結果。所以作為替代，我們要構築一個有韌性的關係，使兩國都能繁榮，免於不健康的競爭、對立或衝突，並完成我們對國家、地區與全球的責任。參見"Remarks at the Strategic and Economic Dialogue U.S. Press Conference," US Department of State, May 4, 2012, https://2009-2017.state.gov/secretary/20092013clinton/rm/2012/05/189315.htm.

68. 本書作者在2011年12月2日對李光耀的訪問。

69. Robert Blackwill and Jennifer Harris, *War by Other Means: Geoeconomics and*

Statecraft (Cambridge, MA: Harvard University Press, 2016), 11.

70. Association of Southeast Asian Nations, "External Trade Statistics," June 10, 2016, http://asean.org/?static_post=external-trade-statistics-3; Shawn Donnan, "China Manoeuvres to Fill US Free-Trade Role," *Financial Times,* November 21, 2016, https://www.ft.com/content/c3840120-aee1-11e6-a37c-f4a01f1b0fa1.

71. Henry Kissinger, *On China* (New York: Penguin Books, 2012), 28.

72. James Kynge, "China Becomes Global Leader in Development Finance," *Financial Times,* May 17, 2016, https://www.ft.com/content/b995cc7a-1c33-11e6-a7bc-ee846770ec15.

73. 國家開發銀行（The China Development Bank）與中國進出口銀行（the Export-Import Bank of China）到2014年的未嘗還貸款金額為6840億美元，僅略少於世界銀行、亞洲開發銀行（ADB）、美洲開發銀行（IDB）、歐洲投資銀行（EIB）、歐洲復興開發銀行（EBRD）、非洲開發銀行（AfDB）的合計未償還貸款的大約7000億美元。此外，中國還提供估計達到1160億美元的雙邊與區域開發融資，使其國際開發融資顯著大於其他多邊銀行。參見Kevin Gallagher, Rohini Kamal, Yongzhong Wang, and Yanning Chen, "Fueling Growth and Financing Risk: The Benefits and Risks of China's Development Finance in the Global Energy Sector," working paper, Boston University Global Economic Governance Initiative, May 2016, 3–7, http://www.bu.edu/pardeeschool/research/gegi/program-area/china-and-global-development-banking/fueling-growth-and-financing-risk/.

74. 參見"Our Bulldozers, Our Rules," *Economist,* July 2, 2016, http://www.economist.com/news/china/21701505-chinas-foreign-policy-could-reshape-good-part-world-economy-our-bulldozers-our-rules; Enda Curran, "China's Marshall Plan," *Bloomberg,* August 7, 2016, www.bloomberg.com/news/articles/2016-08-07/china-s-marshall-plan.

75. Allison, Blackwill, and Wyne, *Lee Kuan Yew,* 6–7.

第二章　雅典對決斯巴達

1. Leopold von Ranke's phrase in its original German is "*wie es eigentlich gewesen.*"

2. Thucydides, *History of the Peloponnesian War,* 1.23.6. 修昔底德的譯句來自Strassler，他又基本上根據了Crawley的版本。不過在一些時候，例如在這一

句，我會用更現代的英文去替換他們的譯句。引用時的三個數字，是該書的卷（book）、章（chapter）、行（line）參見Thucydides, *The Peloponnesian War,* ed. Robert B. Strassler, trans. Richard Crawley (New York: Free Press, 1996).

3. Ibid., 1.23.6. 關於希臘文「*anankasai*」的細緻討論，以及其在修昔底德著作中的意義，參見G.E.M. de Ste. Croix, *The Origins of the Peloponnesian War* (London: Gerald Duckworth & Company, 1972), 51–63.

4. 《伯羅奔尼撒戰爭史》的第一卷分析了走向戰爭的路徑，其他七卷則是戰爭過程的編年史。

5. Herodotus, *Histories*, 9.10.1.

6. Plutarch, *Moralia,* 241.

7. Thucydides, *History of the Peloponnesian War,* 2.13.6.

8. Ibid., 1.76.2.

9. Ibid., 1.118.2.

10. Ibid., 1.70.2.

11. Ibid., 1.76.2.

12. Paul Rahe, *The Grand Strategy of Classical Sparta: The Persian Challenge* (New Haven, CT: Yale University Press, 2015), 327–36.

13. Thucydides, *History of the Peloponnesian War,* 1.25.4. 修昔底德說，衝突的原始成因在於受到傷害的自尊。科林斯人認為他們被「輕蔑的對待」，因為克基拉人不讓他們出席一次公開祭祀。

14. Ibid., 1.84.4.

15. Ibid., 1.86.2.

16. Ibid., 1.69.1–4.

17. Ibid., 1.88.1.翻譯引自Rex Warner (1972). Thucydides, *The Peloponnesian War,* ed. M. I. Finley, trans. Rex Warner (New York: Penguin, 1954), 55.

18. 雅典甚至有一套正式的放逐（ostracism）制度，以驅離獲得太多權力的政治領導人。

19. Donald Kagan, *The Peloponnesian War* (New York: Penguin, 2004), 32–34.

20. Thucydides, *History of the Peloponnesian War,* 5.105.2.

21. 在當代學者中，卡根（Donald Kagan）對這一點有著最深刻的闡述。參見 Donald Kagan, *On the Origins of War and the Preservation of Peace* (New York: Doubleday, 1995); Donald Kagan, "Our Interests and Our Honor," *Commentary,*

April 1997, https://www.commentarymagazine.com/articles/our-interests-and-our-honor/.

22. Richard Neustadt, *Presidential Power and the Modern Presidents: The Politics of Leadership from Roosevelt to Reagan* (New York: Free Press, 1990), xix.

第三章　近代五百年戰爭史

1. 我們研究中的一個獨立變量，是主要統治強權和可能取代它的競爭對手之間的權力平衡（力量的相互關係）的快速轉變。優勢／首要地位／領導地位，可以是在一個地理區域（例如，十六世紀歐洲大陸的哈布斯堡），或在特定領域（例如，英國在十九世紀對海洋的控制）。此調查中的因變量是戰爭，根據「戰爭關聯項目」（Correlates of War Project）中的標準定義為該軍事衝突在當年造成至少一千人死亡。在識別和總結這些案例時，我們遵循了主要歷史記錄的判斷，並特別避免對相關事件提供嶄新或特殊的解釋。在這個項目中，我們試圖包括自公元1500年以來的所有實例，其中一個主要的統治強權受到了崛起強權的挑戰。就技術而言，我們尋求了整個案例範圍，而不僅是代表性的樣本。因此如同《牛津政治學方法論手冊》（*The Oxford Handbook of Political Methodology*）所稱，「只要比較歷史的研究人員選擇了可以被視為整個案例範圍的內容，選擇性偏差的標準問題就不會出現。」對於方法論的更仔細的解釋，請參見http://belfercenter.org/thucydides-trap/thucydides-trap-methodology.

2. US Department of State, *Papers Relating to the Foreign Relations of the United States and Japan, 1931–1941,* vol. 2 (Washington, DC: US Government Printing Office, 1943), 780.

3. Jack Snyder, *Myths of Empire: Domestic Politics and International Ambition* (Ithaca, NY: Cornell University Press, 1993), 126.

4. Paul Kennedy, *The Rise and Fall of the Great Powers: Economic Change and Military Conflict from 1500 to 2000* (New York: Random House, 1987), 334.

5. Charles Maechling, "Pearl Harbor: The First Energy War," *History Today* 50, no. 12 (December 2000), 47.

6. Bruce Bueno de Mesquita, *The War Trap* (New Haven, CT: Yale University Press, 1987), 85.

7. 參見Roberta Wohlstetter, *Pearl Harbor: Warning and Decision* (Palo Alto, CA:

Stanford University Press, 1962); Gordon W. Prange, *Pearl Harbor: The Verdict of History* (New York: McGraw Hill, 1986).

8. Herbert Feis, *The Road to Pearl Harbor: The Coming of the War Between the United States and Japan* (New York: Atheneum, 1965), 248.

9. B. R. Mitchell, *International Historical Statistics: Africa, Asia and Oceania, 1750–1993* (New York: Macmillan, 2003), 1025.

10. Akira Iriye, "Japan's Drive to Great-Power Status," in *The Cambridge History of Japan*, vol. 5: *The Nineteenth Century,* ed. Marius Jansen (Cambridge: Cambridge University Press, 1989), 760–61.

11. 日本的軍事支出圖表，參見J. Charles Schencking, *Making Waves: Politics, Propaganda, and the Emergence of the Imperial Japanese Navy, 1868–1922* (Palo Alto, CA: Stanford University Press, 2005), 47 (1873–1889); 104 (1890–1905).

12. 中國軍隊的介入是基於朝鮮國王的邀請，而日本則是因為不願中國侵蝕其地區影響力，而主動的進行干預。

13. 參見Kan Ichi Asakawa, *The Russo-Japanese Conflict: Its Causes and Issues* (Boston: Houghton Mifflin, 1904), 70–82; Peter Duus, *The Abacus and the Sword: The Japanese Penetration of Korea, 1895–1910* (Berkeley: University of California Press, 1995), 96–97.

14. Asakawa, *The Russo-Japanese Conflict,* 52.

15. J. N. Westwood, *Russia Against Japan, 1904–05: A New Look at the Russo-Japanese War* (Albany: State University of New York Press, 1986), 11.

16. Michael Howard, *The Franco-Prussian War* (New York: Methuen, 1961), 40.

17. Geoffrey Wawro, *The Franco-Prussian War: The German Conquest of France in 1870–1871* (New York: Cambridge University Press, 2013), 17.

18. Correlates of War Project, "National Material Capabilities Dataset," version 4, 1816–2007, http://www.correlatesofwar.org/data-sets/national-material-capabilities; J. David Singer, Stuart Bremer, and John Stuckey, "Capability Distribution, Uncertainty, and Major Power War, 1820–1965," in *Peace, War, and Numbers,* ed. Bruce Russett (Beverly Hills, CA: Sage, 1972), 19–48.

19. Wawro, *The Franco-Prussian War,* 17.

20. Ibid, 19.

21. Robert Howard Lord, *The Origins of the War of 1870* (Cambridge, MA: Harvard University Press, 1924), 6.

22. Ibid.

23. Jonathan Steinberg, *Bismarck: A Life* (New York: Oxford University Press, 2011), 284.

24. Henry Kissinger, *Diplomacy* (New York: Simon & Schuster, 1994), 118.

25. Kennedy, *The Rise and Fall of the Great Powers*, 515.

26. George Edmundson, *Anglo-Dutch Rivalry During the First Half of the Seventeenth Century* (Oxford: Clarendon Press, 1911), 5.

27. Ibid.

28. Jack Levy, "The Rise and Decline of the Anglo-Dutch Rivalry, 1609–1689," in *Great Power Rivalries*, ed. William R. Thompson (Columbia: University of South Carolina Press, 1999), 176.

29. Kennedy, *The Rise and Fall of the Great Powers*, 63; ibid., 178.

30. Charles Wilson, *Profit and Power: A Study of England and the Dutch Wars* (London: Longmans, Green, 1957), 23.

31. Ibid., 111.

32. Levy, "The Rise and Decline of the Anglo-Dutch Rivalry," 180.

33. Edmundson, *Anglo-Dutch Rivalry*, 4.

34. Maria J. Rodriguez-Salgado, "The Hapsburg-Valois Wars," in *The New Cambridge Modern History*, 2nd ed., vol. 2, ed. G. R. Elton (New York: Cambridge University Press, 1990), 380.

35. Ibid., 378. 對穆斯林「異教徒」（infidels）進行戰爭，是獲有神聖羅馬帝國皇帝頭銜者的固有責任。

36. Ibid., 380.

37. Henry Kamen, *Spain, 1469–1714: A Society of Conflict*, 4th ed. (New York: Routledge, 2014), 64.

38. John Lynch, *Spain Under the Hapsburgs*, vol. 1 (Oxford: Oxford University Press, 1964), 88.

39. Rodriguez-Salgado, "The Hapsburg-Valois Wars," 381.

40. Lynch, *Spain Under the Hapsburgs*, 88.

41. Robert Jervis, "Cooperation Under the Security Dilemma," *World Politics* 2, no. 2 (January 1978), 167–214.

第四章 英國對德國

1. Martin Gilbert, *Churchill: A Life* (London: Heinemann, 1991), 239.

2. David Evans and Mark Peattie, *Kaigun: Strategy, Tactics, and Technology in the Imperial Japanese Navy, 1887–1941* (Annapolis, MD: Naval Institute Press, 1997), 147.

3. 邱吉爾受到任命後的兩個月內，就宣稱「為了作戰而航空」應該成為「最光榮的，因為它是英國年輕人可以選擇的最危險的職業。」他以身作則，也開始飛行。為了確保能為新戰艦提供可靠的石油來源，邱吉爾帶領政府購買了英國—波斯石油公司（Anglo-Persian Oil Company，後來改名為英國石油公司）的多數股權。Gilbert, *Churchill: A Life*, 240–41, 248–49, 251–53, 259–61. Winston S. Churchill, *The World Crisis*, vol. 1 (New York: Scribner, 1923), 125–48.

4. Churchill, *The World Crisis*, 123–24.

5. 在哈佛大學甘迺迪學院的研討會上，我發現國家安全專業人員和軍官，即使經過一個世紀的後見之明，要制訂一個可行的計劃好讓英國擺脫這種安全困境，仍然極為困難。

6. 邱吉爾認為，「無論名稱和事實、環境和條件經過了多少變化，這種四個世紀來的一以貫之，從歷史的角度來看，必須被列為任何種族、民族、國家的記錄中所呈現出來的最引人注目的事件之一。進一步言，英格蘭在任何場景下，都採取了迎難而上的方針。與強者一起分享他的征服成果是一件容易的事情，也一定很有誘惑力，然而英國選擇對抗西班牙的菲利普二世，在威廉三世和馬爾伯勒（1st Duke of Marlborough）的領導下反抗路易十四，反擊拿破崙，反對德國的威廉二世。我們總是採取更艱難的方針，與不那麼強大的國家攜手，與他們結合起來，以此擊敗、挫折歐洲大陸的軍事強人，無論他是誰，也無論他領導的是何國。因此我們保留了歐洲的自由，保護了其活潑多變的社會的發展，並在經歷了四次可怕的鬥爭之後，享有越來越大的名聲，越來越廣泛的帝國，而且還使獨立的低地國家得到了安全保護。Winston S. Churchill, *The Second World War*, vol. 1: *The Gathering Storm* (Boston: Houghton Mifflin, 1948), 207.

7. 導致戰爭的因素和事件非常複雜，而且往往顯得難以確定。被歸咎的主要因素，至少包括男性的榮譽準則，期望通過愛國戰爭來解決使其恐懼的國內混亂的精英，民族主義，社會達爾文主義的態度、和有時被進一步描述為未來的鬥爭將不可避免的宿命論，某種「侵略性的邪教」，使外交變得更僵硬的

軍事動員的組織制約，以及其他許許多多。沒有一個模型，足以解釋這樣一種複雜的事件。參見Christopher Clark, *The Sleepwalkers: How Europe Went to War in 1914* (London: Allen Lane; New York: Penguin Books, 2012), xxi–xxvii; Margaret MacMillan, *The War That Ended Peace: How Europe Abandoned Peace for the First World War* (London: Profile Books, 2013), xxi–xxii, xxx–xxxi, 605. 本章的目的，不是要對各個歷史學派之間具有競爭性的各種主張進行裁決，也不是要將責任歸咎於特定的歷史主體。本章也無意以各種複雜理由去「解釋」戰爭。本章竭力要說明的，是修昔底德陷阱的壓力，如何讓英國和德國陷入一場永遠改變了世界的衝突。

8. Churchill, *The World Crisis,* 17–18.

9. 重點（斜體或黑體字）為本文作者所強調。Gilbert, *Churchill: A Life,* 268. 也可參看克拉克（Christopher Clark）所稱的，為何「1914年的主角們，像夢遊者一般能看卻未能見，糾纏於各自的夢幻，無視於他們將在世界上釋放的恐怖現實。」Clark, *The Sleepwalkers,* 562. 關於德國軍方對於戰爭的夢想「如何轉變為惡夢，使惡夢成為現實」的討論，可參見Stig Forster, "Dreams and Nightmares: German Military Leadership and the Images of Future Warfare, 1871–1914," in *Anticipating Total War: The German and American Experiences, 1871–1914,* ed. Manfred F. Boemeke, Roger Chickering, and Stig Forster (Washington, DC: German Historical Institute; Cambridge and New York: Cambridge University Press, 1999), 376.

10. Gilbert, *Churchill: A Life,* 268.

11. 更確切地說，正如他的政府後來記錄的那樣，國王「曾多次表達自己的看法，認為我們對德國持續不友好的態度，與我們追求法國、願意做法國人所要求的任何事情，形成了鮮明的對比。」Paul M. Kennedy, *The Rise of the Anglo-German Antagonism, 1860–1914* (London and Boston: Allen & Unwin, 1980), 402–3, 540n73; K. M. Wilson, "Sir Eyre Crowe on the Origin of the Crowe Memorandum of 1 January 1907," *Historical Research* 56, no. 134 (November 1983), 238–41.

12. MacMillan, *The War That Ended Peace,* 115–16.

13. 克勞備忘錄的全文，可參見"Memorandum on the Present State of British Relations with France and Germany," January 1, 1907, in *British Documents on the Origins of the War, 1898–1914,* vol. 3: *The Testing of the Entente,* ed. G. P. Gooch and H. Temperley (London: H. M. Stationery Office, 1928), 397–420. 退

休的外交部常務次長參德森勳爵（Lord Thomas Sanderson）並不同意克勞的分析，但被視為是「胳臂往德國彎」，而克勞的觀點則廣受贊同。參見同書頁420–31。也可參見Zara S. Steiner, *Britain and the Origins of the First World War* (New York: St. Martin's Press, 1977), 44–45. 對於該備忘錄重要性的討論，可參見Kissinger, *On China*, 514–22.

14. Kennedy, *The Rise and Fall of the Great Powers*, 224–26.

15. London was also the world's financial capital. Ibid., 226, 228.

16. Niall Ferguson, *Empire: How Britain Made the Modern World* (London: Allen Lane, 2003), 222, 240–44; Kennedy, *The Rise and Fall of the Great Powers*, 226.

17. MacMillan, *The War That Ended Peace*, 25–28, 37.

18. 事實上，邱吉爾在兩年前的第一次演講，是為了向道學家們關閉倫敦中城區酒吧的企圖表達抗議。他在1897年的演講則在之後被他稱為「我的（官方）處女秀」。Robert Rhodes James, ed., *Winston S. Churchill: His Complete Speeches, 1897-1963*, vol. 1 (New York: Chelsea House Publishers, 1974), 25, 28; Richard Toye, *Churchill's Empire: The World That Made Him and the World He Made* (London: Macmillan, 2010), 4–5; Gilbert, *Churchill: A Life*, 71–72.

19. Aaron Friedberg, *The Weary Titan: Britain and the Experience of Relative Decline, 1895–1905* (Princeton, NJ: Princeton University Press, 1988); Kennedy, *Anglo-German Antagonism*, 229.

20. 近期對邱吉爾的南非冒險的闡述，可參見Candice Millard, *Hero of the Empire: The Boer War, a Daring Escape, and the Making of Winston Churchill* (New York: Doubleday, 2016).

21. Kennedy, *Anglo-German Antagonism*, 265.

22. Kennedy, *The Rise and Fall of the Great Powers*, 198, 226–28. 如同保羅・甘迺迪所說的，「世紀末的世界事務觀察員一致認為，經濟和政治改革的步伐正在加快，因此可能使國際秩序比以前更加不穩定。權力平衡發生的變化總是產生不穩定性，並經常發生戰爭。修昔底德在《伯羅奔尼撒戰爭史》中寫道，『戰爭不可避免的原因，是雅典力量的成長、以及這對斯巴達造成的恐懼。』但到了十九世紀的最後廿五年，影響大國體系的變化更多比以往任何時候都廣泛並通常更快捷。全球貿易和通訊網路……意味著科學技術的突破，或製造業生產的新進展，可以在幾年內從一個大陸傳播到另一個大陸。

23. Kennedy, *The Rise and Fall of the Great Powers*, 227, 230, 232–33.

24. Hew Strachan, *The First World War*, vol. 1 (Oxford and New York: Oxford

University Press, 2001), 13; 另參見Kennedy, *The Rise and Fall of the Great Powers,* 219–24.

25. Kennedy, *The Rise and Fall of the Great Powers,* 242–44.

26. Ibid., 202.

27. Kenneth Bourne, *Britain and the Balance of Power in North America, 1815–1908* (Berkeley: University of California Press, 1967), 339.

28. Kennedy, *The Rise and Fall of the Great Powers,* 209–15; Kennedy, *Anglo-German Antagonism,* 231.

29. MacMillan, *The War That Ended Peace,* 55, 129–30.

30. George F. Kennan, *The Decline of Bismarck's European Order: Franco-Russian Relations, 1875–1890* (Princeton, NJ: Princeton University Press, 1979), 97–98, 400.

31. Kennedy, *The Rise and Fall of the Great Powers,* 212.

32. Ibid., 199.

33. 若以1990年的吉爾里一哈米斯（Geary-Khamis）國際美元計算，德國的國內生產毛額在1910年是2100億美元，而不包括其海外帝國的英國則是2070億美元。參見"GDP Levels in 12 West European Countries, 1869–1918," in Maddison, *The World Economy,* 426–27.

34. Kennedy, *The Rise and Fall of the Great Powers,* 211.

35. Kennedy, *Anglo-German Antagonism,* 464.

36. Ibid., 293.

37. MacMillan, *The War That Ended Peace,* 101–2. 另參見Clark, *The Sleepwalkers,* 164–65.

38. Ivan Berend, *An Economic History of Nineteenth-Century Europe: Diversity and Industrialization* (New York: Cambridge University Press, 2012), 225.

39. Clark, *The Sleepwalkers,* 165.

40. Bernard Wasserstein, *Barbarism and Civilization: A History of Europe in Our Time* (Oxford and New York: Oxford University Press, 2007), 13–14.

41. Modris Eksteins, *Rites of Spring: The Great War and the Birth of the Modern Age* (Toronto: Lester & Orpen Dennys, 1994), 70–72. 關於為何英國的精英大學與德國與美國的高等教育不同，傾向於敵視商業與工業的討論，可參見Martin J. Wiener, *English Culture and the Decline of the Industrial Spirit, 1850–1980* (Cambridge and New York: Cambridge University Press, 1981), 22–24.

42. 為了理解德國的科學創造力對個人的影響程度，讀者應該反思這樣一個事實，即此時身體中的一半氮原子，最初是通過1913年開發的哈伯—博施法（Haber-Bosch process），從大氣中「固定」的，到今天以該法生產的化肥供應了人類一半的食品。Robert L. Zimdahl, *Six Chemicals That Changed Agriculture* (Amsterdam: Elsevier, 2015), 60.

43. Kennedy, *The Rise and Fall of the Great Powers,* 194–96; MacMillan, *The War That Ended Peace,* 54–55.

44. 如果德國人遲到了，那很大程度上是因為俾斯麥本人對殖民地冒險主義不發一語，反而將德國描述為有著其他優先事項的「飽和」（saturated）力量。在1880年代「瓜分非洲」時，他曾指著一張歐洲地圖並告訴一位探險家，「我的非洲地圖位於歐洲。這裡有俄羅斯，這裡是法國，我們正好在中間；這是我的非洲地圖。」MacMillan, *The War That Ended Peace,* 80–82; Kennedy, *The Rise and Fall of the Great Powers,* 211–13. 因為被剝奪了與其國力相稱的全球地位而引發的怨恨，案例可參見General Friedrich von Bernhardi 的暢銷書*Germany and the Next War* (New York: Longmans, Green, 1912). 在該書〈世界強權或者倒台〉（World Power or Downfall）的章節，他向他的讀者群解釋說，「在前一場大型戰爭中，我們已經為我們的民族統一、和我們在歐洲大國中的地位進行了鬥爭；我們現在必須決定，我們是否希望發展和維持一個世界帝國，並發揚迄今為止仍未被承認的德國精神和德國思想。」

45. Strachan, *The First World War,* 6.

46. 德皇將俾斯麥解職的原因並非因為其外交政策，而是由於國內的原因。參見 Robert K. Massie, *Dreadnought: Britain, Germany, and the Coming of the Great War* (New York: Random House, 1991), 92–99.

47. MacMillan, *The War That Ended Peace,* 74.

48. Kennedy, *Anglo-German Antagonism,* 223–25.

49. Emphasis added. Clark, *The Sleepwalkers,* 151.

50. 「世界政策」從來沒有一個一貫的定義。Clark, *The Sleepwalkers,* 151–52; Strachan, *The First World War,* 9–11; MacMillan, *The War That Ended Peace,* 78–81.

51. Clark, *The Sleepwalkers,* 151.

52. 比洛還將反對者與阻止下一代成長的所謂的「霸道父母」（overbearing parent）進行了比較。Kennedy, *Anglo-German Antagonism,* 311.

53. Jonathan Steinberg, "The Copenhagen Complex," *Journal of Contemporary*

History 1, no. 3 (July 1966), 27.

54. Emphasis added. MacMillan, *The War That Ended Peace,* 83–84.

55. Michael Howard, *The Continental Commitment* (London and Atlantic Highlands, NJ: Ashfield Press, 1989), 32.

56. 維多利亞自己從出生到三歲也是在純德語的環境下被撫養。Massie, *Dreadnought,* 3; MacMillan, *The War That Ended Peace,* 58, 84; Joseph Bucklin Bishop, *Theodore Roosevelt and His Time: Shown in His Own Letters* (New York : Scribner, 1920), 253–54. 他們在柏林相遇後不久，德皇與羅斯福就因愛德華七世的喪禮，在倫敦再度相遇，而愛德華的繼任者是他的兒子、也是德皇威廉的表弟喬治五世。

57. 基爾賽船週的魅力從來沒有超過考斯。維多利亞女王對德皇威廉的耐心也所剩無幾，因為據說威廉上台後，由於認為他的叔叔愛德華對他缺乏足夠的尊重而心生不滿。「我們一直與威廉非常親密」，她寫道，但是「要在私下場合也要假裝他是『皇帝陛下』，完全是瘋了！」MacMillan, *The War That Ended Peace,* 60–65, 84–86; Massie, *Dreadnought,* 152–59.

58. 羅斯福還注意到德皇對他叔叔的矛盾心理，「他一方面對愛德華國王有著真正的感情和尊重，另方面也有一種非常顯明的嫉妒和厭惡，一種感覺先出現然後另一種在他腦海中最重要的情緒隨之而來，都呈現在他的談話中。」Bishop, *Theodore Roosevelt and His Time,* 254–55; MacMillan, *The War That Ended Peace,* 86. 「德皇所要求的接納，反映在國家層面的崛起與統治強權之間。如同斯坦伯格所稱，「那種弟弟或小學生（parvenu）獲得認可的需要，並不是一個可以談判的項目，因此英國人永遠無法弄清楚德國人想要什麼，也未能達成在日常外交意涵上的『交易』，也就不足為奇了。一個準備為沒有多少利益的南太平洋小島或北非領土宣戰的國家，根本無法通過既有的國際間的調適手段來處理。德國人想要他們認為英國人擁有的東西，但是他們希望在沒有摧毀英國的情況下擁有它。如果摧毀大英帝國，德國就無法感到（與英國平等的）快意。」參見Steinberg, "The Copenhagen Complex," 44–45.

59. 關於威廉的另一個航海比喻成為他建造自己艦隊的動機，參見MacMillan, *The War That Ended Peace,* 72.

60. 西奧多‧羅斯福（Theodore Roosevelt）分享了馬漢的觀點，且將他的書當成聖經，用於支持隨後二十年的美國海軍擴張。MacMillan, *The War That Ended Peace,* 87–89.

61. Steinberg, "The Copenhagen Complex," 43.
62. Clark, *The Sleepwalkers*, 149.
63. Kennedy, *Anglo-German Antagonism*, 224.
64. Kennedy, *The Rise and Fall of the Great Powers*, 196, 215.
65. MacMillan, *The War That Ended Peace*, 93.
66. Steinberg, "The Copenhagen Complex," 25.
67. Kennedy, *Anglo-German Antagonism*, 225; Massie, *Dreadnought*, 180.
68. MacMillan, *The War That Ended Peace*, 93; Kennedy, *Anglo-German Antagonism*, 224.
69. Kennedy, *The Rise and Fall of the Great Powers*, 212; Kennedy, *Anglo-German Antagonism*, 422.
70. Kennedy, *Anglo-German Antagonism*, 224.
71. 如同麥克米蘭所稱，「由此可以管窺鐵必制的狹隘關汴，他似乎曾以為英國人不會注意到在德國的視野中，英國被如此明確的指涉。」MacMillan, *The War That Ended Peace*, 94; Archibald Hurd and Henry Castle, *German Sea-Power: Its Rise, Progress, and Economic Basis* (London: J. Murray, 1913), 348.
72. 德皇在1897年要求他的政府準備一項針對英國的秘密戰爭計劃，該計畫建議發動突襲，佔領中立的比利時和荷蘭，然後用它們作為入侵英國的發射台。根據斯坦伯格的說法，雖然該計劃有「海軍內部的強烈支持者」，但鐵必制認為，在德國艦隊足夠強大之前，這種入侵將是「瘋狂的」。Steinberg, "The Copenhagen Complex," 27–28.
73. MacMillan, *The War That Ended Peace*, 94–95.
74. 戰爭結束後，鐵必制聲稱「根據英國的統治願望締結的條約，永遠不會符合德國的需求。為此，平等將成為先決條件。」MacMillan, *The War That Ended Peace*, 78–79, 95–96; Kennedy, *Anglo-German Antagonism*, 226–27.
75. 儘管他宏大的艦隊還需要時間建設，但德皇滿心期待著能以自認合適的方式表達自己，於是向法國大使說，當他的海軍在二十年內完成時，「我會說另一種話」。MacMillan, *The War That Ended Peace*, 90, 93, 95–99; Massie, *Dreadnought*, 176–79; Strachan, *The First World War*, 11–12.
76. MacMillan, *The War That Ended Peace*, 89–90; John Van der Kiste, *Kaiser Wilhelm II: Germany's Last Emperor* (Stroud, UK: Sutton, 1999), 121–22; Holger H. Herwig, *"Luxury" Fleet: The Imperial German Navy, 1888–1918* (London and Atlantic Highlands, NJ: Ashfield Press, 1987), 51.

77. Van der Kiste, *Kaiser Wilhelm II*, 122; Herwig, *"Luxury" Fleet*, 51.

78. 正如保羅‧甘迺迪所說的，「鐵必制以為德國可以在本國水域建設強大的海軍力量，而英國人不會注意到它、或者會對此作出反應，這種算計一開始就是錯的。」Kennedy, *Anglo-German Antagonism*, 251-52.

79. Matthew S. Seligmann, Frank Nagler, and Michael Epkenhans, eds., *The Naval Route to the Abyss: The Anglo-German Naval Race, 1895-1914* (Farnham, Surrey, UK: Ashgate Publishing, 2015), 137-38.

80. 英國對德國海軍計劃越來越擔憂，與此同時倫敦對德國外交的態度也整體轉壞。到了1901年，由於德國在嘗試與中國建立夥伴關係以及其他場合對英國的詆毀，英國內閣裡原本支持和德國建立聯盟的人已感到味同嚼蠟。Kennedy, *Anglo-German Antagonism*, 225, 243-46, 252.

81. Ibid., 243-46, 265.

82. MacMillan, *The War That Ended Peace*, 129. 德皇和鐵必制聲稱德國被另眼看待，但正如英國外交部曾經評論的，「德皇似乎認為不公平，但如果英國媒體更加關注德國海軍力量的增加、而不是巴西的類似運動，這無疑是因為德國海岸很近，而巴西很遠。」Kennedy, *Anglo-German Antagonism*, 421.

83. Friedberg, *The Weary Titan*, 161-80.

84. Kennedy, *Anglo-German Antagonism*, 243-46, 249-50.

85. George W. Monger, *The End of Isolation: British Foreign Policy, 1900-1907* (London and New York: T. Nelson, 1963), 163.

86. Howard, *Continental Commitment*, 33-34.

87. Kennedy, *Anglo-German Antagonism*, 310.

88. Ibid., 424-29.

89. John C. G. Rohl, *Kaiser Wilhelm II: A Concise Life* (Cambridge: Cambridge University Press, 2014), 98.

90. 費雪在1905年私下說，恐嚇敵人是避免戰爭的最好辦法：「如果你在國內外揉搓它，你準備好在第一線用你的每一個單位立即地投入戰爭，並且打算『先下手』，擊中你敵人的腹部，在他倒地後還猛踢他，並將你的囚徒丟下油鍋（如果你有準備！），折磨他的婦女和兒童，那麼人們就會對你敬而遠之。『如果想要和平，就得準備戰爭（*Si vis pace para bellum*）』這是凱撒說的，而且它仍然非常真切！」同年海軍部的一位部長公開宣稱「皇家海軍會在對方還沒來得及在報紙上讀到已經宣戰，就先展開攻擊」，而德皇則試圖讓這位政治家受到英國政府的譴責。德皇威廉的反應，總結在他的一位

海軍上將的評論中：「那些指出英國正繼續威脅我國、因而我們必須加速海軍建軍計劃的人是對的；而那些因為擔心英國、而認為要避免加速發展我們的海軍的人，則正在否認德國人民的任何未來。」費雪不僅向國王建議對德國展開預防性攻擊，並在1905年告訴海軍部負責人說「如果你想粉碎德國艦隊，我現在就準備這麼做。如果再等五、六年，這將是一項更加困難的工作。」首相曾告知費雪「我們還不想粉碎德國海軍，但要為此準備就緒。」費雪回應稱：「很好，記得我已經警告過你了。」戰後費雪抱怨說，英國「既沒有皮特也沒有俾斯麥」來下達「哥本哈根」德國艦隊的命令，不過也沒有證據表明這曾在海軍部內視為一個真正的選項。Arthur J. Marder, *From the Dreadnought to Scapa Flow,* vol. 1 (London and New York: Oxford University Press, 1961–70), 111–4; Steinberg, "The Copenhagen Complex," 30–31, 37–39; William Mulligan, "Restraints on Preventative War Before 1914," in *The Outbreak of the First World War: Structure, Politics, and Decision-Making,* ed. Jack S. Levy and John A. Vasquez (Cambridge: Cambridge University Press, 2014), 131–32; MacMillan, *The War That Ended Peace,* 118–19; John Arbuthnot Fisher, *Memories* (London and New York: Hodder and Stoughton, 1919), 4–5.

91. MacMillan, *The War That Ended Peace,* 99.
92. 鐵必制也未能預測英國在戰爭中的最終海軍戰略，是選擇封鎖德國，而不是尋求決戰；並且，是德國的潛水艇、而不是其昂貴的戰艦，將發揮更有效的作用。MacMillan, *The War That Ended Peace,* 88, 94,99. 德國內部也有不少人感到鐵必制的計畫有些盲目，套一句保羅・甘迺迪的話，「隨著一年一年過去，對他的每一項批評都被驗證了，但是鐵必制與支持他的德皇仍拒絕承認那些質疑，競賽將無視於此繼續下去。」Kennedy, *Anglo-German Antagonism,* 419.
93. Marder, *From the Dreadnought to Scapa Flow,* 74.
94. Strachan, *The First World War,* 17.
95. MacMillan, *The War That Ended Peace,* 86. 人們相信柏林將德國造船業的勢力擴大與其「民族精神的需求」相聯繫；正如邱吉爾後來寫道的，「另一個證據表明，陽剛種族應該邁進，以取代那些不再能保持其在世界的偉大地位的文勝於質的、過度文明的和平主義的社會。」Churchill, *The World Crisis,* 34.
96. Strachan, *The First World War,* 17–18.
97. MacMillan, *The War That Ended Peace,* 116–17.
98. 參見Marder, *From the Dreadnought to Scapa Flow,* 67.

99. Massie, *Dreadnought,* 407.

100. Ibid., 183.

101. Kennedy, *Anglo-German Antagonism,* 443–44; Steinberg, "The Copenhagen Complex," 40.

102. 與保守黨分道揚鑣的自由黨政府，包括邱吉爾，都面臨廣泛的增加海軍支出的遊說努力，例如愛德華國王支持新增八艘新的無畏艦，而當時的流行口號就是「我們想要八艘，我們不會等待！」1909年政府妥協，承諾當年新建四艘無畏艦，如有必要隔年再新增四艘。勞合‧喬治（Lloyd George）的新稅收引發了政治動盪，但自由黨最終取得了勝利，支出法案獲得通過。MacMillan, *The War That Ended Peace,* 127–29; Strachan, *The First World War,* 26.

103. 關於克勞觀點的批判性討論，參見Clark, *The Sleepwalkers,* 162–64.

104. 如同史壯恩（Hew Strachan）指出的，「在1905年之後，用『偏執狂』和『宿命論』等綽號形容德國……似乎不算誤置。」Strachan, *The First World War,* 20.

105. Kennedy, *Anglo-German Antagonism,* 445.

106. Barbara W. Tuchman, *The Guns of August* (New York: Macmillan, 1962), 2.

107. 愛德華國王在1908年向費雪評論了當時英德之間奇怪的敵意：「認為我們應該拋棄撒克遜人以成為凱爾特人，並把後者當成我們的天生盟友，是多麼詭異的想法。但我承認，某一個撒克遜人的國家與種族，因為抱持著強烈的嫉妒，因而不幸的了我們最頭疼的敵人。」但他希望英國的警惕可以避免任何麻煩：「我並不絕望，如果我們繼續快馬加鞭，就像我們現在一樣，他們會接受其不可避免地，並和我們保持友好關係，雖然我們永遠不能停止在整個北海保持『時時警惕』！」Arthur J. Marder, *Fear God and Dread Nought: The Correspondence of Admiral of the Fleet Lord Fisher of Kilverstone,* vol. 2 (London: Cape, 1956–59), 170. 德皇威廉同一天收到了倫敦大使的一份報告，指出英國不會接受德國「壓垮」法國、成為大陸的霸權。威廉對他的外交大臣評論稱，「英格蘭出於仇恨和嫉妒，無疑會支持法國和俄羅斯與德國對抗。迫近的生存鬥爭，使歐洲的日耳曼人民（也就是奧地利和德國），必須與斯拉夫人（俄羅斯人）及其拉丁（高盧人）支持者作鬥爭，卻發現盎格魯撒克遜人站在斯拉夫人的一邊。原因是瑣細的嫉妒，和越來越害怕我們。」Fritz Fischer, *Germany's Aims in the First World War* (New York: W. W. Norton, 1967), 32; Holger H. Herwig, "Germany," in *The Origins of World*

War I, ed. Richard F. Hamilton and Holger H. Herwig (Cambridge and New York: Cambridge University Press, 2003), 162–63.

108. Churchill, *The World Crisis,* 43–48; Marder, *From the Dreadnought to Scapa Flow,* 239–41; Strachan, *The First World War,* 25–26; Gilbert, *Churchill: A Life,* 233–35; Annika Mombauer, *Helmuth Von Moltke and the Origins of the First World War* (Cambridge and New York: Cambridge University Press, 2001), 126.

109. 在這樣的環境下，伯恩哈迪（Friedrich von Bernhardi）撰寫了《德國與下一場戰爭》（*Germany and the Next War*）。他這本好戰的暢銷書，聲稱德國對於成為世界強權有著渴慕的需求。正如伯恩哈迪所說：「我們不僅要求我們國家的全面物質發展，使其規模可以與其智力的重要性以及擴大了的政治基礎相對應，此外⋯⋯我們不得不為我們不斷增加的人口提供空間，為不斷成長的工業提供市場。但是，在我們朝這個方向邁出的每一步中，英國都將堅決的反對我們⋯⋯在對國際問題進行徹底調研後，已顯示出鬥爭是必要的和不可避免的，而且我們要鬥爭到底，不惜代價。」伯恩哈迪下面的這句話，會讓每一位英國讀者都有充分的理由，擔心德國推翻現狀和歐洲權力平衡的決心，而權力平衡是英國決心堅持的原則：「世界歷史從未停滯不前⋯⋯雖然外交界經常嘗試，但事態顯然將不可能維持現狀⋯⋯法國必須被徹底粉碎，使其再也無法捲土重來⋯⋯自維也納會議以來幾乎被視為神聖不可侵犯的歐洲權力平衡原則，完全沒有存在的道理，必須被完全被忽視。」

110. 容克是普魯士貴族。在阿加迪爾事件之前，邱吉爾曾對德國更加樂觀。1908年，邱吉爾也支持勞合‧喬治對增加海軍支出的謹慎態度。他後來寫道，雖然他和勞合‧喬治在「狹義上」對於預測的德國海軍成長的懷疑態度是正確的，但他們「在宿命的伏流方面，絕對是錯誤的」。Gilbert, *Churchill: A Life,* 233–36; Churchill, *The World Crisis,* 33, 43–48; Massie, *Dreadnought,* 819.

111. 在阿加迪爾危機期間，英國領導人擔心德國人會突擊，但英國的艦隊當時卻很分散且易受攻擊。內閣還發現唯一了解海軍秘密戰爭計劃的人是費雪的繼任者，而他卻正在度假。邱吉爾發現海軍部拒絕為海軍脆弱的彈藥庫提供武裝保護，因此他主動命令部隊保護他們。他授權截取可疑通信，並發現「我們是德國軍事和海軍當局進行大量科學研究的主題。」1911年8月，邱吉爾勾勒出他對德國未來會如何襲擊法國的想法，並顯示出非常有先見之明。他提出的時間表幾乎正確到具體日期，到1914年，他的一位同事因此將該備忘錄形容為「預言的勝利！」至於費雪，雖然當時已經退休，卻擔任了新的海軍部長的熱心的顧問。Gilbert, *Churchill: A Life,* 234–37, 240–42; Marder,

From the Dreadnought to Scapa Flow, 242–44; Churchill, *The World Crisis,* 44–67.

112. 邱吉爾向卡塞爾補充說，如果德國人頑固不化，「除了禮貌和準備，我看不到其他前景。」Gilbert, *Churchill: A Life,* 198, 242–45. 從1909年到1911年間，讓英國與德國的對話難以產生結果的原因，一直是德國對英國中立化的要求。英國外交部擔心德國試圖利用海軍談判，作為在未來任何德國爭奪大陸霸權中使英國保持中立的手段。新任德國總理貝特曼—霍爾維格也缺乏迫使鐵必制大幅削減其心愛的海軍計劃的影響力。參見Steiner, *Britain and the Origins of the First World War,* 52–57; MacMillan, *The War That Ended Peace,* 122–24, 507–9; Strachan, *The First World War,* 23; Marder, *From the Dreadnought to Scapa Flow,* 221–33.

113. 鐵必制私下強調該比率不適用於巡洋艦。Patrick Kelly, *Tirpitz and the Imperial General Navy* (Bloomington: Indiana University Press, 2011), 326–51, 345; MacMillan, *The War That Ended Peace,* 507–9; Massie, *Dreadnought,* 821–23, 829–31.

114. Kennedy, *The Rise and Fall of the Great Powers,* 203, 引用和比率計算參見Niall Ferguson, *The Pity of War* (New York: Basic Books, 1999), 84.

115. MacMillan, *The War That Ended Peace,* 129.

116. Massie, *Dreadnought,* xxv; MacMillan, *The War That Ended Peace,* 129–30.

117. Michael Howard, *Empires, Nations and Wars* (Stroud, UK: Spellmount, 2007), 5–6.

118. MacMillan, *The War That Ended Peace,* 129–30; Kennedy, *Anglo-German Antagonism,* 231; Steiner, *Britain and the Origins of the First World War,* 57–59.

119. 到1913年，海軍競賽雖表明了英國人對德國崛起的恐懼，但已不是恐懼本身的唯一原因。外交大臣格雷認識到「鐵必制說的話不必太當真，他說那些話不是因為愛上了我們美麗的眼睛，而是因為德國陸軍需要額外的五千萬。」Massie, *Dreadnought,* 829. 兩國的一些人認為雙方關係在1912到1914年之間有一些改善，但這段被增為英德「低盪」的歲月，被證實不過是一個幻象。參見Kennedy, *Anglo-German Antagonism,* 452.

120. 正如海軍預算反映了德國人對英國的態度，其陸軍預算也是柏林對莫斯科的恐懼的晴雨表。 1898年，德國海軍支出不到陸軍預算的五分之一；到1911年，增加到其規模的一半以上。在1904年至1912年與英國進行海軍競賽期間，德國海軍的預算增加了137%，而陸軍的預算僅增加了47%。但是在此

之後鐘擺回落：從1910年到1914年，海軍預算增加不到10%，而陸軍的資金增加了117%。參見Herwig, *"Luxury" Fleet,* 75; Quincy Wright, *A Study of War* (Chicago: University of Chicago Press, 1965), 670–71.

121. 到1914年，法國人四分之一的投資都用於快速工業化的俄羅斯。此外，1914年俄羅斯海軍支出，已是1907年的三倍，並超過了德國的支出。Strachan, *The First World War,* 19, 62–63.

122. 德國總參謀長毛奇在1912年12月敦促德皇對俄羅斯發動戰爭，「越快越好」。德國外交大臣回憶說，1914年春天，毛奇告訴他為什麼「我們別無選擇，只能打一場預防性的戰爭，以便在擊敗敵人時仍然可以從鬥爭中全身而退」，否則，他不知道他將如何應對重新武裝的俄羅斯。不久之後的五月，毛奇告訴他的奧地利同僚，「再這樣等下去，我們的機會將愈來愈小。」在七月危機的高峰期，毛奇告訴德皇，「法國和俄羅斯的陸軍擴張還沒完成，我們現在不打，以後永遠不會那樣好打。」德皇本人在斐迪南大公被謀殺前的一個月，想知道在俄國完成重新武裝之前對其展開攻擊是否可取，他的總理貝特曼—霍爾維格評論說，俄羅斯「像噩夢一樣不斷成長，並對我們施加壓力」，甚至建議不要在他的莊園種植任何樹木，因為它可能很快就會落入俄羅斯人之手。在1914年夏天，他認為「戰爭是不可避免的，現在打比以後打更有利。」Holger H. Herwig, *The First World War: Germany and Austria-Hungary, 1914–1918* (London: Bloomsbury, 2014), 20–24. 另參見Clark, *The Sleepwalkers,* 326–34.

123. 奧匈帝國外交部長向他的內閣報告說，即使我們對塞爾維亞採取的行動會引發大戰，柏林也將支持維也納。Herwig, *The First World War,* 17.

124. 德皇在七月初支持維也納的決定，也源於自己在最近的危機中沒有對抗敵人，他擔心為此再受羞辱。他看到了結束俄羅斯在巴爾幹地區影響力的好機會，即使這會導致與莫斯科的戰爭。當德皇讀到他的大使報告，說奧地利計劃攻擊塞爾維亞以應對暗殺時，他稱「現在或永不」。七月下旬，隨著英國明示將進入戰爭，貝特曼—霍爾維格與德皇一同試圖限制奧匈帝國對塞爾維亞進行干預的程度，暗示「暫勿對貝爾格勒下手」，但是毛奇向維也納提出不同的信息，並告訴奧地利人，為了打擊俄羅斯，他們和德國應該立即動員起來。Herwig, *The First World War,* 17–30; MacMillan, *The War That Ended Peace,* 522–33. 德皇在1914年7月向俄羅斯求戰的程度並不清楚；他有可能滿足於奧地利人在巴爾幹地區戰勝俄羅斯的影響力；但如果有必要，他當然也願意讓爭端演變為與聖彼得堡的戰爭。參見John C. G. Rohl, "Goodbye to All

That (Again)? The Fischer Thesis, the New Revisionism and the Meaning of the First World War," *International Affairs* 91, no. 1 (2015), 159.

125. Howard, *Empires, Nations and Wars,* 111; Kennedy, *Anglo-German Antagonism,* 462; Massie, *Dreadnought,* 901–2, 905. 在他對戰爭的描述中，邱吉爾將德國在1914年的挑戰，與西班牙帝國、路易十四和拿破崙的挑戰進行了比較，後面這些都被列為英國對淪入了「軍事統治」的歐洲的拯救。Churchill, *The World Crisis,* 1–2.

126. Kennedy, *Anglo-German Antagonism,* 470.

127. MacMillan, *The War That Ended Peace,* xxiii–xxv, 593.

128. Gilbert, *Churchill: A Life,* 261–64.

129. 邱吉爾曾告訴內閣，戰爭「是令人震驚的災難，讓文明國家深思」，但他仍然是支持英國參戰以保衛法國的最強烈聲音之一。在個人層面上，邱吉爾也很享受戰爭帶來的激動；他在戰爭期間曾親自擺兵布陣。在他提到「災難和崩潰」的同一封給妻子的信中，他承認「我對此感到興趣，做好了準備，並且快樂。」他的一位親戚記錄了他後來的一段評論，他喊道「我的上帝！這是活的歷史。我們所做和所說的一切都令人激動，會被千代人閱讀，想想這點！這個世界可以給我的任何東西，都不會讓我想樣離開這場光榮又美味的戰爭（他略帶焦慮但眼睛發光，那個『美味』的罐子幾乎要砸到我身上）。我說，不要重複『美味』這個詞──你知道我的意思。」Gilbert, *Churchill: A Life,* 268–75, 281, 283–86, 294–95, 331–60; Churchill, *The World Crisis,* 245–46.

130. Churchill, *The World Crisis,* vi.

131. 有趣的是，邱吉爾並不相信格雷毫不含糊的宣布英國將干預戰爭，有助於防止它，因為他認為這樣的宣言缺乏政治支持，並會導致政府崩潰。他指出放棄法國和俄羅斯是不可能的，「在最後的危機中，英國外交大臣除了做了他已經做的，其他什麼也做不了。」Churchill, *The World Crisis,* 5–6; Winston S. Churchill, *The World Crisis: The Aftermath* (London: T. Butterworth, 1929), 439–44.

132. 要試圖回答這樣的問題，需要進行反事實推理。「假如怎樣會怎樣」是一種精神的戲鬧，有趣的探索，但許多主流歷史學家為此感到不舒服。然而，它們是應用歷史的主要內容。事實上，令我滿意的哈佛大學應用歷史項目，也已證明任何歷史學家在評估動因的相對重要性時，反事實推理都位於其核心，而其挑戰則是在其過程中保持明確與嚴謹。

133. 在七月危機期間，貝特曼—霍爾維格評論道，「超越人類力量的命運籠罩著歐洲和我們的民族。」事實上，貝特曼—霍爾維格非常清楚他在開始戰爭中扮演的角色。不到一年之後，他私下招認了永久的內疚：「這個想法永遠不會離開我，我得不斷地忍受它。"參見Herwig, *The First World War,* 23, 30. 雖然貝特曼—霍爾維格自稱無知顯得虛偽又自私，但卻反映了另一個悖論：即使這些角色意識到他們清醒的決定可能帶來的災難性後果，他們也會有一種是被潛在的力量強迫的感受，因此在之後覺得他們那時無能為力。

第五章　美國給中國的榜樣

1. Edmund Morris, *The Rise of Theodore Roosevelt* (New York: Coward, McCann & Geoghegan, 1979), 21.

2. Memorandum to President William McKinley, April 26, 1897, in *The Selected Letters of Theodore Roosevelt,* ed. H. W. Brands (New York: Cooper Square Press, 2001), 129–30.

3. Morris, *The Rise of Theodore Roosevelt,* 572–73.

4. 在西奧多‧羅斯福擔任總統期間，美國對哥倫比亞進行了三次干預，對宏都拉斯和多明尼加共和國進行了兩次干預，對古巴和巴拿馬各進行了一次干預。對於這些、以及直到1935年的其他干預的摘要，可參見William Appleman Williams, *Empire as a Way of Life* (New York: Oxford University Press, 1980), 102–10, 136–42, 165–67; Barbara Salazar Torreon, "Instances of Use of United States Armed Forces Abroad, 1798–2015," Congressional Research Service, October 15, 2015, https://www.fas.org/sgp/crs/natsec/R42738.pdf.

5. Theodore Roosevelt, "Expansion and Peace," in *The Strenuous Life* (New York: P. F. Collier & Son, 1899), 32.

6. Theodore Roosevelt, "Naval War College Address," Newport, RI, June 2, 1897, http:// www.theodore-roosevelt.com/images/research/speeches/tr1898.pdf.

7. Albert Weinberg, *Manifest Destiny: A Study of Nationalist Expansionism in American History* (Baltimore: Johns Hopkins University Press, 1935), 1–2.

8. Theodore Roosevelt, *The Winning of the West,* vol. 1 (Lincoln: University of Nebraska Press, 1995), 1, 7.

9. Gregg Jones, *Honor in the Dust: Theodore Roosevelt, War in the Philippines, and the Rise and Fall of America's Imperial Dream* (New York: New American

Library, 2012), 24. 在西奧多‧羅斯福發表此一評論的近七十年之後，伍華德（C. Vann Woodward）提出美國享有的「自由的安全」，是以太平洋、大西洋與北冰洋等「大自然的禮物」為屏障，以及直到1880年代，當出售貨物的美國商船航行在大西洋時，英國海軍所提供的保護。這對美國的力量，和其擴張主義傾向的發展，起到了重要作用。「退則有肥沃且可耕種的免費土地」，伍華德寫道，「進則有免費、強大又有效的安全屏障，難怪世界似乎成了美國的珍饈。」參見C. Vann Woodward, "The Age of Reinterpretation," *American Historical Review* 66, no. 1 (October 1960), 1–19.

10. Theodore Roosevelt, *The Naval War of 1812* (New York: Modern Library, 1999), 151. 第一版出版於1882年。

11. Roosevelt, "Naval War College Address."

12. Charles Kupchan, *How Enemies Become Friends: The Sources of Stable Peace* (Princeton, NJ: Princeton University Press, 2010), 74.

13. Edmund Morris, *Theodore Rex* (New York: Random House, 2001), 184.

14. Roosevelt, "Expansion and Peace," 29.

15. Weinberg, *Manifest Destiny,* 429–30.

16. Theodore Roosevelt, "The Expansion of the White Races: Address at the Celebration of the African Diamond Jubilee of the Methodist Episcopal Church," Washington, DC, January 18, 1909, www.theodore-roosevelt.com/images/research/speeches/trwhiteraces.pdf.

17. Theodore Roosevelt, "Fourth Annual Message," December 6, 1904, UCSB American Presidency Project, http://www.presidency.ucsb.edu/ws/?pid=29545; Roosevelt, "The Expansion of the White Races."

18. Theodore Roosevelt, "First Annual Message," December 3, 1901, UCSB American Presidency Project, www.presidency.ucsb.edu/ws/?pid=29542.

19. Joseph Nye, *Presidential Leadership and the Creation of the American Era* (Princeton, NJ: Princeton University Press, 2013), 23.

20. Theodore Roosevelt, "The Strenuous Life," April 10, 1899, http://voicesofdemocracy.umd.edu/roosevelt-strenuous-life-1899-speech-text/.

21. Theodore Roosevelt, "The Monroe Doctrine," *The Bachelor of Arts* 2, no. 4 (March 1896), 443.

22. Louis Perez Jr., *Cuba in the American Imagination: Metaphor and the Imperial Ethos* (Chapel Hill: University of North Carolina Press, 2008), 30.

23. 自1860年代以來，西班牙就得面對一波又一波的古巴獨立運動，包括十年戰爭（the Ten Years' War，1868至1878年），小戰爭（the Small War，1879至1880年），與最後的獨立戰爭（the War of Independence，1895至1898年)，這場戰爭也引發了美國的干預。

24. Morris, *The Rise of Theodore Roosevelt,* 513.

25. 參見William McKinley, "First Inaugural Address," March 4, 1897, Avalon Project, Yale Law School, http://avalon.law.yale.edu/19th_century/mckin1.asp.

26. 作為羅斯福意圖「將西班牙人趕出古巴」的例證的兩封信，可參見Morris, *The Rise of Theodore Roosevelt,* 513, 526. 關於麥金萊對羅斯福「尋求讓美國捲入戰爭」的不安，可參見同書第560頁。關於羅斯福對馬漢的評價，可參見其在1897年5月3日寫給馬漢的信，引自Brands, *The Selected Letters of Theodore Roosevelt,* 133.

27. Ben Procter, *William Randolph Hearst: The Early Years, 1863–1910* (New York: Oxford University Press, 1998), 103.

28. Morris, *The Rise of Theodore Roosevelt,* 586.

29. 1898年1月17日給斯坦伯格的信，引自Brands, *The Selected Letters of Theodore Roosevelt,* 168.

30. Morris, *The Rise of Theodore Roosevelt,* 607.

31. Jones, *Honor in the Dust,* 10.

32. 這個調查沒有具體指責西班牙或古巴的角色，但認為爆炸明顯是由船外的水雷所誘發。但自那時以來，這就一直是一個爭議點；隨後的調查顯示，爆炸實際上是一次意外事件。

33. Mark Lee Gardner, *Rough Riders: Theodore Roosevelt, His Cowboy Regiment, and the Immortal Charge Up San Juan Hill* (New York: HarperCollins, 2016), 175; Morris, *The Rise of Theodore Roosevelt,* 650.

34. 1898年5月，美國船隻摧毀了馬尼拉灣的西班牙艦隊，在古巴問題正式解決之前的幾個月，實現了意想不到的快速勝利。戰爭結束後，美國向菲律賓支付了兩千萬美元，然後佔領群島，導致了美菲戰爭，該戰爭開始於1899年，持續到1902年。與此同時，新解放的古巴只獲得名義上的獨立，該國的新憲法授權美國控制古巴與其他國家的關係，並確認美國為維持秩序「有權進行干預」。美國在1906至1909年，以及1917至1922年，行使了這項干預之權。

35. Daniel Aaron, *Men of Good Hope: A Story of American Progressives* (New York: Oxford University Press, 1951), 268.

36. 歷史學家科林（Richard Collin）在形容羅斯福的這一段總統任期時，指出「羅斯福的主要工作，是說服歐洲美國是嚴肅的。」參見Richard Collin, *Theodore Roosevelt, Culture Diplomacy, and Expansion: A New View of American Imperialism* (Baton Rouge: Louisiana State University Press, 1985), 101. 科林也指出羅斯福希望「避免強大的德國取代脆弱的西班牙在加勒比的地位。羅斯福的大棒……瞄準了歐洲，而非拉丁美洲。」參見科林的另一本著作，*Theodore Roosevelt's Caribbean: The Panama Canal, the Monroe Doctrine, and the Latin American Context* (Baton Rouge: Louisiana State University Press, 1990), xii. 羅斯福懷疑德國對委內瑞拉有所圖謀，其細節也可參見James R. Holmes, *Theodore Roosevelt and World Order: Police Power in International Relations* (Washington, DC: Potomac Books, 2006), 165–67.

37. Morris, *Theodore Rex,* 186–87.

38. Edmund Morris, "A Few Pregnant Days," *Theodore Roosevelt Association Journal* 15, no. 1 (Winter 1989), 4. 事件的細節可參見作者的兩本著作，包括 *Theodore Rex,* 183–91，與"A Few Pregnant Days," 2–13.

39. Morris, "A Few Pregnant Days," 2.

40. 門羅主義宣稱在西半球的國家「不能被歐洲強權考慮為未來殖民的目標」，並警告稱美國「不能不將任何歐洲列強的干預，視為對合眾國進行不友善干預的宣告」參見James Monroe, "Seventh Annual Message," December 2, 1823, UCSB American Presidency Project, http://www.presidency.ucsb.edu/ws/?pid=29465.

41. Stephen Rabe, "Theodore Roosevelt, the Panama Canal, and the Roosevelt Corollary: Sphere of Influence Diplomacy," in *A Companion to Theodore Roosevelt,* ed. Serge Ricard (Malden, MA: Wiley-Blackwell, 2011), 277; Ernest May, *Imperial Democracy: The Emergence of America as a Great Power* (Chicago: Imprint Publications, 1961), 33, 128; Robert Freeman Smith, "Latin America, The United States and the European powers, 1830–1930," in *The Cambridge History of Latin America,* vol. 4: 1870 to 1930, ed. Leslie Bethell (Cambridge: Cambridge University Press, 1986), 98–99.

42. Lars Schoultz, *Beneath the United States: A History of U.S. Policy Toward Latin America* (Cambridge, MA: Harvard University Press, 1998), 112.

43. Letter to Henry Cabot Lodge, December 27, 1895, in Brands, *The Selected Letters of Theodore Roosevelt,* 113. 約略與此同時，羅斯福並宣稱「如果出現了一個

亂局，我會嘗試自己動手！」參見Brands, *The Selected Letters of Theodore Roosevelt,* 112.

44. 1895年爭議的細節，可參見Schoultz, *Beneath the United States,* 107–24.

45. Roosevelt, "The Monroe Doctrine," 437–39.

46. 參見Theodore Roosevelt, "Second Annual Message," December 2, 1902, UCSB American Presidency Project, www.presidency.ucsb.edu/ws/?pid=29543.

47. Collin, *Theodore Roosevelt's Caribbean,* 121. 當年12月美國在加勒比駐紮了53艘戰艦，其海軍優勢遠勝於德國的10艘。參見Morris, "A Few Pregnant Days," 7.

48. Rabe, "Theodore Roosevelt, the Panama Canal, and the Roosevelt Corollary," 280; Warren Zimmerman, *First Great Triumph. How Five Americans Made Their Country a World Power* (New York: Farrar, Straus and Giroux, 2002), 426.

49. Theodore Roosevelt, "Charter Day Address," UC Berkeley, March 23, 1911. 參見 *University of California Chronicle,* vol. 13 (Berkeley, CA: The University Press, 1911), 139.

50. Rabe, "Theodore Roosevelt, the Panama Canal, and the Roosevelt Corollary," 274.

51. David McCullough, *The Path Between the Seas: The Creation of the Panama Canal, 1870–1914* (New York: Simon & Schuster, 1977), 250.

52. 參見Theodore Roosevelt, "Special Message," January 4, 1904, UCSB American Presidency Project, www.presidency.ucsb.cdu/ws/?pid=69417.

53. 參見Schoultz, *Beneath the United States,* 164; Collin, *Theodore Roosevelt's Caribbean,* 239. 雖然是哥倫比亞參議院正式破壞了計劃的進展，但羅斯福指責該國總統馬羅金（Jose Marroquin）沒有利用他的影響力，去推動通常是照例通過的參議院批准該條約。

54. William Roscoe Thayer, *The Life and Letters of John Hay,* vol. 2 (Boston: Houghton Mifflin, 1915), 327–28.

55. Morris, *Theodore Rex,* 273. 科林對呈交給羅斯福，並使其得到此一結論的法律備忘錄的細節描述，參見Collin, *Theodore Roosevelt's Caribbean,* 240–43.

56. 參見Morris, *Theodore Rex,* 275; Rabe, "Theodore Roosevelt, the Panama Canal, and the Roosevelt Corollary," 285.

57. 為了證實布諾─瓦里拉所稱的革命真的可能發生，羅斯福在白宮會見了他在今年早些時候秘密派出的兩名軍官，以評估巴拿馬局勢。作為遊客，他們在

該地區進行了廣泛的偵察，並報告說反叛的計劃確實正在進行之中。

58. Morris, *Theodore Rex,* 282–83; McCullough, *The Path Between the Seas,* 378–79.

59. 美國藉由保持其軍事存在，向哥倫比亞人發出不要進行干預的信號，同時提醒巴拿馬人，他們脆弱的獨立，依賴於美國的持續支持。羅斯福對革命的確切參與知曉的程度，引起了持久的爭議。關於其細節，可參見Morris, *Theodore Rex,* 270–83; Schoultz, *Beneath the United States,* 165–68; Collin, *Theodore Roosevelt's Caribbean,* 254–68; McCullough, *The Path Between the Seas,* 349–86.

60. Schoultz, *Beneath the United States,* 175.

61. Noel Maurer and Carlos Yu, "What T.R. Took: The Economic Impact of the Panama Canal, 1903–1937," *Journal of Economic History* 68, no. 3 (2008), 698–99.

62. 多數的收益被用來支付運河的運作與維護成本。參見McCullough, *The Path Between the Seas,* 612; Eloy Aguilar, "U.S., Panama Mark Handover of Canal," Associated Press, December 14, 1999, http://www.washingtonpost.com/wp-srv/pmextra/dec99/14/panama.htm.

63. Noel Maurer and Carlos Yu, *The Big Ditch: How America Took, Built, Ran, and Ultimately Gave Away the Panama Canal* (Princeton, NJ: Princeton University Press, 2010), 89–92.

64. 羅斯福認為，「巴拿馬人民長期以來一直對哥倫比亞共和國感到不滿，在條約還只是一種前景時，他們會繼續保持沉默，雖然這對他們來說是一個至關重要的問題。而當條約無可挽回的消逝，站出來的巴拿馬人民就像是只有一個人。」他這段話讓一位參議員起而反駁：「是的，而那個人就是羅斯福。」參見McCullough, *The Path Between the Seas,* 382. 後來，羅斯福指出，「有人說我在巴拿馬煽動起義……我不必煽動它，我只是加速了它。」參見Frederick S. Wood, *Roosevelt As We Knew Him* (Philadelphia: J. C. Winston, 1927), 153，引述自"TR on the Panama Revolution of 1903," *Theodore Roosevelt Association Journal* 15, no. 4 (Fall 1989), 5。如同莫理斯與科林兩人所指出的，羅斯福經常提醒那些批評他的人，巴拿馬在過去幾十年已有過數次革命嘗試，並且哥倫比亞政府也經常尋求美國幫助，以維持秩序。Morris, *Theodore Rex,* 273; Collin, *Theodore Roosevelt's Caribbean,* 327. 科林進一步強調，在1855年之後，「美國海軍船隻一直在巴拿馬附近執行任務，並且總會在出現起義時增派部隊。美國海軍的出現並非外國的侵略，而是哥倫比

亞政策與外交的中心；傳統上，美國在哥倫比亞的請求下，是其對長期處於爭議中的巴拿馬的主權的法律上和實際上的保證者。參見Collin, *Theodore Roosevelt's Caribbean,* 267.

65. Rabe, "Theodore Roosevelt, the Panama Canal, and the Roosevelt Corollary," 287.

66. 正確的邊界，長期以來一直受到質疑：俄羅斯和英國在1825年的條約，確立了英國對大部分有爭議領土的控制權，但俄羅斯的地圖並未反映出條約的坐標。這些地圖成為地域界線的事實上的指南，而英國從未反對過，於是在「官方」和「實際」領土邊界之間，留下了巨大的差異。

67. 參見Tony McCulloch, "Theodore Roosevelt and Canada: Alaska, the 'Big Stick,' and the North Atlantic Triangle, 1901–1909," in *A Companion to Theodore Roosevelt,* ed. Serge Ricard (Malden, MA: Wiley-Blackwell, 2011), 296–300; Christopher Sands, "Canada's Cold Front: Lessons of the Alaska Boundary Dispute for Arctic Boundaries Today," *International Journal* 65 (Winter 2009–10), 210–12.

68. Elting E. Morison, ed., *The Letters of Theodore Roosevelt* (Cambridge, MA: Harvard University Press, 1954), 530. 正如參議員洛奇所說的：「沒有一個有一絲自尊的國家」會願意放棄已到手的有價值的領土。「沒有任何一位美國總統會願意」，洛奇說，「去為這樣的投降思索片刻，你可以絕對放心，西奧多·羅斯福不會做出這樣的決定。」參見John A. Munro, ed., *The Alaska Boundary Dispute* (Toronto: Copp Clark Publishing, 1970), 4.

69. Howard Beale, *Theodore Roosevelt and the Rise of America to World Power* (Baltimore: Johns Hopkins University Press, 1956), 113–14.

70. 關於法庭成員的選擇過程，可參見Norman Penlington, *The Alaska Boundary Dispute: A Critical Reappraisal* (Toronto: McGraw-Hill, 1972), 70–81.

71. William Tilchin, *Theodore Roosevelt and the British Empire: A Study in Presidential Statecraft* (London: Macmillan, 1997), 44.

72. Wood, *Roosevelt As We Knew Him,* 115.

73. 參見"Statement by the Canadian Commissioners" in Munro, *The Alaska Boundary Dispute,* 64; 彭林頓談加拿大的回應，參見*The Alaska Boundary Dispute,* 1, 104. 加拿大法庭成員對阿爾弗斯通的指控，也有更平衡的說法。參議員特納回憶說：「當時阿爾弗斯通勳爵和他的加拿大同事之間的辯論是各持己見且非常激烈的，在此期間後者聲稱阿爾弗斯通勳爵放棄加拿大此案

的原因，是由於英國政府基於外交原因的堅持。參見Wood, *Roosevelt As We Knew Him,* 120; Penlington, *The Alaska Boundary Dispute,* 108.

74. Munro, *The Alaska Boundary Dispute,* 86.

75. Frederick Marks III, *Velvet on Iron: The Diplomacy of Theodore Roosevelt* (Lincoln: University of Nebraska Press, 1979), 163n37.

76. Roosevelt, "Fourth Annual Message."

77. Robert Osgood, *Ideals and Self-Interest in America's Foreign Relations* (Chicago: University of Chicago Press, 1953), 144.

78. 各種來源，都討論了對美國的負面態度和看法。以下舉三個例子：「到二十世紀初，美國尋求統治的計畫目標，已在拉丁美洲的各個社會引發越來越強烈的關切。」(Thomas O'Brien, *Making the Americas: The United States and Latin America from the Age of Revolutions to the Era of Globalization* [Albuquerque: University of New Mexico Press, 2007], 127)；到1920年代，「對北方「龐然大物」（behemoth）的不信任與批評已升至史上最高」(Stuart Brewer, *Borders and Bridges: A History of US-Latin American Relations* [Westport, CT: Praeger Security International, 2006], 99)；1898年到1933年，是對美國有著「惡毒的敵意」的時代(Alan McPherson, ed., *Anti-Americanism in Latin America and the Caribbean* [New York: Berghahn Books, 2006], 14).

79. 參見John Hassett and Braulio Munoz, eds., *Looking North: Writings from Spanish America on the US, 1800 to the Present* (Tucson: University of Arizona Press, 2012), 46; "Porfirio Diaz," in *The Oxford Dictionary of American Quotations* (New York: Oxford University Press, 2006).

第六章　習近平的中國要什麼

1. Allison, Blackwill, and Wyne, *Lee Kuan Yew,* 2.

2. Ibid., 35.

3. Ibid., 133.

4. Evan Osnos, "Born Red," *New Yorker,* April 6, 2015, http://www.newyorker.com/magazine/2015/04/06/born-red.

5. Allison, Blackwill, and Wyne, *Lee Kuan Yew,* 17.

6. Ibid.

7. Ibid., 2.

8. Ibid., 3.

9. Kissinger, *On China*, 2.

10. John K. Fairbank, "China's Foreign Policy in Historical Perspective," *Foreign Affairs* 47, no. 3 (1969); 其摘要可參見Eric Anderson, *China Restored: The Middle Kingdom Looks to 2020 and Beyond* (Santa Barbara, CA: Praeger, 2010), xiv.

11. John K. Fairbank, "Introduction: Varieties of the Chinese Military Experience," in *Chinese Ways in Warfare*, ed. Frank A. Kiernan Jr. and John K. Fairbank (Cambridge, MA: Harvard University Press, 1974), 6–7; John K. Fairbank, "A Preliminary Framework," in *The Chinese World Order: Traditional China's Foreign Relations*, ed. John K. Fairbank (Cambridge, MA: Harvard University Press, 1968), 2, 4.

12. Kissinger, *On China*, 2–3.

13. Ibid., 9–10, 15. 這一種關於全球秩序的外國概念，擴大了季辛吉的思想。作為世界秩序的學習者，他的博士論文發表在《世界復興》（*A World Restored*），分析了維也納會議，並讚美歐洲協調（the European concert）和權力平衡外交的美德，認為這使歐洲擁有一個世紀的和平。參見Henry Kissinger, *World Order* (New York: Penguin Books, 2014).

14. Kissinger, *On China*, 17, 529.

15. 條約是在停泊在南京附近的長江上的砲艇康沃利斯號（HMS *Cornwallis*）上簽署的，此前英國軍艦往上游航行，並奪取了清政府裝滿稅款的駁船。

16. 中國被迫增開十個對外貿易口岸，並將上海與廣州的一部份地區交由英國與法國控制。Jonathan D. Spence, *The Search for Modern China* (New York: W. W. Norton, 1990), 158–62, 179 81; John K. Fairbank, *Trade and Diplomacy on the China Coast: The Opening of Treaty Ports, 1842–1854* (Cambridge, MA: Harvard University Press, 1964), 102–3, 114–33.

17. Kemp Tolley, *Yangtze Patrol: The U.S. Navy in China* (Annapolis, MD: Naval Institute Press, 2013), 30.

18. Stapleton Roy, "The Changing Geopolitics of East Asia," working paper, Paul Tsai China Center, Yale Law School, July 25, 2016, 5, https://www.law.yale.edu/system/files/area/center/china/document/stapletonroy_final.pdf.

19. James L. Hevia, "Looting and Its Discontents: Moral Discourse and the Plunder of Beijing, 1900–1901," in *The Boxers, China, and the World*, ed. Robert Bickers

and R. G. Tiedemann (Lanham, MD: Rowman & Littlefield, 2007), 94.

20. Diana Preston, *Besieged in Peking: The Story of the 1900 Boxer Rising* (London: Constable, 1999), 31; "Gift from Peking for the Museum of Art: H. G. Squiers to Present Bronzes and Curios to This City," *New York Times,* September 3, 1901, ttp://query.nytimes.com/gst/abstract.html/?res=9A07E7DE153DE433A25750C0A 96F9C946097D6CF.

21. Osnos, "Born Red."

22. Ibid.

23. Kerry Brown, *CEO, China: The Rise of Xi Jinping* (London: I. B. Tauris, 2016), 65.

24. Ibid., 72.

25. Ibid., 73–74.

26. Osnos, "Born Red."

27. Chris Buckley, "Xi Jinping Is China's 'Core' Leader: Here's What It Means," *New York Times*, October 30, 2016, http://www.nytimes.com/2016/10/31/world/ asia/china-xi-jinping-communist-party.html; Jeremy Page and Lingling Wei, "Xi's Power Play Foreshadows Historic Transformation of How China Is Ruled," *Wall Street Journal,* December 26, 2016, http://www.wsj.com/articles/xis-power-play-foreshadows-radical-transformation-of-how-china-is-ruled-1482778917.

28. Allison, Blackwill, and Wyne, *Lee Kuan Yew*, 114.

29. Andrew Nathan, "Who is Xi?" *New York Review of Books,* May 12, 2016, https:// www.nybooks.com/articles/2016/05/12/who-is-xi/.

30. Kevin Rudd, "How to Break the 'Mutually Assured Misperception' Between the U.S. and China," *Huffington Post,* April 20, 2015, http://www.huffingtonpost.com/ kevin-rudd/us-china-relations-kevin-rudd-report_b_7096784.html.

31. 參見劉鶴的討論文稿，"Overcoming the Great Recession: Lessons from China," *the Belfer Center for Science and International Affairs*, July 2014, http:// belfercenter.org/publication/24397.

32. 雖然印度自2008年以來的平均每年成長約7%，但它不是「主要經濟體」，因為它在金融危機時尚未成為世界十大經濟體之一。

33. 小布希和歐巴馬兩位總統領導的經濟刺激計劃和銀行救助資金，總額為9830億美元。

34. International Monetary Fund, "World Economic Outlook Database," October

2016.

35. Robert Lawrence Kuhn, "Xi Jinping's Chinese Dream," *New York Times*, June 4, 2013, http://www.nytimes.com/2013/06/05/opinion/global/xi-jinpings-chinese-dream.html.

36. Osnos, "Born Red."

37. Chun Han Wong, "China's Xi Warns Communist Party Not to Waver on Ideology," *Wall Street Journal*, July 1, 2016, http://www.wsj.com/articles/chinas-xi-exhorts-communist-party-to-hold-fast-to-marxism-1467380336.

38. Allison, Blackwill, and Wyne, *Lee Kuan Yew*, 121.

39. 參見"Xi: Upcoming CPC Campaign a 'Thorough Cleanup' of Undesirable Practices," *Xinhua*, June 18, 2013, http://news.xinhuanet.com/english/china/2013-06/18/c_132465115.htm; Zhao Yinan, "Xi Repeats Anti-Graft Message to Top Leaders," *China Daily*, November 20, 2012, http://usa.chinadaily.com.cn/epaper/2012-11/20/content_15944726.htm; Macabe Keliher and Hsinchao Wu, "How to Discipline 90 Million People," *Atlantic*, April 7, 2015, http://www.theatlantic.com/international/archive/2015/04/xi-jinping-china-corruption-political-culture/389787/.

40. *China Economic Review*的線上腐敗資料庫（online corruption database），http://www.chinaeconomicreview.com/cartography/data-transparency-corruption; "Visualizing China's Anti-Corruption Campaign," ChinaFile.com, January 21, 2016; "Can Xi Jinping's Anti-Corruption Campaign Succeed?" CSIS China-Power Project, http://chinapower.csis.org/can-xi-jinpings-anti-corruption-campaign-succeed/.

41. Josh Chin and Gillian Wong, "China's New Tool for Social Control: A Credit Rating for Everything," *Wall Street Journal*, November 28, 2016, http://www.wsj.com/articles/chinas-new-tool-for-social-control-a-credit-rating-for-everything-1480351590.

42. Joseph Fewsmith, "Xi Jinping's Fast Start," *China Leadership Monitor*, no. 41, Spring 2013, http://www.hoover.org/sites/default/files/uploads/documents/CLM41JF.pdf.

43. 習近平中國夢的概念，是關於復興曾失去的偉大。這個概念的起源，至少可以追溯到十二世紀的中國文學和思想史。這種對復興的渴望，是這個國家在百年國恥中的主導性政治潮流。清代學者馮桂芬在1860年提到英國和法國的

時候，就提出了這個問題：「他們為什麼這麼小而又如此強大？為什麼我們這麼大而又如此虛弱？……中國人的聰明才智必然優於各種野蠻人……我們接下來要向野蠻人學習的，僅限於堅船利炮一件事。」這也是同一年開始、被寄以厚望的「自強運動」的一個重要來源，希望藉由復興中國的經濟與軍事，擊退帝國列強。然而就像經常發生的噩夢一樣，承諾的夢想在它實現之前就被粉碎了。參見Ryan Mitchell, "Clearing Up Some Misconceptions About Xi Jinping's 'China Dream,'" *Huffington Post,* August 20, 2015, http://www.huffingtonpost.com/ryan-mitchell/clearing-up-some-misconce_b_8012152.html; Jonathan D. Spence, *The Search for Modern China* (New York: W. W. Norton, 1990), 197.

44. Didi Kristen Tatlow, "Xi Jinping on Exceptionalism with Chinese Characteristics," *New York Times*, October 14, 2014, http://sinosphere.blogs.nytimes.com/2014/10/14/xi-jinping-on-exceptionalism-with-chinese-characteristics/.

45. Mark Elliott, "The Historical Vision of the Prosperous Age (*shengshi*)," *China Heritage Quarterly*, no. 29, March 2012, http://www.chinaheritagequarterly.org/articles.php?searchterm=029_elliott.inc&issue=029.

46. Jin Kai, "The Chinese Communist Party's Confucian Revival," *Diplomat*, September 30, 2014, http://thediplomat.com/2014/09/the-chinese-communist-partys-confucian-revival/.

47. Geoff Dyer, *The Contest of the Century* (New York: Vintage Books, 2014), 150–52.

48. Allison, Blackwill, and Wyne, *Lee Kuan Yew*, 14.

49. Dexter Roberts, "China Trumpets Its Service Economy," *Bloomberg Businessweek*, January 28, 2016, http://www.bloomberg.com/news/articles/2016-01-28/china-trumpets-its-service-economy.

50. Gabriel Wildau, "China: The State-Owned Zombie Economy," *Financial Times*, February 29, 2016, https://www.ft.com/content/253d7eb0-ca6c-11e5-84df-70594b99fc47.

51. Ben Bland, "China's Robot Revolution," *Financial Times*, June 6, 2016, https://www.ft.com/content/1dbd8c60-0cc6-11e6-ad80-67655613c2d6.

52. "Xi Sets Targets for China's Science, Technology Mastery," *Xinhua*, May 30, 2016, http://news.xinhuanet.com/english/2016-05/30/c_135399691.htm.

53. *Associated Press,* "Air Pollution in China Is Killing 4,000 People Every Day, a

New Study Finds," August 13, 2015, https://www.theguardian.com/world/2015/aug/14/air-pollution-in-china-is-killing-4000-people-every-day-a-new-study-finds.

54. World Bank, *Cost of Pollution in China: Economic Estimates of Physical Damages* (Washington, DC: World Bank, 2007), http://documents.worldbank.org/curated/en/782171468027560055/Cost-of-pollution-in-China-economic-estimates-of-physical-damages.

55. John Siciliano, "China Deploys Green 'SWAT Teams' to Meet Climate Goals," *Washington Examiner*, March 19, 2016, http://www.washingtonexaminer.com/china-deploys-green-swat-teams-to-meet-climate-goals/article/2586271.

56. "China Must Quickly Tackle Rising Corporate Debt, Warns IMF Official," *Reuters*, June 10, 2016, http://www.reuters.com/article/us-china-imf-debt-idUSKCN0YX029.

57. Martin Feldstein, "China's Next Agenda," *Project Syndicate*, March 29, 2016, https://www.project-syndicate.org/commentary/china-growth-through-pro-market-reforms-by-martin-feldstein-2016-03.

58. United Nations, Department of Economic and Social Affairs, Population Division, *World Urbanization Prospects: The 2014 Revision, Highlights* (ST/ESA/SER.A/352), https://esa.un.org/unpd/wup/publications/files/wup2014-highlights.pdf.

59. Martin Feldstein, "China's Latest Five-Year Plan," *Project Syndicate*, November 28, 2015, https://www.project-syndicate.org/commentary/china-new-five-year-plan-by-martin-feldstein-2015-11?barrier=true.

60. Halford Mackinder, *Democratic Ideals and Reality: A Study in the Politics of Reconstruction* (New York: Henry Holt, 1919), 186.

61. Xi Jinping, "New Asian Security Concept for New Progress in Security Cooperation: Remarks at the Fourth Summit of the Conference on Interaction and Confidence Building Measures in Asia," Shanghai, May 21, 2014, http://www.fmprc.gov.cn/mfa_eng/zxxx_662805/t1159951.shtml.

62. Mira Rapp-Hooper, "Before and After: The South China Sea Transformed," Center for Strategic and International Studies, February 18, 2015, https://amti.csis.org/before-and-after-the-south-china-sea-transformed/.

63. Bill Hayton, *The South China Sea* (New Haven, CT: Yale University Press, 2014), 71.

64. Toshi Yoshihara, "The 1974 Paracels Sea Battle: A Campaign Appraisal," *Naval*

War College Review 69, no. 2 (Spring 2016), 41.

65. US Department of Defense, "Asia-Pacific Maritime Security Strategy" (August 2015), 16, http://www.defense.gov/Portals/1/Documents/pubs/NDAA%20A-P_ Maritime_SecuritY_Strategy-08142015-1300-FINALFORMAT.PDF.

66. Derek Watkins, "What China Has Been Building in the South China Sea," *New York Times*, February 29, 2016, http://www.nytimes.com/interactive/2015/07/30/ world/asia/what-china-has-been-building-in-the-south-china-sea-2016.html.

67. US Department of Defense, "Asia-Pacific Maritime Security Strategy," 17.

68. US trade accounts for $1.2 trillion of the total $5.3 trillion. Bonnie Glaser, "Armed Clash in the South China Sea," Council on Foreign Relations, April 2012, 4, http://www.cfr.org/asia-and-pacific/armed-clash-south-china-sea/p27883.

69. Andrei Kokoshin, "2015 Military Reform in the People's Republic of China: Defense, Foreign and Domestic Policy Issues," Belfer Center for Science and International Affairs, October 2016, vi, http://belfercenter.org/publication/27040.

70. Nomaan Merchant, "Over 1,000 Protest in Front of Chinese Defense Ministry," *Associated Press,* October 11, 2016, http://www.military.com/daily-news/2016/10/11/1-000-protest-front-chinese-defense-ministry.html.

71. Regina Abrami, William Kirby, and F. Warren McFarlan, *Can China Lead?* (Boston: Harvard Business Review Press, 2014), 179.

72. "President Xi Stresses Development of PLA Army," *Xinhua*, July 27, 2016, http:// news.xinhuanet.com/english/2016-07/27/c_135544941.htm.

73. Jeremy Page, "For Xi, a 'China Dream' of Military Power," *Wall Street Journal*, March 13, 2013, http://www.wsj.com/articles/SB10001424127887324128504578 348774040546346.

74. 伊拉克的指揮控制系統嚴重癱瘓，以致於海珊最終被迫讓通信員騎摩托車向前線發出命令。Fred Kaplan, *Dark Territory: The Secret History of Cyber War* (New York: Simon & Schuster, 2016), 22–23.

75. 白邦瑞為國防部淨評估辦公室（Office of Net Assessment）所做研究的部分成果，可參見Michael Pillsbury, *China Debates the Future Security Environment* (Washington, DC: National Defense University Press, 2000). 另可參見其所編輯的*Chinese Views of Future Warfare* (Washington, DC: National Defense University Press, 1997).

76. 正如柯克辛（Kokoshin）所指出的：「同時控制多個省份的『大軍區』司令

員與政委，是維護北京中央政權的重要因素。這些司令員和政委是由中國人民解放軍總政治部控制，直接向中央軍事委員會主席報告。在發生國內危機時，『大軍區』的指揮官和政委，有許多機會對這些地區內的省份進行緊急控制……當他們考慮軍事改革的深度時，黨和國家高級官員面臨的核心問題之一……是使武裝部隊既能提供更有效的軍事力量，以追求外交政策利益，同時也保持解放軍在解決潛在內部危機中的作用。」參見Kokoshin, "2015 Military Reform in the People's Republic of China," 22–23, 4.

77. Yang Yong, quoted in Dyer, *The Contest of the Century*, 25.

78. 中國人民解放軍的「軍」（Army）是指包括空軍、海軍與三種地面部隊的通稱，而在美國提及「army」時，則僅限於地面部隊。

79. M. Taylor Fravel, "China's Changing Approach to Military Strategy: The Science of Military Strategy from 2001 to 2013," in Joe McReynolds, *China's Evolving Military Strategy* (Washington, DC: Jamestown Foundation, 2016), 59–62; Toshi Yoshihara and James Holmes, *Red Star over the Pacific: China's Rise and the Challenge to U.S. Maritime Strategy* (Annapolis, MD: Naval Institute Press, 2010), 60.

80. Holmes and Yoshihara, *Red Star over the Pacific*, 18.

81. 美國國防部在2015年將空海一體戰改名為「全球公域進入與機動聯合」作戰概念（JAM-GC），儘管它仍被廣泛稱為空海一體戰。Sam Lagrone, "Pentagon Drops Air Sea Battle Name, Concept Lives On," *USNI News*, January 20, 2015, https://news.usni.org/2015/01/20/pentagon-drops-air-sea-battle-name-concept-lives.

82. Eric Heginbotham et al., *The U.S.-China Military Scorecard: Forces, Geography, and the Evolving Balance of Power, 1996–2017* (Santa Monica, CA: RAND Corporation, 2015), xxxi, xxix.

第七章　文明衝突

1. Samuel Kim, *China, the United Nations, and World Order* (Princeton, NJ: Princeton University Press, 1979), 38.

2. Helen H. Robbins, *Our First Ambassador to China: The Life and Correspondence of George, Earl of Macartney, and His Experiences in China, as Told by Himself* (New York: E. P. Dutton, 1908), 175.

3. Alain Peyrefitte, *The Immobile Empire*, trans. Jon Rothschild (New York: Knopf, 1992), 10.

4. Kissinger, *On China*, 37.

5. J. R. Cranmer-Byng, ed., *An Embassy to China; being the journal kept by Lord Macartney during his embassy to the Emperor Ch'ien-lung, 1793–1794* (Hamden: Archon Books, 1963), 117.

6. Peyrefitte, *The Immobile Empire*, 170.

7. Ibid., 220.

8. Ibid., 206.

9. Ibid., 227, 306.

10. 乾隆在1793年給喬治三世的第一封詔書，見*The Search for Modern China: A Documentary Collection*, ed. Pei-kai Cheng, Michael Lestz, and Jonathan Spence (New York: Norton, 1999), 104–6.

11. Samuel Huntington, "The Clash of Civilizations?," *Foreign Affairs* 72, no. 3 (Summer 1993), 22.

12. Ibid., 24.

13. Francis Fukuyama, "The End of History?," *The National Interest*, no. 16 (Summer 1989), 3–18.

14. Huntington, "The Clash of Civilizations?," 25.

15. Ibid., 41.

16. Samuel Huntington, *The Clash of Civilizations and the Remaking of World Order* (New York: Simon & Schuster Paperbacks, 2003), 225.

17. Ibid., 169.

18. Ibid., 234.

19. Crane Brinton, *The Anatomy of a Revolution* (New York: Vintage Books, 1952), 271.

20. Huntington, *The Clash of Civilizations*, 223.

21. Ibid., 225.

22. Jeffrey Goldberg, "The Obama Doctrine," *Atlantic*, April 2016, http://www.theatlantic.com/magazine/archive/2016/04/the-obama-doctrine/471525/.

23. Allison, Blackwill, and Wyne, *Lee Kuan Yew*, 42.

24. Harry Gelber, *Nations Out of Empires: European Nationalism and the Transformation of Asia* (New York: Palgrave, 2001), 15.

25. Kevin Rudd, "The Future of U.S.-China Relations Under Xi Jinping: Toward a New Framework of Constructive Realism for a Common Purpose," Belfer Center for Science and International Affairs, April 2015, 12, http://belfercenter.org/files/SummaryReportUSChina21.pdf.

26. William Pitt, Earl of Chatham, Speech in House of Lords, January 20, 1775, http://quod.lib.umich.edu/cgi/t/text/text-idx?c=evans;idno=N11389.0001.001.

27. Richard Hofstadter, *Anti-intellectualism in American Life* (New York: Alfred A. Knopf, 1963), 43.

28. Kissinger, *On China*, 15.

29. Ibid.

30. Thomas Paine, *Common Sense: Addressed to the Inhabitants of America* (Boston: J. P. Mendum, 1856), 19.

31. Neustadt, *Presidential Power and the Modern Presidents*, 29.

32. *Myers v. United States*, 272 US 52 (1926).

33. Lee Kuan Yew, "Speech at the Abraham Lincoln Medal Award Ceremony," Washington, DC, October 18, 2011, https://www.mfa.gov.sg/content/mfa/overseasmission/washington/newsroom/press_statements/2011/201110/press_201110_01.html.

34. Thomas Jefferson letter to William Hunter, March 11, 1790.

35. Eric X. Li, "A Tale of Two Political Systems," TED Talk, June 2013, https://www.ted.com/talks/eric_x_li_a_tale_of_two_political_systems/transcript?language=en.

36. Kissinger, *World Order*, 236.

37. Huntington, *The Clash of Civilizations*, 184.

38. Kissinger, *On China*, 17.

39. Kissinger, *World Order*, 230.

40. George Washington, "Address to the members of the Volunteer Association and other Inhabitants of the Kingdom of Ireland who have lately arrived in the City of New York," December 2, 1783, http://founding.com/founders-library/american-political-figures/george-washington/address-to-the-members-of-the-volunteer-association-and-other-inhabitants/.

41. Yoree Koh, "Study: Immigrants Founded 51% of U.S. Billion-Dollar Startups," *Wall Street Journal*, March 17, 2016, http://blogs.wsj.com/digits/2016/03/17/study-immigrants-founded-51-of-u-s-billion-dollar-startups/.

42. Allison, Blackwill, and Wyne, *Lee Kuan Yew*, 22–23. 當然這個說法不完全正

確，因為美洲大陸在歐洲人到來之前雖然可以說是沒受到什麼開發，但並非就是「空」的。

43. "Notes from the Chairman: A Conversation with Martin Dempsey," *Foreign Affairs,* September/October 2016, https://www.foreignaffairs.com/interviews/2016-08-01/notes-chairman.

44. Kissinger, *On China,* 30.

45. Sun Tzu, *The Art of War,* trans. Samuel B. Griffith (London: Oxford University Press, 1971), 92.

46. Francois Jullien, *The Propensity of Things: Toward a History of Efficacy in China,* trans. Janet Lloyd (New York: Zone Books, 1999), 26.

47. Sun Tzu, *The Art of War,* 95.

48. Kissinger, *On China,* 23.

49. David Lai, "Learning from the Stones: A *Go* Approach to Mastering China's Strategic, *Shi,*" US Army War College Strategic Studies Institute, May 2004, 5, 28, http://www.strategicstudiesinstitute.army.mil/pubs/display.cfm?pubID=378; Kissinger, *On China,* 23–24.

50. Sun Tzu, *The Art of War,* 14–16.

51. Clinton, "America's Pacific Century."

52. Rudd, "The Future of U.S.-China Relations Under Xi Jinping," 14.

53. M. Taylor Fravel, *Strong Borders, Secure Nation: Conflict and Cooperation in China's Territorial Disputes* (Princeton, NJ: Princeton University Press, 2008).

第八章　邁向戰爭

1. 在論證此主張時，一些人引述了柯慶生（Thomas Christensen）的《中國挑戰》（*China Challenge*）。柯慶生雄辯的解釋了全球經濟與政治的變化，如何的減低了強權如美中之間爆發戰爭的可能性。但柯慶生也承認這種衝突仍有可能；此外，他也瞭解到，中國日益提升的軍事優勢，將使美國愈來愈難以成功的管理雙邊關係中因諸如領土爭議等而出現的挑戰。參見Thomas Christensen, *The China Challenge: Shaping the Choices of a Rising Power* (New York: W. W. Norton, 2015), 特別是其第二章〈這回應該會不同：中國崛起於全球化的世界〉("This Time Should Be Different: China's Rise in a Globalized World")與第四章〈為何中國仍構成戰略的挑戰〉("Why China Still Poses

Strategic Challenges")對這些主題有更深入周延的討論。

2. David Gompert, Astrid Cevallos, and Cristina Garafola, *War with China: Thinking Through the Unthinkable* (Santa Monica, CA: RAND Corporation, 2016), 87, 48–50.

3. Benjamin Valentino, *Final Solutions: Mass Killing and Genocide in the Twentieth Century* (Ithaca, NY: Cornell University Press, 2005), 88.

4. P. K. Rose, "Two Strategic Intelligence Mistakes in Korea, 1950: Perceptions and Reality," *Studies in Intelligence,* Fall–Winter 2001, 57–65.

5. T. R. Fehrenbach, *This Kind of War: A Study in Unpreparedness* (New York: Macmillan, 1963), 184–96.

6. 正如費倫巴赫（Fehrenbach）所描述的，麥克阿瑟心中的念頭，是派遣海軍力量接近中國大陸，以挑起中國的暴力回應，並以此作為升級到使用核子武器的藉口。

7. Fehrenbach, *This Kind of War,* 192.

8. Michael Gerson, "The Sino-Soviet Border Conflict: Deterrence, Escalation, and the Threat of Nuclear War in 1969," Center for Naval Analyses, November 2010, 17, https://www.cna.org/CNA_files/PDF/D0022974.A2.pdf.

9. Ibid., 16–17, 44.

10. Nicholas Khoo, *Collateral Damage: Sino-Soviet Rivalry and the Termination of the Sino-Vietnamese Alliance* (New York: Columbia University Press, 2011), 144.

11. Kissinger, *On China,* 219.

12. Kissinger, *Diplomacy,* 723.

13. Gerson, "The Sino-Soviet Border Conflict," iii.

14. Fravel, *Strong Borders, Secure Nation,* 201.

15. Ibid.

16. Gerson, "The Sino-Soviet Border Conflict," 24.

17. 正如中國學者正確指出的，李登輝的分離行動也變得更面對現實。

18. 參見 Wallace Thies and Patrick Bratton, "When Governments Collide in the Taiwan Strait," *Journal of Strategic Studies* 27, no. 4 (December 2004), 556–84; Robert Ross, "The 1995–96 Taiwan Strait Confrontation," *International Security* 25, no. 2 (Fall 2000), 87–123.

19. 參見 Jane Perlez, "American and Chinese Navy Ships Nearly Collided in South China Sea," *New York Times,* December 14, 2013, http://www.nytimes.

com/2013/12/15/world/asia/chinese-and-american-ships-nearly-collide-in-south-china-sea.html.

20. Henry Kissinger, *A World Restored: Metternich, Castlereagh, and the Problems of Peace, 1812–22* (Boston: Houghton Mifflin, 1957), 331.

21. 正如季辛吉在2014年在國際公共廣播電台（PRI）的「世界」節目的採訪中所說的，「自第二次世界大戰以來，美國已進行了五次戰爭，其中只有一個達到了既定目標。有一個以僵局結束，另外三個則是我們單方面退出。實現了我們的目標的，是第一次伊拉克戰爭，而韓戰則是以僵局結束，至於越南戰爭，第二次伊拉克戰爭和阿富汗戰爭，我們都是單方面撤出。參見"Henry Kissinger Would Not Have Supported the Iraq War If He'd Known What He Knows Now," PRI, September 11, 2014, http://www.pri.org/stories/2014-09-11/henry-kissinger-would-not-have-supported-iraq-war-if-hed-known-what-he-knows-now.

22. "Remarks by Secretary of Defense Robert Gates at the U.S. Military Academy at West Point," February 25, 2011, http://archive.defense.gov/Speeches/Speech.aspx?SpeechID=1539.

23. Carl von Clausewitz, *On War,* ed. Peter Paret, trans. Michael Eliot Howard (Princeton, NJ: Princeton University Press, 1989), 101.

24. Robert McNamara, *In Retrospect: The Tragedy and Lessons of Vietnam*, 2nd ed. (New York: Vintage, 1996), 128–43.

25. 參見David Sanger, *Confront and Conceal: Obama's Secret Wars and Surprising Use of American Power* (New York: Crown Publishers, 2012).

26. "Kaspersky Lab Discovers Vulnerable Industrial Control Systems Likely Belonging to Large Organizations," Kaspersky Lab, press release, July 11, 2016, http://usa.kaspersky.com/about-us/press-center/press-releases/2016/Kaspersky-Lab-Discovers-Vulnerable-Industrial-Control-Systems-Likely-Belonging-to-Large-Organizations.

27. Herman Kahn, *On Escalation: Metaphors and Scenarios* (New York: Penguin, 1965), 39.

28. Audrey Wang, "The Road to Food Security," *Taiwan Today,* July 1, 2011, http://taiwantoday.tw/ct.asp?xItem=167684&CtNode=124; "Taiwan Lacks Food Security Strategy," *Taipei Times,* July 26, 2010, http://www.taipeitimes.com/News/editorials/archives/2010/07/26/2003478832.

29. 參見Ross, "The 1995–96 Taiwan Strait Confrontation," 87–123.

30. 此一想定是根據蘭德公司為《外交政策》（Foreign Policy）雜誌所進行的戰爭模擬。參見Dan De Luce and Keith Johnson, "How FP Stumbled Into a War with China — and Lost," Foreign Policy, January 15, 2016, http://foreignpolicy.com/2016/01/15/how-fp-stumbled-into-a-war-with-china-and-lost/.

31. 歐巴馬總統在2014年明確表示，「我們對日本安全的條約承諾是絕對的，第五條涵蓋日本政府下屬的所有領土，包括尖閣列島。」川普總統在就職後不久，也重申了這一承諾。參見"Joint Press Conference with President Obama and Prime Minister Abe of Japan," April 24, 2014, https://obamawhitehouse.archives.gov/the-press-office/2014/04/24/joint-press-conference-president-obama-and-prime-minister-abe-japan; "Joint Statement from President Donald J. Trump and Prime Minister Shinzo Abe," February 10, 2017, https://www.whitehouse.gov/the-press-office/2017/02/10/joint-statement-president-donald-j-trump-and-prime-minister-shinzo-abe.

32. Jeremy Page and Jay Solomon, "China Warns North Korean Nuclear Threat Is Rising," Wall Street Journal, April 22, 2015, http://www.wsj.com/articles/china-warns-north-korean-nuclear-threat-is-rising-1429745706; Joel Wit and Sun Young Ahn, "North Korea's Nuclear Futures: Technology and Strategy," U.S.-Korea Institute at SAIS, 2015, http://38north.org/wp-content/uploads/2015/02/NKNF-NK-Nuclear-Futures-Wit-0215.pdf.

33. Eli Lake, "Preparing for North Korea's Inevitable Collapse," Bloomberg, September 20, 2016, https://www.bloomberg.com/view/articles/2016-09-20/preparing-for-north-korea-s-inevitable-collapse.

34. "Trade in Goods with China," US Census, http://www.census.gov/foreign-trade/balance/c5700.html.

35. Michael Lewis, Flash Boys: A Wall Street Revolt (New York: W. W. Norton, 2014), 56–88.

36. Andrew Ross Sorkin, Too Big to Fail: The Inside Story of How Wall Street and Washington Fought to Save the Financial System — and Themselves, updated ed. (New York: Penguin Books, 2011), 59.

37. Andrew Ross Sorkin et al., "As Credit Crisis Spiraled, Alarm Led to Action," New York Times, October 1, 2008, http://www.nytimes.com/2008/10/02/business/02crisis.html.

38. David Hambling, "How Active Camouflage Will Make Small Drones Invisible," *Popular Mechanics,* November 14, 2015, http://www.popularmechanics.com/flight/drones/a18190/active-camouflage-make-small-drones-invisible/.

第九章　十二條和平線索

1. 「在十四世紀的黑死病前夕，葡萄牙人口或達150萬，與歐洲平均每平方公里約有17名居民的合理水平相當。然而到1348年，這個數字下降了三分之一到一半，並維持在這個水平，略有起伏，直到大約1460年才開始復甦。參見 Armindo de Sousa, "Portugal," in *The New Cambridge Medieval History,* vol. 7: *c. 1415–c. 1500,* ed. Christopher Allmand (Cambridge: Cambridge University Press, 1998), 627. 令人難以置信的是，更多的葡萄牙人可能受到這場瘟疫的折磨：「據葡萄牙的文書記載，死亡率估計高達三分之二，甚至十分之九。」參見 Peter Linehan, "Castile, Navarre and Portugal," in *The New Cambridge Medieval History,* vol. 6: *c. 1300–c. 1415,* ed. Michael Jones (Cambridge: Cambridge University Press, 2000), 637.

2. A. R. Disney, *A History of Portugal and the Portuguese Empire from Beginnings to 1807,* vol. 2: *The Portuguese Empire* (New York: Cambridge University Press, 2009), 40.

3. H. V. Livermore, "Portuguese Expansion," in *The New Cambridge Modern History,* 2nd ed., vol. 1: *The Renaissance, 1493–1520,* ed. G. R. Potter (Cambridge: Cambridge University Press, 1957), 420.

4. Joseph Perez, "Avance portugues y expansion castellana en torno a 1492," in *Las Relaciones entre Portugal y Castilla en la Epoca de los Descubrimientos y la Expansion Colonial,* ed. Ana Maria Carabias Torres (Salamanca, Spain: Ediciones Universidad de Salamanca, 1994), 107.

5. Alan Smith, *Creating a World Economy: Merchant Capitalism, Colonialism, and World Trade, 1400–1825* (Boulder, CO: Westview Press, 1991), 75.

6. Christopher Bell, *Portugal and the Quest for the Indies* (London: Constable, 1974), 180.

7. 值得一提的是，斐迪南和伊莎貝拉在哥倫布第一次與他們接觸時，也拒絕了他的請求；是在之後重新考慮，才同意贊助他的遠航。

8. 葡萄牙不能冒險，讓二十年前與卡斯提爾的代價高昂的戰爭再次發生。卡斯

提爾王位繼承戰爭發生在1475年至1479年之間，爭議在於卡斯提爾與阿拉貢的聯盟是否能被允許存在。如果這場卡斯提爾內戰，再度確認了與阿拉貢國王斐迪南德結婚的伊莎貝拉會是下一任卡斯提爾女王，那麼該聯盟將會繼續存在。如果與葡萄牙國王阿方索五世（Alfonso V）結婚的胡安娜（Juana）的支持者獲勝，那麼卡斯提爾反而將與葡萄牙統一。當然，葡萄牙參戰是為了支持胡安娜、而非伊莎貝拉獲得王位。因此就我們的理解，這場戰爭的原因是葡萄牙企圖兼併卡斯提爾的國土，不能將其理解為修昔底德的陷阱的樣態，後者會將葡萄牙發動攻擊的原因，理解為崛起的卡斯提爾將與阿拉貢統一造成的恐懼。有關詳細信息，請參閱附錄一的註釋二。

9. Disney, *A History of Portugal and the Portuguese Empire,* 48.

10. 在其兩屆任期中，歐巴馬授權對阿富汗、伊拉克、敘利亞、利比亞、巴基斯坦、索馬利亞與葉門展開軍事行動，此外美軍特種部隊為了消滅恐怖份子，也至少在其他八個國家提供任務支持。參見Mark Landler, "For Obama, an Unexpected Legacy of Two Full Terms at War," *New York Times,* May 14, 2016, http://www.nytimes.com/2016/05/15/us/politics/obama-as-wartime-president-has-wrestled-with-protecting-nation-and-troops.html.

11. 在尼加拉瓜的案例中，當法院判決有利於尼加拉瓜，並命令美國支付賠償，美國拒絕，並否決聯合國安理會命令其遵守法院裁決的六項決議。美國駐聯合國大使柯克帕特里克（Jeane Kirkpatrick）適切的總結了華盛頓對此事的看法，將該法庭駁斥為「半合法，半司法，半政治的機構，各國有時接受，有時不接受」。參見Graham Allison, "Of Course China, Like All Great Powers, Will Ignore an International Legal Verdict," *Diplomat,* July 11, 2016, http://thediplomat.com/2016/07/of-course-china-like-all-great-powers-will-ignore-an-international-legal-verdict/.

12. Jacob Heilbrunn, "The Interview: Henry Kissinger," *National Interest,* August 19, 2015, http://nationalinterest.org/feature/the-interview-henry-kissinger-13615.

13. Philip Zelikow and Condoleezza Rice, *Germany Unified and Europe Transformed: A Study in Statecraft* (Cambridge, MA: Harvard University Press, 1995), 207. 根據最近解密的內閣辦公室檔案，柴契爾夫人在1990年提議英國可能得與蘇聯聯盟，認為這是基於在歐洲「平衡德國力量的必要」，這使布希政府頗感震驚。參見Henry Mance, "Thatcher Saw Soviets as Allies Against Germany," *Financial Times,* December 29, 2016, https://www.ft.com/content/dd74c884-c6b1-11e6-9043-7e34c07b46ef.

14. Jussi M. Hanhimaki, "Europe's Cold War," in *The Oxford Handbook of Postwar European History*, ed. Dan Stone (Oxford: Oxford University Press, 2012), 297.

15. John Lanchester, "The Failure of the Euro," *New Yorker*, October 24, 2016, www.newyorker.com/magazine/2016/10/24/the-failure-of-the-euro.

16. Andrew Moravcsik, *The Choice for Europe: Social Purpose and State Power from Messina to Maastricht* (Ithaca, NY: Cornell University Press, 1998), 407.

17. 布希在1989年於德國美因茨（Mainz）演講時聲稱「對自由的熱情永遠不能被剝奪。世界已經等了足夠長的時間。時不可逢。該讓歐洲變得完整和自由。」參見George H. W. Bush, "A Europe Whole and Free," Remarks to the Citizens in Mainz, Germany, May 31, 1989, http://usa.usembassy.de/etexts/ga6-890531.htm.

18. International Monetary Fund, "World Economic Outlook Database."

19. Helga Haftendorn, *Coming of Age: German Foreign Policy Since 1945* (Lanham, MD: Rowman & Littlefield, 2006), 319.

20. Similar questions can be asked about the second great post–World War II anomaly, modern Japan.

21. Bradford Perkins, *The Great Rapprochement: England and the United States, 1895–1914* (New York: Atheneum, 1968), 9.

22. 參見"GDP Levels in 12 West European Countries, 1869–1918," "GDP Levels in Western Offshoots, 1500–1899," and "GDP Levels in Western Offshoots, 1900–1955," in Maddison, *The World Economy*, 427, 462–63.

23. Kennedy, *The Rise and Fall of the Great Powers*, 200–202, 242–44.

24. 英國放棄此舉的部分原因在於支持美國的輿論。Ernest R. May and Zhou Hong, "A Power Transition and Its Effects," in *Power and Restraint: A Shared Vision for the U.S.-China Relationship*, ed. Richard Rosecrance and Gu Guoliang (New York: Public Affairs, 2009), 13.

25. Schoultz, *Beneath the United States*, 115.

26. May and Hong, "A Power Transition and Its Effects," 12.

27. 事實上，英國尋求一項協議，希望以仲裁來處理未來的所有分歧；美國政府簽署了，但參議院否決了。Perkins, *Great Rapprochement*, 12–19; J.A.S. Grenville, *Lord Salisbury and Foreign Policy: The Close of the Nineteenth Century* (London: Athlone Press, 1964), 54–73; May, *Imperial Democracy*, 52–53, 56–59, 60–65.

28. Bourne, *Britain and the Balance of Power in North America,* 339.

29. Ibid., 351.

30. May and Hong, "A Power Transition and Its Effects," 12–13.

31. 塞爾伯恩回憶指出，他因費雪的強烈言詞而略感震驚：「『他說⋯⋯他不會花一個人或一英磅，來保衛加拿大。他是認真的。』在費雪重新部署艦隊後，皇家海軍在美洲的存在大大減少了。Friedberg, *The Weary Titan,* 161–98. 兩年內最後一批英軍也撤離了，加拿大的陸地防禦被交給加拿大人自己。Bourne, *Britain and the Balance of Power in North America,* 359–89.

32. 塞爾伯恩在1901年提出此一評論。Bourne, *Britain and the Balance of Power in North America,* 351.

33. 塞爾伯恩向他的內閣同僚明確表示，「我認為現在的真正標準，不是可以公開陳述的標準。」Friedberg, *The Weary Titan,* 169–80.

34. Ibid., 161–65, 169–74, 184–90.

35. Anne Orde, *The Eclipse of Great Britain: The United States and British Imperial Decline, 1895–1956* (New York: Saint Martin's Press, 1996), 22.

36. May and Hong, "A Power Transition and Its Effects," 13. 一些美國人也相信英美的天然聯繫，儘管數量沒英國人多。

37. MacMillan, *The War That Ended Peace,* 38; May and Hong, "A Power Transition and Its Effects," 13.

38. May and Hong, "A Power Transition and Its Effects," 11–17.

39. Ibid., 14–17.

40. George Will, "America's Lost Ally," *Washington Post,* August 17, 2011, https://www.washingtonpost.com/opinions/americas-lost-ally/2011/08/16/gIQAYxy8LJ_story.html?utm_term=3188d2889da3.

41. Paul Samuelson, *Economics: An Introductory Analysis,* 6th ed. (New York: McGraw-Hill, 1964), 807.

42. Churchill, *The Second World War,* vol. 3: *The Grand Alliance* (Boston: Houghton Mifflin, 1950), 331.

43. 1945年5月14日福雷斯塔爾給佛格森（Homer Ferguson）的信。參見Walter Millis, ed., *The Forrestal Diaries* (New York: Viking Press, 1951), 57.

44. 「長電報」的全文，可見於喬治華盛頓大學的《國家安全檔案》（National Security Archive），http://nsarchive.gwu.edu/coldwar/documents/episode-1/kennan.htm.

45. Bernard Brodie et al., *The Absolute Weapon: Atomic Power and World Order,* ed. Bernard Brodie (New York: Harcourt, Brace, 1946).

46. Mark Harrison, "The Soviet Union After 1945: Economic Recovery and Political Repression," *Past the Present* 210, suppl. 6 (2011), 103–20.

47. 參見"GDP Levels in Former Eastern Europe and USSR, 1820–1949"與"GDP Levels in Former Eastern Europe and USSR, 1950–2002," in Maddison, *The World Economy,* 476–77.

48. Robert Gates, *From the Shadows: The Ultimate Insider's Story of Five Presidents and How They Won the Cold War* (New York: Simon & Schuster, 1996), 29.

49. 在冷戰的第一個十年,美國高級官員至少兩次考慮過預防性戰爭。他們的論點一開始是預防性戰爭對於強迫蘇聯接受國際對核子武器的控制至關重要,後來變成美國若要確保持久的和平就得趕在蘇聯發展出強大的核能力之前。在1950年韓戰的最初幾個月,海軍部長馬修斯(Francis Matthews)主張「為了和平,我們應該願意,並且要開誠布公的指出,願付出任何代價,甚至是開啟戰爭的代價,以強迫的合作達成和平。」1954年,在辭去原子能委員會主席後不久,迪恩(Gordon Dean)寫道:「我們作為一個國家、與現在的自由世界,能夠讓蘇聯人獲得這種權力地位嗎?得到核武,他就將擁有這個地位。各地自由人民的熱切希望,都無法阻礙她獲得這種可怕的能力,除非把希望凝聚為某種行動,以強力打破鐵幕,遏止她龐大的武器計劃……而這,無庸諱言,就是1953年至1954年的問題。」最終杜魯門和艾森豪都沒有接受這些論點,而杜魯門對此也有句著名的諷刺:「你能用戰爭『預防』的只有和平。」

50. 如同布羅迪(Bernard Brodie)所寫的,「到目前為止,我們軍隊的主要目的是贏得戰爭。從現在開始,它的主要目的必須是避免它們。它幾乎沒有任何其他有用的目的。」參見Brodie et al., *The Absolute Weapon,* 76.

51. 馬歇爾在哈佛的講話全文,參見OECD, http://www.oecd.org/general/themar shallplanspeechatharvarduniversity5june1947.htm; 國安會「美國國家安全的目標與計畫」(United States Objectives and Programs for National Security)(NSC-68)備忘錄的內容,可自《美國科學家聯合會》(Federation of American Scientists)下載, http://fas.org/irp/offdocs/nsc-hst/nsc-68.htm. 美國國家安全戰略的更多細節概覽,以及戰後時期的作為,可參見Graham Allison, "National Security Strategy for the 1990s," in *America's Global Interests: A New Agenda,* ed. Edward Hamilton (New York: W. W. Norton, 1989), 199–211.

52. Clausewitz, *On War,* 87.

53. Graham Allison, "Second Look: Lesson of the Cuban Missile Crisis," *Boston Globe,* October 26, 1987, http://belfercenter.org/publication/1334/second_look. html.

54. John Lewis Gaddis, *The Long Peace: Inquiries into the History of the Cold War* (New York: Oxford University Press, 1987), 237–41.

55. 關於冷戰期間美國戰略和干預主義之形成的權威歷史著作,參見John Lewis Gaddis, *Strategies of Containment: A Critical Appraisal of Postwar American National Security Policy* (New York: Oxford University Press, 1982), 以及 Gaddis's *The Cold War: A New History* (New York: Penguin), 2005. 在此期間蘇聯與美國對第三世界的干預的權威探討,參見Odd Arne Westad, *The Global Cold War: Third World Interventions and the Making of Our Times* (Cambridge: Cambridge University Press, 2005). 對於冷戰中美國旨在改變外國政權的秘密行動,一個有啟發性的歷史敘事,可參見Stephen Kinzer, *Overthrow: America's Century of Regime Change from Hawaii to Iraq* (New York: Times Books, 2006), 111–216.

56. Carmen Reinhart and Kenneth Rogoff, *This Time Is Different: Eight Centuries of Financial Folly* (Princeton, NJ: Princeton University Press, 2009).

57. 參見Howard Weinroth, "Norman Angell and *The Great Illusion:* An Episode in Pre-1914 Pacifism," *Historical Journal* 17, no. 3 (September 1974), 551–74.

58. Harvard Nuclear Study Group, *Living with Nuclear Weapons* (Cambridge, MA: Harvard University Press, 1983), 43–44.

59. 二十世紀下半葉的一系列案例,可從中看出修昔底德動態的跡象,因為各國正面臨著雖非在整體權力平衡方面,但是在軍事力量的決定性方面的即將發生的變化。在這七個案例中,當一個競爭者站在獲得核子武器的門檻上,而且其核武庫正好會成為真正的致命性威脅,其擁有核子武器的競爭對手,曾認真地考慮先發制人的攻擊。1949年末,當蘇聯測試其第一個核子武器,美國空軍參謀長曾敦促杜魯門總統授權先發制人的攻擊,來解除莫斯科的武裝。隨著中國接近核門檻,蘇聯曾計劃對北京先下手為強,甚至就此選擇與美國諮詢。在印度擁核時,中國;在巴基斯坦擁核時,印度;在北韓擁核時,美國(最近的一位國防部長卡特(Ashton Carter)曾積極主張此議)。但是,只有一個國家執行了這樣的計劃,那就是以色列。其根據「積極的反擴散政策」,於1981年摧毀了一座伊拉克的核反應堆,並在2007年摧毀了敘

利亞的核反應堆，今天並繼續對攻擊伊朗核子計劃表現出可信的威脅。在這個故事脈絡中，我們可聽到第一次世界大戰的迴響。當俄羅斯趕著完成能夠迅速將其龐大的軍隊移至德國邊境的重要的新鐵路，德國參謀總部警惕萬分。因為該工程結束後，如果發生戰爭，德國將被迫在其東部和西部同時作戰。今天，網路戰略家已在想像一旦一個國家突破對手的網路，使其得以關閉其核武的發射系統，就會為先發制人的攻擊創造類似的誘因。

60. Ronald Reagan, "Statement on the 40th Anniversary of the Bombing of Hiroshima," August 6, 1985, UCSB American Presidency Project, http://www.presidency.ucsb.edu/ws/?pid=3897.

61. 「只有俄羅斯和中國，才有能力對美國領土進行大規模彈道飛彈襲擊，但這種情況不太可能，也不是美國彈道飛彈防禦系統（BMD）的重點。」參見 US Department of Defense, "Ballistic Missile Defense Review Report," February 2010, 4, http://www.defense.gov/Portals/1/features/defenseReviews/BMDR/BMDR_as_of_26JAN10_0630_for_web.pdf.

62. Winston Churchill, "Never Despair," House of Commons, March 1, 1955, http://www.winstonchurchill.org/resources/speeches/1946-1963-elder-statesman/never-despair.

63. Philip Taubman, "Gromyko Says Mao Wanted Soviet A-Bomb Used on G.I.'s," *New York Times,* February 22, 1988, http://www.nytimes.com/1988/02/22/world/gromyko-says-mao-wanted-soviet-a-bomb-used-on-gi-s.html?pagewanted=all.

64. Susan Heavey, "Romney: Obama Going in 'Wrong Direction' on China," *Reuters,* February 16, 2012, http://www.reuters.com/article/usa-campaign-china-idUSL2E8DG26A20120216.

65. Michael Warren, "Romney on China's Currency Manipulation," *Weekly Standard,* October 12, 2011, http://www.weeklystandard.com/romney-on-chinas-currency-manipulation/article/595779.

66. Nick Gass, "Trump: 'We Can't Continue to Allow China to Rape Our Country,' " *Politico,* May 2, 2016, http://www.politico.com/blogs/2016-gop-primary-live-updates-and-results/2016/05/trump-china-rape-america-222689.

67. 以此來形容美中關係的，包括Ian Bremmer, "China vs. America: Fight of the Century," *Prospect,* April 2010, http://www.prospectmagazine.co.uk/magazine/china-vs-america-fight-of-the-century; David Rapkin and William Thompson, "Will Economic Interdependence Encourage China's and India's Peaceful

Ascent?" in *Strategic Asia 2006–07: Trade, Interdependence, and Security,* ed. Ashley J. Tellis and Michael Wills (Seattle: National Bureau of Asian Research, 2006), 359; 以及James Dobbins, David C. Gompert, David A. Shlapak, and Andrew Scobell, *Conflict with China: Prospects, Consequences, and Strategies for Deterrence* (Santa Monica, CA: RAND Corporation, 2011), 8–9, http://www. rand.org/pubs/occasional_papers/OP344.html.

第十章　前路何在？

1. 尼克森在此使用了通俗的文化表達，事實上他的意思是科學怪人製造出來的怪物（Frankenstein's monster）。參見William Safire, "The Biggest Vote," *New York Times,*May 18, 2000, http://www.nytimes.com/2000/05/18/opinion/essay-the-biggest-vote.html.
2. 貝爾福中心的估計，其基礎是1980年至2016年國際貨幣基金的資料。參 International Monetary Fund, "World Economic Outlook Database," October 2016.
3. Kissinger, *Diplomacy,* 812.
4. Graham Allison and Niall Ferguson, "Establish a White House Council of Historical Advisers Now," Belfer Center for Science and International Affairs, September 2016, http://belfercenter.org/project/applied-history-project.
5. 為了提醒我們類比的各種危險，梅伊堅持認為，當一個先例或類似物看起來特別引人注目時，應該暫停，找一張紙在中間劃一條線，將「相似」處寫在上面、「不同」處寫在下面。如果一個人無法確定至少三個相似與不同之處，他們就該讓自己冷靜冷靜，並諮詢專業的歷史學家。
6. Henry Kissinger, *White House Years* (New York: Little, Brown, 1979), 54.
7. Allison and Ferguson, "Establish a White House Council."
8. 在1990年代中期，五角大廈的東亞太平洋安全戰略，是由當時負責國際安全事務的助理國防部長約瑟夫・奈伊起草；他提出了一個「交往但避險」（engage but hedge）的方案。一方面，如果美國將中國視為敵人，我們可以確定它就會成真，因此該方案建議與中國交往、並融入國際體系。與此同時，該方案認識到這種努力倘若失敗的巨大風險，為了進行避險，要加強與日本的關係，並要在東亞繼續駐紮「十萬軍事人員……以促進我們的區域戰略利益，並作為美國的承諾和參與不會減少的證據。」參見Department

of Defense, *The United States Security Strategy for the East Asia–Pacific Region,* 1998, 59–60.

9. 對此演變的概覽，參見Richard Weixing Hu, "Assessing the 'New Model of Major Power Relations' Between China and the United States," in *Handbook of US-China Relations,* ed. Andrew T. H. Tan (Northampton, MA: Edward Elgar Publishing, 2016), 222–42.

10. Robert Zoellick, "Whither China: From Membership to Responsibility; Remarks to the National Committee on U.S.-China Relations," New York City, September 21, 2005, https://2001-2009.state.gov/s/d/former/zoellick/rem/53682.htm. 一些人誤讀了佐立克（Zoellick）關於以中國為「負責任的利益攸關者」（responsible stakeholder）的說法，其實佐立克很清楚這只是期望，還不是現實。

11. Kissinger, *Diplomacy,* 812.

12. Allison, Blackwill, and Wyne, *Lee Kuan Yew,* 13, 3.

13. Kissinger, *Diplomacy,* 410–16.

14. 葛萊瑟（Charles Glaser）曾倡議這種「大交易」。參見Charles Glaser, "A U.S.-China Grand Bargain?," *International Security* 39, no. 5 (Spring 2015), 49–90.

15. Rudd, *The Future of U.S.-China Relations Under Xi Jinping,* 14. 陸克文對中國領導人的美國觀的討論，在第七章有更細緻的討論。

16. 參見Gaddis, *Strategies of Containment,* 342–79.

17. 1978年，鄧小平曾對尖閣（釣魚島）的議題表示：「我們認為兩國政府把這個問題避開是比較明智的，這樣的問題放一下不要緊，等十年也沒有關系。我們這一代缺少智慧，談這個問題達不成一致意見，下一代比我們聰明，一定會找到彼此都能接受的方法。」參見M. Taylor Fravel, "Explaining Stability in the Senkaku (Diaoyu) Islands Dispute," in *Getting the Triangle Straight: Managing China-Japan-US Relations,* ed. Gerald Curtis, Ryosei Kokubun, and Wang Jisi (Tokyo: Japan Center for International Exchange, 2010), 157.

18. 金萊爾（Lyle Goldstein）在他的「合作螺旋」（cooperation spirals）概念中探討了這些和其他一些觀點。參見Lyle Goldstein, *Meeting China Halfway: How to Defuse the Emerging US-China Rivalry* (Washington, DC: Georgetown University Press, 2015).

19. 對習近平觀念的概述，參見Cheng Li and Lucy Xu, "Chinese Enthusiasm and American Cynicism over the 'New Type of Great Power Relations,' " *China-US*

Focus, December 4, 2014, http://www.chinausfocus.com/foreign-policy/chinese-enthusiasm-and-american-cynicism-over-the-new-type-of-great-power-relations/.
雖然沒有一位歐巴馬政府的官員正式拒絕習近平的提議，在2014年底中國
開始在南海建造島嶼後，從總統到其助手都刻意停止使用該術語。參見Jane
Perlez, "China's 'New Type' of Ties Fails to Sway Obama," *New York Times,*
November 9, 2014, https://www.nytimes.com/2014/11/10/world/asia/chinas-new-type-of-ties-fails-to-sway-obama.html.

20. Jimmy Orr, "Reagan and Gorbachev Agreed to Fight UFOs," *Christian Science Monitor,* April 24, 2009, http://www.csmonitor.com/USA/Politics/The-Vote/2009/0424/reagan-and-gorbachev-agreed-to-fight-ufos.

21. 參見Graham Allison, "The Step We Still Haven't Taken to Create a Nuke-Free World," *Atlantic,* March 23, 2014, https://www.theatlantic.com/international/archive/2014/03/the-step-we still-havent-taken-to-create-a-nuke-free-world/284597/.

22. 參見Graham Allison, *Nuclear Terrorism: The Ultimate Preventable Catastrophe* (New York: Henry Holt, 2004).

23. Susan Hockfield, "The 21st Century's Technology Story: The Convergence of Biology with Engineering and the Physical Sciences," Edwin L. Godkin Lecture, John F. Kennedy Forum, Harvard Kennedy School of Government, March 12, 2014, iop.harvard.edu/forum/21st-centurys-technology-story-convergence-biology-engineering-and-physical-sciences.

24. 參見*World at Risk: The Report of the Commission on the Prevention of WMD Proliferation and Terrorism* (New York: Vintage Books, 2008).

25. 正如一篇《自然》（*Nature*）的論文對《巴黎協定》及其隨附的「國家自定預期貢獻」（INDC）的分析所指出的，「根據目前的『國家自定預期貢獻』的水平，到2030年將氣候暖化限制在攝氏兩度以下的挑戰極為艱鉅……需要藉由額外的國家、次國家和非國家行動，大幅提升、超額實現現有的『國家自定預期貢獻』，將暖化控制在攝氏兩度以下的目標，才有實現的合理機會。Joeri Rogelj et al., "Paris Agreement Climate Proposals Need a Boost to Keep Warming Well Below 2° C," *Nature* 534, June 2016, 631, 636, http://www.nature.com/nature/journal/v534/n7609/full/nature18307.html.

26. 對這個方向的可能性的探索，參見Kishore Mahbubani and Lawrence Summers, "The Fusion of Civilizations," *Foreign Affairs,* May/June 2016, https://www.

foreignaffairs.com/articles/2016-04-18/fusion-civilizations.

結論

1.   Graham Allison and Philip Zelikow, *Essence of Decision: Explaining the Cuban Missile Crisis,* 2nd ed. (New York: Longman, 1999).

2.   John F. Kennedy, "Commencement Address at American University," June 10, 1963, https://www.jfklibrary.org/Asset-Viewer/BWC7I4C9QUmLG9J6I8oy8w. aspx.

3.   參見Robert Ellsworth, Andrew Goodpaster, and Rita Hauser, *America's National Interests: A Report from the Commission on America's National Interests* (Washington, DC: Report for the Commission on America's National Interests, 2000).

4.   Sun Tzu, *The Art of War,* 84.

5.   Whittaker Chambers, "A Witness," in *Conservatism in America Since 1930:A Reader,* ed. Gregory Schneider (New York: New York University Press, 2003), 141.

6.   David Remnick, "Going the Distance: On and Off the Road with Barack Obama," *New Yorker,* January 27, 2014, http://www.newyorker.com/magazine/2014/01/27/ going-the-distance-david-remnick.

7.   Allison, Blackwill, and Wyne, *Lee Kuan Yew,* 10.

8.   Niall Ferguson, *Civilization: The West and the Rest* (New York: Penguin, 2011), 12.

附錄一　十六個修昔底德陷阱案例研究

1.   Perez, "Avance portugues y expansion castellana en torno a 1492," 107.

2.   雖然我們聲稱這個案例是以「無戰爭」結束，但值得一提的是，葡萄牙人確實參與了卡斯提爾王位繼承戰爭，這場衝突發生在1475年至1479年之間，爭點為是否允許卡斯提爾與阿拉貢聯盟得以鞏固下去。如果這場卡斯提爾內戰的結果，確認了與阿拉貢國王斐迪南結婚的伊莎貝拉，能作為下一任卡斯提爾女王，那麼聯盟將會繼續存在。如果與葡萄牙國王阿方索五世結婚的胡安娜的支持者獲勝，卡斯提爾將與葡萄牙統一。當然，葡萄牙參戰的原因，是要讓胡安娜、而非伊莎貝拉獲得王位。因此就我們的理解，這場戰爭是因為葡萄牙兼併卡斯提爾的企圖，而不是將其理解為修昔底德陷阱的樣態；若為

後者，葡萄牙的參戰，應是基於與阿拉貢統一的卡斯提爾的崛起，使葡萄牙感到被侵略的恐懼。而在此一案例，葡萄牙的參戰動機主要是其擴張，而非其恐懼。還有另一個問題，使這場戰爭與1494年的修昔底德陷阱的狀態有所區別。在1470年代，葡萄牙的海外帝國以及由此產生的財富的成長速度，遠高於卡斯提爾。在戰爭之前，葡萄牙在西非「黃金海岸」發現黃金的消息已經不脛而走，而葡萄牙在亞速群島和佛得角利潤豐厚的殖民農業，也已是眾所周知。戰爭前發布的一系列教皇詔書批准了葡萄牙對這些土地的控制。在葡萄牙參戰後，伊莎貝拉女王襲擊了葡萄牙在非洲的財產，試圖將葡萄牙的權力規模削減，但這些努力最終都沒有成功，使葡萄牙在戰爭結束時繼續是占主導地位的殖民大國。這種支配地位在1479年的《阿爾卡索瓦什和約》（Treaty of Alcáçovas）中得到鞏固。因此，與我們強調的1492年西班牙崛起威脅到主導強權葡萄牙時，是以談判得到了「沒有戰爭」的結果不同，卡斯提爾王位繼承戰爭中關於殖民地的戰爭，是在兩個權力都在上升的時代進行的，即在西班牙獲得歐洲大陸領土的同時，葡萄牙的殖民地崛起，並可能使西班牙無法進行海外擴張。

3. Malyn Newitt, *A History of Portuguese Overseas Expansion, 1400–1668* (London: Routledge, 2005), 56.

4. Christopher Bell, *Portugal and the Quest for the Indies* (London: Constable, 1974), 180.

5. Alexander Zukas, "The Treaty of Tordesillas," in *Encyclopedia of Western Colonialism Since 1450* (Detroit: Macmillan Reference, 2007), 1088.

6. Bell, *Portugal and the Quest for the Indies,* 183.

7. Stephen Bown, *1494: How a Family Feud in Medieval Spain Divided the World in Half* (New York: Thomas Dunne Books, 2012), 146–47.

8. 考慮到當時人們對美洲地理知識的了解甚少，很難理解為何約翰國王頑固反對教皇所劃的界線。直到1494年，雙方都還並不確知美洲的存在，更不曾知道西經46度的東邊還會有現代的巴西的一個部分。不過貝爾（Christopher Bell）假設1494年之前，在大西洋的葡萄牙探險家，可能在向非洲航行時意外被吹離航線，並看到了土地，回來告訴了國王。因此當約翰國王對1493年的教皇詔書提出異議時，他可能「已經知道南半球的大西洋彼岸有適合殖民的土地，無論是島嶼還是大陸，並且可以在西經36度附近找到它。」Bell, *Portugal and the Quest for the Indies,* 186.

9. Disney, *A History of Portugal,* 48.

10. 麥哲倫（Ferdinand Magellan）在1521年的環球航行之後，才表明哥倫布的實際上並沒有找到通往東印度群島西行路線，而是發現了一個新的龐大的美洲大陸。

11. Bown, *1494,* 155.

12. 事實上，該條約如此有效，以致於啟發了第二個類似的條約。1529年，葡萄牙和西班牙通過《薩拉戈薩條約》，解決了摩鹿加群島的主權分歧。他們劃定了第二條將葡萄牙人與西班牙領土分開的經線，只是這次是在太平洋地區。

13. Jonathan Hart, *Empires and Colonies* (Malden, MA: Polity Press, 2008), 28.

14. Rodriguez-Salgado, "The Hapsburg-Valois Wars," 380.

15. Ibid., 378. 對穆斯林「異教徒」（infidels）進行戰爭，是神聖羅馬帝國皇帝頭銜所固有的責任。法蘭索瓦有能力對即將到來的衝突加以預測，使政治科學家科普蘭（Dale Copeland）聲稱法蘭索瓦故意發起一場針對哈布斯堡帝國的預防性戰爭，以防止其崛起。參見Dale Copeland, *The Origins of Major War* (Ithaca, NY: Cornell University Press, 2000), 215.

16. Henry Kamen, *Spain, 1469–1714* (New York: Routledge, 2014), 65; Copeland, *The Origins of Major War,* 381.

17. John Lynch, *Spain Under the Hapsburgs,* vol. 1 (Oxford: Oxford University Press, 1964), 88.

18. Robert Knecht, *Francis I* (Cambridge: Cambridge University Press, 1982), 72.

19. Rodriguez-Salgado, "The Hapsburg-Valois Wars," 400.

20. Brendan Simms, *Europe: The Struggle for Supremacy* (New York: Basic Books, 2013), 10.

21. Halil İnalcık, *The Ottoman Empire: The Classical Age, 1300–1600* (London: Phoenix Press, 2001), 35.

22. Caroline Finkel, *Osman's Dream: The Story of the Ottoman Empire, 1300–1923* (New York: Basic Books, 2006), 58.

23. Andrew Hess, "The Ottoman Conquest of Egypt (1517) and the Beginning of the Sixteenth-Century World War," *International Journal of Middle East Studies* 4, no. 1, 67; Colin Imber, *The Ottoman Empire, 1300–1650* (New York: Palgrave Macmillan, 2009), 293.

24. Hess, "The Ottoman Conquest of Egypt," 70.

25. Ibid., 55.

26. Richard Mackenney, *Sixteenth-Century Europe: Expansion and Conflict* (New York: Palgrave Macmillan, 1993), 243.

27. Simms, *Europe,* 11.

28. Imber, *The Ottoman Empire,* 54.

29. Geoffrey Parker, *Europe in Crisis, 1598–1648* (Ithaca, NY: Cornell University Press, 1979), 70.

30. Ibid., 210–11.

31. Michael Roberts, "Sweden and the Baltic, 1611–54," in *The New Cambridge Modern History,* 2nd ed., vol. 4, ed. J. P. Cooper (New York: Cambridge University Press, 1970), 392–93.

32. Samuel Rawson Gardiner, *The Thirty Years' War, 1618–1648* (London: Longmans, Green, 1912), 105.

33. Peter Wilson, *The Thirty Years War: Europe's Tragedy* (Cambridge, MA: Harvard University Press, 2009), 431.

34. Erik Ringmar, "Words That Govern Men: A Cultural Explanation of the Swedish Intervention into the Thirty Years War" (PhD diss., Yale University, 1993), 157.

35. Simms, *Europe,* 15.

36. Michael Roberts, *Gustavus Adolphus* (London: Longman, 1992), 59–60.

37. 帕克（Geoffrey Parker）認為，古斯塔夫得以向法國勒索大規模的財政支持，基本上是由於法國擔心若不如此，瑞典獲勝後可能會阻止法國參與戰後的解決方案：「法國不能承擔古斯塔夫在沒有她的幫助的情況下可能取得的、可能會重新繪製德國地圖的那種主導地位的風險。……法國使節……承諾以五年為期，每年為瑞典提供100萬里弗（livres）的資助，以為『保護波羅的海和大洋諸海，商業的自由，以及為救濟被神聖羅馬帝國壓迫的國家』展開戰爭。該條約立即被公告，並附上了法國已經支付的30萬里弗的紙條，引起了轟動……被廣泛稱讚為瑞典外交的神來一筆。」參見Parker, *Europe in Crisis,* 219.

38. Roberts, "Sweden and the Baltic, 1611–54," 392.

39. Wilson, *The Thirty Years War,* 462.

40. Kennedy, *The Rise and Fall of the Great Powers,* 63, 56.

41. Wilson, *Profit and Power,* 107.

42. J. R. Jones, *The Anglo-Dutch Wars of the Seventeenth Century* (New York: Routledge, 1996), 8.

43. Kennedy, *The Rise and Fall of the Great Powers*, 67.

44. 必須知道的是，這是在亞當斯密闡述了自由貿易導致互利的可能性之前，因此這兩個強權都是基於對重商主義經濟學的理解。卡斯騰（F.L. Carsten）解釋說，「荷蘭人基於其所謂的自由海洋原則，只要其商業力量可及、實力可居優勢，他們都支持這種原則；因此荷蘭人的回應，是基於若不在英國周遭的海洋享有主導權，該體系也隨之喪失的考量。只有在多年之後，隨著新的可能性的開放，世界商業本身可以擴大、兩個資本主義和競爭的國家可以在不相互破壞的情況下茁壯成長，才被人們所認識。參見E. H. Kossmann, "The Dutch Republic," in *The New Cambridge Modern History*, 2nd ed., vol. 5: *The Ascendancy of France, 1648–88*, ed. F. L. Carsten (Cambridge: Cambridge University Press, 1961), 283.

45. Levy, "The Rise and Decline of the Anglo-Dutch Rivalry," 176, 189.

46. Edmundson, *Anglo-Dutch Rivalry During the First Half of the Seventeenth Century*, 5.

47. Immanuel Wallerstein, *The Modern World-System II: Mercantilism and the Consolidation of the European World-Economy, 1600–1750* (Berkeley: University of California Press, 2011), 77–78.

48. Wilson, *Profit and Power*, 78.

49. John A. Lynn, *The Wars of Louis XIV, 1667–1714* (Harlow, UK: Longman, 1999), 17.

50. Kennedy, *The Rise and Fall of the Great Powers*, 99; Sir George Clark, "The Nine Years War, 1688–1697," in *The New Cambridge Modern History*, 2nd ed., vol. 6: *The Rise of Great Britain and Russia, 1688–1715*, ed. J. S. Bromley, (New York: Cambridge University Press, 1970), 223.

51. Derek McKay and H. M. Scott, *The Rise of the Great Powers, 1648–1815* (London: Longman, 1983), 46. 光榮革命不僅包括威廉對詹姆斯的處置，而且還包括一系列賦予議會更多權力的憲法改革。威廉幾乎都照章批准，因為他的首要任務，是利用英國的資源與法國作戰。

52. Clark, "The Nine Years War," 230.

53. Lawrence James, *The Rise and Fall of the British Empire* (New York: St. Martin's Press, 1996), 66.

54. John Brewer, *The Sinews of Power: War, Money and the English State, 1688–1783* (London: Unwin Hyman, 1989), xvii.

55. Robert Tombs and Isabelle Tombs, *That Sweet Enemy: The French and the British*

from the Sun King to the Present (London: William Heinemann, 2006), 51.

56. James, *The Rise and Fall of the British Empire,* 58.

57. Tombs and Tombs, *That Sweet Enemy,* 45.

58. James, *The Rise and Fall of the British Empire,* 66.

59. Tombs and Tombs, *That Sweet Enemy,* 46.

60. Kennedy, *The Rise and Fall of the Great Powers,* 120.

61. David Chandler, *The Campaigns of Napoleon* (New York: Macmillan, 1966), 208.

62. 根據歷史學家克魯澤（Francois Crouzet）的說法，在十八世紀晚期的法國，可與對于英國競爭的經濟進步「幾乎完全沒有。英國在創造力和創新意願方面具有決定性的優勢，這是在十八世紀下半葉，加劇兩個經濟體之間結構性差異的基本事實。」參見Francois Crouzet, *Britain Ascendant: Comparative Issues in Franco-British Economic History* (Cambridge: Cambridge University Press, 1990), 12.

63. William Doyle, *The Oxford History of the French Revolution* (Oxford: Oxford University Press, 2002), 197.

64. Ibid., 198, 204–5.

65. William Cobbet, ed., *Cobbett's Parliamentary History of England: From the Norman Conquest, in 1066, to the Year 1803,* vol. 30 (London: T. C. Hansard, 1806), 239.

66. Doyle, *The Oxford History of the French Revolution,* 200–202.

67. 到1815年，拿破崙將法國陸軍擴大為1789年的三倍。參見Kennedy, *The Rise and Fall of the Great Powers,* 99.

68. Charles Downer Hazen, *The French Revolution and Napoleon* (New York: Henry Holt, 1917), 251–52.

69. Norman Longmate, *Island Fortress: The Defense of Great Britain, 1603–1945* (London: Hutchinson, 1991), 291.

70. Michael Leggiere, *The Fall of Napoleon* (Cambridge: Cambridge University Press, 2007), 2.

71. Kennedy, *The Rise and Fall of the Great Powers,* 124.

72. 這種擴張速度在俄羅斯歷史上並不是前所未有的。從1552年到1917年，俄羅斯「每年擴張的量，都超過了許多歐洲國家的整個領土（平均每年10萬平方公里）。」參見Kissinger, *World Order,* 53.

73. Correlates of War Project, "National Material Capabilities Dataset." 見於Singer,

Bremer, and Stuckey, "Capability Distribution, Uncertainty, and Major Power War," 19–48.

74. Orlando Figes, *The Crimean War: A History* (New York: Metropolitan Books, 2010), 40.

75. Ibid.

76. Simms, *Europe,* 221.

77. Figes, *The Crimean War,* 48.

78. Kissinger, *World Order,* 50.

79. Astolphe de Custine, *Letters from Russia,* ed. Anka Muhlstein (New York: New York Review of Books, 2002), 647.

80. Alexander Polunov, Thomas Owen, and Larissa Zakharova, eds., *Russia in the Nineteenth Century: Autocracy, Reform, and Social Change, 1814–1914,* trans. Marshall Shatz (New York: M. E. Sharpe, 2005), 69.

81. Adam Lambert, *The Crimean War: British Grand Strategy Against Russia, 1853–56* (Manchester, UK: Manchester University Press, 1990), 27.

82. Kennedy, *The Rise and Fall of the Great Powers,* 120.

83. Ibid., 149.

84. Ibid., 183.

85. Howard, *The Franco-Prussian War,* 40.

86. Wawro, *The Franco-Prussian War,* 19.

87. Howard, *The Franco-Prussian War,* 22.

88. Correlates of War Project, "National Material Capabilities Dataset." 見於Singer, Bremer, and Stuckey, "Capability Distribution, Uncertainty, and Major Power War," 19–48.

89. Wawro, *The Franco-Prussian War,* 19.

90. Simms, *Europe,* 241.

91. Steinberg, *Bismarck,* 281–82.

92. Otto von Bismarck, *Bismarck, the Man and the Statesman, Being the Reflections and Reminiscences of Otto, Prince von Bismarck, Written and Dictated by Himself After His Retirement from Office,* trans. A. J. Butler (New York: Harper & Brothers, 1898), 57.

93. 關於俾斯麥在何種程度上希望藉由霍亨索倫家族的候選人，引發對法國的戰爭，存在著學術爭論。然而人們普遍同意俾斯麥確實渴望戰爭，而不管是

因為巧合或是基於更大的謀略，這個候選人都成了「尋求對抗的焦點」。
參見S. William Halperin, "The Origins of the Franco-Prussian War," *Journal of Modern History* 45, no. 1 (March 1973), 91.

94. Jasper Ridley, *Napoleon III and Eugenie* (New York: Viking, 1980), 561.

95. Howard, *The Franco-Prussian War,* 40.

96. Simms, *Europe,* 243.

97. Mitchell, *International Historical Statistics,* 1025.

98. 參見charts on Japanese military expenditure in Schencking, *Making Waves,* 47 (1873–1889), 104 (1890–1905).

99. Iriye, "Japan's Drive to Great-Power Status," in *The Cambridge History of Japan,* vol. 5: *The Nineteenth Century,* ed. Marius Jansen (Cambridge: Cambridge University Press, 1989), 760–61.

100. Duus, *The Abacus and the Sword,* 49.

101. Iriye, "Japan's Drive to Great-Power Status," 764.

102. S.C.M. Paine, *The Sino-Japanese War of 1894–1895: Perceptions, Power, and Primacy* (Cambridge: Cambridge University Press, 2003), 77.

103. Stewart Lone, *Japan's First Modern War: Army and Society in the Conflict with China, 1894–95* (London: St. Martin's Press, 1994), 25.

104. Westwood, *Russia Against Japan,* 11.

105. Schencking, *Making Waves,* 104.

106. Adam Tooze, *The Deluge: The Great War, America, and the Remaking of the Global Order, 1916–1931* (New York: Viking, 2014), 13.

107. Kennedy, *The Rise and Fall of the Great Powers,* 200–201.

108. May, *Imperial Democracy,* 57–59.

109. Bourne, *Britain and the Balance of Power in North America,* 339.

110. Kennedy, *The Rise and Fall of the Great Powers,* 203.

111. Bourne, *Britain and the Balance of Power in North America,* 351.

112. Friedberg, *The Weary Titan,* 197.

113. MacMillan, *The War That Ended Peace,* 38.

114. Orde, *The Eclipse of Great Britain,* 22. 並參見May and Hong, "A Power Transition and Its Effects," 12–13.

115. 在他對「自由安全」的描述中，伍華德（C. Vann Woodward）指出，「監管並保衛大西洋的昂貴的海軍，一個多世紀以來一直是由英國人的身任和承

擔，美國人由此享有額外的安全保障，而沒有增加自己的成本。Woodward, "The Age of Reinterpretation," 2.

116. Kennedy, *The Rise and Fall of the Great Powers*, 202.

117. Kennedy, *Anglo-German Antagonism*, 464.

118. Seligmann, Nagler, and Epkenhans, eds., *The Naval Route to the Abyss*, 137–38.

119. MacMillan, *The War That Ended Peace*, xxvi.

120. 到1914年，法國人進行的投資中，高達四分之一被用以加速俄國的工業化。Strachan, *The First World War*, 19, 62–63.

121. Herwig, *The First World War*, 20–24.

122. 這位德國皇帝一方面擔心此前的危機中，他已因為沒有站出來對抗敵人而受到羞辱，與此同時，他又看到這是結束俄羅斯在巴爾幹地區影響力的好機會，雖然這可能導致與莫斯科的戰爭。Herwig, *The First World War*, 21–24; MacMillan, *The War That Ended Peace*, 523.

123. For example, Clark, *The Sleepwalkers*, xxi–xxvii, 561.

124. Kennedy, *Anglo-German Antagonism*, 470.

125. Margaret MacMillan, *Paris 1919: Six Months That Changed the World* (New York: Random House, 2003), 465.

126. Richard J. Evans, *The Third Reich in Power, 1933–1939* (New York: Penguin, 2005), 4.

127. Kennedy, *The Rise and Fall of the Great Powers*, 288.

128. William Shirer, *The Rise and Fall of the Third Reich: A History of Nazi Germany* (New York: Simon & Schuster, 2011), 58.

129. Evans, *The Third Reich in Power*, 705.

130. Kennedy, *The Rise and Fall of the Great Powers*, 305; Antony Beevor, *The Second World War* (London: Weidenfeld & Nicolson, 2012), 5.

131. Stephen Van Evera, *Causes of War: Power and the Roots of Conflict* (Ithaca, NY: Cornell University Press, 1999), 95–96.

132. Kennedy, *The Rise and Fall of the Great Powers*, 324.

133. Zara Steiner, *The Triumph of the Dark: European International History, 1933–1939* (New York: Oxford University Press, 2011), 835.

134. Beevor, *The Second World War*, 4.

135. Gerhard Weinberg, *A World at Arms: A Global History of World War II* (New York: Cambridge University Press, 2005), 22.

136. Winston Churchill, *Never Give In!: Winston Churchill's Speeches,* ed. Winston S. Churchill (New York: Bloomsbury, 2013), 102–3.

137. "Speech by the Prime Minister at Birmingham on March 17, 1939," Yale Law School Avalon Project, http://avalon.law.yale.edu/wwii/blbk09.asp.

138. Kissinger, *Diplomacy,* 294.

139. 參見Beevor, *The Second World War,* 17–21.

140. Kennedy, *The Rise and Fall of the Great Powers,* 334.

141. US Department of State, *Foreign Relations of the United States and Japan,* 780.

142. Richard Storry, *Japan and the Decline of the West in Asia, 1894–1943* (London: Macmillan, 1979), 159.

143. Feis, *The Road to Pearl Harbor,* 248.

144. Maechling, "Pearl Harbor," 47.

145. Snyder, *Myths of Empire,* 126, 5.

146. Dean Acheson, *Present at the Creation: My Years in the State Department* (New York: Norton, 1969), 36.

147. Gaddis, *The Cold War,* 15.

148. Forrestal letter to Homer Ferguson, 參見Millis, ed., *The Forrestal Diaries,* 57.

149. Wilfried Loth, "The Cold War and the Social and Economic History of the Twentieth Century," in *The Cambridge History of the Cold War,* vol. 2, ed. Melvyn Leffler and Odd Arne Westad (New York: Cambridge University Press, 2010), 514.

150. 國務卿杜勒斯（John Foster Dulles）也開始擔心「如果我們沒辦法複製共產主義者提升生產力標準的密集努力，將很難制止共產主義擴張到世界。」參見H. W. Brands, *The Devil We Knew: Americans and the Cold War* (New York: Oxford University Press, 1993), 70.

151. Samuelson, *Economics,* 807.

152. Correlates of War Project, "National Material Capabilities Dataset"; Singer, Bremer, and Stuckey, "Capability Distribution, Uncertainty, and Major Power War," 19–48.

153. 從「修正主義」學派到像肯楠那樣受人尊敬的冷戰鬥士，許多學者都認為美國對蘇聯的威脅反應過度。大量歷史證據支持這一觀點。然而，修昔底德陷阱並不要求統治強權對上升的崛起強權的看法是合理的或與威脅成比例的，而只要求崛起強權至少在某種程度上是在上升，而且它的上升足以激發統治

強權的恐懼。而在這個案例中，兩個條件都已具備。

154. 在極少數情況下，兩個國家會秘密進行戰鬥，就像蘇聯飛行員在韓戰期間對南韓的轟炸飛行一樣；他們不會承認，因為擔心核升級的潛在破壞性後果。

155. 參見Campbell Craig and Fredrik Logevall, *America's Cold War* (Cambridge, MA: Harvard Belknap, 2009), 357; Melvyn Leffler, *For the Soul of Mankind* (New York: Hill and Wang, 2007), 465; Gaddis, *The Cold War,* 261.

156. 參見Gaddis, *The Long Peace,* 225.

157. Ibid., 232.

158. 參見Graham Allison, "Primitive Rules of Prudence: Foundations of Peaceful Competition," in *Windows of Opportunity: From Cold War to Peaceful Competition in US-Soviet Relations,* ed. Graham Allison, William Ury, and Bruce Allyn (Cambridge, MA: Ballinger, 1989).

159. Jussi M. Hanhimaki, "Europe's Cold War," in *The Oxford Handbook of Postwar European History,* ed. Dan Stone (Oxford: Oxford University Press, 2012), 297.

160. Moravcsik, *The Choice for Europe,* 407.

161. Zelikow and Rice, *Germany Unified and Europe Transformed,* 207.

162. Moravcsik, *The Choice for Europe,* 408.

163. Zelikow and Rice, *Germany Unified and Europe Transformed,* 47.

164. Heilbrunn, "The Interview: Henry Kissinger."

165. Stephen Green, *Reluctant Meister* (London: Haus Publishing, 2014), 299.

166. Haftendorn, *Coming of Age,* 319.

167. 正如戴德曼（Martin Dedman）所指出的，「藉著經濟整合，在沒有與被擊敗的、好戰的前德國達成任何正式和平解決方案的情況下，就將恢復活力的德國經濟，安全地納入西歐的目標得到了解決：一開始是1951年的建立的煤炭與鋼鐵，然後是1957年建立的工業產品的共同市場。這意味著德國經濟實力的恢復，在第二次世界大戰之後的45年間，並沒有對歐洲構成政治或軍事威脅（而日本經濟超級大國地位的上升，則使其亞洲鄰國感到警惕）。」見Martin Dedman, *The Origins and Development of the European Union, 1945–2008* (New York: Routledge, 2009), 2.

168. Hans Kundnani, *The Paradox of German Power* (London: C. Hurst, 2014), 102–3, 107.

八旗國際 04

注定一戰？
中美能否避免修昔底德陷阱
Destined for war : can America and China escape Thucydides's trap?

作　　者	格雷厄姆‧艾利森（Graham Allison）
譯　　者	包淳亮
編　　輯	王家軒
校　　對	陳佩伶
封面設計	李東記

副總編輯	邱建智
行銷總監	蔡慧華
出　　版	八旗文化／遠足文化事業股份有限公司
發　　行	遠足文化事業股份有限公司（讀書共和國出版集團）
地　　址	新北市新店區民權路108-2號9樓
電　　話	02-22181417
傳　　真	02-22188057
客服專線	0800-221029
信　　箱	gusa0601@gmail.com
Facebook	facebook.com/gusapublishing
Blog	gusapublishing.blogspot.com
法律顧問	華洋法律事務所／蘇文生律師

印　　刷	前進彩藝有限公司
定　　價	520元
初版一刷	2018年9月
初版十五刷	2024年7月
ISBN	978-957-8654-31-0

版權所有‧翻印必究（Print in Taiwan）
本書如有缺頁、破損、裝訂錯誤，請寄回更換

Destined for War
Copyright © 2017 by Graham Allison
This edition arranged with InkWell Management LLC
Though Andrew Nurnberg Associates International Limited

國家圖書館出版品預行編目（CIP）資料

注定一戰？：中美能否避免修昔底德陷阱／格雷厄姆‧艾利森（Graham
Allison）著；包淳亮譯. -- 一版. -- 新北市：八旗文化, 遠足文化, 2018.09
　　面；　公分. --（八旗國際；4）
譯自：Destined for war : can America and China escape Thucydides's trap?
ISBN 978-957-8654-31-0（平裝）

1. 中美關係

578.52　　　　　　　　　　　　　　　　　　　　　　107013757